Marketing-Controlling

Von
Diplom-Kaufmann
Andreas Preißner

R. Oldenbourg Verlag München Wien

Die Deutsche Bibliothek - CIP-Einheitsaufnahme

Preißner, Andreas:
Marketing-Controlling / von Andreas Preißner. - München ;
Wien : Oldenbourg, 1996
ISBN 3-486-23705-5

Gesamtherstellung: R. Oldenbourg Graphische Betriebe GmbH, München

ISBN 3-486-23705-5

Vorwort

Marketing-Controlling ist in den neunziger Jahren eines der aktuellsten und am stärksten wachsenden Themengebiete. Während vor allem in den siebziger Jahren das Marketing und die Marketing-Abteilungen in den Unternehmen ausgebaut wurden, kam es Ende der achtziger und Anfang der neunziger Jahre zu Konsolidierungs- und Schrumpfungstendenzen. Die schlechte wirtschaftliche Entwicklung zog einen erheblichen Kostensenkungsbedarf nach sich. Im Zuge dieser Entwicklung wurde das Controlling kontinuierlich ausgebaut. Gerade auch auf dem Stellenmarkt vollzieht sich im Controlling z.Zt. eine ähnliche Entwicklung wie etwa zwei Jahrzehnte zuvor im Marketing.

Das Buch verfolgt das Ziel, die wichtigsten Verfahren des Marketing-Controlling systematisch und praxisorientiert darzustellen. Es ist in erster Linie verfahrensorientiert und verzichtet, soweit sinnvoll, auf theoretische Grundlegungen. Es eignet sich sowohl für Studierende der Fächer Marketing und Controlling an Universitäten und Fachhochschulen als auch für Praktiker, die Methodenkenntnisse erwerben oder vertiefen wollen.

Um die praktische Umsetzbarkeit zu verdeutlichen, wurde Wert auf eine Erläuterung mit Hilfe von Beispielen gelegt. Darüber hinaus erklären zahlreiche Prozeßschemata die konkrete Vorgehensweise. Bei komplexeren mathematischen Verfahren werden Hinweise für die Bearbeitung mit Hilfe von Tabellenkalkulationsprogrammen gegeben. Stellvertretend für andere wird dafür MS Excel 5.0 verwendet. Dabei kann es sich jedoch nicht um ein Software-Handbuch handeln. Vielmehr soll die Darstellung zeigen, wie solche Programme ohne großen Aufwand im Marketing-Controlling eingesetzt werden können.

Da Kenntnisse aus der Kostenrechnung Voraussetzung für ein Verständnis der Controlling-Verfahren sind, beginnt das Buch mit einem einleitenden Abschnitt, der komprimiert die wesentlichen Begriffe und Konzepte vorstellt.

Neben den klassischen Verfahren des Marketing-Controlling werden zahlreiche neuere Konzepte dargestellt. So werden u.a. Zielkostenmanagement, Prozeßkostenmanagement, Markenbewertung, Kundenzufriedenheitsmessung und Früherkennungssysteme berücksichtigt. Das Kostenmanagement kann als eines der zentralen Themenbereiche identifiziert werden.

Teile des Buches wurden an Fachhochschulen und im Rahmen der Aus- und Weiterbildung eingesetzt. Der Verfasser dankt allen Teilnehmern für Verbesserungsvorschläge und Anregungen.

Andreas Preißner

Inhaltsübersicht

Inhaltsverzeichnis

1 Grundlagen der Kostenrechnung

1.1 Aufbau und Grundbegriffe des Rechnungswesens

Zunächst ist es wichtig, sich den Standort der Kostenrechnung, wie sie für Marketing-Entscheidungen eingesetzt wird, innerhalb des Rechnungswesens des Unternehmens zu verdeutlichen.

Grundsätzlich kann zwischen dem **externen** und dem **internen Rechnungswesen** unterschieden werden. Das externe Rechnungswesen dient vor allem der Erfüllung gesetzlicher Vorschriften, und zwar der Buchhaltungspflicht, der Pflicht zur Aufstellung von Bilanzen und ggf. weiterer Pflichten zum Nachweis der Geschäftstätigkeit. Für das Marketing ist dieser Zweig nur insofern relevant, als z.B. Geschäftsberichte immer mehr auch als Marketing-Instrument gesehen werden. Darauf soll im folgenden nicht weiter eingegangen werden.

Relevant für Marketing-Entscheidungen ist vielmehr das interne Rechnungswesen, das nur für Zwecke der Unterstützung von unternehmerischen Entscheidungen aufgebaut wird. Im Gegensatz zum externen Rechnungswesen ist es beim internen dem einzelnen Unternehmen überlassen, wie dieser Bereich ausgestaltet wird. Hierfür kann man auch einfach den Begriff Kostenrechnung verwenden.

Folgende Zwecke der Kosten- und Leistungsrechnung können zeitbezogen zusammengestellt werden (Horváth & Partner 1995, S. 24f.):

Zweck	zukunftsbezogen	vergangenheitsbezogen
unternehmerische Grundsatzentscheidungen	- periodenbezogene Prognose und Planung des Erfolges für Geschäftsbereiche (Profitcenter), Produktgruppen und Produktarten (Artikelerfolgsrechnung); - auftragsbezogene Planung des Erfolgs (z.B. Großobjekte)	- periodenbezogene Erfolgskontrolle und Erfolgsanalyse für das Gesamtunternehmen; - Projektfortschritts- und -ergebniskontrolle

Zweck	zukunftsbezogen	vergangenheitsbezogen
Preispolitik	- Festlegung von Angebotspreisen	- Überprüfung der Preisauskömmlichkeit
Vertriebspolitik	- Analyse von Verkaufsbezirken und -gebieten; - Analyse von Kunden und Kundengruppen; - Analyse der Auftragsstruktur; - Analyse von Absatzwegen	- Überwachung und Analyse der erzielten Deckungsbeiträge der Verkaufsbezirke und -gebiete, Kunden und Kundengruppen, Absatzwege, Artikel und Artikelgruppen
Produktionsprogrammplanung	- Festlegung von Art und Menge der zu fertigenden Produkte	- Analyse der Erfolgsstruktur des Produktionsprogramms
Verfahrenswahl	- Festlegung der Fertigungsverfahren für die Fertigungsstufen	- Kontrolle der Kosten der realisierten Fertigungsverfahren
Bereitstellungspolitik	- Wahl zwischen Eigenfertigung und Fremdbezug bei Unter- und bei Vollbeschäftigung	- Kontrolle der Kosten der realisierten Bereitstellungswege
Beschaffungspolitik	- Beurteilung von Einkaufspreisen; - Vorgabe von Preisobergrenzen für den Einkauf	- Kontrolle der Kosten der Beschaffung von Produktionsfaktoren

Abb. 1.1: Rechnungszwecke der Kosten- und Leistungsrechnung

Um Kostenrechnungsdaten überhaupt verwenden zu können, sind einige Definitionen erforderlich. Dadurch wird eine Vergleichsgrundlage geschaffen, Kostendaten können interpretiert und für Entscheidungen aufbereitet werden.

Auf der „Negativseite", was Abgänge von Mitteln betrifft, werden folgende Begriffe unterschieden:

- **Auszahlung** – Abfluß von Zahlungsmitteln (bar und unbar) aus dem Unternehmen (z.B. Zahlung des Kaufpreises bei Abnahme einer Ware)
- **Ausgabe** – Zugang von Schulden im Unternehmen, Eingehen von Verbindlichkeiten (z.B. Inanspruchnahme eines Zahlungsziels bei Abnahme einer Ware)
- **Aufwand** – Verbrauch von Waren und Leistungen, Verringerung des Reinvermögens im Unternehmen (z.B. Verschleiß und Verbrauch von Anlagen)
- **Kosten** – Verbrauch von Waren und Leistungen im Rahmen der ordentlichen Geschäftstätigkeit innerhalb einer Periode (es handelt sich somit um eine bestimmte Art von Aufwand, nämlich denjenigen, der „normalerweise" bei der betrieblichen Leistungserstellung anfällt).

Auf der „Positivseite", was Zugänge von Mitteln betrifft, werden folgende Begriffe unterschieden:

- **Einzahlung** – Zugang von Zahlungsmitteln (bar und unbar) in das Unternehmen (z.B. Entgegennahme eines Barschecks für erbrachte Leistungen)

- **Einnahme** – Zugang von Forderungen im Unternehmen (z.B. Verkauf von Waren auf Kredit)
- **Ertrag** – Vergrößerung des Reinvermögens, Zugang von Waren und Leistungen (z.B. Erhöhung des Lagerbestands an fertigen Erzeugnissen)
- **Leistung** – Wertezugang im Rahmen der ordentlichen Geschäftstätigkeit innerhalb einer Periode.

Aufwands- und Ertragsgrößen können noch weiter differenziert werden. So gibt es jeweils den neutralen Aufwand bzw. Ertrag. Damit werden solche Vorgänge bezeichnet, die zwar innerhalb des Unternehmens anfallen, aber nichts mit seiner eigentlichen Geschäftstätigkeit zu tun haben (z.B. Spenden und nicht vorhergesehene Einnahmen aus dem Verkauf von Anlagen).

Grundlegendes Ziel jedes Unternehmens ist es, Erfolg zu erzielen. Hier unterscheidet man den **Betriebserfolg** und den **neutralen Erfolg**. Beide zusammen ergeben den Gesamterfolg. Dieses Vorgehen ist sinnvoll, um sich gesondert von den Erfolgsbeiträgen betriebsfremder Tätigkeiten (neutraler Erfolg) ein Bild zu machen.

1.2 Kostenbegriffe

Nach dem **Umfang der Kosten** lassen sich unterscheiden:

- **Gesamtkosten** – Sie geben an, was die Herstellung sämtlicher Produktionseinheiten einer Ware oder Leistung insgesamt kostet. Sie sind daher immer auf eine Periode bezogen. Werden beispielsweise in einem Betrieb innerhalb eines Jahres 1 Mio. Kugelschreiber produziert, könnten die Gesamtkosten bei DM 4 Mio. liegen.
- **Stückkosten** – Sie entsprechen den Gesamtkosten geteilt durch die Produktionsmenge innerhalb der Periode. Im Kugelschreiber-Beispiel sind es DM 4.
- **variable Kosten** – Der Teil der Kosten, der von der Produktionsmenge abhängig ist und entsprechend bei einer Produktion von 0 nicht anfällt. Beispiele sind Materialkosten und Provisionen. Es können variable Gesamt- und variable Stückkosten errechnet werden.
- **fixe Kosten** – Der Teil der Kosten, der von der Produktionsmenge unabhängig ist, also auch bei einer Produktion von 0 anfällt. Beispiele sind Kosten für Gebäude und Gehälter. Es können fixe Gesamt- und fixe Stückkosten errechnet werden. Darüber hinaus gibt es die Untergruppe der sprungfixen Kosten. Dabei handelt es sich um solche Kosten, die erst ab einer bestimmten Produktionsmenge entstehen, z.B. zum Aufbau zusätzlicher Kapazitäten. Schließlich lassen sich Nutz- und Leerkosten unterscheiden. Als Nutzkosten wird derjenige Teil der Fixkosten bezeichnet, der tatsächlich produktiv genutzt wird, Leerkosten sind entsprechend der nicht genutzte Teil. Wird eine Ma-

schine beispielsweise nur zu 60% ausgelastet, verursacht sie einen Leerkostenanteil von 40%.

Aus den Gesamtkosten lassen sich dann die **Durchschnittskosten** (bzw. Stückkosten) ermitteln. Dies sind die Kosten pro produzierter Einheit (Gesamtkosten : Menge). Weiterhin lassen sich die **Grenzkosten** berechnen. Sie geben die Kosten einer zusätzlich produzierten Einheit an. Je nach Kostenverlauf können sie auch den Durchschnittskosten entsprechen, und zwar bei einem proportionalen Kostenverlauf. Sind die Gesamtkosten immer ein bestimmtes Vielfaches der Menge, sind die Grenzkosten konstant. Anders sieht es beispielsweise bei einem degressiven Kostenverlauf aus. Eine zusätzlich produzierte Einheit verursacht hier weniger Kosten als die vorher produzierte. Die Grenzkosten sinken dann mit steigender Menge.

Die Grenzkosten sind z.B. bei einer Entscheidung über die Annahme eines Zusatzauftrags ein bedeutendes Entscheidungskriterium.

Nach der **Zurechenbarkeit zu einem Kostenträger** lassen sich unterscheiden:

- **Einzelkosten** – Sie sind einem einzelnen produzierten Stück oder einer einzelnen erbrachten Leistung zurechenbar. D.h. es kann genau angegeben werden, daß eine bestimmte Einheit diese Kosten verursacht hat. Beispiel: Kosten für einen Reifen bei der Herstellung eines Fahrzeugs. Oftmals, aber nicht immer, handelt es sich gleichzeitig um variable Kosten.
- **Gemeinkosten** – Hier besteht nicht die Möglichkeit, die Kosten einem Stück zuzurechnen. Dies ist insbesondere bei Gehältern für das Management der Fall. Es läßt sich nicht ermitteln, welchen Anteil seiner Arbeitszeit z.B. ein Personalleiter für die einzelnen Produkte eines Unternehmens erbracht hat. Auch hier läßt sich oft, aber nicht immer, die Parallele zu den fixen Kosten finden.

Beispiele aus dem Marketingbereich:

Kosten	fix	variabel
Einzelkosten	Werbemaßnahmen, die sich auf ein Produkt beziehen	Vertreterprovision
Gemeinkosten	Gehalt der Vertriebsleitung	Transportkosten

Abb. 1.2: Kostenbeispiele im Marketingbereich

Weiterhin kann nach der Kostenart unterschieden werden, wobei allerdings kaum eine vollständige Auflistung aller möglichen Arten zu erstellen ist. Die klassische Gliederung umfaßt:

- **Materialkosten** – z.B. Rohstoffe, Standard-Produktteile, Vorprodukte, Fertigungsmaterialien
- **Personalkosten** – Löhne und Gehälter, Tantiemen

- **kalkulatorische Abschreibungen** – Hiermit wird der Werteverzehr bei Produktionsanlagen und längerfristig nutzbaren Gegenständen der Geschäftsausstattung erfaßt. Die Anschaffungskosten werden mit Hilfe mathematischer Verfahren auf die vorher geschätzte oder angenommene Nutzungsdauer verteilt.
- **kalkulatorische Zinsen** – Hiermit werden Kosten für die Nutzung von Kapital geschätzt, das im Unternehmen eingesetzt wird. Dabei kann es sich um sog. **Opportunitätskosten** handeln, die den entgangenen Nutzen des eingesetzten Kapitals bei einer anderweitigen Verwendung (z.B. Anlage in Wertpapieren) bezeichnen.

Die folgenden Beispiele zeigen **typische Kostenverläufe**.

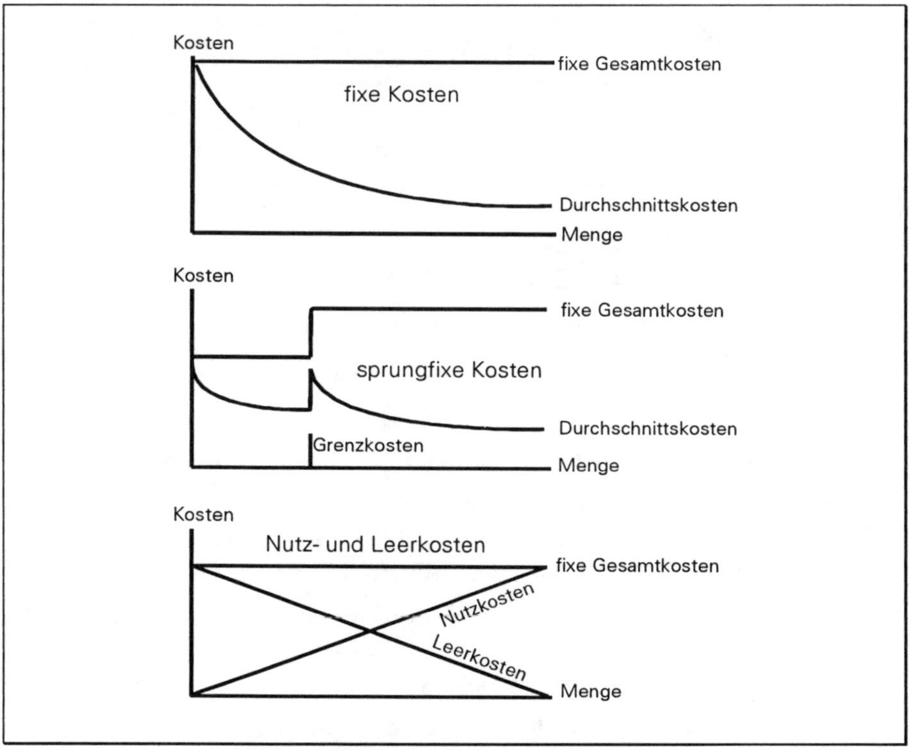

Abb. 1.3: Kostenverläufe bei fixen Kosten

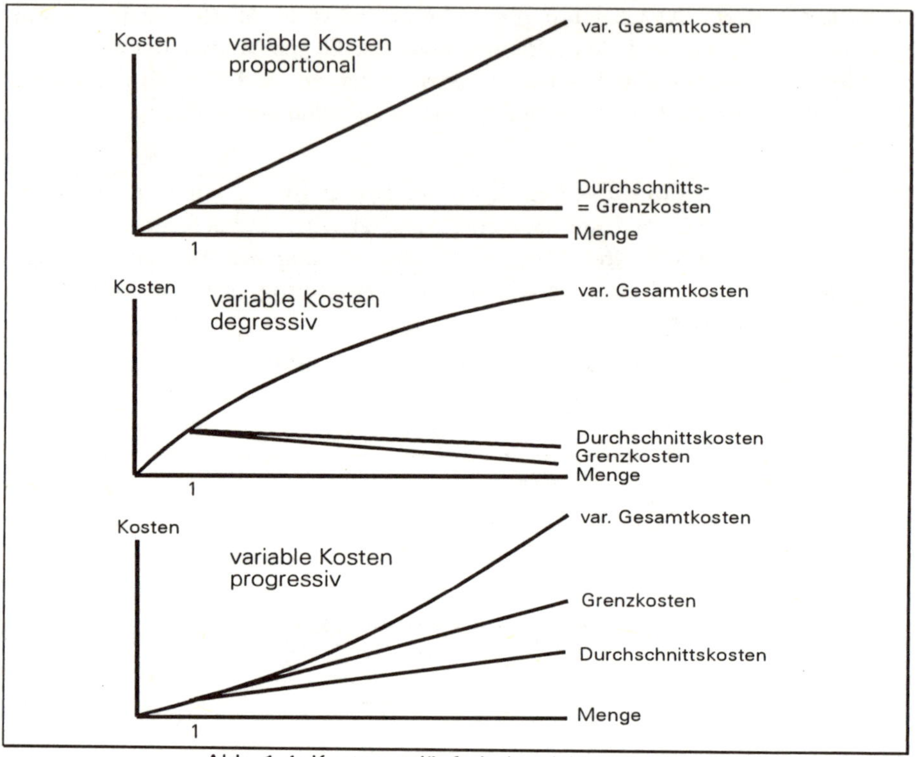

Abb. 1.4: Kostenverläufe bei variablen Kosten

Die Kostenrechnung eines Unternehmens teilt sich in drei **Teilbereiche**:

- **Kostenartenrechnung** – Hier werden die o.g. Kostenarten zusammengefaßt. Es wird ermittelt, in welchem Umfang die einzelnen Kostenarten im Unternehmen insgesamt oder in einzelnen Teilbereichen entstanden sind.
- **Kostenstellenrechnung** – Hier wird die organisatorische Gliederung des Unternehmens widergespiegelt. Für jede organisatorische Einheit (die Stelle) wird ermittelt, welche Kosten sie verursacht.
- **Kostenträgerrechnung** – Kostenträger sind die einzelnen Produkte und Leistungen, die das Unternehmen erstellt. Die Kostenträgerrechnung rechnet diesen die Kosten zu, die sie verursachen. Das Problem der Zurechnung von Gemeinkosten führt dazu, daß diese nach einem bestimmten Prinzip verrechnet werden müssen. Die Kostenträgerrechnung wird in eine Kostenträgerzeit- und Kostenträgerstückrechnung unterteilt. Die Kostenträgerzeitrechnung (auch: kurzfristige Betriebsergebnis-Rechnung) ermittelt die Kosten, die während einer Periode entstanden sind, und zwar über alle Produkte. Sie ermittelt somit den Erfolg einer Periode. Die Kostenträgerstückrechnung (auch: Kalkulation) dagegen ermittelt die Kosten pro Produkt/Stück.

1.3 Betriebsabrechnung

Zwischen diesen Teilbereichen der Kostenrechnung steht der **Betriebsabrechnungsbogen (BAB)**. Mit seiner Hilfe werden die Kostenarten (sofern es sich um Gemeinkosten handelt) auf die Kostenstellen verteilt. Dann lassen sich Zuschlagssätze für die Inanspruchnahme von Kostenstellen durch die Kostenträger ermitteln, die in die Kostenträgerrechnung eingehen.

Erläuterungen zum Aufbau des BAB auf Basis von Vollkosten:

In der ersten Spalte werden die Kostenarten aufgeführt, in der ersten Zeile die Kostenstellen. Die Gliederung der Kostenstellen kann je nach Art und Struktur des Unternehmens von dem gezeigten Beispiel abweichen. In die Spalte „Gesamtbetrag" werden aus der Buchhaltung die Zahlen für die Einzel- und Gemeinkostenarten übernommen. Unter „Allgemeine Hilfskostenstellen" fallen solche Stellen, die eine Art Servicefunktion für andere Stellen ausüben. **Hilfskostenstellen** geben ihre Kosten nicht direkt an die Kostenträger weiter, sondern werden über die **Hauptkostenstellen** aufgelöst. Dies liegt an Problemen der Zurechenbarkeit. Beispiele für allgemeine Hilfskostenstellen sind Werkstätten, Fuhrpark und Gebäude. Ihre Leistungen sind nicht auf einzelne Betriebsteile beschränkt.

Kostenstellen → / ↓ Kostenarten	Gesamtbetrag	Hilfskostenstellen		Hauptkostenstellen			
		Allgemeine Kostenstellen	Fertigungshilfsstellen	Materialstellen	Fertigungshauptstellen	Vertriebsstellen	Verwaltungsstellen
Einzelkosten/ Bezugsbasis				Materialeinzelkosten	Fertigungslohn	Herstellkosten	Herstellkosten
Gemeinkosten							
Summe primäre Kostenarten							
Umlage der allgemeinen Kostenstellen	-						
Summe	-						
Umlage der Hilfskostenstellen	-	-					
Summe	-	-					
Zuschlagssätze	-	-	-				

Abb. 1.5: Betriebsabrechnungsbogen

Fertigungshilfsstellen sind solche, die Dienste für andere Fertigungsstellen leisten, jedoch nicht einzeln in der Kalkulation auftreten. Diese Kosten werden entsprechend nur auf die Fertigungshauptstellen umgelegt. Ein Beispiel ist die Instandhaltung. Es folgen die einzelnen Hauptkostenstellen, die auch weiter untergliedert werden können. Ihre Kosten werden nicht weiter aufgelöst, sondern werden im BAB summiert, um dann den Zuschlagssatz, in der Regel bezogen auf die jeweiligen Einzelkosten, ermitteln zu können.

Um die **Gemeinkosten**, die in der ersten Spalte aufgeführt werden, auf die Kostenstellen verteilen zu können, ist jeweils die Verteilungsgrundlage zu bestimmen. Bei Mieten beispielsweise bietet sich die Raumgröße an, die auf die einzelnen Stellen entfällt.

Damit sind folgende Schritte durchzuführen:

1. Auflistung der zu verrechnenden Gemeinkosten
2. Bestimmung der Verrechnungsgrundlage für die Gemeinkosten
3. Verrechnung der einzelnen Gemeinkosten entsprechend der Verrechnungsgrundlage auf die Kostenstellen
4. Bestimmung der Zuschlagsbasis für die verrechneten Gemeinkosten
5. Berechnung der Zuschlagssätze, indem die im BAB verrechneten Gemeinkosten durch die Kosten der Zuschlagsbasis geteilt werden.

Abb. 1.6: Ablaufschema Erstellung des Betriebsabrechnungsbogens

Zu den einzelnen Schritten der Betriebsabrechnung:

Die zu verrechnenden Gemeinkosten ergeben sich aus der Kostenartenrechnung. Sie sind der Reihe nach in den Betriebsabrechnungsbogen zu übertragen.

Die Bezugsgrößen für die Zurechnung der Gemeinkosten sollen eine möglichst einfache und zweifelsfreie Verteilung der Kosten ermöglichen. Im Fall der Miete bietet sich die Größe der benutzten Räumlichkeiten in qm an, ebenso bei Heizkosten. Bei Büromaterial kann man beispielsweise auf die Zahl der Mitarbeiter zurückgreifen, Gehaltskosten lassen sich über Gehaltslisten den einzelnen Kostenstellen zurechnen, Energiekosten über die Zahl der Verbrauchsstellen (z.B. Lampen).

Die **Verrechnung** erfolgt durch

1. Division des Gesamtbetrags durch die Bezugsgröße (z.B.: Mietkosten : qm),
2. Ermittlung der Einzelbeträge nach Listen (z.B. Gehaltslisten, Materialentnahmescheine) oder
3. Bildung von Verteilungsschlüsseln (Bestimmung, in welchem Verhältnis die Verbrauchsmengen der einzelnen Kostenstellen zueinander stehen – x : y : z usw.).

Wenn sämtliche Kosten auf die Hauptkostenstellen verteilt wurden (Gemeinkosten sowie Umlagen der Hilfskostenstellen), kann der **Zuschlagssatz** berechnet werden. Dazu ist zunächst die Zuschlagsbasis zu bestimmen. Verwaltungs- und Vertriebskosten werden üblicherweise auf die Herstellkosten bezogen, Materialstellenkosten auf die Materialeinzelkosten und Fertigungsstellenkosten auf die Fertigungslöhne. Gerade die Fertigungsstellenkosten lassen sich aber auch auf Fertigungszeiten beziehen. Diese Größe dürfte regelmäßig zum gleichen Ergebnis führen, jedoch einfacher handhabbar sein.

Die Zuschlagssätze ergeben sich dann durch die Division der gesamten Kostenstellenkosten durch die Zuschlagsbasis.

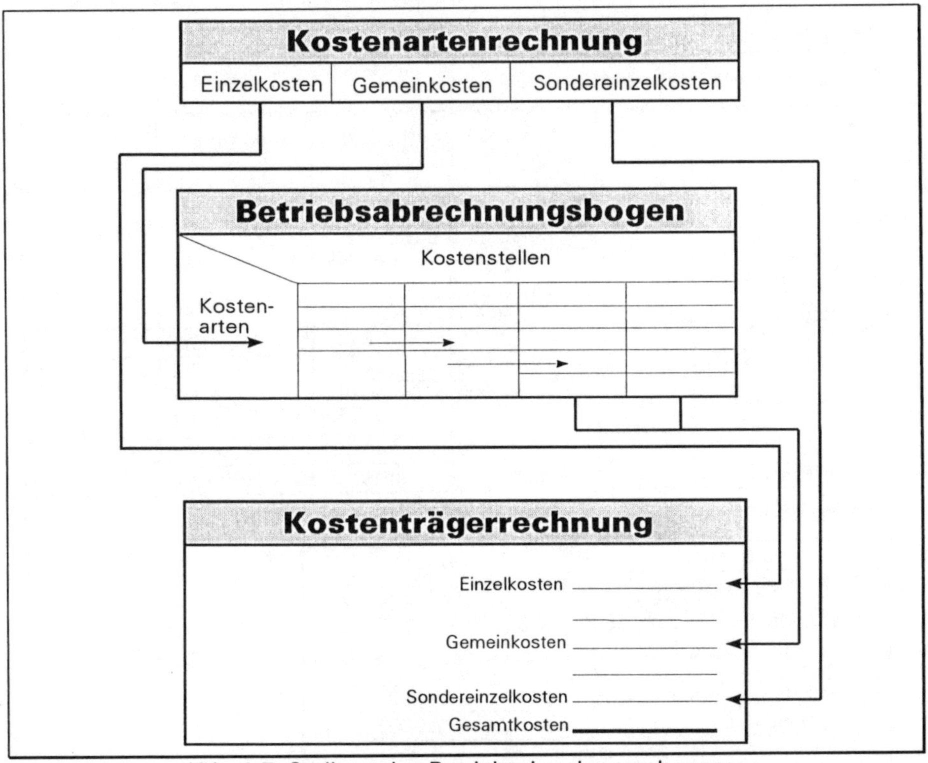

Abb. 1.7: Stellung des Betriebsabrechnungsbogens zwischen Kostenarten- und -trägerrechnung

Ein **Beispiel** zur Anwendung des Betriebsabrechnungsbogens (aus Gründen der Einfachheit soll auf die Berücksichtigung von Hilfskostenstellen verzichtet werden). Folgende Kosten sind in einer Periode angefallen (nach Däumler/Grabe 1993, S. 305f., 503f.):

Fertigungsmaterial	300.000
Hilfs- und Betriebsstoffe	40.000
Fertigungslöhne	175.000
Gehälter	27.800
Sozialkosten	20.000
Steuern	36.000
sonstige Kosten	55.000
kalkulatorische Abschreibungen	51.200
Sondereinzelkosten des Vertriebs	4.000

Die Verteilung erfolgt nach folgendem Schema:

Kostenart	Verteilungsgrundlage	Materialstelle	Fertigungsstelle	Verwaltungsstelle	Vertriebsstelle
Hilfsstoffe	Materialscheine	7.600	32.400	-	-
Gehälter	Gehaltsliste	5.000	10.000	8.200	4.600
Sozialkosten	Schlüssel	1	2	1	1
Steuern	Schlüssel	1	8	2	1
sonst. Kosten	Schlüssel	2	8	1	-
Abschreibungen	Schlüssel	1	4	2	1

Der vereinfachte BAB sieht dann wie folgt aus:

Kostenstellen Kostenarten	Summe	Materialstelle	Fertigungsstelle	Verwaltungsstelle	Vertriebsstelle
Zuschlagsbasis		Materialeinzelkosten	Fertigungseinzelkosten	Herstellkosten	Herstellkosten
Hilfs- und Betriebsstoffe	40.000	7.600	32.400	-	-
Gehälter	27.800	5.000	10.000	8.200	4.600
Sozialkosten	20.000	4.000	8.000	4.000	4.000
Steuern	36.000	3.000	24.000	6.000	3.000
sonst. Kosten	55.000	10.000	40.000	5.000	-
Abschreibungen	51.200	6.400	25.600	12.800	6.400
Summe		36.000	140.000	36.000	18.000
Zuschlagssatz		12%	80%	5,5%	2,8%

Kalkulation (Kostenträgerrechnung):

Materialeinzelkosten	300.000	
+ Materialgemeinkosten	36.000	12%
+ Fertigungseinzelkosten	175.000	
+ Fertigungsgemeinkosten	140.000	80%
= Herstellkosten	651.000	
+ Verwaltungsgemeinkosten	36.000	5,5%
+ Vertriebsgemeinkosten	18.000	2,8%
+ Sondereinzelkosten des Vertriebs	4.000	
= Gesamtkosten	709.000	

Grundsätzlich bestehen folgende Möglichkeiten, Kosten Kostenträgern zuzurechnen:

- **Verursachungsprinzip** – Dies entspricht dem Ideal: Sämtliche Kosten werden gerecht, d.h. verursachungsgemäß, zugerechnet. In der Praxis ist es jedoch nicht möglich, die erforderlichen Daten zu ermitteln, oder es ist einfach zu aufwendig. So müßte z.B. bei den Personalkosten minutengenau ermittelt werden, wie lange sich wer mit welchem Kostenträger beschäftigt hat. Die Betriebsabrechnung versucht, diesem Prinzip durch ein verursachungsgerechtes Verteilungsschema möglichst nahe zu kommen.
- **Tragfähigkeitsprinzip** – Grundlage dieses Verfahrens ist es, die nicht verursachungsgerecht zurechenbaren Kosten nach der Fähigkeit, Kosten zu übernehmen, zu verrechnen. Das Produkt, das den höchsten Verkaufspreis oder die höchsten variablen bzw. Einzelkosten hat, soll auch den größten Teil der nicht verursachungsgerecht zurechenbaren Kosten tragen. „Billige" Produkte werden entsprechend weniger belastet. Es liegt auf der Hand, daß dieses Verfahren zwar rechentechnisch elegant ist (es kann nämlich defizitäre Produkte im Einzelfall profitabel rechnen), jedoch nicht unbedingt gerecht.
- **Durchschnittsbildung** – Dieses Verfahren besticht durch seine Einfachheit, ist jedoch noch weiter von einer gerechten Verrechnung von Kosten entfernt. Hier werden einfach Kostensätze in absolut gleicher Höhe auf die einzelnen Kostenträger verrechnet.

1.4 Kostenrechnungssysteme

1.4.1 Überblick über Kostenrechnungssysteme

Nach dem Zeitbezug und dem Differenzierungsgrad der Kostenrechnung lassen sich folgende Grundformen von Kostenrechnungssystemen unterscheiden:

a) nach dem Zeitbezug

Istkostenrechnung - Die Kosteninformationen sind vergangenheits- bzw. gegenwartsbezogen. Die Istkostenrechnung wird durchgeführt, um die in einer abgelaufenen Periode angefallenen Kosten zu ermitteln. Für Zwecke der Kalkulation eines Angebots werden sie auf den jeweiligen Zeitpunkt des Vertragsabschlusses bezogen und sind damit gegenwartsbezogen. Die ermittelten Kosten sind damit „tatsächliche" und unabhängig von allen Schätzungen, Fortschreibungen usw.

Diese theoretische Genauigkeit existiert allerdings nicht in der Praxis, da ein Teil der Kosten kalkulatorischer Art ist. Werden z.B. pauschale Abschreibungen angesetzt, die mitunter einen erheblichen Teil der Gesamtkosten ausmachen, kann von Aktualität und Genauigkeit kaum mehr die Rede sein. Dann wird der Vorteil der Istkostenrechnung stark gemindert.

Man kann sich leicht vorstellen, daß der Vorteil der Aktualität (z.B. Berücksichtigung aktueller Preisentwicklungen) mit einem sehr hohen Aufwand erkauft werden muß. Immer dann, wenn eine neue Kosteninformation erwünscht wird (z.B. bei einer Angebotskalkulation), muß neu ermittelt werden. Darüber hinaus machen sich zufällige, einmalige Schwankungen bemerkbar. Sind nämlich zum Zeitpunkt der Kalkulation die Kosten für einen Kalkulationsposten zufälligerweise besonders hoch, wird entsprechend der Angebotspreis erhöht. Dies kann einen Auftragsverlust nach sich ziehen, obwohl schon kurze Zeit später ein günstigerer Preis angeboten werden könnte, weil sich das Preisniveau wieder normalisiert. Schließlich ist es bei einer Istkostenrechnung nicht sinnvoll möglich, die Einhaltung von Kosten zu kontrollieren, weil es keine Vergleichsgrundlage oder Zielvorgabe gibt.

Normalkostenrechnung - Die Normalkostenrechnung basiert auf dem Durchschnitt verschiedener Istkosten. Anstatt jeweils neu die aktuellen Kosten zu ermitteln, wird aus einer Reihe von Istkosten ein „stabiler" Wert ermittelt, der für eine Periode beibehalten wird. Es entsteht ein System von Verrechnungspreisen, das auf bestimmten Grundannahmen über die Kapazitätsauslastung beruht.

Mit Hilfe der Normalkosten können zwar die Schwankungen der Istkostenrechnung vermieden werden, jedoch ist auch hier noch keine Kostenkontrolle möglich. Die Gefahr dieses Systems ist darin zu sehen, daß ein Vertrauen in die Gültigkeit der Normalkosten zu unbemerkten Ertragsproblemen führt, weil die aktuelle Entwicklung nicht mehr beachtet wird.

Plankostenrechnung - Die Plankostenrechnung basiert auf einer Prognose der Kostenentwicklung für einen bestimmten Zeitraum. Zu Beginn der Periode wird aufgrund von Verbrauchsstudien und Schätzungen über die zukünftige Kostenentwicklung eine Kostenvorgabe bestimmt, die bis zum Ende der Periode nicht mehr verändert wird. Dann wird jedoch mit Hilfe einer Istkostenrechnung ermittelt, wie sich die Kosten tatsächlich entwickelt haben und ob es gelungen ist, z.B. Kostensenkungspläne einzuhalten.

Da es verschiedene Ausprägungen der Plankostenrechnung gibt, wird sie weiter unten ausführlicher behandelt.

b) nach dem Differenzierungsgrad

Unter „Kostenbegriffe" wurde bereits die Unterscheidung von fixen und variablen Kosten erläutert. In den Unternehmen ist es jedoch nicht immer selbstverständlich, diese Unterscheidung zu treffen. Vor allem in kleinen und mittleren Unternehmen trifft man mitunter noch Vollkostenrechnungssysteme an, die fixe und variable Kosten nicht trennen. Für Marketing-Entscheidungen ist es jedoch von größter Wichtigkeit, daß diese Unterscheidung vorgenommen wird.

Vollkostenrechnung - Es gibt nur Gesamtkosten, keine variablen und fixen Bestandteile, die separat ausgewiesen werden.

Teilkostenrechnung - Fixe und variable Kosten werden ebenso getrennt wie Einzel- und Gemeinkosten. Dadurch ist es möglich, zu einer verursachungsgerechten Verrechnung von Kosten zu kommen. Fixkosten werden nicht über ein (immer ungerechtes) Verfahren der Verrechnung auf die Kostenträger verteilt, sondern einer *Gruppe* von Kostenträgern zugerechnet. Maßgebend ist die Verursachung der Kosten. Fixkosten, die von einer Abteilung verursacht werden, die eine bestimmte Produktlinie betreut, werden dieser Produktlinie als Block zugerechnet und nicht einem einzelnen Kostenträger oder dem Gesamtunternehmen. Damit entsteht ein hierarchisch gegliedertes Kostenrechnungssystem.

Die Unterschiede zwischen Voll- und Teilkostenrechnung sowie den Zurechnungsverfahren können anhand des folgenden Beispiels verdeutlicht werden:

In einem Unternehmen, das drei Produkte herstellt, soll der Betriebserfolg berechnet werden. Folgende Angaben stehen zur Verfügung:

Produkt	Menge	Preis	var. Kosten	Fixkosten
A	150	150	110	
B	100	500	300	30000
C	50	1000	550	

Bei Vollkostenrechnung:

a) Verrechnung der Fixkosten nach dem Durchschnittsprinzip:

Fixkosten 30.000 : Menge 300 = 100/Stück
Gesamtkosten: A = 110 + 100 = 210
B = 300 + 100 = 400
C = 550 + 100 = 650

(Anmerkung: Nur für dieses Beispiel sind die Fixkosten im Vollkostenrechnungssystem bekannt!)

Gewinn:	A:	-60	x	150	= -9000
	B:	100	x	100	= 10000
	C:	350	x	50	= 17500
	Summe:				18500

Diese Rechnung verleitet zu der Entscheidung, Produkt A aus dem Sortiment zu entfernen. Da kurzfristig die Fixkosten erhalten bleiben, müßten B und C stärker belastet werden. Die Gesamtkosten lägen dann nicht mehr bei 400 für A und 650 für B, sondern bei 500 bzw. 750. B käme dann auf einen Gewinn von 0 und C von 250 x 50 = 12.500. Der Gesamtgewinn würde also um DM 6.000 sinken.

b) Verrechnung der Fixkosten nach dem Tragfähigkeitsprinzip:

Der Gesamtumsatz beträgt 122.500. Der Fixkostenanteil liegt bei 24,5% (30.000 : 122.500), die Bezugsgröße ist dabei der Preis. Die Gesamtkosten sind dann:

Produkt	Menge	Preis	var. Kosten	fixe Kosten	Gesamtkosten/ Stück	Gesamtkosten
A	150	150	110	36,66	146,66	22000,00
B	100	500	300	122,50	422,50	42250,00
C	50	1000	550	245,00	795,00	39750,00

Über alle Produkte liegen die Gesamtkosten bei DM 104.000. Der Gewinn beträgt dann wieder DM 18.500.

Bei Teilkostenrechnung:

Hier wird nun unter Verwendung der Daten über Preis und variable Kosten/Stück der Deckungsbeitrag jedes Produkts ermittelt. Die Differenz aus der Summe der Deckungsbeiträge und den fixen Kosten (nicht auf die einzelnen Produkte verteilt!) ist der Gewinn.

Produkt	Menge	Preis	var. Kosten	DB	Gesamt-DB
A	150	150	110	40	
B	100	500	300	200	48.500
C	50	1000	550	450	

Gesamt-DB – Fixkosten = Gewinn: DM 48.500 – DM 30.000 = DM 18.500

Kombiniert man die beiden Kriterien Zeitbezug und Differenzierungsgrad miteinander, so ergeben sich sechs möglich Kostenrechnungssysteme:

		Differenzierungsgrad	
		Vollkosten	Teilkosten
	Istkosten	1	2
Zeitbezug	Normalkosten	3	4
	Plankosten	5	6

In der Praxis sind jedoch nicht alle möglichen Kombinationen regelmäßig zu finden. So ist davon auszugehen, daß insbesondere die extremen Ausprägungen (Variante 1 als einfachstes Kostenrechnungssystem und 6 als komplexestes) häufig zu finden sind. Die Vollkostenrechnung mit Istkosten stellt die geringsten Anforderungen an das Rechnungswesen und ist häufig in Unternehmen zu finden, die ihr Rechnungswesen über Jahrzehnte nicht weiterentwickelt haben. Teilkostenrechnung mit Plankosten liefert die fundiertesten Kosteninformationen und ist Standard bei Großunternehmen mit umfangreichem Produktprogramm in dynamischen Märkten.

1.4.2 Plankostenrechnung

1.4.2.1 Kostenplanung

Die **Plankostenrechnung** ist das einzige Kostenrechnungssystem, das eine Kostenkontrolle erlaubt. Da dies einer der Hauptzwecke der Kostenrechnung ist, sollte die Kostenplanung selbstverständlich sein. So wichtig sie auch ist, so unsicher ist wiederum die Durchführung. Kostenplanung hängt nämlich von einigen Variablen ab, die nicht mit Sicherheit zu planen sind:

- **Kostenobjekt:** Wird im Zusammenhang mit der Einführung eines Neuprodukts auf dem Markt eine Plankostenrechnung mit dem Ziel der Ermittlung des Angebotspreises durchgeführt, besteht mitunter noch Unsicherheit darüber, aus welchen einzelnen Komponenten das Produkt bestehen wird. So kann während der ersten Verkaufsmonate durchaus ein Lieferantenwechsel in Frage kommen, wenn z.B. mit Beschaffungsteilen Qualitätsprobleme auftreten oder andere Teile sich als günstiger erweisen. Beispiele hierfür finden sich bei den Automobilherstellern, die nicht selten kurz nach Einführung eines Produktes Lieferantenwechsel vornehmen oder gar konstruktive Änderungen durchführen.
- **Menge:** Ebenso kann es Änderungen der geplanten Produktionsmenge geben, vor allem aufgrund besserer oder schlechterer Absatzzahlen. Solche Mengenschwankungen beeinflussen die Einkaufspreise (Mengenrabatt) und können auch zur Auswahl eines weiteren Lieferanten führen, der andere als die eingeplanten Preise verlangt.
- **Preis:** Es ist nicht immer möglich, für den Planungszeitraum eine Vereinbarung über den Beschaffungspreis zu treffen. Währungskursschwankungen können zu erheblichen Preisänderungen auf dem Beschaffungsmarkt führen und die Plankostenrechnung zur Makulatur werden lassen. Besondere Preisgefahren bestehen bei Produkten, deren Angebotsstruktur monopolistisch oder oligopolistisch ist. So schwanken etwa die Preise für Kunststoffe in Abhängigkeit von der Nachfrage sehr stark, da es nur wenige Anbieter gibt, die nicht flexibel auf Nachfrageschwankungen reagieren, sondern den Preis anpassen.

Der erste Schritt der Plankostenrechnung besteht aus der **Kostenplanung**. Dabei ist die Planung der Einzel- und die der Gemeinkosten zu unterscheiden. Einzelkosten werden kostenträgerspezifisch, Gemeinkosten werden kostenstellenspezifisch geplant. Zunächst ist die Bezugsgröße der Kostenplanung festzustellen. Bei Einzelkosten wird dies meist die geplante Produktionsmenge sein. Bei Gemeinkosten kommen Nutzungszeiten (bei Maschinen), zurückgelegte Strecken (bei Reisekosten) usw. in Frage.

a) Planung der Einzelkosten

Im Falle der Materialeinzelkosten beispielsweise wird geschätzt, wieviel Kostenträger (Produkte) im Planungszeitraum hergestellt werden sollen, welche Materialien in welchem Umfang für die Herstellung benötigt werden und welcher Preis für diese Materialien zu zahlen ist.

Beispiel: Die Materialeinzelkosten für die Herstellung einer Tube Zahnpasta sollen geplant werden. Es wird eine Jahresproduktionsmenge von 2.000.000 Stück erwartet. Die Materialeinzelkosten entstehen für: Verpackung, Tube, Verschluß und Zahnpasta. Die Zahnpasta wird im eigenen Werk hergestellt, die anderen Teile werden zugekauft. Von den Lieferanten werden Angebote für die einzelnen Teile auf der Basis der geplanten Produktionsmenge eingeholt, der

Verrechnungspreis für die Zahnpasta wird im Werk auf der Basis der Mengenschätzung ermittelt. Die ermittelten Preise sind:

Verpackung:	0,10/Stück
Tube:	0,25/Stück
Verschluß:	0,05/Stück
Zahnpasta:	7,00/kg

Für eine 75g-Tube ergeben sich damit Materialeinzelkosten von DM 0,925 pro Stück.

Sinnvoll ist es, noch einen Zuschlag für Ausschuß und Abfälle einzubeziehen, z.B. als prozentualer Anteil der Plankosten oder Planmengen.

b) Planung der Gemeinkosten

Die Planung der Gemeinkosten ist weitaus schwieriger und mit größerer Unsicherheit verbunden als die der Einzelkosten. Als besonderes Problem stellen sich die fixen und variablen Bestandteile der Kosten heraus. Da die variablen Kostenteile von der Produktionsmenge abhängig sind, müssen sie dementsprechend mengenabhängig geplant werden. Bei den fixen Kostenteilen ist dies nicht erforderlich. Wird eine Planung in Abhängigkeit von der Produktionsmenge vorgenommen, handelt es sich um eine flexible Plankostenrechnung, geschieht dies nicht, um eine starre.

Die **flexible Plankostenrechnung** für Gemeinkosten erfordert es, Kosten einer Kostenstelle für unterschiedliche Beschäftigungsgrade (d.h. Produktionsmengen) zu errechnen. Für den Planbeschäftigungsgrad, also die geplante Produktionsmenge, werden die Plankosten ermittelt. Für alternative Beschäftigungsgrade, also mögliche Abweichungen vom Planbeschäftigungsgrad, werden die entsprechenden Sollkosten ermittelt. Stellt sich später heraus, daß nicht der Planbeschäftigungsgrad erreicht wurde, kann zum Zweck der Kostenkontrolle auf die alternativ errechneten Sollkosten zurückgegriffen werden.

Im Verwaltungs- und Vertriebsbereich, in dem die Fixkosten aufgrund des hohen Personalkostenanteils überwiegen, kommen die Verfahren der Budgetierung zur Anwendung. Da sie im Abschnitt „Marketing-Planung" ausführlich behandelt werden, sollen sie hier nicht näher betrachtet werden.

Beispiel: Für die Vertriebskostenstelle eines Ein-Produkt-Unternehmens sollen die Plankosten ermittelt werden. Die Kostenstelle verursacht Fixkosten (Personal, Mieten, Büroausstattung usw.) und variable Kosten (Provisionen, Transport usw.). Folgende Daten stehen zur Verfügung:

Personalkosten:	DM 20.000/Monat
Miete (kalkulatorisch):	DM 5.000/Monat
Büroausstattung:	DM 2.000/Monat
Provision:	DM 25 pro Stück
Transport:	DM 12 pro Stück

Die Planbeschäftigung beträgt pro Jahr 80.000 Stück. Die Plankosten liegen bei DM 3.284.000 (DM 41,05/Stück). Unter Berücksichtigung alternativer Produktionsmengen ergeben sich folgende Plankosten:

Produktionsmenge	Plankosten gesamt	Plankosten pro Stück
60.000	2.544.000	42,40
80.000	3.284.000	41,05
100.000	4.024.000	40,24
120.000	4.764.000	39,70

In die Plan-Kalkulation werden DM 41,05 als Vertriebskosten aufgenommen. Entsprechend wird der Angebotspreis gebildet. Stellt sich im nachhinein heraus, daß die tatsächliche Produktionsmenge bei 100.000 lag, werden bei der Kontrolle der Vertriebskosten die dann ermittelten Ist-Kosten den Soll-Kosten von DM 40,24 gegenübergestellt. Hätte man nämlich schon vorher die Produktionsmenge gekannt, wären DM 40,24 in die Kalkulation eingeflossen.

Die beiden vorangegangenen Beispiele stehen für **eine flexible Plankostenrechnung auf Vollkostenbasis**. Die Bezeichnung „auf Vollkostenbasis" ist in diesem Beispiel durchaus etwas irreführend, weil sie in Anlehnung an den Begriff „Vollkostenrechnung" nahelegt, daß fixe und variable Kosten nicht unterschieden werden. Sie müssen bei der Berechnung der Plankosten verwendet werden, weil sonst keine abweichenden Sollkosten/Stück zu ermitteln gewesen werden.

Alternativ kann eine **Grenzplankostenrechnung** durchgeführt werden, die nur die variablen Kosten berücksichtigt. Die Fixkosten werden als Block behandelt und den Gesamtkosten zugeschlagen, also nicht einer Kostenstelle oder einem Kostenträger. Die gedankliche Grundlage ist wie bei der Teilkostenrechnung die ausschließliche Berücksichtigung der entscheidungsrelevanten Kosten.

1.4.2.2 Kostenkontrolle

Zweck der Plankostenrechnung ist, wie gesagt, die Kontrolle der Kosten, d.h. die Gegenüberstellung geplanter und tatsächlich angefallener Kosten. Die ermittelte Differenz soll in konkrete Handlungsanweisungen für die nächste Periode umgesetzt werden, so daß genauere Planungen (wichtig z.B. für die Preisbestimmung) und kostenbewußteres Verhalten während der Planperiode erreicht werden.

Die flexible Plankostenrechnung liefert folgende **Auswertung** (in Anlehnung an Däumler/Grabe 1991, S. 105ff.):

KP = Plankosten B = Beschäftigung
Kvp = variable Plankosten Kfp = fixe Plankosten
KI = Istkosten
SKI = Sollkosten zu Istpreisen
KSI = Sollkosten der Istbeschäftigung
Kver = verrechnete Plankosten
GA = Gesamtabweichung = Istkosten – verrechnete Plankosten
BA = Beschäftigungsabweichung = Sollkosten der Istbeschäftigung – verrechnete Plankosten

PA = Preisabweichung = Sollkosten zu Istpreisen – Sollkosten
VA = Verbrauchsabweichung = Istkosten – Sollkosten der Istbeschäftigung

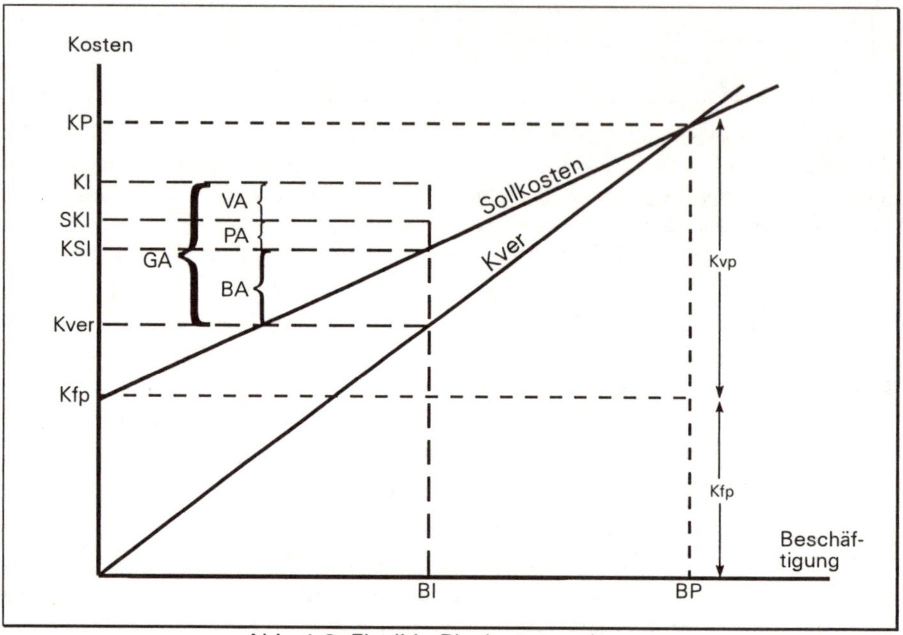

Abb. 1.8: Flexible Plankostenrechnung

Aus der Gegenüberstellung von Ist- und Plankosten ergeben sich vier Abweichungen:

- Die **Beschäftigungsabweichung** ist die Differenz aus Sollkosten bei Istbeschäftigung und verrechneten Plankosten. Sie gibt die Kostenänderung an, die durch die veränderte Beschäftigung entsteht. Liegt die tatsächliche Beschäftigung unter der geplanten, so werden, bedingt durch den Fixkostenanteil, die Sollkosten über den Plankosten liegen.
- Die **Verbrauchsabweichung** ist die Differenz aus Istkosten und Sollkosten bei Ist-Beschäftigung. Sie tritt dann in Erscheinung, wenn höhere Kosten als geplant verursacht wurden und diese nicht auf eine veränderte Beschäftigung, sondern auf den Verbrauch an Materialien und Leistungen in der Kostenstelle zurückzuführen sind. Die Kostenstelle ist also für die Verbrauchsabweichung selbst verantwortlich.
- Eine **Preisabweichung** entsteht dann, wenn sich die Preise auf den Beschaffungsmärkten ändern, Lieferanten die Preise erhöhen oder senken oder sich die Wechselkurse ändern, wenn Vorprodukte importiert werden. Handelt es sich um Preissteigerungen, so steigen die Istkosten und damit die Gesamtabweichung. Handelt es sich um Preissenkungen, könnte eine eventuell vor-

handende Verbrauchsabweichung kompensiert werden. Für eine Preisabweichung ist die Kostenstelle nicht verantwortlich.

- Die **Gesamtabweichung** schließlich ist die Summe aus Verbrauchs- und Beschäftigungsabweichung.

Dazu ein **Beispiel:** Für eine Kostenstelle wird eine Beschäftigung von 1.000 Einheiten in der Periode geplant. Die Plankosten liegen bei DM 17.000, davon sind DM 11.000 variable und DM 6.000 fixe Kosten. Pro Leistungseinheit ergeben sich Vollkosten von DM 17. Die Sollkostenfunktion lautet damit:

KSI = Kfp + B • Kvp

KSI = 6000 + B • 11

Die tatsächliche (Ist-)Beschäftigung liegt bei 600 Einheiten, die Istkosten betragen DM 15.000. Die Sollkosten für diese Menge liegen aber bei KSI = DM 12.600 (6000 + 600 • 11). Verrechnet wurden nur DM 10.200 (600 • DM 17).

Die Beschäftigungsabweichung BA liegt bei KSI – Kver = DM 12.600 – DM 10.200 = DM 2.400. Die Verbrauchsabweichung VA liegt bei KI – KSI = DM 15.000 – DM 12.600. Die Gesamtabweichung ist damit DM 4.800.

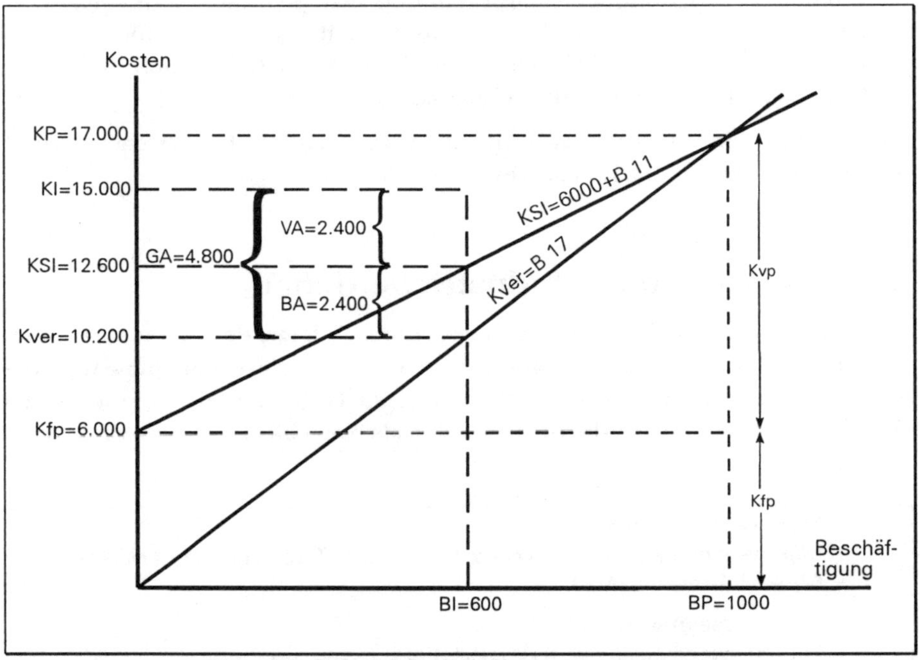

Abb. 1.9: Beispiel flexible Plankostenrechnung

1.5 Kalkulationsverfahren

1.5.1 Allgemeine Formen der Kalkulation

Die **Kostenträgerstückrechnung** oder **Kalkulation** ist für den Marketing-Bereich einer der wichtigsten Teile der Kostenrechnung. Sie ist nämlich eine der Grundlagen für Preisentscheidungen. Folgende Arten der Kalkulation, die sich jeweils nur für bestimmte Betriebsarten eignen, lassen sich unterscheiden:

- **Divisionskalkulation** – Gesamtkosten werden durch die Stückzahl geteilt. Sinnvoll nur im Einproduktbetrieb.
- **Äquivalenzziffernkalkulation** – Kosten werden mit Hilfe von Vergleichbarkeitsziffern in Abhängigkeit von der Ähnlichkeit (Äquivalenz) der Produkte umgelegt. Sinnvoll in Betrieben, die unterschiedliche, aber ähnliche Produkte fertigen (Sortenfertigung).
- **Zuschlagskalkulation** – Gemeinkosten werden über Kostenstellen den Kostenträgern zugerechnet. Geeignet bei heterogenem Produktionsprogramm.
- **Kalkulation bei Komplementärproduktion** (Kuppelproduktion) – Falls bei der Produktion neben dem Hauptprodukt auch sog. Neben- oder Kuppelprodukte entstehen, eignen sich weitere Formen der Kalkulation: Restwert-, Kostenverteilungs- und Marktpreismethode.

In der Regel wird die Zuschlagskalkulation das geeignete Instrument sein und soll im folgenden als einziges dargestellt werden.

1.5.2 Kalkulation in Industriebetrieben

Für den Fall einer **Vollkostenrechnung** ergibt sich folgendes Kalkulationsschema (es handelt sich um eine differenzierende Zuschlagskalkulation, weil die Gemeinkosten weiter aufgegliedert werden, im Gegensatz zur summarischen Zuschlagskalkulation, die die Gemeinkosten als einen Block behandelt):

	Materialeinzelkosten (MEK)	
+	Materialgemeinkosten (MGK)	(als prozentualer Zuschlagssatz zu MEK)
=	**Materialkosten (MK)**	
	Fertigungseinzelkosten (FEK)	
+	Fertigungsgemeinkosten (FGK)	(als prozentualer Zuschlagssatz zu FEK)
+	Sondereinzelkosten der Fertigung (SEF)	
=	**Fertigungskosten (FK)**	
	Materialkosten (MK)	
+	Fertigungskosten (FK)	
=	**Herstellkosten (HK)**	

+ Verwaltungsgemeinkosten (VwGK) (prozentualer Zuschlag zu den Herstellkosten)
+ Vertriebsgemeinkosten (VtGK) (prozentualer Zuschlag zu den Herstellkosten)
+ Sondereinzelkosten des Vertriebs (SEVt)
= **Selbstkosten (SK)**

+ Gewinnaufschlag (Gew) (prozentualer Zuschlag zu den Selbstkosten)
= **Barverkaufspreis (BVP) (Netto-Preis)**

+ Kundenskonto (Ksk) (prozentual vom Zielverkaufspreis)
= **Zielverkaufspreis (ZVP)**

+ Kundenrabatt (Krab) (prozentual vom Listenverkaufspreis netto)
= **Listenverkaufspreis netto (LVP)**

+ Mehrwertsteuer (MWST) (prozentual vom Listenverkaufspreis netto)
= **Angebotspreis brutto (AP)**

Abb. 1.10: Kalkulationsschema der Zuschlagskalkulation bei Vollkostenrechnung

Für den Fall einer **Teilkostenrechnung** ergibt sich folgendes Kalkulationsschema:

Materialeinzelkosten (MEK)
+ variable Materialgemeinkosten (vMGK)
+ Fertigungseinzelkosten (FEK)
+ variable Fertigungsgemeinkosten (vFGK)
+ Sondereinzelkosten der Fertigung (SEF)
= **variable Herstellkosten (vHK)**

+ variable Verwaltungsgemeinkosten (vVwGK)
+ variable Vertriebsgemeinkosten (vVtGK)
+ Sondereinzelkosten des Vertriebs
= **variable Stückkosten (vStK)**

+ Fixkostensatz (fK)
= **Selbstkosten (SK)**

+ Gewinnzuschlag (Gew) (prozentualer Zuschlag zu den Selbstkosten)
= **Barverkaufspreis (BVP) (Netto-Preis)**

+ Kundenskonto (Ksk) (prozentual vom Zielverkaufspreis)
= **Zielverkaufspreis (ZVP)**

+ Kundenrabatt (Krab) (prozentual vom Listenverkaufspreis netto)
= **Listenverkaufspreis netto (LVP)**

+ Mehrwertsteuer (MWST) (prozentualer Zuschlag zum Listenverkaufspreis netto)
= **Angebotspreis brutto (AP)**

Abb. 1.11: Kalkulationsschema Zuschlagskalkulation bei Teilkostenrechnung

1.5.3 Kalkulation in Handelsbetrieben

Die gezeigten Beispiele beziehen sich auf produzierende Unternehmen. In anderen Branchen sind abgewandelte Kalkulationsschemata zu verwenden. Im Handel kann folgendes Schema eingesetzt werden:

	Angebotspreis		Personalkosten
–	Rabatt	+	Provisionen
–	Boni	+	Raumkosten
+	Zuschläge (z.B. für Mindermengen)	+	Werbekosten
=	**Zieleinkaufspreis**	+	Logistikkosten
–	Skonto	+	Kapitalkosten
=	**Bareinkaufspreis**	+	Abschreibungen
+	Bezugskosten	+	Verwaltungskosten
=	**Einstandspreis**	=	**Handlungskosten**

	Einstandspreis
+	Handlungskosten
=	**Selbstkosten**

	Selbstkosten
+	Gewinnaufschlag (prozentual von den Selbstkosten)
=	**Barverkaufspreis**
+	Kundenskonto (prozentual vom Zielverkaufspreis)
=	**Zielverkaufspreis**
+	Kundenrabatt (prozentual vom Netto-Verkaufspreis)
=	**Netto-Verkaufspreis**
+	Mehrwertsteuer (prozentual vom Netto-Verkaufspreis)
=	**Brutto-Verkaufspreis**

Abb. 1.12: Zuschlagskalkulation im Handel

Im Handel ist aber schon aus Gründen einer differenzierten **Preispolitik** sinnvollerweise eine Teilkostenrechnung einzusetzen. Der Verkaufspreis stellt den wohl wichtigsten Aktionsparameter im Marketing des Handels dar. So ist es üblich, Verkaufspreise unterschiedlich zu kalkulieren, um jeweils unterschiedliche Ziele mit den einzelnen Produkten zu erreichen.

Besonders niedrig wird der Preis bei der sog. **„Zugartikelkalkulation"** angesetzt. Mit Hilfe ausgewählter Zugartikel sollen Kunden in das Geschäft gelockt werden und neben diesen besonders günstigen Artikeln auch andere kaufen. Zugartikel sollen keine Deckungsbeiträge erwirtschaften.

Die **Sonderangebotskalkulation** ist weniger auf das Anlocken von Kunden als vielmehr auf das Erzielen von Deckungsbeiträgen durch große Mengen ausgerichtet. Der Deckungsbeitrag pro Stück soll gering, aber auf jeden Fall positiv sein, der Verkauf muß also einen Erfolgsbeitrag leisten.

Die **Kompensationskalkulation** schließlich soll einen Ausgleich für die Verluste aus den beiden anderen Kalkulationsarten schaffen. Hier werden Vollkosten angesetzt.

Im folgenden Beispiel (nach Däumler/Grabe 1991a, S. 289ff.) werden die Handlungskosten in Lager- und Verkaufskosten unterteilt. Preisminderungen des Lieferanten sind im Einkaufspreis bereits berücksichtigt. Rabatte werden nicht gewährt. Ein Artikel kommt dann je nach Kalkulationsart zu unterschiedlich hohen Auszeichnungspreisen.

Zugartikel-Kalk.	**Sonderangebots-Kalk.**	**Kompensations-Kalk.**
Einkaufspreis	Einkaufspreis	Einkaufspreis
+ var. VerkaufsGK	+ Verkäuferprovision	+ Warenausgangskosten
+ var. LagerGK	= **ArtikelEK**	+ Verkäuferprovision
= **var. Artikelkosten**	+ var. VerkaufsGK	= **ArtikelEK**
+ Mehrwertsteuer	+ var. LagerGK	+ var. VerkaufsGK
= **Auszeichnungs-preis**	= **var. Artikelkosten**	+ var. LagerGK
	+ Deckungsbeitrag	= **var. Artikelkosten**
	= **Netto-Auszeichn.preis**	+ Fixkostensatz
	+ Mehrwertsteuer	= **gesamte Artikelkosten**
	= **Auszeichnungspreis**	+ Gewinnzuschlag
		= **Barverkaufspreis**
		+ Kundenskonto
		= **Netto-Auszeichn.preis**
		+ Mehrwertsteuer
		= **Auszeichnungspreis**

Abb. 1.13: Zugartikel-, Sonderangebots- und Kompensationskalkulation im Handel

Beispieldaten:

Einkaufspreis	185 DM	Warenausgangskosten	10 DM
Verkäuferprovision	2 DM	var. VerkaufsGK-Zuschlag	3 %
var. LagerGK-Zuschlag	2 %	Fixkostensatz	15 %
Gewinn	8 %	Kundenskonto	2 %
Mehrwertsteuer	15 %		

Zugartikel-Kalk.		**Sonderangebots-K.**		**Kompensations-Kalk.**	
EK	185,00	EK	185,00	EK	185,00
+ var. Verk.GK	5,55	+ Verk.prov.	2,00	+ Warenausg.k.	10,00
+ var. LagerGK	3,70	= **ArtikelEK**	**187,00**	+ Verk.prov.	2,00
= **var. Art.k.**	**194,25**	+ var. Verk.GK	5,55	= **ArtikelEK**	**197,00**
+ Mwst.	29,14	+ var. LagerGK	3,70	+ var. Verk.GK	5,55
= **Ausz.preis**	**223,39**	= **var. Art.k.**	**196,25**	+ var. LagerGK	3,70
		+ DB	24,55	= **var. Art.kost.**	**206,25**
		= **N-Ausz.pr.**	**220,80**	+ Fixk.satz	30,94
		+ Mwst.	33,12	= **ges. Art.kost.**	**237,19**
		= **Ausz.preis**	**253,92**	+ Gewinnzuschl.	18,98
				= **BarVK**	**256,17**
				+ K.skonto	5,23
				= **N-Ausz.preis**	**261,40**
				+ Mwst.	39,21
				= **Ausz.preis**	**300,61**

Problem bei dieser Kalkulation ist die Abhängigkeit der Fixkostendeckung von der Absatzmenge. Die Kalkulationen unterscheiden sich darin, daß in unterschiedlichem Ausmaß variable Kosten berücksichtigt und Fixkosten aufgeschlagen werden. Eine solche Vorgehensweise ist natürlich nur dann längerfristig tragbar, wenn die Fixkosten, die prinzipiell auch auf den Zugartikel entfallen, insbesondere von den Kompensationsartikeln getragen werden.

- Als **Zugartikel** erwirtschaftet das Produkt keinen Deckungsbeitrag,
- als **Sonderangebot** einen Deckungsbeitrag, aber keinen Gewinnbeitrag, und
- als **Kompensationsartikel** einen Gewinnbeitrag und einen erhöhten Deckungsbeitrag.

In folgendem **Beispiel** wird eine Kalkulation für drei unterschiedliche Produkte durchgeführt. Jedes Produkt wird mit Handlingkosten von 5% und einer Verkäuferprovision von 2% belastet. Die Fixkosten betragen DM 30.000,-. Es wird ein Gewinn in Höhe von DM 7.400,- angestrebt. Die Einkaufsmengen betragen 1500/500/400 Stück.

Zugartikel-Kalk.		**Sonderangebots-K.**		**Kompensations-Kalk.**	
EK	80,00	EK	100,00	EK	120,00
Handling	4,00	Handling	5,00	Handling	6,00
Provision	1,60	Provision	2,00	Provision	2,40
Preis+var. Kost.	**85,60**	**Preis+var. Kost.**	**107,00**	**Preis+var. Kost.**	**128,40**
MwSt.	12,84	DB	15,00	DB	56,25
Verkaufspreis	**98,44**	**Netto-Preis**	**122,00**	**Selbstkosten**	**184,65**
		MwSt.	18,30	Gewinn	18,50
		Verkaufspreis	**140,30**	**Netto-Preis**	**203,15**
				MwSt.	30,47
				Verkaufspreis	**233,62**

$$\text{Fixkosten} = DB_{\text{Sonderang.}} \cdot \text{Stückzahl}_{\text{Sonderang.}} + DB_{\text{Kompensat.}} \cdot \text{Stückzahl}_{\text{Kompensat.}}$$

$$= 15 \cdot 500 + 56{,}25 \cdot 400 = 30.000$$

$$\text{Gewinn} = 18{,}50 \cdot 400 = 7.400$$

1.5.4 Kalkulation in Bankbetrieben

In einer Bank kann folgendes Schema verwendet werden (vgl. Schierenbeck 1991, S. 307f.):

Zinsüberschuß [(Bruttomarge – Kostensatz) x durchschnittliches Volumen]
+ Gebühren und Provisionserlöse (Anzahl Posten x Postengebühr)
– Standardrisikokosten
– Standardeinzelkosten (Stückleistungen x Standardkosten)
= **direkter Ergebnisbeitrag des Kontos**

Summe der Ergebnisbeiträge der Konten eines Kunden
= **direkter Ergebnisbeitrag eines Kunden**

Summe der Ergebnisbeiträge der Kunden einer Kundengruppe
+ Risikoergebnis der Kundengruppe
+ Produktivitätsergebnis der Kundengruppe
= **direkter Ergebnisbeitrag der Kundengruppe**

Summe der Ergebnisbeiträge der Kundengruppen
= **direktes Teilbetriebsergebnis des Kundengeschäfts**

Abb. 1.14: Kalkulation im Bankbetrieb

Als Beispiel für die Kalkulation im Dienstleistungsbereich kann die Kalkulation der Standard-Einzelkosten eines Kleinkredits verwendet werden (vgl. Schierenbeck 1991, S. 267):

Tätigkeit	Einheiten/ Kreditfall	Zeitbedarf	Kosten/ Zeiteinheit	Standard-Einzelkosten/ Einheit	Gesamt
Vorgespräch	1	20 min	0,70/min	14,00	
Antragsbearbeitung	1	30 min	0,60/min	18,00	
Kontoeröffnung	1	10 min	0,60/min	6,00	
Schufa-Meldung	1	5 min	0,60/min	3,00	
Anlegen der Kreditakte	1	10 min	0,60/min	6,00	
Kontoauswertung	8	8 min	0,70/min	44,80	
Summe Personalleistungen					91,80
Kontoeröffnung/-löschung	2	0,3 sec	2,50/sec	1,50	
Kontoführung	24	0,3 sec	2,50/sec	18,00	
Kontoabschluß	2	0,5 sec	2,50/sec	2,50	
Summe EDV-Leistungen					22,00
Formulare	5			2,40	
Porti	8			8,00	
Summe Sachmittel					10,40
Standard-Einzelkosten des Kleinkredits					124,40

Abb. 1.15: Beispiel-Kalkulation Kleinkredit

Die Kalkulation besteht aus drei Leistungsbereichen: Personal, EDV und Sachmittel. Diese werden weiter in einzelne Tätigkeiten zerlegt. Die Kosten für jede dieser Tätigkeiten werden ermittelt, indem der Zeit-/Materialbedarf bzw. die Leistungsinanspruchnahme mit den Kosten pro Einheit multipliziert werden. Unsicherheitsfaktoren stellen die Probleme der Ermittlung der durchschnittlichen Bearbeitungszeit und der Kosten für eine Leistungs- oder Zeiteinheit dar. Schon geringfügige Abweichungen von den tatsächlich entstehenden Kosten vervielfachen sich im Laufe der Kalkulation.

Dieses Kalkulationsschema ist aufgrund seines modularen Aufbaus auch für zahlreiche andere Dienstleistungen verwendbar, etwa auch Beratungsleistungen.

1.6 Gesamtkostenverläufe

Die Höhe der Kosten ist in der Regel abhängig von der Produktionsmenge. Wie diese Abhängigkeit konkret aussieht, hängt von einer ganzen Reihe von Faktoren ab, z.B.

- vom eingesetzten Produktionsverfahren
- von der Durchführung von Rationalisierungsmaßnahmen
- von Preiserhöhungen bei Vorprodukten
- von Zufallsschwankungen usw.

Will man grundsätzliche Aussagen über die „optimale" Preispolitik, Kapazitätsplanung u.a. Entscheidungen machen, muß man sich daher mit modellhaften Kostenverläufen auseinandersetzen. Wie sich die Kosten tatsächlich verhalten, kann immer erst im nachhinein festgestellt werden. Im folgenden sollen daher auch nur zwei idealtypische Fälle analysiert werden, nämlich

- ein linearer Kostenverlauf und
- ein ertragsgesetzlicher Kostenverlauf.

Der **lineare Kostenverlauf** wird oftmals bei einfachen Planungsaufgaben unterstellt, wenn keine näheren Informationen vorliegen. Untenstehende Abbildung zeigt, daß der Gewinn mit zunehmender Produktion steigt. Das Gewinnmaximum wird an der Kapazitätsgrenze erreicht. Die Menge, bei der der Übergang von der Verlust- in die Gewinnzone erfolgt, ist die Gewinnschwelle oder Break-Even-Menge. Die Stückkosten sinken degressiv bis zum Erreichen der Kapazitätsgrenze.

Symbole:
U = Umsatz
K_{ges} = Gesamtkosten
K_f = Fixkosten
k = Stückkosten

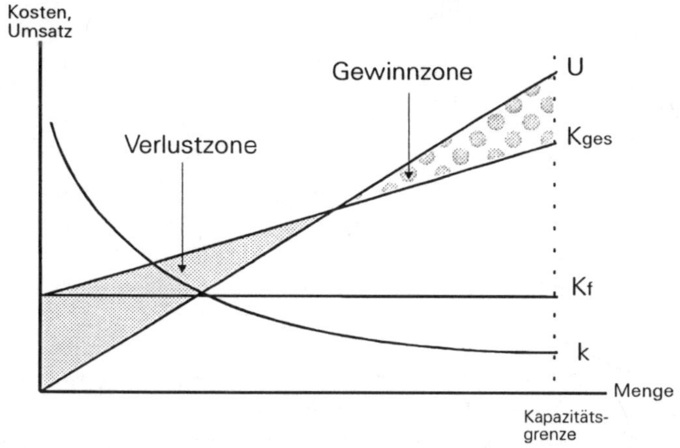

Abb. 1.16: Verlust- und Gewinnzone bei linearem Kostenverlauf

Der **ertragsgesetzliche Kostenverlauf** stammt zwar ursprünglich aus der Landwirtschaft, hat aber auch heute noch als Modellvorstellung seine Berechtigung. Die Kosten steigen zunächst degressiv, weil durch die steigenden Mengen auch bei den variablen Kosten Rationalisierungsmaßnahmen durchgeführt werden können (auch: Senkung der Beschaffungskosten). Die degressive Steigung geht später in eine progressive über. Gründe dafür sind in der Annäherung an die Kapazitätsgrenze zu sehen. So sind etwa Überstundenzuschläge zu zahlen, müssen weniger günstige Beschaffungsquellen genutzt werden usw.

Die Gewinnzone ist im gezeigten Fall nach unten und oben begrenzt. Das Gewinnmaximum liegt in der oberen Darstellung der Gesamtkosten und Umsätze genau dort, wo der Abstand zwischen Kostenkurve und Umsatzgeraden am größten ist. Dieser Punkt läßt sich grafisch ermitteln, indem man die Umsatzgerade parallel verschiebt. Der äußerste Schnittpunkt mit der Kostenkurve bezeichnet das Gewinnmaximum. Dort liegt auch der Schnittpunkt der Grenzkostenkurve mit der Preisgeraden (siehe untere Darstellung). Der Preis ist nichts anderes als der Grenzumsatz (der Umsatz der nächsten verkauften Einheit). Sind die Grenzkosten höher als der Grenzumsatz, entsteht mit der nächsten verkauften Einheit ein Verlust. Sind sie kleiner, wird ein zusätzlicher Gewinn erzielt. Das Gewinnmaximum ist dann noch nicht erreicht.

Das **Betriebsoptimum** bezeichnet die Produktionsmenge, bei der die Stückkosten am geringsten sind. Die Gewinnschwelle ist wie bei linearem Kostenverlauf zu ermitteln.

K' = Grenzkosten
P = Preis, sonst wie oben

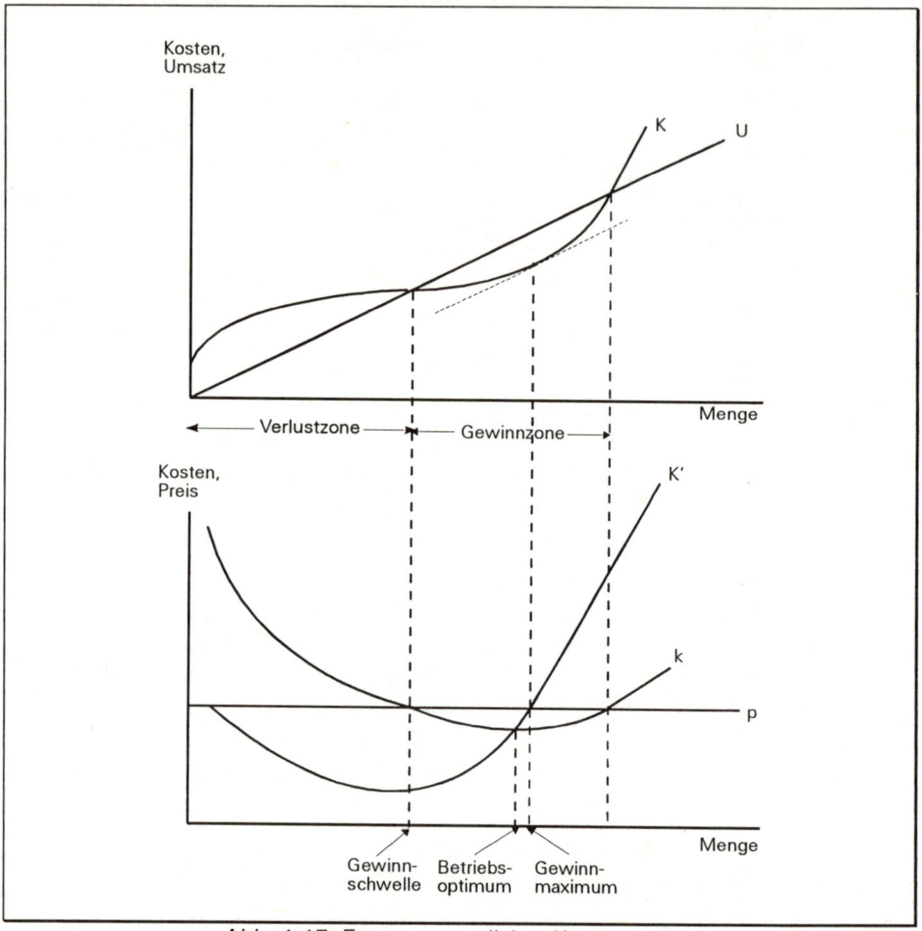

Abb. 1.17: Ertragsgesetzlicher Kostenverlauf

1.7 Kalkulation öffentlicher Aufträge nach den LSP

Da bei Kaufverträgen mit öffentlichen Auftraggebern oft kein Wettbewerb existiert (es besteht regelmäßig ein Nachfragemonopol), bilden sich nicht, wie auf anderen Märkten, Marktpreise im freien Spiel der Kräfte heraus. Mit der Verordnung PR 30/53 des Bundesministers für Wirtschaft über die Preise bei öffentlichen Aufträgen von 1953 (VO PR) und der Anlage „Leitsätze für die Preisermittlung aufgrund von Selbstkosten" (LSP) wurde eine Kalkulationsvorschrift geschaffen.

In der VO PR wurde eine **Präferenzrangfolge** der zu verwendenden Preisarten festgelegt. Wenn der Preis mit erster Präferenz nicht zu ermitteln ist, soll der Preis mit zweiter Präferenz angewendet werden usw.:

1. Staatlich festgesetzter Preis
2. Marktpreis
3. Selbstkostenfestpreis
4. Selbstkostenrichtpreis
5. Selbstkostenerstattungspreis.

Staatlich festgesetzte Preise sind z.B. die Gebührenordnungen der Anwälte, Energietarife, Fernmeldegebühren, Versicherungstarife usw. Ihnen wird vor allen anderen Formen der Preisbildung der Vorrang eingeräumt.

Marktpreise stehen an zweiter Stelle der Präferenzliste, sind aber, wie oben angedeutet, oft nicht in Reinform zu ermitteln. Als Marktpreis wird ein Listenpreis akzeptiert, wenn er vom Anbieter regelmäßig gefordert und tatsächlich realisiert wird. Weiterhin muß die Kalkulation den Preisbildungsvorschriften entsprechen. Wird eine Leistung in nicht marktgängiger Form angeboten, ähnelt sie jedoch einer marktgängigen Leistung, soll der **abgeleitete Marktpreis** verwendet werden. Dabei wird ein Marktpreis durch Zu- und Abschläge an die tatsächliche Leistung angepaßt. Werden durch Leistungen des Auftraggebers größere Kosteneinsparungen ermöglicht (etwa durch Beistellung einzelner Teile), ist ein **modifizierter Marktpreis** anzusetzen. Hierbei sind die entstandenen Kostenvorteile gesondert einzurechnen. Schließlich sind **künstliche Marktpreise** für den Fall individueller Leistungen vorgesehen. Zur Ermittlung dieser Preise wird eine Ausschreibung mit genauer Leistungsdefinition durchgeführt.

Selbstkostenfestpreise werden bei der Preisvereinbarung fixiert und können später nicht mehr verändert werden. Die Selbstkosten werden also im Rahmen einer Vorkalkulation bestimmt. Nach LSP sind Güter und Dienstleistungen zu Planmengen mit den Tagespreisen anzusetzen, die zum Zeitpunkt der Angebotsabgabe gelten. Das Risiko von Preisänderungen bei Vorprodukten bleibt beim Anbieter, auch die Chance, zusätzliche Gewinne zu erzielen.

Selbstkostenrichtpreise können eingesetzt werden, wenn es sich um komplexe Systeme oder komplexe Auftragnehmerstrukturen (viele Subunternehmer) handelt, die eine zuverlässige Vorkalkulation erschweren. Auf der Basis der Vorkalkulation wird der Richtpreis ermittelt, der noch vor der Fertigstellung der Leistung durch Nachkalkulation in einen Festpreis umgewandelt wird. Dieses Verfahren ist beispielsweise auch anzuwenden, wenn der Auftraggeber keine hinreichend genaue Leistungsdefinition abgeben kann.

Selbstkostenerstattungspreise sind dann anzusetzen, wenn überhaupt keine Vorkalkulation möglich ist. Güter und Dienstleistungen werden dann zu Ist-Mengen und tatsächlichen Anschaffungspreisen bewertet. Anwendungsgebiete sind z.B. in Forschungs- und Entwicklungsverträgen und bei Montagen zu sehen.

Die vorgeschriebene Selbstkostenkalkulation ist eine **Vollkostenkalkulation**. Es entsteht dabei eine Tendenz zur Preisfixierung im oberen Bereich. Ungünstige Kostenstrukturen, die sich z.B. aus einer unwirtschaftlichen Betriebsführung ergeben, haben Auswirkungen auf die Selbstkostenpreise. Ebenso erhöht eine Unterauslastung des anbietenden Betriebs das Kostenniveau. Die bestehenden Fix- und Gemeinkosten werden nämlich durch höhere Verrechnungssätze auf die Angebotspreise umgelegt. Öffentliche Auftraggeber sind daher gehalten, auf eine wirtschaftliche Betriebsführung des Anbieters zu achten und ggf. Preisabschläge zu vereinbaren. In der Praxis ist dieses Vorhaben jedoch kaum umzusetzen.

Die Kalkulation der einzelnen Kostenbestandteile ist in den LSP-Richtlinien definiert. Darin wird beispielsweise geregelt, welche Bewertungsvorschriften und Abschreibungsmethoden anzuwenden sind. Aber auch die Bestimmung des Gewinnzuschlags wird reglementiert. Vier Verfahren sind zulässig:

1. **Prozentualer Anteil vom betriebsnotwendigen Vermögen** – Hiermit soll das Vermögens- und Kapitalwagnis des Unternehmers abgegolten werden. Immaterielle Güter werden nicht berücksichtigt.
2. **Prozentualer Anteil vom Umsatz** – Bemessungsgrundlage sind die Selbstkosten ohne MwSt. Dieses Verfahren kann insbesondere dann angewandt werden, wenn nur wenig Vermögen vorhanden ist, z.B. im Dienstleistungsbereich.
3. **Prozentualer Anteil vom betriebsnotwendigen Vermögen und vom Umsatz** Dieses Verfahren kommt in der Praxis am häufigsten vor. Zunächst wird in die Selbstkosten ein kalkulatorischer Gewinn eingerechnet. Auf die Selbstkosten wird dann noch einmal ein Gewinnzuschlag berechnet. Nach der Bundesrechnungshof-Formel wird der zulässige kalkulatorische Gewinn in Abhängigkeit von der Umschlagshäufigkeit des betriebsnotwendigen Vermögens (Umsatz : betriebsnotwendiges Vermögen) bestimmt. Je größer die Umschlagshäufigkeit ist, desto geringer ist der zulässige Gewinnaufschlag.
4. **Fester Betrag** – Hiermit soll der Anreiz zur Gewinnsteigerung durch Kostenerhöhung genommen werden. Die gerechte Bestimmung der Höhe des Betrags ist jedoch problematisch.

Das Bundesministerium der Verteidigung verwendet seit 1989 für seinen Bereich die sog. „Bonner Formel" zur Kalkulation des Gewinns (Coenenberg 1992, S. 152ff.). Sie lautet:

$$G = 0{,}05\,(Q + 1{,}5 \times A)\,E + 0{,}01 \times F$$

mit: G = kalkulatorischer Gewinn

Q = Qualifikationsfaktor, der abhängig von der unternehmerischen Leistung festgelegt wird: 0,7 für Instandsetzungsverträge; 1,05 für Beschaffungsverträge; 1,1 für Studien-, Forschungs- und Entwicklungsverträge

A	=	Anlagenintensität = betriebsnotwendiges Anlagevermögen : betriebsnotwendiges Vermögen
E	=	Eigenleistung = Nettoselbstkosten – F
F	=	Fertigungsmaterial + Fremdleistungen

Schließlich ist es auch möglich, **Leistungsgewinne** zu vereinbaren. Damit sollen Anreize geschaffen werden, rationeller zu fertigen, schneller und in gesteigerter Qualität zu leisten.

Für die Kalkulation ergeben sich aus den LSP Konsequenzen hinsichtlich des Kalkulationsschemas. Folgende sind zulässig (Coenenberg 1992, S. 160; Däumler/Grabe 1984, zit.n. Coenenberg 1992, S. 162):

nach Vollkosten	**nach Teilkosten**
Material-EK	Material-EK
+ beigestellte Stoffe	+ var. Material-GK
+ Materialgemeinkosten	+ Fertigungs-EK
= Materialkosten brutto	+ var. Fertigungs-GK
– Reststoffgutschriften	+ Sonder-EK der Fertigung
= Materialkosten netto	+ var. Entwicklungs- u. Entwurfskosten
+ Fertigungs-EK	**= var. Herstellkosten**
+ Fertigungs-GK	+ var. Vertriebs-GK
= Fertigungsk. ohne Sonderkosten	+ Sonder-EK des Vertriebs
+ Sonder-EK der Fertigung	**= var. Gesamtkosten**
+ Entwicklungs- und Entwurfskosten	+ Erzeugnisarten-Fixkostenzuschlag
= Herstellkosten	**= Selbstkosten I**
+ Verwaltungs-GK	+ Erzeugnisgruppen-Fixkostenzuschlag
+ Vertriebs-GK	**= Selbstkosten II**
+ Sonder-EK des Vertriebs	+ Bereichs-Fixkostenzuschlag
= Selbstkosten brutto	**= Selbstkosten III**
– beigestellte Stoffe	+ Unternehmens-Fixkostenzuschlag
= Selbstkosten netto	**= Selbstkosten IV**
+ kalkulat. Gewinn (auf Selbstkost. netto ohne Sonder-EK des Vertriebs)	+ kalkulat. Gewinn
= Selbstkostenpreis vor Ust.	**= Selbstkostenpreis vor Ust.**
+ Umsatzsteuer	+ Umsatzsteuer
= Bruttoselbstkostenpreis	**= Bruttoselbstkostenpreis**

Abb. 1.18: Voll- und Teilkostenkalkulation nach LSP

1.8 Kostenrechnungsgestützte Entscheidungen

1.8.1 Ermittlung der Gewinnschwelle/ Break-Even-Analyse

Mit Hilfe von Kostendaten sowie Schätzungen von Absatzmengen läßt sich ermitteln, wann beispielsweise bei einer Produkteinführung die Gewinnschwelle erreicht wird. Die Gewinnschwelle (oder: Break-Even-Menge) ist genau dann erreicht, wenn die Gesamtkosten durch die Erlöse abgedeckt sind, bzw. wenn die Fixkosten durch die Summe der Deckungsbeiträge abgedeckt sind. D.h.:

$$\text{Break}-\text{Even}-\text{Menge} = \frac{\text{Fixkosten}}{\text{Deckungsbeitrag}}$$

Angenommen, es liegen folgende Daten vor:

Verkaufspreis:	DM 20,-
variable Kosten:	DM 12,-
Fixkosten:	DM 30.000,-
Deckungsbeitrag:	DM 8,-

Dann liegt die Break-Even-Menge bei 30.000 : 8 = 3750 Stück. Ab dem 3751. Stück wird ein Gewinn erzielt.

Wird nach dem 3000. Stück der Preis auf DM 18 gesenkt, ergibt sich folgende Rechnung: DM 8 x 3000 = DM 24.000. Noch zu deckende Fixkosten: DM 6000. Neuer Deckungsbeitrag: DM 6. 6000 : 6 = 1000. Die Break-Even-Menge liegt nun bei 4000 (3000 + 1000).

Erhöhen sich die Fixkosten bei Erreichen einer bestimmten Produktionsmenge (z.B. zum Aufbau neuer Kapazitäten), ist folgendermaßen vorzugehen:

Beispiel: Bis zur Produktionsmenge von 2000 Stück bleiben die Fixkosten bei DM 30.000. Ab dem 2001. Stück steigen sie um DM 5000, ab dem 4.001. Stück um weitere DM 5000 usw. Die Break-Even-Menge wurde bereits oben mit 3750 Stück errechnet. Es kommen also DM 5000 an Fixkosten hinzu, sie liegen dann bei DM 35.000. Bei einem Deckungsbeitrag von DM 8 sind dazu 4375 Stück erforderlich. Damit wird wieder eine Grenze überschritten, so daß weitere DM 5000 an Fixkosten anfallen. Die Summe der Fixkosten liegt dann bei DM 40.000, die Break-Even-Menge bei 5000 Stück (40.000 : 8).

1.8.2 Preisentscheidungen

Bereits oben wurde gezeigt, wie mit Hilfe der Kostenrechnung der Angebotspreis kalkuliert werden kann. Um flexibel auf Marktsituationen reagieren zu können, ist es auch sinnvoll, die Preisuntergrenze zu kennen. Kurzfristig kommt es darauf an, die jeweils aktuell durch die Produktion verursachten Kosten zu decken. Ein Deckungsbeitrag von 0 reicht daher aus, um durch Produktion eines einzelnen Stücks wenigstens keinen Verlust zu erzielen. Der Deckungsbeitrag von 0 ist genau dann erreicht, wenn der Preis den variablen Kosten entspricht. Die variablen Kosten sind daher die **kurzfristige Preisuntergrenze.**

Läßt sich ein Unternehmen jedoch darauf ein, für einen längeren Zeitraum zur Preisuntergrenze zu verkaufen, lassen sich keine Fixkosten mehr decken, es entsteht also ein Verlust. Die kurzfristige Preisuntergrenze ist daher nur dann ein vernünftiges Entscheidungsinstrument, wenn die Fixkosten der Periode bereits abgedeckt sind oder von anderen Produkten getragen werden können. Wird die kurzfristige Preisuntergrenze zum langfristig gültigen Angebotspreis, ist in letzter Konsequenz der Unternehmenskonkurs vorprogrammiert.

Langfristig gesehen müssen daher sämtliche Kosten gedeckt sein, d.h. es muß mindestens ein Gewinn von 0 entstehen:

(Preis x Menge) – (var. Kosten x Menge) – Fixkosten = Gewinn = 0, oder:

$$\text{Preis} = \frac{(\text{var. Kosten} \cdot \text{Menge}) + \text{Fixkosten}}{\text{Menge}}.$$

Bei Verwendung der Daten aus obigem Beispiel ergibt sich als langfristige Preisuntergrenze bei der Produktionsmenge 4000:

[(12 x 4000) + 30.000] : 4000 = 19,50

Die langfristige Preisuntergrenze liegt somit bei DM 19,50.

1.8.3 Annahme und Ablehnung von Zusatzaufträgen

Wie ist zu entscheiden, wenn ein zusätzlicher Auftrag angeboten wird, jedoch zu einem Preis, der unter dem gültigen Listenpreis liegt? Auch hier kann eine Entscheidung mit Hilfe der Deckungsbeitragsrechnung gefällt werden. Sie ist nämlich in der Lage, genau die Kosten in die Entscheidung einzubeziehen, die von ihr beeinflußt werden. Dabei handelt es sich um die Kosten, die für die Herstellung der nachgefragten Produkte erforderlich sind zuzüglich gegebenenfalls erforderlichen Zusatzaufwands zur Abwicklung des Auftrags.

Angenommen, der Normalpreis liegt bei DM 50, die variablen Kosten liegen bei DM 28, die Fixkosten bei DM 200.000, die geplante Produktionsmenge bei 15.000 Stück pro Jahr. Nun wird angefragt, ob das Unternehmen bereit sei, 5000 Stück zum Preis von DM 35 zu liefern.

Nach der Vollkostenrechnung würde der Auftrag abgelehnt, weil die Gesamtkosten pro Stück bei DM 41,33 (bei Zugrundelegung der Produktionsmenge 15.000) bzw. DM 38 (bei Zugrundelegung der Produktionsmenge 20.000) liegen. Insofern entsteht ein Verlust. Nach der Teilkostenrechnung sieht die Entscheidung anders aus. Der Verkaufspreis von DM 35 liefert nämlich immerhin noch einen Deckungsbeitrag von DM 7. Dieser Deckungsbeitrag wird zusätzlich erwirtschaftet, ohne daß entsprechende Kosten entstehen. Somit verbessert sich auch das Betriebsergebnis um DM 7 x 5000 = DM 35.000 bei Annahme des Auftrags.

Die Entscheidung kann sich ändern, wenn zusätzliche Kosten für den speziellen Auftrag anfallen. Dies kann z.B. der Fall sein, wenn Überstunden bezahlt oder zusätzliche Kapazitäten aufgebaut werden müssen. Angenommen, der o.g. Zusatzauftrag ist mit zusätzlichen Fixkosten von DM 40.000 verbunden. Dann ist er abzulehnen, weil dieser Betrag nicht durch den Deckungsbeitrag abgedeckt werden kann.

Bei diesen Entscheidungen sollten grundsätzlich **folgende Fragen berücksichtigt** werden:

- Stehen freie Kapazitäten zur Verfügung oder muß neu investiert werden, um den Auftrag auszuführen?
- Ist der Auftraggeber ein bestehender Kunde, der sich bei späteren Aufträgen auf den niedrigeren Preis berufen und nicht mehr bereit sein wird, einen höheren zu zahlen?
- Entstehen Auswirkungen auf andere Kundenbeziehungen?
- Könnte bei Annahme des Auftrags die Ausführung später eingehender Aufträge, die ertragreicher sind, behindert werden?

1.8.4 Profitabilität von Marketing-Maßnahmen

Ob es sich lohnt, eine Marketing-Maßnahme durchzuführen, kann mit Hilfe von Deckungsbeitragsinformationen zumindest geschätzt werden. Grundsätzlich ist zu prüfen, ob die zusätzlichen Kosten durch zusätzliche Deckungsbeiträge wieder „eingespielt" werden. Auch hierbei wird nach dem Prinzip vorgegangen, nur die entscheidungsabhängigen Größen in die Betrachtung einzubeziehen.

Beispiel: Es soll geprüft werden, ob sich die **Durchführung einer Verkaufsförderungsmaßnahme** lohnt. Die Maßnahme kostet DM 50.000. Der Deckungsbeitrag des betroffenen Produkts liegt bei DM 9. Die Maßnahme lohnt sich dann, wenn die Kosten durch zusätzliche Deckungsbeiträge gedeckt werden, die Gewinnschwelle dieser Aktion ist also:

$$\text{Break - Even - Menge} = \frac{\text{Kosten}}{\text{Deckungsbeitrag}}.$$

D.h.: 50.000 : 9 = 5555,56. Ab dem 5556. verkauften Stück ist die Aktion profitabel.

Ähnlich sieht die Überlegung aus, wenn über die **Gewährung eines Preisnachlasses** entschieden werden soll. So erhofft man sich häufig durch Preiszugeständnisse erhebliche Mengensteigerungen, die den Verlust pro Stück überkompensieren. Angenommen, ein Produkt wurde bislang in einer monatlichen Stückzahl von 10.000 zum Preis von DM 50 verkauft. Die variablen Kosten liegen bei DM 30. Nun überlegt man sich, ob bei einer Preissenkung um DM 5 ein so hoher Mengenzuwachs entsteht, daß eine DB-Steigerung möglich ist.

Gesucht ist die Menge, bei der gilt:

Absatzmenge alt x DBalt = Absatzmenge neu x DBneu

Die Entscheidungsformel lautet dann nach Umformen:

$$\text{Break - Even - Menge} = \frac{\text{Gesamt - DBalt}}{\text{Stück - DBneu}}.$$

D.h.: (10.000 x 20) : 15 = 13.333,33. Ab dem 13.334. verkauften Stück lohnt sich die Preissenkung.

Diesen Fall kann man sich auch umgekehrt vorstellen. So kann eine Preiserhöhung angestrebt sein, z.B. um das Qualitätsimage des Produktes zu unterstützen. Die Frage ist dann, welche (i.d.R. niedrigere) Absatzmenge erreicht werden muß, um keinen Verlust zu erleiden. Der Verlust an Deckungsbeiträgen durch die geringere Menge muß also dem Gewinn an Deckungsbeiträgen mit der neuen Menge bei höherem Preis entsprechen:

Gesucht ist wieder die Menge, bei der gilt:

Absatzmenge alt x DBalt = Absatzmenge neu x DB neu,

so daß sich die gleiche Formel wie oben ergibt.

Beispiel: Der bisherige Preis liegt bei DM 50, die alte Absatzmenge bei 10.000 Stück, die variablen Kosten betragen DM 30. Der Preis soll auf DM 55 angehoben werden, so daß sich ein neuer DB von DM 25 ergibt. Dieses Vorgehen lohnt sich, wenn eine Absatzmenge von 10000 : [1 + (5 : 20)]=8000 überschritten wird.

1.8.5 Sortimentsanalyse

Die Analyse der Profitabilität einzelner Produkte innerhalb des Sortiments ist eines der klassischen Einsatzgebiete der Deckungsbeitragsrechnung. Hier kann man auch mehrstufig vorgehen und Deckungsbeiträge auf unterschiedlichen Ebenen berechnen. Da dieses Verfahren auch Thema der Marketing-Kontrolle ist, soll hier nur auf den einfachen Fall der einstufigen Deckungsbeitragsanalyse eingegangen werden.

Die Tatsache, daß bestimmte Kosten nicht eindeutig den Kostenträgern zuzurechnen sind, führt dazu, daß produktbezogene Gewinne nicht „gerecht" ermittelt werden können. Die Berechnung der Deckungsbeiträge umgeht dieses Problem. Weiterhin kann die Analyse auf genau die Kosten beschränkt werden, die von einer sortimentspolitischen Entscheidung betroffen sind (s.o.).

Beispiel: Ein Unternehmen stellt vier Produkte mit folgenden Preisen, Mengen, variablen Kosten und Fixkosten her:

Produkt	A	B	C	D	Summe
Preis	25	30	15	40	
var. Kosten	17	27	22	25	
Stück-DB	8	3	-7	15	
Menge	10.000	5.000	15.000	12.000	
Produkt-DB	80.000	15.000	-105.000	180.000	170.000
Fixkosten					150.000
Gewinn					20.000

Dieses Sortiment enthält einen großen „Verlustbringer", nämlich Produkt C. Würde dieses eliminiert, könnte der Unternehmensgewinn um DM 105.000 gesteigert werden.

Mit Hilfe einer **mehrstufigen Deckungsbeitragsrechnung** könnte der Fixkostenblock weiter aufgeschlüsselt werden. Aufgrund des geringen DB von Produkt B liegt der Verdacht nahe, daß auf einer weiteren Stufe ein negativer DB entsteht, so daß es sich hierbei auch um einen Eliminationskandidaten handelt.

1.8.6 Engpaßorientierte Planung

Die Ermittlung von Deckungsbeiträgen kann eingesetzt werden, um Produktionsentscheidungen bei Vorliegen von **Engpässen** zu treffen. Ist es nämlich nicht möglich, alle vorgesehenen Produkte herzustellen, weil ein Kapazitätsengpaß vorliegt, muß ein Entscheidungskriterium gefunden werden, welches Produkt/ welche Produkte gefertigt werden und welche nicht. Ein ökonomisches Kriterium ist der **relative Deckungsbeitrag**, also der Deckungsbeitrag bezogen auf die Inanspruchnahme des Engpaßfaktors. Die Höhe der relativen Deckungsbeiträge der einzelnen Produkte bestimmt dann die Präferenzordnung bei der Produktion. Damit ist es möglich, das deckungsbeitragsmaximale Produktionsprogramm zu finden.

Angenommen, ein Unternehmen fertigt drei Produkte mit folgenden Daten:

Produkt	A	B	C	Summe
Menge	1.500	4.000	10.000	
Preis	100	120	150	
var. Kosten	60	60	100	
DB	40	60	50	800.000
DB-Reihenfolge	3.	1.	2.	

Mit diesem Sortiment erwirtschaftet das Unternehmen in der Bezugsperiode ohne Engpässe einen Gesamtdeckungsbeitrag von DM 800.000. B ist am profitabelsten, gefolgt von C und A.

Um zu einer Entscheidung in einer Engpaßsituation zu kommen, sind nun die relativen Deckungsbeiträge zu berechnen. Dabei soll nur eine Maschine berücksichtigt werden, an der es zu einem Engpaß kommt. Zunächst ist die Inanspruchnahme der Maschine durch die einzelnen Produkte zu ermitteln, i.d.R. in Minuten oder Sekunden ausgedrückt. Der relative Deckungsbeitrag ergibt sich dann durch Division des Deckungsbeitrags durch die Inanspruchnahme der Maschine.

Produkt	A	B	C
Fertigungszeit in Min.	10	20	16
relativer DB in DM/Min.	4	3	3,125
DB-Reihenfolge	1.	3.	2.

Die Reihenfolge hat sich nun geändert. A ist in einer Engpaßsituation am profitabelsten, weil es am wenigsten Fertigungszeit in Anspruch nimmt.

Besteht nun ein Engpaß von 200.000 Fertigungsminuten an der Maschine, ergibt sich folgende Situation:

Produkt	A	B	C	Summe
Menge (Ziel)	1.500	4.000	10.000	
Fert.zeit/Stück in Min.	10	20	16	
Fert.min. gesamt (Ziel)	15.000	80.000	160.000	255.000
tatsächliche Fert. in Stück	1.500	1.250	10.000	
nicht produziert	-	2.750	-	
Fert.min.	15.000	25.000	160.000	200.000
Gesamt-DB	60.000	75.000	500.000	635.000

Um das gesamte Programm zu fertigen, wären 255.000 Fertigungsminuten notwendig. Der Engpaß führt dazu, daß zunächst die profitableren Produkte gefertigt werden. Da der relative DB von B am geringsten ist, hat dieses Produkt die geringste Präferenz. 2750 Stück von Produkt B können nicht hergestellt werden. Der zu erwirtschaftende Gesamt-Deckungsbeitrag verringert sich auf DM 635.000.

Das Schema kann erweitert werden um Mindestproduktionsmengen. Da in der Praxis regelmäßig gewisse Lieferverpflichtungen vorliegen, müssen diese berücksichtigt werden, d.h. es kann nicht alleine auf der Basis von Deckungsbeiträgen entschieden werden. Für den Fall, daß Mindestmengen von 1.000 Stück für A, 2.500 für B und 8.000 für C vorliegen, ergibt sich folgendes Bild:

Produkt	A	B	C	Summe
Menge (Ziel)	1.500	4.000	10.000	
Mindestmenge	1.000	2.500	8.000	
= Fert.min.	10.000	50.000	128.000	188.000
frei:				12.000
Fert. nach rel. DB	500		437	
= Fert.min.	5.000		6.992	11.992
Gesamtproduktion	1.500	2.500	8.437	
Gesamt-DB	60.000	150.000	421.850	631.850

Zunächst wird die Inanspruchnahme der Kapazität für die Fertigung der Mindestmengen ermittelt. Die Differenz von 12.000 zur Kapazitätsgrenze kann nun nach den relativen Deckungsbeiträgen auf die einzelnen Produkte verteilt werden. A hat wieder die höchste Präferenz, so daß 500 Stück A hergestellt werden. Die verbleibenden 7.000 Fertigungsminuten werden C zugeteilt. Sie reichen aus, um 437 Stück zu fertigen (Rest: 8 Minuten). Der damit erwirtschaftete Gesamtdeckungsbeitrag liegt bei DM 631.850.

1.8.7 Eigenfertigung oder Fremdbezug

Die Frage nach Eigenfertigung oder Fremdbezug von Produkten oder Teilen ist eine der klassischen Fragestellungen im Rechnungswesen. Auch hierbei geht es um das Verhältnis von fixen und variablen Kosten. Qualitative Faktoren wie die

Leistungsfähigkeit und Zuverlässigkeit eines Lieferanten können nicht mit Hilfe der Kostenrechnung beantwortet werden, müssen daher an dieser Stelle ausgeklammert werden.

Fremdbezugskosten stellen i.d.R. variable Kosten dar, im Falle der Eigenfertigung fallen variable und fixe Kosten an. Das Vorgehen ist abhängig davon, ob das fragliche Produkt oder Teil bereits im Unternehmen gefertigt wird oder nicht. Handelt es sich um ein neues Produkt, sind folgende Kosten zu berücksichtigen:

Einkaufspreis:		DM 50/Stück
Herstellungskosten:	variabel:	DM 35/Stück
	fix:	DM 20.000

Die Kapazitätsgrenze liegt bei 1.500 Stück.

Es handelt sich hierbei um die bereits oben dargestellte Break-Even-Fragestellung. Nach Einsetzen in die Break-Even-Formel ergibt sich eine Gewinnschwelle, d.h. hier: Schwelle der Profitabilität der Eigenfertigung, von 1.334 Stück. Sofern die Produktionsmenge zwischen 1.334 und 1.500 liegt, ist die Eigenfertigung günstiger. Liegt sie unter 1.334, ist Fremdbezug günstiger, das Risiko der Fixkosten liegt damit beim Lieferanten. Liegt der Bedarf über 1.500 Stück, ist Fremdbezug wiederum günstiger (vorausgesetzt, der Lieferant hat keine Mengenbeschränkungen), weil aufgrund der Kapazitätsbeschränkung erneut Fixkosten für eine Kapazitätserweiterung im eigenen Unternehmen anfielen.

Anders sieht die Entscheidung aus, wenn das betreffende Produkt bereits gefertigt wird und die Fixkosten ohnehin anfallen, z.B. für Personal, Miete von Produktionsstätten, Abschreibungen auf Maschinen usw. Sofern diese nicht kurzfristig abbaubar sind, müssen sie in der Rechnung mit berücksichtigt werden. In diesem Fall kann der Einkaufspreis nicht als Gesamtkosten angesehen werden, sondern nur als variable Kosten. Die Eigenfertigung ist dann um DM 15 pro Stück günstiger. Hier wäre eine Analyse der Abbaubarkeit der Fixkosten erforderlich.

Schließlich ist ein dritter Fall zu betrachten. Wie bereits angedeutet, ist mit dem Fremdbezug von Produkten auch eine Verlagerung des Risikos der Mengenschwankung an den Lieferanten verbunden. Dieser geht das Risiko ein, daß letztlich nicht die kalkulierten Mengen, sondern geringere bestellt werden und durch den damit stückbezogen steigenden Fixkostenanteil ein Verlust entsteht. Um dieses Risiko zu begrenzen, wird vom Besteller mitunter ein Fixkostenanteil verlangt. Somit müssen beim Kostenvergleich sowohl variable als auch fixe Kosten auf beiden Seiten verglichen werden. **Beispiel:**

Fremdbezug:	Fixpreis:	DM 13.000
	+ pro Stück:	DM 40
Eigenfertigung:	Fixkosten:	DM 20.000
	var. Kosten:	DM 35
	Kapazitätsgrenze:	1.500 Stück

In diesem Fall liegt die Gewinnschwelle der Eigenfertigung bei 1.400 Stück. Ab dem 1.401 Stück wäre es günstiger, selbst zu fertigen. Da aber die Kapazitätsgrenze bei 1.500 Stück liegt, ist bei Produktionsmengen zwischen 1.401 und 1.500 Stück Eigenfertigung günstiger, sonst Fremdbezug.

2 Marketing-Informationen

2.1 Analysen

Grundlage jeglicher Art von Planung ist ein möglichst umfassendes und genaues Bild der Ausgangssituation. Es kommt somit darauf an, sämtliche relevanten Informationen über das Unternehmen und seine Umwelt (Wettbewerber, Märkte, Konsumenten, Staat, gegenwärtige und potentielle Lieferanten usw.) zu erfassen. Hilfestellung leisten hier umfangreiche Kriterienkataloge, die auf die wichtigsten (jedoch nie sämtliche) relevanten Faktoren aufmerksam machen.

Um eine möglichst vollständige Analyse sicherzustellen, werden in der Literatur häufig Analyse-„Pakete" vorgeschlagen, die dann als

- SWOT-Analyse: Strengths, Weaknesses, Opportunities, Threats
- SOFT-Analyse: Strengths, Opportunities, Failures, Threats
- SSCG-Analyse: Stärken, Schwächen, Chancen und Gefahren

o.ä. bezeichnet werden.

2.1.1 Informationsquellen

Als Informationsquellen für die Situationsanalyse stehen z.B. zur Verfügung:

a) unternehmensexterne Quellen

- Wirtschaftszeitungen/-zeitschriften (Handelsblatt, Börsen-Zeitung, manager magazin, Wirtschaftswoche, IHK-Zeitschriften usw.)
- Fachzeitschriften (marketingbezogen z.B.: absatzwirtschaft, werben und verkaufen, Kontakter, Horizont, Marketing Journal, Marketing ZFP; betriebswirtschaftlich: Gerlach-Report, Betriebs-Berater, Wirtschaftsdienst usw.)
- Geschäftsberichte (durch die erweiterte Publizitätspflicht sind auch die Möglichkeiten gestiegen, sich auf diesem Weg zu informieren)
- Statistiken (Statistisches Jahrbuch, Zahlungsverkehrsstatistiken, Branchenstatistiken usw.)
- Fachbücher/Kongreßberichte

- Verbandsinformationen (handelsbezogen z.B.: Institut für Handelsforschung, Euro Handels-Institut usw.)
- Marktforschungsstudien (Omnibusbefragungen, Panelanalysen, Branchenstudien, Verlagserhebungen wie Verbraucheranalyse/Springer und Bauer, Typologie der Wünsche/Burda, Dialoge/Gruner + Jahr usw.)
- Kammerinformationen (Industrie- und Handelskammern, Handwerkskammern, ausländische Handelskammern usw.)
- Datenbanken (Unternehmensdatenbanken, Literaturdatenbanken, Faktendatenbanken usw.)
- Unternehmensverzeichnisse (Hoppenstedt-Handbücher, Wer liefert was? usw.)

b) unternehmensinterne Quellen

- Buchhaltung/Rechnungswesen
- Kundendienst
- Vertrieb/Außendienst/Außendienstberichtssysteme
- Einkauf
- betriebliche Marktforschung.

2.1.2 Markt- und Kundenanalyse

Ziel der **Markt- und Kundenanalyse** ist es, die Struktur des aktuellen und ggf. potentiellen Absatzmarktes zu erfassen und vor allem auf zu erwartende Änderungen aufmerksam zu machen. Im Mittelpunkt stehen das Konsumentenverhalten sowie die darauf einwirkenden Faktoren.

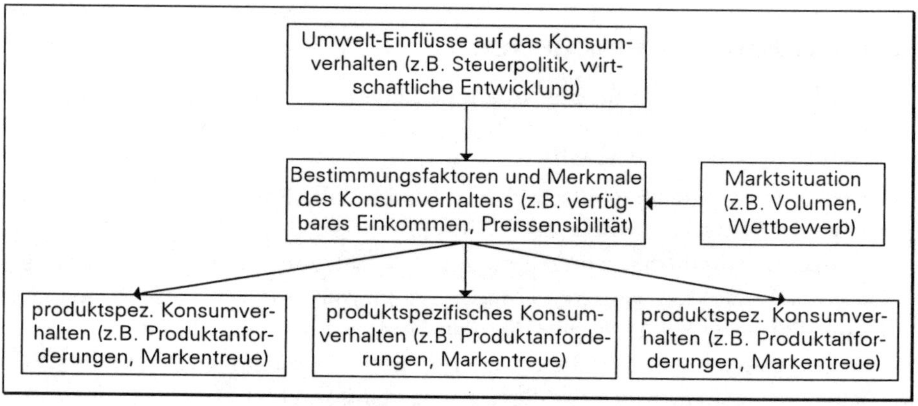

Abb. 2.1: Bezugsrahmen der Markt- und Kundenanalyse

Sämtliche relevanten Faktoren zu erfassen, die das **Konsumverhalten bestimmen**, dürfte unmöglich sein. Zumindest ökonomische und demografische Faktoren sollten jedoch beobachtet werden. Dazu gehören z.B.:

- Einwohnerzahl in den Absatzgebieten, Verteilung auf die Altersgruppen, Verteilung auf Stadt- und Landbevölkerung (Quelle: Statistisches Jahrbuch)
- verfügbares Einkommen, Kaufkraft in den einzelnen Kreisen (Quelle: Kaufkraftkarten, die von einigen Marktforschungsinstituten erstellt werden)
- Lebensformen, Haushaltsgrößen (Quelle z.B.: Stiftung Privater Haushalt)
- Ausgabenstruktur (Verteilung des zur Verfügung stehenden Einkommens auf einzelne Produktgruppen wie Haushalt, Verkehr, Bildung, Kapitalanlagen usw.; Quelle: Statistisches Jahrbuch)
- vorhandene Sparguthaben/Verschuldungsbereitschaft (Quellen z.B.: Deutsche Bundesbank, Institut für Finanzdienstleistungen)
- grundlegende Kaufverhaltensmuster (Wahl der Einkaufsstätten, Preissensibilität, Reklamationsverhalten; Quellen z.B.: Marktforschungsinstitute, Dialoge-Studien von Gruner + Jahr).

Da diese Faktoren einem stetigen Wandel unterliegen und somit nur für einen kurzen Zeitraum gültig sind, sollten gleichzeitig auch die Faktoren untersucht werden, die dieses Verhalten **beeinflussen** und **verursachen**. Dabei ist z.B. zu denken an:

- langfristige Entwicklung der Einkommen aufgrund Steuerpolitik, wirtschaftlicher Entwicklung der Branche, Vermögensbildungspolitik usw.
- Entwicklung der Betriebstypen im Handel (z.B. Fachmärkte, Convenience Stores, Factory Outlets, Einkaufszentren „auf der grünen Wiese")
- Entwicklung der Rechtsprechung und Gesetzgebung (z.B. Wettbewerbsrecht, Rabattgesetz)
- Marketing-Maßnahmen der Wettbewerber (z.B. Produkteinführungen, Änderungen des Werbestils)
- Insbesondere bei industriellen Kunden (Investitionsgüter-Marketing) sind zusätzlich die Machtverhältnisse auf dem Absatzmarkt zu berücksichtigen. Hier sind z.B. Zusammenschlüsse in Verbänden und globalen Allianzen bedeutsam.

Diese Analyse ist produkt- und leistungsbezogen um eine **Anforderungsanalyse** zu ergänzen, die Aussagen darüber macht, welche konkreten Forderungen Konsumenten an die Produkte und Leistungen stellen. Hierzu gehören z.B. Anforderungen an:

- Sicherheit
- Umweltfreundlichkeit
- Leistungsfähigkeit, Haltbarkeit
- Preis, Unterhalts- und Reparaturkosten
- Verfügbarkeit (zeit- und raumbezogen)

- Ästhetik/Design
- Status/Image.

Darüber hinaus gehört zur Marktanalyse die Beobachtung der globalen Marktgrößen:

- Marktvolumen und
- Marktpotential (Quellen jeweils: Paneldaten von Marktforschungsinstituten, Verbandsinformationen).

2.1.3 Wettbewerberanalyse

Die **Wettbewerberanalyse** bezieht sich auf Eigenschaften und Potentiale der aktuellen und potentiellen Wettbewerber. Mit ihrer Hilfe soll festgestellt werden, welche Stärken und Schwächen das eigene Unternehmen im Vergleich zu den relevanten Wettbewerbern hat.

Bevor sie durchgeführt werden kann, ist jedoch zu ermitteln, welche Unternehmen als Wettbewerber betrachtet werden sollen. Zunächst sind selbstverständlich die direkten Wettbewerber, die die gleichen Produkte herstellen oder Leistungen anbieten, zu analysieren. Darüber hinaus sollten diejenigen Unternehmen einbezogen werden, die in naher Zukunft als Wettbewerber in Frage kommen, weil sie vielleicht ihre Aktivitäten in Richtung auf die eigenen ausdehnen werden.

Die Wettbewerberanalyse kann sich an den einzelnen Funktionsbereichen der Unternehmen orientieren, z.B.:

Produktionsbereich

- vorhandene Produktionskapazitäten
- eingesetzte Technologien
- Kostenstruktur
- Flexibilität der Produktionsanlagen
- Qualität der Produktion/Zertifizierung nach DIN ISO 9000ff.

Finanzbereich

- Eigenkapitalquote, Höhe der Rückstellungen
- Cash Flow, Liquidität
- Jahresüberschuß

Personalbereich

- Qualifikation der Mitarbeiter, Ausbildungsprogramme
- Führungsstil
- akquisitorisches Potential bei der Personalbeschaffung

- Personalkostenniveau (Lohn- und Gehaltskosten, Lohnnebenkosten, freiwillige Leistungen)
- Personalflexibilität, Arbeitszeitmodelle
- Arbeitsproduktivität

Unternehmensstruktur

- Standorte
- Einflußbereich des Unternehmens, Beteiligungen
- Diversifikationsgrad
- Rechtsform
- Internationalisierungsgrad durch (Vertriebs-)Niederlassungen

Forschungs-/Entwicklungsbereich

- vorhandene Patente und Gebrauchsmuster
- Entwicklungspotential (Kapazität der Entwicklungsabteilung, vorhandenes Know how)
- Investitionen in Forschung und Entwicklung

Absatzbereich

- Ausgaben für Marketing/Werbung/Verkaufsförderung
- Image des Unternehmens und der Produkte/Leistungen
- Bekanntheit des Unternehmens und der Produkte/Leistungen
- vorhandene Distributionswege (vertragliche Bindungen, eigene Vertriebswege)
- Größe des Außendienstes, Zahl der Absatzmittler
- vorhandene Serviceeinrichtungen, Garantieleistungen
- Aktualität des Produktionsprogramms
- Markenwerte
- Absatzmärkte (Regionen, Länder, Kontinente)

Beschaffungsbereich

- Zahl und Größe der Lieferanten
- vertragliche Bindungen der Lieferanten
- eigene Rohstoffquellen
- Verhandlungsposition gegenüber Lieferanten

Controllingbereich

- Entwicklungsstand des Controlling
- vorhandene Controllingabteilungen
- eingesetzte Controlling-Software
- vorhandener Datenbestand.

Um zu einer Einschätzung der Position des eigenen Unternehmens im Vergleich zu der der Wettbewerber zu kommen, bietet sich eine Profildarstellung an. Die Unternehmen werden anhand der ausgewählten Kriterien nach Punkten bewertet. Diese Bewertungen werden dann einander gegenübergestellt. Ein vereinfachtes Schema für den Vergleich zweier Unternehmen könnte dann wie folgt aussehen:

Kriterium	Bewertung					Gewicht	Punkte A	Punkte B
Produktion	1	2	3	4	5	0,20	0,60	0,40
Finanzen	1	2	3	4	5	0,10	0,20	0,40
Personal	1	2	3	4	5	0,05	0,10	0,15
Unternehmensstruktur	1	2	3	4	5	0,05	0,25	0,10
Forschung und Entwicklung	1	2	3	4	5	0,10	0,40	0,30
Absatz	1	2	3	4	5	0,30	0,60	0,90
Beschaffung	1	2	3	4	5	0,15	0,45	0,75
Controlling	1	2	3	4	5	0,05	0,15	0,10
- - - - - A	——— B					1,00	2,75	3,10

Abb. 2.2: Beispiel eines Stärken/Schwächen-Profilvergleichs

Der Übersichtlichkeit halber wurden in obigem Beispiel nur die Funktionsbereichbewertungen dargestellt. Diese setzen sich wiederum aus der Bewertung der einzelnen Kriterien zusammen. Die Ermittlung eines Gesamtwertes ist natürlich eine sehr stark vereinfachende Bewertung, sie darf daher nicht überschätzt werden.

Unternehmen B hat Vorteile gegenüber A insbesondere im Bereich der Beschaffung und der Finanzen, geringe Vorteile beim Absatz. Unternehmen A verfügt über die bessere Unternehmensstruktur, geringfügig besseres Controlling, Forschung und Entwicklung sowie Produktion. Bei den wichtigen Kriterienbereichen wie Absatz und Produktion sollten nun detailliertere Analysen vorgenommen werden, d.h. ein solches Profil kann für die jeweiligen Funktionsbereiche separat aufgestellt werden.

2.1.4 Distributionsanalyse

Die **Distributionsanalyse** bezieht sich auf die Strukturen der Distributionsorgane und deren Nutzung. Im Konsumgüterbereich wird der Schwerpunkt in der Regel auf der Analyse des Handels liegen. Im Investitionsgüterbereich sind besonders auch Im- und Exporteure, Kommissionäre, Distributoren und Makler zu berücksichtigen.

Beispiele für Analyse-Kriterien:

zur Verfügung stehende Distributionsformen

- Großhandelsformen (Cash & Carry, Zustellgroßhandel usw.)

- Einzelhandelsformen (Fachgeschäfte, Fachmärkte, Warenhäuser usw.)
- Absatzmittler (Handelsvertreter, Makler usw.)
- Versandhandel
- Handelskonzentration/Handelsketten (z.B. Metro, Tengelmann, Aldi, Rewe, Karstadt usw.)
- Listungsverhalten

Distributionskosten

- übliche Handelsspannen
- „Einstiegskosten", Listungsgebühren, Rabatte
- Transportkosten
- Leistungen für Händler (Regalpflege, Preisauszeichnung, Werbekostenzuschüsse usw.)

erreichte Distribution

- vorhandene Vertriebsverträge/Listungen
- vorhandene Exklusivbindungen, realisierte Shop-in-Shops
- Qualität und Umfang der Regalplätze
- Abdeckung der Distributionswege (numerische/gewichtete Distribution).

2.1.5 Gewinn- und Verlustquellenanalyse

Die **Gewinn- und Verlustquellenanalyse** bezieht sich auf das quantitative Ergebnis des eigenen Unternehmens. Ziel ist es, Schwachstellen und Erfolgsquellen zu identifizieren, um etwa zu Eliminationsentscheidungen oder Schwerpunktsetzungen in der Unternehmenspolitik für die Zukunft zu kommen.

Das wichtigste Instrument hierfür ist die **Absatzsegmentrechnung**, die eine Ergebnisermittlung nach Produkten, Produktgruppen oder Vertriebsbereichen ermöglicht. Es können sich damit z.B. folgende Gewinn- und Verlustquellen identifizieren lassen:

- einzelne Produkte
- Produktgruppen/-linien
- einzelne Kunden
- Kundengruppen
- Vertriebsgebiete
- einzelne Außendienstmitarbeiter
- einzelne Marketing-Aktionen.

Die Kriterien sind:

- Umsatz
- Kosten

- Deckungsbeiträge
- Gewinn/Verlust.

2.1.6 Wettbewerbsintensitätsanalyse

Die **Wettbewerbsintensitätsanalyse** bezieht die Interaktionen zwischen den Unternehmen, Lieferanten und Abnehmern und die Marktdynamik ein. Sie ist eine vollständige Analyse der Machtverhältnisse auf dem Markt und hilft, zukünftige Entwicklungen und Handlungspotentiale abzuschätzen.

Porter (1992a, S. 27ff.) unterscheidet fünf Faktoren der Wettbewerbsintensität:

- Markteintritte
- Rivalität unter den bestehenden Wettbewerbern
- Gefahr durch Ersatzprodukte
- Verhandlungsstärke von Lieferanten und
- Verhandlungsstärke von Kunden.

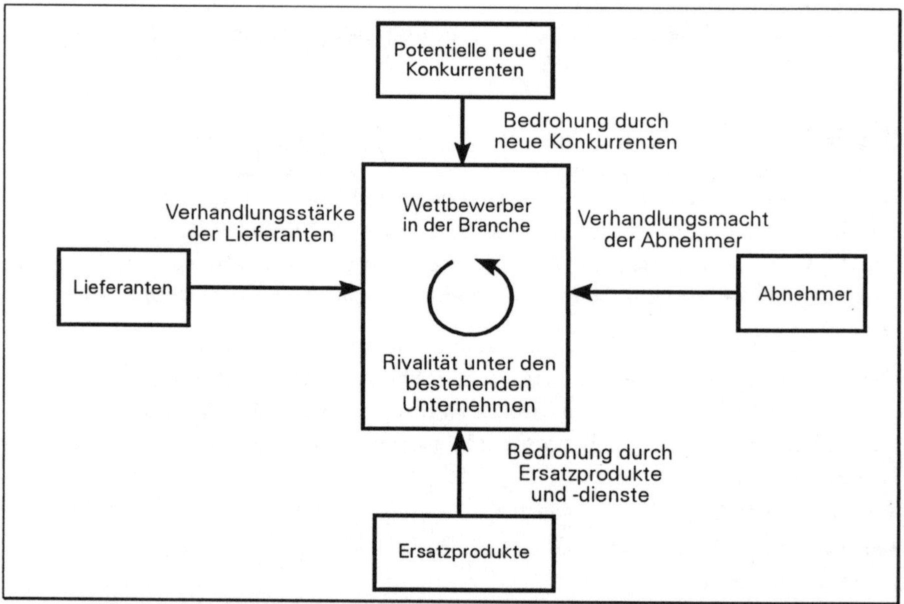

Abb. 2.3: Triebkräfte des Branchenwettbewerbs (Porter 1992a, S. 26)

Je geringer die Wettbewerbsintensität ist, desto attraktiver ist der Markt für die Anbieter. Hohe Intensität kann zu der Entscheidung führen, nicht in den Markt zu gehen oder einen Markt zu verlassen. Weiterhin entsteht in der Regel ein erheblicher Preisdruck sowie der Zwang zu kontinuierlicher Innovation.

Die Gefahr neuer Markteintritte hängt zunächst von der Existenz und Höhe von **Eintrittsbarrieren** ab. Diese sind um so höher (Porter 1992a, S. 29ff.),

- je höher die Kostendegressionseffekte der bestehenden Hersteller sind und je höher damit ihr Produktionskostenvorteil ist
- je stärker die bestehenden Produkte differenziert sind und je stärker dadurch die Bindung zur Zielgruppe erfolgt ist
- je höher der für die Produktionsaufnahme erforderliche Kapitalbedarf ist
- je höher die Kosten für den Lieferantenwechsel eines Abnehmers zu einem neuen Lieferanten sind
- je schwieriger der Zugang zu den bestehenden Vertriebskanälen ist
- je besser die bestehenden Produkte/Hersteller durch Schutzrechte abgesichert sind und damit Imitationen und Me too-Produkte verhindert werden können
- je schwieriger der Zugang für neue Produzenten zu den bestehenden Rohstoffquellen ist
- je günstiger die Standorte der etablierten Unternehmen gelegen sind
- je stärker die bestehenden Unternehmen staatlich subventioniert werden und dadurch Subventionsmittel blockieren
- je stärker die zu erwartende Reaktion seitens der etablierten Anbieter ist (z.B. Preiskampf)
- je höher der kritische Preis für das neue Unternehmen ist, bei dem ein Gewinn erwirtschaftet wird.

Beispiele für Branchen mit hohen Eintrittsbarrieren sind etwa Luftverkehr, Mineralöl oder Taxibetriebe. Geringe Eintrittsbarrieren gibt es bei Anwendungssoftware, Unternehmensberatungen oder im Handel.

Die **Rivalität** unter den bestehenden Wettbewerbern ist typischerweise besonders intensiv, wenn (Porter 1992a, S. 42ff.)

- es zahlreiche oder gleich gut ausgestattete Wettbewerber gibt
- das Branchenwachstum gering ist
- hohe Fix- oder Lagerkosten bestehen, also die Kosten für ein zusätzlich hergestelltes Produkt (Grenzkosten) relativ gering sind
- der Grad der Produktdifferenzierung gering ist oder geringe Umstellungskosten auf andere Produkte bestehen
- es zu erheblichen Erweiterungen der Kapazitäten kommt, die dann ausgelastet werden sollen
- die strategischen Einsätze (z.B. Kapitaleinsatz, fehlende Risikostreuung) hoch sind, also der Markterfolg um jeden Preis gesucht wird
- wenn die Marktaustrittsbarrieren hoch sind.

Beispiele für Märkte mit hoher Rivalität sind: Personal Computer, Personenkraftwagen, Printmedien, Versicherungen. Geringe Rivalität findet man etwa im Handwerk und bei den staatlichen Bildungseinrichtungen.

Der **Druck durch Substitutionsprodukte** ist ein weiterer Wettbewerbsfaktor. Hier spielen einerseits mögliche preisliche Vorteile eine Rolle, wenn etwa ein

Ersatzprodukt kostengünstiger hergestellt werden kann, andererseits mögliche neue Leistungsmerkmale, die mit den bestehenden Produkten nicht erreicht werden können.

Beispiele für solche Substitutionsprozesse:

- Substitution der Typenhebelschreibmaschine durch die Kugelkopf-, dann Typenradschreibmaschine, schließlich durch Textsysteme und Personal Computer
- Substitution des Fernschreibers durch Telefaxgeräte zunächst mit Thermopapier, dann mit Normalpapier
- Substitution von Schallplatten durch Compact Discs
- partielle Substitution von Naturfasertextilien durch atmungsaktive Kunstfasertextilien
- partielle Substitution von (neuem) weißem Schreibpapier durch Recyclingpapier
- partielle Substitution von gedruckten Nachschlagewerken durch CD ROM.

Die **Verhandlungsstärke der Abnehmer** ist dann besonders groß, wenn (Porter 1992a, S. 50ff.)

- es nur wenige marktstarke Abnehmer gibt
- die Produkte für den Anbieter eine hohe Bedeutung haben
- der Standardisierungsgrad der Produkte hoch ist
- die Kosten des Abnehmers für die Umstellung auf einen anderen Lieferanten gering sind
- die Gewinne der Anbieter niedrig sind
- mit Rückwärtsintegration gedroht werden kann, d.h. der Abnehmer selbst die Produktion aufnehmen will
- die Produkte für den Abnehmer relativ unwichtig sind
- vollständige Information der Käufer vorliegt.

Beispiele: Lebensmittel-Einzelhandel und Automobilhersteller (als Abnehmer von Produkten/Handelsware)

Für die **Verhandlungsstärke von Lieferanten** gelten diese Kriterien spiegelbildlich.

2.1.7 Potentialanalyse

Während die bisherigen Analysen den status quo verdeutlichten, ist die **Potentialanalyse** zukunftsgerichtet. Es geht darum, die individuellen Stärken des Unternehmens aufzuzeigen, um somit auch die strategischen Standbeine zu erkennen.

Auch hier bietet es sich an, sich an den Funktionsbereichen zu orientieren. Da sich die Kriterien überwiegend mit den bereits unter 2.1.3 genannten decken, sollen sie hier nicht näher ausgeführt werden.

2.1.8 Bedrohungsanalyse

Außerhalb der systematisch zu erschließenden Faktoren sollte die weitere Umwelt auf mögliche **Bedrohungspotentiale** hin analysiert werden. Es ist nach möglichen Störgrößen zu fragen, die in der Zukunft auftreten könnten. Siehe dazu auch den Abschnitt „2.2.1.2 Szenario-Technik".

Beispiele sind:

- Welche Auswirkungen hat ein möglicher Regierungswechsel auf das Geschäft?
- Welche Auswirkungen haben stärkere Schwankungen der Wechselkurse?
- Welche Auswirkungen hat der Markteintritt eines neuen Unternehmens?
- Welche Auswirkungen hat der Wegfall des Hauptabnehmers?
- Welche Auswirkungen haben eine erhebliche Preiserhöhung oder die Nichtverfügbarkeit eines Rohstoffs?
- Welche Möglichkeiten bestehen, auf einen erheblichen Nachfragerückgang zu reagieren?
- Welche Auswirkungen hat das Auslaufen verwendeter Patente?

2.2 Prognoseverfahren

2.2.1 Qualitative Prognoseverfahren

Die Unterscheidung qualitativer und mathematischer (oder: quantitativer) Verfahren bezieht sich nicht alleine auf die Frage, ob die prognostizierten Größen in Zahlen ausgedrückt werden können oder nicht. Vielmehr geht es auch darum, auf welcher Grundlage die Prognose erfolgt.

Quantitative Verfahren benötigen als Ausgangsbasis quantitative Größen aus der Vergangenheit, die letztlich in eine Art mathematisch/statistisches Korsett gesteckt werden. Es wird dabei versucht, in den vorliegenden Daten eine mathematisch beschreibbare Grundentwicklung (z.B. eine Gerade mit einer bestimmten Steigung) zu finden, die in die Zukunft verlängert wird. Dies setzt voraus, daß die Einflußfaktoren, die in der Vergangenheit wirkten, auch in der Zukunft wirksam sind.

Die **qualitativen Verfahren** dagegen ermöglichen es, bewußt neue Entwicklungen in die Prognose einzubeziehen. Will man z.B. eine Entwicklung prognostizieren, die von einer in Kürze stattfindenden Wahl abhängig ist, so helfen Verfahren, die auf Vergangenheitsdaten basieren, nicht weiter. Qualitative Verfahren können aber mögliche Wahlausgänge o.ä. Ereignisse berücksichtigen und dann alternative Entwicklungslinien beschreiben.

2.2.1.1 Delphi-Prognosen

Bei der **Delphi-Prognose** handelt es sich um ein sogenanntes ereignisorientiertes Prognoseverfahren. Ziel ist es in der Regel, den Eintritt eines Ereignisses oder Zustands vorherzusagen. Die Prognose selbst erfolgt argumentativ, durch eigene Einschätzung der Entwicklung, Abwägung und Vergleich mit anderen Schätzungen. Dazu wird ein Kreis von Teilnehmern, in der Regel Experten aus den relevanten Fachgebieten, zusammengestellt, der sich eingehend mit der Problemstellung auseinandersetzt.

Das Verfahren wurde in den 50er Jahren von der amerikanischen RAND-Corporation, einer Forschungsgesellschaft, entwickelt. Ziel war es, die Interaktion der Forschungsgruppen untereinander zu fördern. Der Name ist eine Anleihe an das Orakel von Delphi, was jedoch keineswegs als Programm der Methode zu verstehen ist. Sie ist im Laufe der Zeit kontinuierlich weiterentwickelt worden, jedoch nach wie vor eher wissenschaftlich orientiert.

Delphi-Prognosen können sinnvoll durchgeführt werden, wenn folgende **Bedingungen** erfüllt sind:

1. Es ist eine Prognose für einen Zeitraum von mehr als ca. 5 Jahren bis zu mehreren Jahrzehnten zu erstellen.
2. Es soll der Zeitpunkt des Eintretens eines bestimmten Zustands, einer Entwicklung, Erkenntnis usw. prognostiziert werden.
3. Es soll auf der Basis von fachlichen Einschätzungen, nicht mathematischen Berechnungen, prognostiziert werden.
4. Es ist möglich, auf der Basis von Wissen und Erfahrung zu einer Prognose zu kommen.
5. Für die Prognose steht ein Zeitraum von mehreren Wochen bis Monaten zur Verfügung.
6. Es ist möglich, eine ausreichende Anzahl von Experten für die Mitarbeit zu gewinnen.

Zu 1.: Für die Anwendung des Delphi-Verfahrens eignen sich keine Themen, die nur einen Zeitraum von einigen Monaten oder Jahren betreffen. Es ist nicht auf Präzision im Sinne einer monatsgenauen Vorhersage ausgerichtet, so daß aufgrund der systembedingten Ungenauigkeit kurze Zeiträume als Planungshorizont ausscheiden. Beispiele für mögliche Prognosethemen sind:

- Wann werden Elektrofahrzeuge eine ökonomische Alternative zu herkömmlichen Fahrzeugen mit Verbrennungsmotor darstellen?
- Wann wird der Markt der Mobilfunkkommunikation gesättigt sein?
- Wann wird es möglich sein, sämtliche Bauteile eines Personal Computers wiederzuverwenden?

Zu 2.: Delphi-Prognosen sind nicht in der Lage, den Verlauf einer Entwicklung zu prognostizieren, sondern nur ihr Ende. Die Vielzahl der einbezogenen Meinungen würde zu einem kaum noch zu bewältigenden Datenbestand führen, der nicht sinnvoll auszuwerten ist. Übliche Fragestellungen sind das Ende einer begonnenen Entwicklung (auch eines Forschungsprojektes), der Endpunkt der Entwicklung eines Marktes usw.

Zu 3.: Delphi-Prognosen basieren auf dem Urteil von Experten unterschiedlicher Fachrichtungen. Diese setzen sich mit Problemstellungen auseinander, die nicht mit Hilfe mathematischer Verfahren zugänglich sind. Es handelt sich überwiegend um komplexe Prozesse, die von einer Vielzahl von Einflußfaktoren abhängig sind. In der Regel ist diese Komplexität auch von Einzelpersonen bzw. Fachleuten aus nur einem Fachgebiet nicht zu bewältigen. Insofern ist eine Operationalisierung nicht denkbar. Beispiele für zu untersuchende Problemgebiete sind aktuelle Forschungsbereiche in allen Teilen der Wissenschaft (Entwicklung von Antriebskonzepten, Energieumwandlung/-nutzung, Entwicklung von Behandlungsmethoden usw.), aber auch gesellschaftliche Prozesse (Entwicklung von Gesellschaftsformen, Regierungssystemen, Lebensformen usw.).

Zu 4.: Delphi-Prognosen sind nur dann möglich, wenn es einen „rationalen" Weg dafür gibt. Sie sind nicht in der Lage, Erfindungen zu prognostizieren oder mit einzubeziehen. Dabei handelt es sich um zufällige Ereignisse, bei denen eine Vorhersage grundsätzlich ausgeschlossen ist.

Zu 5.: Delphi-Prognosen haben einen erheblichen Zeitbedarf. Je nach Zahl der Durchgänge sind mehrfach Postlaufzeiten, Bearbeitungszeiten, Auswertungszeiten usw. zu berücksichtigen, so daß eine ad hoc-Prognose nicht möglich ist.

Zu 6.: Das Delphi-Verfahren wurde entwickelt, um Teile der Wissenschaft bzw. ihrer Vertreter zusammenzubringen. Im Zusammenhang mit Markt- bzw. Marketing-Prognosen bezieht es sich auf vergleichsweise wissenschaftliche Fragestellungen. Diese sind nur von einschlägig erfahrenen Personen zu bearbeiten. Insofern steht und fällt der Einsatz des Verfahrens mit der Verfügbarkeit entsprechender Mitwirkender.

Der **Ablauf** vollzieht sich folgendermaßen:

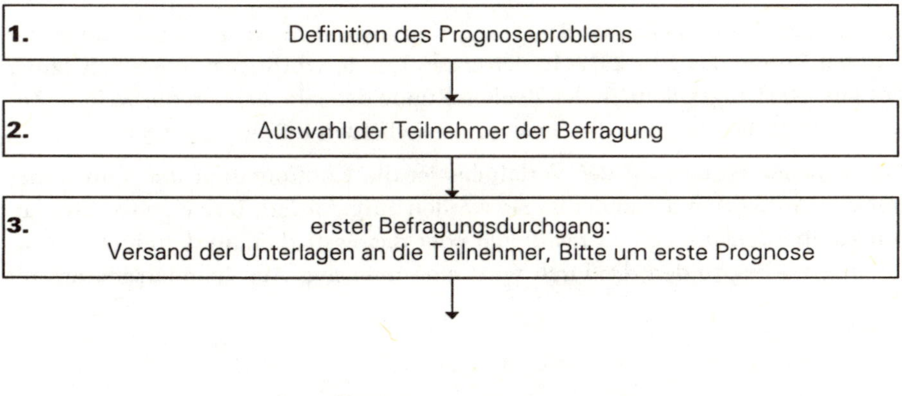

4. Sammlung der Antworten und Auswertung

↓

5. zweiter Befragungsdurchgang:
Versand der Ergebnisse der ersten Runde mit Bitte um Kommentierung der eigenen Antwort vor dem Hintergrund der Argumente der anderen Teilnehmer

↓

6. Sammlung der Kommentare, Auswertung und Zusammenfassung

↓

7. ggf. dritter Befragungsdurchgang:
Versand der Ergebnisse der zweiten Runde mit der Bitte um neuerliche Kommentierung der eigenen Antwort

↓

8. ggf. Wiederholung, bis eine Konvergenz der Antworten erreicht ist.

Abb. 2.4: Ablaufschema Delphi-Prognose

Als Ergebnis eines Befragungsdurchgangs ergibt sich jeweils eine Verteilung der Schätzungen. Diese können dann für Vergleichs- und Darstellungszwecke einfach wie folgt dargestellt werden. Es zeigt sich die Tendenz zu einer Rücknahme bzw. Revision extremer Schätzungen.

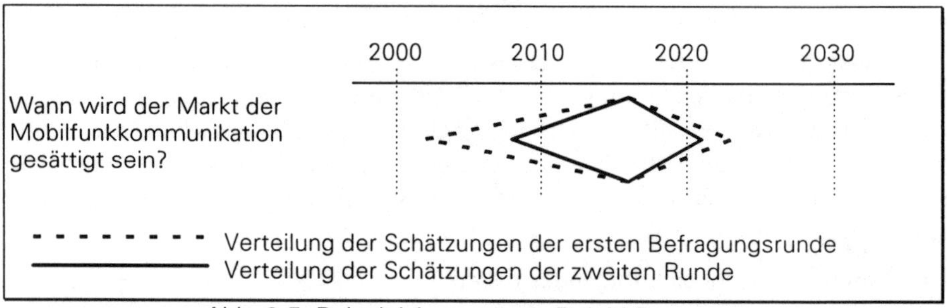

Abb. 2.5: Beispiel Auswertung Delphi-Prognose

Die am häufigsten genannte Schätzung war sowohl in der ersten als auch der zweiten Runde das Jahr 2017. In der ersten Runde wurde als untere Schätzung das Jahr 2002 angegeben, in der zweiten Runde das Jahr 2008. In die weitere Zukunft hin ist die Streuung der Schätzungen in beiden Runden geringer.

Wesentlicher Bestandteil des Verfahrens ist die Konfrontation der Teilnehmer mit den Antworten der anderen. Sie werden aufgefordert, ihre eigenen Prognosen zu überdenken, ggf. zu revidieren oder das Festhalten an der eigenen Auffassung zu begründen. Dadurch wird eine intensive Auseinandersetzung mit dem Problem erreicht und verhindert, daß nur oberflächlich argumentiert wird. Weiterhin wird durch dieses Prozedere eine **Konvergenz** der Antworten erzielt. In der Regel werden diejenigen Teilnehmer, die eine extreme Antwort gegeben hatten, im nächsten Durchlauf zu einer weniger extremen Einschätzung kommen, es sei denn, sie verfügen über gute Argumente für ihre Antwort.

Ein weiterer Vorteil liegt darin, daß dieses Verfahren **anonym** durchgeführt werden kann. Somit entsteht z.B. kein Druck, sich der Meinung eines bekannten Fachvertreters anzuschließen, in der Annahme, er werde schon Recht haben. Nicht zuletzt aufgrund der räumlichen Verteilung der Teilnehmer wird eine Delphi-Prognose überwiegend auf **schriftlichem** Wege erfolgen. Dies ermöglicht es einerseits oftmals erst, bestimmte Personenkreise einzubeziehen, führt andererseits zu einem hohen Koordinations- und Zeitaufwand.

Eine nicht unwichtige Frage ist die, über **wieviel Durchgänge** die Prognose durchgeführt werden soll. Hierbei ist zu berücksichtigen, daß eine hohe Zahl von Durchgängen das Ergebnis nicht unbedingt zuverlässiger werden läßt, da die Wahrscheinlichkeit des Abspringens von Teilnehmern steigt. Stellt sich heraus, daß die Ergebnisse eines Durchgangs nicht mehr stark von denen des vorhergehenden abweichen, sollte abgebrochen werden. Oftmals ist dies schon nach der zweiten Runde der Fall.

Neben dem Prognosezweck ist noch ein weiterer zu berücksichtigen, der sich meist im Laufe des Verfahrens als Nebeneffekt ergibt. Die einzelnen Meinungen und insbesondere Begründungen sind hervorragende **Ideenlieferanten**, im Marketing z.B. für die Entwicklung von Neuproduktideen. Hier wird z.B. von einem **Ideendelphi** gesprochen.

Beispiel für eine umfangreiche Delphi-Studie ist ein Projekt des Bundesministeriums für Forschung und Technologie (BMFT 1993):

Das Bundesministerium für Forschung und Technologie führte eine Delphi-Untersuchung durch, um die forschungspolitischen Initiativen des Ministeriums weiterzuentwickeln. Nebenbedingung war die Vergleichbarkeit mit einer Erhebung in Japan, so daß der Fragebogen durch Übersetzung des japanischen entstand. Sechzehn Fachgebiete von der Verfahrenstechnik über Landwirtschaft bis zu Kultur und Gesellschaft wurden berücksichtigt. Die Teilnehmer wurden aufgefordert, zu einzelnen wissenschaftlichen Zielen anzugeben, wann sie erreicht werden können. Beispiel: „Es werden hitzebeständige, technische Kunststoffe mit einer Temperaturbeständigkeit von 450°C im Dauereinsatz entwickelt." Ergänzend sollten die Wichtigkeit des Themas, mögliche Hemmnisse bei der Verwirklichung u.a. angegeben werden.

In der ersten Runde wurden 6216 Fragebögen an 3080 Personen aus den Bereichen Hochschule, Wirtschaft, öffentlicher Dienst und private, nichterwerbswirtschaftliche Einrichtungen verschickt. Je nach Fachgebiet, zu dem die Befragten gehörten, wurde ein entsprechender Fragebogen zu diesem Gebiet verschickt. Grundlage für die Ansprache der Teilnehmer waren einschlägige Adreßverzeichnisse (z.B. Vademecum deutscher Lehr- und Forschungsstätten und Hoppenstedt Handbuch der Groß- und mittelständischen Unternehmen). Die

Rücklaufquote lag im Durchschnitt der Fachgebiete bei 30% (bezogen auf die angeschriebenen Personen) in der ersten, bei 82% (bezogen auf die Teilnehmer der ersten Runde) in der zweiten Runde.

Die Antworten auf die einzelnen Fragen wurden statistisch ausgewertet. Folgende Auswertungen wurden jeweils für beide Runden vorgenommen:

- Anzahl der Antworten
- Fachkenntnis des Teilnehmers (Selbsteinschätzung) - prozentuale Verteilung
- Wichtigkeit der Frage nach Einschätzung des Teilnehmers - prozentuale Verteilung
- Zeitraum der Verwirklichung - Median, oberes und unteres Quartil
- Genauigkeit der Zeitangabe - prozentuale Verteilung
- Einschätzung der Notwendigkeit der internationalen Zusammenarbeit - prozentuale Verteilung
- Einschätzung der international im Forschungs- und Entwicklungsbereich führenden Länder - prozentuale Verteilung
- mögliche Hemmnisse für Verwirklichung - Häufigkeit der Nennung vorgegebener Kriterien

Weiterhin wurden separat die Antworten der Teilnehmer mit großer Fachkunde in der zweiten Runde ausgewiesen. Der direkte Vergleich der Ergebnisse der beiden Runden zeigte, wie sich die Anworten aufeinander zubewegten.

2.2.1.2 Szenario-Technik

Die **Szenario-Technik** ist ebenfalls langfristig ausgerichtet und arbeitet mit Expertenschätzungen. Ziel ist es hier, mögliche Umfeldentwicklungen im Unternehmen zu antizipieren und Reaktionsstrategien zu entwickeln.

Der **Ablauf** vollzieht sich idealtypischerweise wie folgt (Schub von Bossiazky 1992, S. 137ff., Hentze/Brose/Kammel 1993, S. 268ff.):

1. Definition des Untersuchungsfeldes -
Was soll prognostiziert werden? Wie ist die Ausgangssituation?

↓

2. Identifizierung der wichtigsten Einflußfaktoren auf das Untersuchungsfeld -
Wovon hängt die Entwicklung ab?
Bestehen Abhängigkeiten zwischen diesen Einflußfaktoren?

↓

3. Ermittlung der kritischen Größen (Deskriptoren) für die identifizierten Einflußfaktoren. Woran lassen sich die Einflußfaktoren messen? Wie sind sie operationalisiert?

↓

4. Bildung von (theoretischen) Umfeldzuständen durch Bestimmung von möglichen Ausprägungen der kritischen Größen. Diese müssen untereinander konsistent sein, dürfen sich nicht gegenseitig ausschließen oder widersprechen. Auswahl von (in der Regel) zwei konsistenten und gegensätzlichen Bündeln von Umfeldzuständen/Szenarien.

↓

5. Interpretation und Bewertung der Szenarien

↓

6. Einführung von signifikanten Störereignissen auf diese Zustände. Die prognostizierten Auswirkungen dieser Störereignisse zeigen, wie stabil die angenommenen Szenarien sind.

↓

7. Erarbeitung von Strategien zur Bewältigung dieser Störereignisse

↓

8. Konzeption von Handlungsanweisungen für das Unternehmen

Abb. 2.6: Ablaufschema Szenario-Prognose

Das besondere Merkmal der Szenario-Technik liegt in der Berücksichtigung von in der Regel zwei möglichen Entwicklungslinien. Es ist dadurch möglich, im Sinne eines strategischen Spielbretts, Alternativstrategien für das Unternehmen zu entwickeln und diese, zumindest gedanklich, zu testen. Eine gängige Veranschaulichung des Verfahrens ist die Darstellung als eine Art Trichter. Die obere und untere Linie stellen jeweils die extremen Szenarien dar, die tatsächliche Entwicklung wird zwischen diesen Linien liegen:

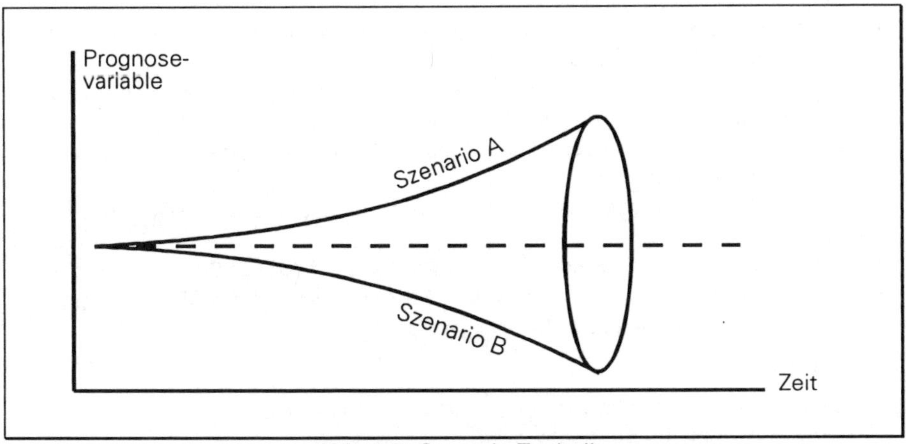

Abb. 2.7: Szenario-Technik

Die wohl bekanntesten, publizierten **Beispiele** für Szenario-Analysen sind die Studien der Deutschen Shell AG zur Entwicklung des Ölgeschäfts und der Motorisierung in Deutschland.

Im Jahr 1995 veröffentlichte Shell eine Szenarien-Analyse des Pkw-Bestands und der Neuzulassungen in Deutschland bis zum Jahr 2020 (Shell 1995). Szenarien werden definiert als: „Szenarien beschreiben unterschiedliche, wertfreie, in sich geschlossene mögliche Zukunftsbilder, die aus konsistenten Annahmen aufgebaut werden. Sie dienen als wichtige Entscheidungsgrundlage, die es erlaubt, sich frühzeitig auf denkbare Entwicklungen und ihre Auswirkungen einzustellen" (ebenda, S. 9). Dabei wurden zwei Szenarien entwickelt: „Neue Horizonte" und „Barrieren":

	Stand	„Neue Horizonte"		„Barrieren"	
Jahr:	1994	2010	2020	2010	2020
Pkw-Bestand in Mio.	39,9	48,6	49,6	45,0	44,1
Durchschnittsverbrauch Bestand l	9,5	7,9	6,7	7,8	6,4
dto. bei Neuzulassungen	9,2	6,4	5,2	6,0	4,5
Fahrleistung pro Jahr in km	12.400	12.500	12.200	10.800	10.100
Gesamtfahrleistung in Mrd. km	491	602	596	481	431
Gesamtverbrauch Pkw in Mio. t	35,7	36,7	31,0	28,8	21,7
CO_2-Emissionen in Mio. t	111	114	96	89	67

Die Definition der beiden Szenarien geht von folgenden Annahmen aus:

„Neue Horizonte"

- Liberalisierungstendenzen breiten sich weltweit weiter aus. Dadurch weltweite wirtschaftliche Erholung.
- In Deutschland verläuft die wirtschaftliche Entwicklung in den neunziger Jahren gedämpft positiv. Das reale Bruttoinlandsprodukt wächst bis 2000 um durchschnittlich 2,5%, danach um 3%.
- Erfolge der Reformen in Mittel- und Osteuropa. Deutschland profitiert vom Exportboom in diese Länder.
- Maßnahmen des Umweltschutzes werden international abgestimmt und sind marktwirtschaftlich verträglich.
- Der Verkehrsfluß wird durch moderne Verkehrsleittechniken verbessert. Das Straßennetz wird ausgebaut und modernisiert.
- Die Bevölkerung wünscht sich mehr Mobilität bei gleichzeitiger Verbesserung des Umweltschutzes.
- Die Bevölkerung wächst auf 84,1 Mio. im Jahr 2000 und 83,7 Mio. im Jahr 2020.
- Der Anteil der Diesel-Pkw steigt von 13,6% 1994 auf 25% 2020.
- Die Zahl der Neuzulassungen steigt von 3,3 Mio. 1995 auf 3,6 Mio. 2000 und nimmt bis 2020 leicht ab auf 3,4 Mio. jährlich.

„Barrieren"

- Liberalisierung gerät ins Stocken, weil Verlust von Arbeitsplätzen, Einfluß, Traditionen, Identität befürchtet wird.
- Das deutsche Bruttoinlandsprodukt wächst bis 2000 um 2,5%, danach nur noch um 2%.

- International kommt es zur Abschottungspolitik. Die Länder Mittel- und Osteuropas und des Nahen Ostens haben mit wirtschaftlichen Problemen zu kämpfen.
- Es zeigen sich Probleme bei der Finanzierung des sozialen Netzes. Zukunftsaussichten verschlechtern sich. Investitionen werden unterlassen.
- Dirigistische Eingriffe des Staates in der Umwelt- und Verkehrspolitik dämpfen den Energieverbrauch. Mineralölsteuern werden erhöht, die Pkw-Kosten steigen stark.
- Die Zahl der Zuwanderungen stagniert. Die Bevölkerung wächst bis 2000 auf 83,3 Mio. und sinkt dann bis 2020 auf 78,6 Mio.
- Der Anteil der Diesel-Pkw steigt von 13,6% 1994 auf 20% 2020.
- Die Zahl der Neuzulassungen sinkt von 3,3 Mio. 1995 nahezu kontinuierlich auf 2,8 Mio. 2020.

Bei der Auswahl der zu verfolgenden Szenarien sollte neben der Konsistenz (also auch der Angreifbarkeit durch Widersprüchlichkeit oder unrealistische Annahmen) darauf geachtet werden, daß es sich um möglichst entgegengesetzte Szenarien handelt. Je weiter sie inhaltlich auseinanderliegen, desto größer ist die Wahrscheinlichkeit, daß die tatsächliche Entwicklung innerhalb des damit gesteckten Rahmens verlaufen wird.

2.2.1.3 Leitreihenanalyse

Die **Leitreihenanalyse** beruht auf der Analyse von Entwicklungen bei anderen Objekten, Personen oder Sachverhalten (Produkten, Gestaltungselementen, Kaufverhaltensmerkmalen, Zielgruppen usw.), die eine Indikatorfunktion für das konkret zu untersuchende Objekt übernehmen können.

Koppelmann und Küthe (1987) ermittelten mit Hilfe des Leitreihenverfahrens Präferenzwellen bei Farben für einen Hersteller von Sanitärkeramik. Es stellte sich heraus, daß im Architekturbereich eine offensichtlich stabile Abfolge von Farbpräferenzen existiert. Die Folge beginnt mit den Spektralfarben, die, da man sich an diesen Farben irgendwann satt sieht, von abgedunkelten Farben abgelöst werden. Diese relativ kurze Phase wird abgelöst durch die Erdfarben (braun, dunkelgrün), die nach längerer Zeit dann in den Pastellbereich übergehen. Es folgen die unbunten Farben (grau, weiß), dann violett und schließlich die Neue Farbigkeit (z.B. Memphis-Stil):

Zeit ↓

- Spektralfarben
- abgedunkelte Farben
- Erdfarben
- Pastellfarben
- unbunte Farben
- Violett
- Neue Farbigkeit.

Mit Hilfe dieses Schemas ist es dann möglich, zu prognostizieren, welche Farben in Zukunft besonders stark gefragt sein werden. Dabei darf jedoch nicht übersehen werden, daß in diesem speziellen Fall zwar eine Leitreihe gefunden wurde, dies bei Auto-Farben jedoch nicht gelang. Folgende Problembereiche sind daher bei der Analyse zu berücksichtigen:

- Die Prognoseeignung der Leitreihe für das zu untersuchende Objekt muß plausibel, sie muß tatsächlich als Indikator einsetzbar sein. Während dieser Zusammenhang zwischen Architektur und Sanitärkeramik nachvollziehbar ist, ist dies etwa bei Architektur und Bekleidung nicht der Fall.
- Es müssen hinreichende Daten über die Leitreihe vorliegen. Bei den von Koppelmann und Küthe untersuchten Präferenzwellen handelte es sich um mehrjährige Phasen, so daß insgesamt ein Zeitraum von mehr als 20 Jahren zu betrachten war. Voraussetzung ist, daß über diesen Zeitraum hinweg qualitativ gleichwertige Dokumentationen vorliegen (Kataloge, Prospekte usw.).
- Die Stabilität der Zyklen ist abhängig von ihrer theoretischen Fundierung. Es ist also die Frage zu stellen: Welche Gründe sprechen dafür, daß es sich in Zukunft wieder so verhält? Je eher sich Begründungen oder bestehende Erkenntnisse darüber finden lassen, desto sicherer ist die Prognose mit diesem Verfahren.

Indikatorvariablen lassen sich jedoch auch im jeweils zu untersuchenden Produkt-/Themenbereich finden. Ein Indikator für künftige Umsätze können z.B. Anfragen beim Vertrieb sein. Insbesondere in den modeabhängigen Produktbereichen existieren Messen, auf denen Produkte und Trends präsentiert werden, die ein halbes bis ein Jahr später verkaufswirksam werden.

Ein interessantes Beispiel ist etwa auch die **Bildungsplanung**, die auf dem Indikator „Geburtenzahl" basiert. Die benötigte Kapazität für Grundschulen läßt sich leicht ermitteln, wenn die Geburtenzahlen vor x Jahren abzüglich einer Sterberate und zuzüglich einer Zuwanderung aus dem Ausland errechnet wird. Für die Planung der Kapazitäten in Oberschulen sind zusätzlich Annahmen über die Verteilung der Schüler auf die einzelnen Schultypen erforderlich. Für den Hochschulbereich sind dann noch Annahmen über die Studierquote der Abiturienten erforderlich. Da diese langfristig nicht stabil war, sondern stieg, ist es zu keiner angemessenen Kapazitätsentwicklung gekommen. Dies verdeutlicht, daß der Versuch der monokausalen Erklärung den tatsächlichen Verhältnissen nicht gerecht wird. Vielmehr handelt es sich hier wie auch in anderen Bereichen um ein Netzwerk von Einflußfaktoren.

2.2.2 Quantitative Prognoseverfahren

2.2.2.1 Lineare Regressionsanalyse

Ziel der **linearen Regressionsanalyse** ist es, einen linearen Zusammenhang zwischen zwei Variablen zu ermitteln. Dabei kann eine Variable mit Hilfe der anderen prognostiziert oder die Stärke des Zusammenhangs zwischen beiden Variablen ermittelt werden. Bei der mehrfachen (multiplen) Regression werden mehr als zwei Variablen berücksichtigt.

Mathematisch gesehen wird bei der linearen Regressionsanalyse eine Gerade in eine Punktwolke gelegt mit der Maßgabe, die Summe der quadrierten Abweichungen zwischen Punktwerten und Gerade zu minimieren. Die Gerade soll also „in der Mitte" liegen und zeigen, ob und in welcher Richtung ein Zusammenhang zwischen beiden Variablen besteht. Konkret können dies z.B. Werbeausgaben und Umsatz sein. Ist ein Zusammenhang nachzuweisen, kann, ausgehend von einem vorgegebenen Werbebudget, der zu erwartende Umsatz prognostiziert werden. (Vgl. zu den statistischen Grundlagen z.B. Backhaus u.a. 1994, S. 1ff.)

Die **Grundform** einer linearen Regressionsgerade ist: $\hat{y} = c + b \cdot x$

Oder: „geschätzter Y-Wert = Schnittpunkt mit der Y-Achse + Steigung der Geraden multipliziert mit dem unabhängigen X-Wert". X steht stets für die unabhängige Variable, also den Einflußfaktor, y für die abhängige, zu prognostizierende Variable.

Das Ziel „Minimierung der Summe der quadrierten Abweichungen" wird formuliert durch:

$$\sum_{i=1}^{m} (y_i - \hat{y}_i)^2 \rightarrow \text{Min! mit } y_i = \text{Beobachtungswert}, \ \hat{y}_i = \text{Schätzwert}$$

Daher auch der Name „Methode der kleinsten Quadrate". Die für die Aufstellung der Geradengleichung erforderlichen absoluten Parameter werden durch folgende Formeln bestimmt:

$$b = \frac{\sum (y_i - \bar{y})(x_i - \bar{x})}{\sum (x_i - \bar{x})^2} \text{ oder } \frac{\frac{1}{m}\sum x_i y_i - \overline{xy}}{\frac{1}{m}\sum x_i^2 - \bar{x}^2}, \ c = \bar{y} - b\bar{x}$$

mit m = Anzahl der Beobachtungswerte; $\bar{y}, \bar{x}$ = Mittelwerte; x_i, y_i = Beobachtungswerte

Die **Qualität** einer Regression kann mit Hilfe des Korrelationskoeffizienten r bestimmt werden. Er liegt stets zwischen -1 und +1 (einschließlich). -1 bedeutet dabei eine stark negative, +1 eine stark positive und 0 keine Korrelation zwischen den Variablen. Die Formel lautet:

$$r = \frac{\sum(x-\bar{x})(y-\bar{y})}{\sqrt{\sum(x-\bar{x})^2\sum(y-\bar{y})^2}} \text{ oder } r^2 = \frac{\sum(\hat{y}-\bar{y})^2}{\sum(y-\bar{y})^2} = \frac{\text{erklärte Streuung}}{\text{Gesamtstreuung}}$$

r = Korrelationskoeffizient oder r^2 = Bestimmtheitsmaß

Die zweite Definition entspricht dem Quotienten aus der durch die Regression erklärten Variation und der gesamten Variation von y.

Beispiel: Es liegen folgende Werte vor:

	x	y	x^2	xy	$x-\bar{x}$	$y-\bar{y}$
	6	8	36	48	1,5	2,17
	7	7	49	49	2,5	1,17
	3	5	9	15	-1,5	-0,83
	4	6	16	24	-0,5	0,17
	5	6	25	30	0,5	0,17
	2	3	4	6	-2,5	-2,83
Σ	27	35	139	172		
$\bar{x}, \bar{y}$	4,5	5,83				

Es ergibt sich:

$$b = \frac{\frac{1}{6}\cdot 172 - 26{,}235}{\frac{1}{6}\cdot 139 - 20{,}25} \text{ oder} = \frac{14{,}5}{17{,}5} = 0{,}83 \qquad c = 5{,}83 - 0{,}83\cdot 4{,}5 = 2{,}095$$

Die Gleichung der Regressionsgeraden lautet damit: $\hat{y} = 2{,}095 + 0{,}83x$

Die Qualität dieser Regression kann nun durch Ermittlung des Korrelationskoeffizienten r ermittelt werden. Es ergibt sich:

$$r = \frac{14{,}5}{\sqrt{17{,}5\cdot 14{,}83}} = 0{,}90$$

Der Wert r = 0,90 zeigt, daß die Regression als „gut" zu bezeichnen ist, daß also die Abweichungen der geschätzten Werte von den tatsächlichen relativ gering sind. Für das Bestimmtheitsmaß ergibt sich r^2 = 0,81. Das heißt: 81 % der gesamten Variation werden durch die Regressionsgerade erklärt.

In der grafischen Darstellung entsteht folgendes Bild:

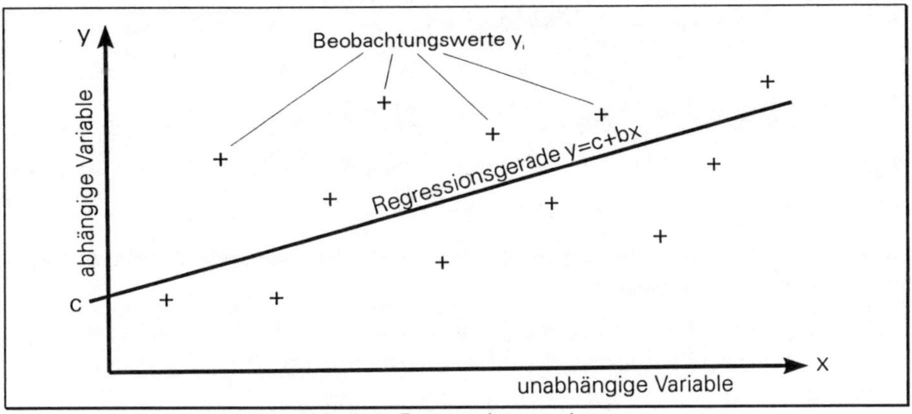

Abb. 2.8: Regressionsanalyse

Das gezeigte Verfahren kann nicht nur den Zusammenhang zwischen zwei Variablen erklären, sondern auch die Veränderung einer Variablen in Abhängigkeit von der Zeit. Es ist dann ein reines Zeitreihenanalyseverfahren. Zu diesem Zweck ist die unabhängige Variable die Zeitreihe, die aus einem Zeitindex (1,2,3,4,5,...) oder Jahres-, Monats- usw. Zahlen besteht.

Beispiele für Fragestellungen, die mit Hilfe der linearen Einfachregression beantwortet werden können:

- Welchen Einfluß haben die Werbeausgaben auf den Umsatz?
- Welche Umsatzsteigerung kann erzielt werden, wenn die Werbeausgaben um 10% erhöht werden?
- Welcher Zusammenhang besteht zwischen der Höhe der Verkaufsprovision und der Zahl der stornierten Aufträge?
- Gibt es einen dauerhaften Anstieg der Preise für ein bestimmtes Produkt?
- Mit welchem Marktvolumen ist im nächsten Jahr zu rechnen?

Beispiele für Fragestellungen, die *nicht* mit Hilfe der linearen Einfachregression beantwortet werden können:

- Wie wird sich der Umsatz ändern, wenn ein zusätzlicher Wettbewerber auf den Markt kommt?
- Wie wird sich der Umsatz ändern, wenn das Sortiment um ein Produkt verkleinert wird?

Oft genug ist jedoch eine einzige unabhängige Variable nicht ausreichend, um eine abhängige Variable zu erklären. Mit Hilfe der **multiplen Regressionsanalyse** lassen sich auch mehrere Variablen zur Erklärung heranziehen.

Werden zwei Variablen verwendet, um die unabhängige Größe y zu erklären, sieht die Regressionsfunktion folgendermaßen aus:

$$\hat{y} = c + b_1 x_1 + b_2 x_2 .$$

Die Berechnung der Parameter wird nun erheblich komplizierter:

$$b_1 = \frac{(\frac{1}{m}\sum x_1y - \bar{x}_1\bar{y})(\frac{1}{m}\sum x_2^2 - \bar{x}_2^2) - (\frac{1}{m}\sum x_2y - \bar{x}_2\bar{y})(\frac{1}{m}\sum x_1x_2 - \bar{x}_1\bar{x}_2)}{(\frac{1}{m}\sum x_1^2 - \bar{x}_1^2)(\frac{1}{m}\sum x_2^2 - \bar{x}_2^2) - (\frac{1}{m}\sum x_1x_2 - \bar{x}_1\bar{x}_2)^2}$$

$$b_2 = \frac{(\frac{1}{m}\sum x_2y - \bar{x}_2\bar{y})(\frac{1}{m}\sum x_1^2 - \bar{x}_1^2) - (\frac{1}{m}\sum x_1y - \bar{x}_1\bar{y})(\frac{1}{m}\sum x_1x_2 - \bar{x}_1\bar{x}_2)}{(\frac{1}{m}\sum x_1^2 - \bar{x}_1^2)(\frac{1}{m}\sum x_2^2 - \bar{x}_2^2) - (\frac{1}{m}\sum x_1x_2 - \bar{x}_1\bar{x}_2)^2}$$

$$c = \bar{y} - b_1\bar{x}_1 - b_2\bar{x}_2$$

Um die Darstellung nicht noch weiter zu verkomplizieren, wurden die Indizes i für die Variablen fortgelassen.

Beispiel: Es soll der Einfluß der Variablen Preis und Zahl der Werbeschaltungen (unabhängige Variablen) auf die Umsatzzahlen (abhängige Variable) ermittelt werden.

	y	x_1	x_2	x_1^2	x_1y	x_2^2	x_2y	x_1x_2
	250	1040	12	1081600	260000	144	3000	12480
	280	1230	12	1512900	344400	144	3360	14760
	283	1200	14	1440000	339600	196	3962	16800
	296	1410	11	1988100	417360	121	3256	15510
	330	1150	17	1322500	379500	289	5610	19550
	345	1380	16	1904400	476100	256	5520	22080
	346	1510	15	2280100	522460	225	5190	22650
Σ	2130	8920	97	11529600	2739420	1375	29898	123830
MW	304,29	1274,29	13,86					

Für die einzelnen Parameter ergibt sich:

$$b_1 = \frac{(\frac{1}{7}\cdot 2739420 - 387753{,}7)(\frac{1}{7}\cdot 1375 - 192{,}1) - (\frac{1}{7}\cdot 29898 - 4217{,}46)(\frac{1}{7}\cdot 123830 - 17661{,}7)}{(\frac{1}{7}\cdot 11529600 - 1623815)(\frac{1}{7}\cdot 1375 - 192{,}1) - (\frac{1}{7}123830 - 17661{,}7)^2} =$$

$$= \frac{3592\cdot 4{,}33 - 53{,}68\cdot 28{,}3}{23270\cdot 4{,}33 - 800{,}89} = 0{,}14$$

$$b_2 = \frac{(\frac{1}{7}\cdot 29898 - 4217{,}46)(\frac{1}{7}\cdot 11529600 - 1623815) - (\frac{1}{7}\cdot 2739420 - 387753{,}7)(\frac{1}{7}\cdot 123830 - 17661{,}7)}{(\frac{1}{7}\cdot 11529600 - 1623815)(\frac{1}{7}\cdot 1375 - 192{,}1) - (\frac{1}{7}123830 - 17661{,}7)^2} =$$

$$= \frac{53{,}68\cdot 23270 - 3592\cdot 28{,}3}{23270\cdot 4{,}33 - 800{,}89} = 11{,}48$$

$$c = 304{,}29 - 0{,}14\cdot 1274{,}29 - 11{,}48\cdot 13{,}86 = -33{,}22$$

Die Regressionsgleichung lautet somit:

$$\hat{y} = -33{,}22 + 0{,}14x_1 + 11{,}48x_2$$

Die Erhöhung der Variable x_1 um 1 führt zu einer Erhöhung der Variable y um 0,14, eine Erhöhung der Variable x_2 läßt y um das 11,48-fache steigen.

Lineare Regressionsanalysen lassen sich jedoch auch einfacher mit Hilfe von Statistik- oder Tabellenkalkulationsprogrammen durchführen. Folgendes Beispiel wurde mit Excel 5.0 erstellt.

Vorgehensweise: Zunächst ist eine Wertetabelle in ein Arbeitsblatt einzugeben. Erste Spalte: Y-Werte, weitere Spalten (bis zu 16): X_1, X_2, X_3,... usw.-Werte. Dann wird im Menü „Extras" „Analyse-Funktionen" gewählt. Es erscheint eine Liste vorhandener Datenanalyse-Verfahren. Hier ist „Regression" auszuwählen. Es erscheint eine Maske, die die Position der auszuwertenden Daten sowie die gewünschten Berechnungen abfragt. Hier wird die Position des Y- und der X-Wertebereiche angegeben. Excel errechnet dann die Parameter der Regressionsfunktion sowie einige statistische Kennzahlen. Interessant dürfte auch eine grafische Darstellung sein, so daß „Kurvenanpassung" gewählt werden sollte. Bei den Werten

Umsatz	Preis	Werbeschaltungen	VKF-Ausgaben
1200	270	4	4000
1370	258	6	2800
1260	264	6	2500
1340	260	5	2500
1470	255	7	3200
1520	250	8	2900
1520	250	9	2800

ergibt sich folgende Auswertung:

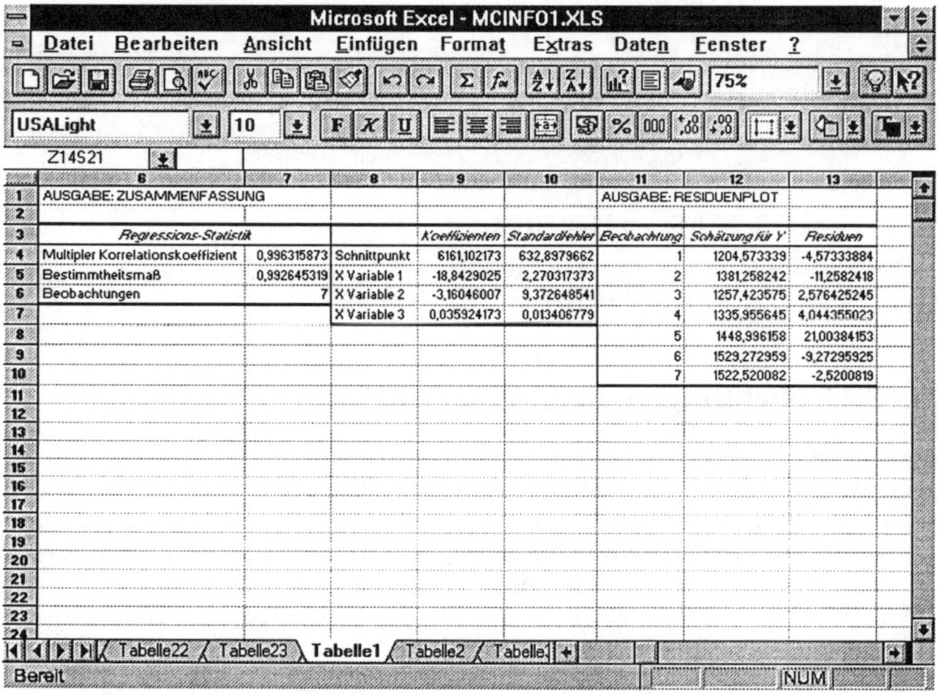

	6	7	8	9	10	11	12	13
1	AUSGABE: ZUSAMMENFASSUNG					AUSGABE: RESIDUENPLOT		
2								
3	Regressions-Statistik			Koeffizienten	Standardfehler	Beobachtung	Schätzung für Y'	Residuen
4	Multipler Korrelationskoeffizient	0,996315873	Schnittpunkt	6161,102173	632,8979662	1	1204,573339	-4,57333884
5	Bestimmtheitsmaß	0,992645319	X Variable 1	-18,8429025	2,270317373	2	1381,258242	-11,2582418
6	Beobachtungen	7	X Variable 2	-3,16046007	9,372648541	3	1257,423575	2,576425245
7			X Variable 3	0,035924173	0,013406779	4	1335,955645	4,044355023
8						5	1448,996158	21,00384153
9						6	1529,272959	-9,27295925
10						7	1522,520082	-2,5200819

und schließlich folgende Grafiken, die in bezug auf die Beschreibung, Skalierung und Größe bearbeitet wurden:

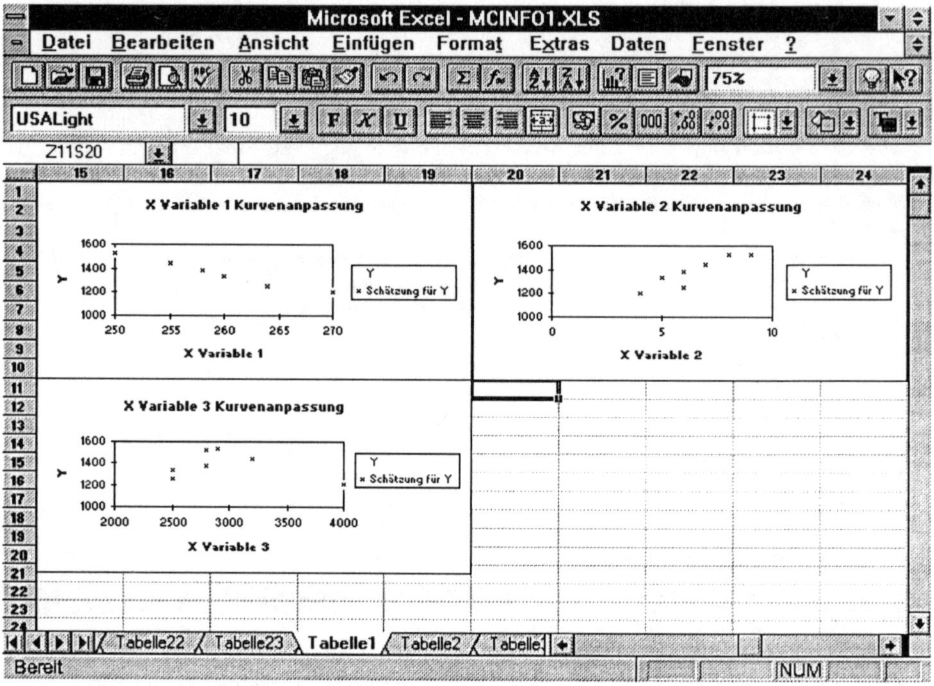

In der Tabelle „Regressions-Statistik" finden sich der Korrelationskoeffizient und das Bestimmtheitsmaß, hier mit hervorragenden Ergebnissen. Die Spalte „Koeffizienten" gibt die Parameter der Schätzfunktion an. Diese lautet:

$$\hat{y} = 6161{,}1 - 18{,}84x_1 - 3{,}16x_2 + 0{,}04x_3$$

Zur Erklärung der weiteren von Excel errechneten, hier aber ausgeblendeten Kriterien sei auf die statistische Literatur verwiesen.

2.2.2.2 Nichtlineare Regressionsanalyse

Zwischen zwei Variablen muß nicht unbedingt ein linearer Zusammenhang bestehen. So ist es beispielsweise leicht vorstellbar, daß es bei vielen Entwicklungen Sättigungsgrenzen gibt, denen sich die Variable mit sinkenden Wachstumsraten nähert. Diese Zusammenhänge können mit Hilfe der **nichtlinearen Regressionsanalyse** ermittelt werden. Auch hier kann die unabhängige Variable wieder die Zeit sein, so daß die Regressionsanalyse eine Trendanalyse ist.

Beispiele für mögliche Beziehungen zwischen zwei Variablen bzw. für Trends:

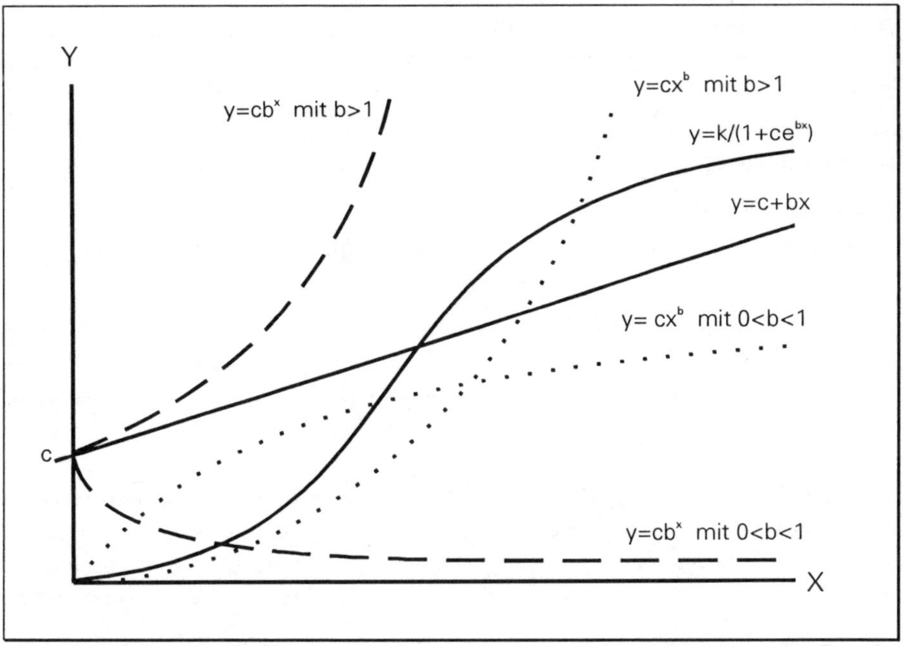

Abb. 2.9: Beispiele für Zusammenhänge zwischen zwei Variablen bzw. für Trends

Die wichtigste Frage bei einer nichtlinearen Regression ist die Bestimmung der Art des Zusammenhangs zwischen den Variablen. Hierzu ist es erforderlich, sich Gedanken über die logischen Grundlagen zu machen. Stellt sich nämlich die Wahl des Funktionstyps als logisch falsch heraus, kommt es zu fehlerhaften Prognosen und damit falschen Entscheidungen.

Angenommen, es geht um den Zusammenhang zwischen Werbeausgaben und Verkaufszahlen. Hier kann man sich leicht vorstellen, daß die erste Werbeschaltung den größten Erfolg bringt, weil sie mit einer gewissen Wahrscheinlichkeit von den tatsächlich interessierten Personen gesehen wird. Die folgenden Werbeschaltungen bringen vermutlich kontinuierlich weniger Erfolg, weil es immer schwieriger wird, neue Käufer anzusprechen. Schließlich dürfte irgendwann ein Zustand erreicht sein, in dem eine zusätzliche Schaltung keinen zusätzlichen Erfolg bringt, weil alle potentiellen Käufer die Werbung bereits kennen und sich auch bereits für oder gegen einen Kauf entschieden haben. Der Zusammenhang zwischen beiden Variablen kann demnach logisch durch eine Funktion beschrieben werden, die den abnehmenden zusätzlichen Erfolg der Werbeschaltungen berücksichtigt. Andere Situationen führen zu anderen geeigneten Funktionen.

Solche nichtlinearen Beziehungen können relativ leicht verarbeitet werden, indem die Gleichungen logarithmiert werden. Die folgende Übersicht führt einige Beispiele für Funktionen an:

Zusammenhang	Funktion	logarithmiert
linear	$\hat{y} = c + b \cdot x$	nicht erforderlich
halblogarithmisch/ Exponentialfunktion	$\hat{y} = c \cdot b^x$	$\lg \hat{y} = \lg c + x \cdot \lg b$
doppellogarithmisch/ Potenzfunktion	$\hat{y} = c \cdot x^b$	$\lg \hat{y} = \lg c + b \cdot \lg x$
logistisch	$\hat{y} = \frac{k}{1 + c \cdot e^{bx}}$	$\ln(\frac{k}{\hat{y}} - 1) = \ln c + b \cdot x$ *)
*) unter der Voraussetzung, daß die Sättigungsmenge k bekannt ist		

Abb. 2.10: Beispiele für Funktionen

Die Bezeichnung „halblogarithmisch" hängt damit zusammen, daß bei Verwendung eines halblogarithmischen Papiers (nur eine Dimension wird logarithmiert) die Funktion als Gerade dargestellt werden kann. Die „doppellogarithmische" Funktion erscheint als Gerade, wenn beide Dimensionen logarithmisch dargestellt werden.

Das Potential an möglichen **Regressionskurven** ist hiermit jedoch nicht ausgeschöpft. So können z.B. Funktionen höherer Ordnung formuliert werden, die oszillierende Schwankungen berücksichtigen. Problematisch ist bei solchen Funktionen jedoch nicht nur die mathematische Komplexität, d.h. der Aufwand bei der Ermittlung der Regressionsgleichung, sondern auch die logische Grundlegung. Je komplexer das mathematische Modell ist, desto größer wird die Wahrscheinlichkeit, daß die Beobachtungen durch zufällige bzw. einmalige Ereignisse beeinflußt wurden.

Die **Vorgehensweise** soll anhand des Beispiels einer Trendprognose für eine Wertereihe, die offensichtlich einer Sättigungsgrenze entgegenstrebt, verdeutlicht werden. Die Berechnung erfolgt auf folgendem Weg:

1. Logarithmieren der x-Werte (Zeitachse)
2. Logarithmieren der beobachteten y-Werte
3. Berechnen der (nun: linearen) Regressionsfunktion und der (logarithmierten) y-Schätzwerte (z.B. mit Tabellenkalkulationsprogramm)
4. „Entlogarithmieren" der berechneten y-Schätzwerte/Aufstellen der Regressionsgleichung
5. Prognose des y-Wertes für die nächste Periode

x	y	lg x	lg y	lg$\hat{y}$	$\hat{y}$
1	1	0,000	0,000	0,146	1,400
2	3	0,301	0,477	0,377	2,382
3	4	0,301	0,602	0,512	3,251
4	4	0,602	0,602	0,608	4,055
5	6	0,699	0,778	0,682	4,808
6	7	0,778	0,845	0,742	5,521
7	5	0,845	0,699	0,794	6,223
8	6	0,903	0,778	0,838	6,887
9	7	0,954	0,845	0,877	7,534
10	8	1,000	0,903	0,912	8,166
11	8	1,041	0,903	0,944	8,790

Die Berechnung der y-Schätzwerte wurde mit Excel durchgeführt. Als Parameter wurden berechnet: b = 0,766 und lg c = 0,146. C ist damit = 1,4.

Die Regressionsgleichung lautet: $\hat{y} = c \cdot x^b = 1{,}4 \cdot x^{0{,}766}$.

Für die Periode 12 ergibt sich als Schätzwert: $\hat{y} = 1{,}4 \cdot 12^{0{,}766} = 9{,}392$

2.2.2.3 Exponentielle Glättung

Die **exponentielle Glättung** ist ein reines Zeitreihenanalyse-Verfahren, das keine ursächlichen Zusammenhänge berücksichtigt, wie etwa die Regressionsanalyse. Es wird grundsätzlich die Entwicklung einer Größe in Abhängigkeit von der Zeit betrachtet. Die Besonderheit des Verfahrens liegt darin, daß ältere Vergangenheitswerte weniger stark berücksichtigt werden als jüngere. Dadurch erfolgt eine wählbare, mehr oder weniger starke Anpassung der geglätteten Kurve an die tatsächliche Entwicklung.

Die Grundgleichung der exponentiellen Glättung lautet:

$$\hat{y}_n = (1-\alpha)\hat{y}_{n-1} + \alpha y_n$$

α ist dabei der sogenannte **Reaktionsparameter**, der zwischen 0 und 1 liegt. Je kleiner der Wert ist, desto langsamer erfolgt die Anpassung, d.h. desto träger reagiert die geglättete Kurve auf die tatsächlichen Werte und desto weniger wird sie von einmaligen, extremen Ausschlägen beeinflußt. Ein großes α führt im Gegensatz dazu zu einer schnellen Anpassung. Die o.g. Grundgleichung lautet in Worten: „Der geglättete Wert ergibt sich aus dem mit 1 - α gewichteten geglätteten Wert der letzten Periode + dem mit α gewichteten aktuellen, tatsächlichen Wert." n ist der Periodenindex. Der damit errechnete Wert geht bei der Berechnung des Schätzwertes in der nächsten Periode in die Berechnung ein. Die Summe der Gewichte liegt immer bei 1. Eine Erhöhung von α führt stets zu einer stärkeren Betonung des aktuellen Beobachtungswertes und damit verbunden automatisch zu einer geringeren Berücksichtigung des Vergangenheitswertes. Folgendes Beispiel zeigt die Auswirkung der Wahl von α:

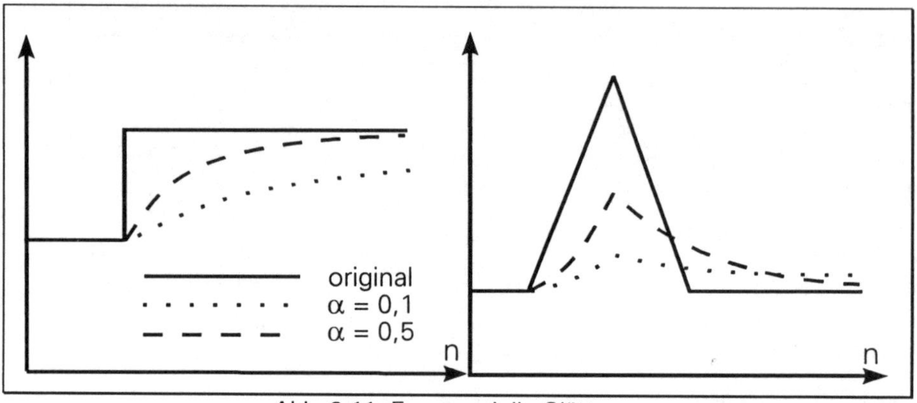

Abb. 2.11: Exponentielle Glättung

Der Glättungsfaktor von 0,5 führt zu einer schnelleren Anpassung an die tatsächliche Entwicklung, und zwar genauso an den einmaligen Ausschlag nach oben wie an das stabile Niveau. Beim Glättungsfaktor von 0,1 wird dagegen dem Ausschlag nur in geringem Maße gefolgt, dafür erfolgt aber auch die Anpassung an das stabile Niveau langsamer.

Dementsprechend verhält sich auch die Anpassung an fundamentale Entwicklungen, wenn also beispielsweise ein dauerhaftes höheres Niveau der Beobachtungswerte erreicht wird. Der Anwendungsbereich dieses Verfahrens liegt bei der Analyse von Zahlenreihen auf das Vorliegen von Trends und der Prognose für kurze Zeiträume. Es verringert zufällige, nicht fundamentale Schwankungen.

Beispiel:

n	y	$\alpha \cdot y_n$ mit α=0,5	$(1-\alpha)\hat{y}_{n-1}$ mit α=0,5	$\hat{y}$	$\alpha \cdot y_n$ mit α=0,1	$(1-\alpha)\hat{y}_{n-1}$ mit α=0,1	$\hat{y}$
				4			4
1	4	2	2	4	0,4	3,6	4
2	8	4	2	6	0,8	3,6	4,4
3	8	4	3	7	0,8	3,96	4,76
4	8	4	3,5	7,5	0,8	4,28	5,08
5	4	2	3,75	5,75	0,4	4,57	4,97
6	5	2,5	2,88	5,38	0,5	4,47	4,97
7	6	3	2,69	5,69	0,6	4,47	5,07
8	6	3	2,85	5,85	0,6	4,56	5,16
9	8	4	2,93	6,93	0,8	4,64	5,44
10	9	4,5	3,47	7,97	0,9	4,9	5,8
11				7,97			5,8

Der exponentiell geglättete y-Schätzwert ist eine Art Mittelwert (daher findet sich in der Literatur oft die Bezeichnung „y quer" statt „ y Dach"): und zwar der Mittelwert aus dem aktuellen Wert und Mittelwert, der für die vergangene Periode ermittelt wurde. Zusätzlich wird eine individuell zu steuernde Gewichtung eingeführt.

Weiterhin muß beachtet werden, daß für die Berechnung in der ersten Periode ein Vergangenheitswert benötigt wird, der eigentlich nicht bekannt ist. Daher wird der erste Beobachtungswert als „Einstiegswert" verwendet.

Das exponentielle Glätten eignet sich grundsätzlich nicht, wenn in der Wertereihe ein Trend vorhanden ist. Wie die folgende Abbildung zeigt, „läuft" das Verfahren dem Trend kontinuierlich hinterher und ist daher nicht für eine Prognose zu gebrauchen. In diesem Fall kann eine exponentielle Glättung zweiter Ordnung durchgeführt werden, die die Werte des ersten Glättungsdurchgangs noch einmal glättet.

Nachteil des Verfahrens ist, daß der Glättungsparameter relativ willkürlich bestimmt werden kann, wovon das Prognoseergebnis abhängig ist. Weiterhin kann es nicht für längerfristige Prognosen verwendet werden. Der **Vorteil** liegt dagegen in der einfachen Durchführung.

2.2.2.4 Gleitende Durchschnitte

Das Verfahren „**gleitende Durchschnitte**" ist ein nochmals einfacheres Verfahren als die „exponentielle Glättung". Aufgabenstellung ist es, eine zufällig schwankende Wertereihe „zu begradigen", d.h. möglichst um einmalige Ausschläge nach oben und unten zu bereinigen.

Dazu wird jeweils aus einer vorher festzulegenden Zahl von Beobachtungswerten der Mittelwert gebildet. Entscheidet man sich beispielsweise dafür, aus jeweils drei Beobachtungswerten den Mittelwert zu bilden, entstehen in der Reihe der gleitenden Durchschnitte stärkere Schwankungen als bei Verwendung von fünf Werten.

Beispiel:

Periode	Beobachtungswert	gleitender Durchschnitt
1	28	
2	35	30,0
3	27	31,3
4	32	33,0
5	40	36,0
6	36	37,3
7	36	33,3
8	28	33,0
9	35	32,0
10	33	

Aus den ersten drei Beobachtungswerten wird der erste Mittelwert berechnet. Dann wird aus den zweiten bis vierten Beobachtungswerten der nächste Mittelwert berechnet usw. Bei diesem Verfahren auf der Basis von drei Beobachtungswerten wird die Reihe der Mittelwerte um einen Wert am Anfang und einen am Ende verkürzt. Der Prognosewert für die Periode 11 ist in obigem Beispiel 32. Wird beispielsweise mit fünf Beobachtungswerten gearbeitet, wird die Reihe der Mittelwerte noch kürzer.

Im folgenden ein **Vergleich der Prognoseverfahren**

- gleitende Durchschnitte (Basis: Drei-Perioden-Durchschnitte)
- exponentielle Glättung (Glättungsparameter: 0,3) und
- lineare Einfachregression

anhand folgender Beobachtungswerte:

		gleitende Durchschnitte	exponentielle Glättung			lineare Regression		
X	Y		$\alpha \cdot y_n$	$(1-\alpha)\hat{y}_{n-1}$	$\hat{y}_n$	y_n	xy	x^2
1	5		1,5	3,5	5,0	5,0	5	1
2	7	6,3	2,1	3,5	5,6	5,6	14	4
3	7	8,0	2,1	3,9	6,0	6,0	21	9
4	10	8,0	3,0	4,2	7,2	7,2	40	16
5	7	8,7	2,1	5,1	7,2	7,2	35	25
6	9	8,0	2,7	5,0	7,7	7,7	54	36
7	8	9,7	2,4	5,4	7,8	7,8	56	49
8	12	10,7	3,6	5,5	9,1	9,1	96	64
9	12	12,0	3,6	6,3	9,9	9,9	108	81
10	12	12,0	3,6	7,0	10,6	10,6	120	100
11	12		3,6	7,4	11,0	11,0	132	121

Regressionsanalyse:

x = 6 y = 9,18 xy = 55,08 $x^2 = 36$ b = 0,68 c= 5,1

y = 5,1 + 0,68x

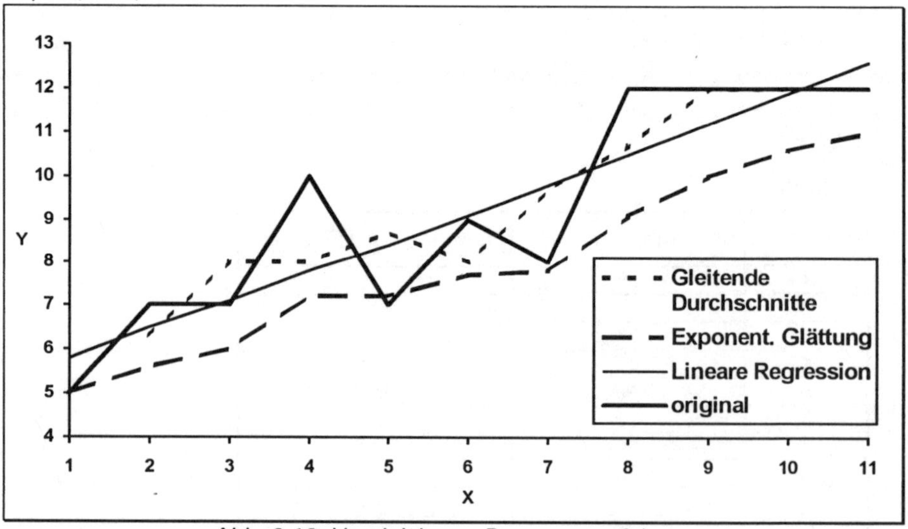

Abb. 2.12: Vergleich von Prognoseverfahren

2.2.2.5 Prognosen auf der Basis von Experimenten

Experimente, die im Rahmen der Marktforschung zur Datenerhebung eingesetzt werden, können auch für Wirkungsprognosen verwendet werden. Sie untersuchen kausale Abhängigkeiten wie etwa die Auswirkung eines veränderten Preises oder die Auswirkung eines neuen Werbemotivs auf den Absatz. Der Faktor Zeit kann nicht berücksichtigt werden.

Geht es z.B. darum, die Auswirkung einer einmaligen Maßnahme, für die es keine Vergangenheits- oder Vergleichsdaten gibt, zu prognostizieren, ist das Experiment oftmals das einzige sinnvoll einzusetzende Instrument. Auch Expertenbefragungen (Delphi-, Szenariotechnik, s.o.) erbringen dann i.d.R. keine zuverlässigen Ergebnisse. **Beispiele** für solche Fragestellungen sind:

- Welche Absatzzahlen sind mit dem neu entwickelten Produkt zu erzielen?
- Wie reagiert die Nachfrage auf eine Preissenkung um X%?
- Welche Absatzsteigerung läßt sich durch eine Steigerung der Werbeschaltungsfrequenz um X% erzielen?

Idealerweise werden Experimente als **kontrollierte Experimente** durchgeführt. Dabei soll eine Aussage über die Wirkung einer unabhängigen Größe (des experimentellen Faktors) bei gleichzeitiger Kontrolle aller anderen Einflußfaktoren getroffen werden. Die klassische, vollständige Experimentanordnung sieht grundsätzlich vier Messungen/Beobachtungen vor, und zwar

- bei der **Experiment-Gruppe** (Konsumenten, die mit einer bestimmten Maßnahme konfrontiert werden), jeweils vor dem Experiment und nachher,
- und bei der **Kontroll-Gruppe** (Konsumenten, die nicht mit dieser Maßnahme konfrontiert werden), jeweils parallel zu den Messungen bei der Experiment-Gruppe.

Experiment- und Kontrollgruppe müssen statistisch identisch sein. Das heißt, in bezug auf die relevanten Merkmale (z.B. Altersstruktur, Geschlechteranteile) müssen sie übereinstimmen.

Die Anordnung sieht dann wie folgt aus:

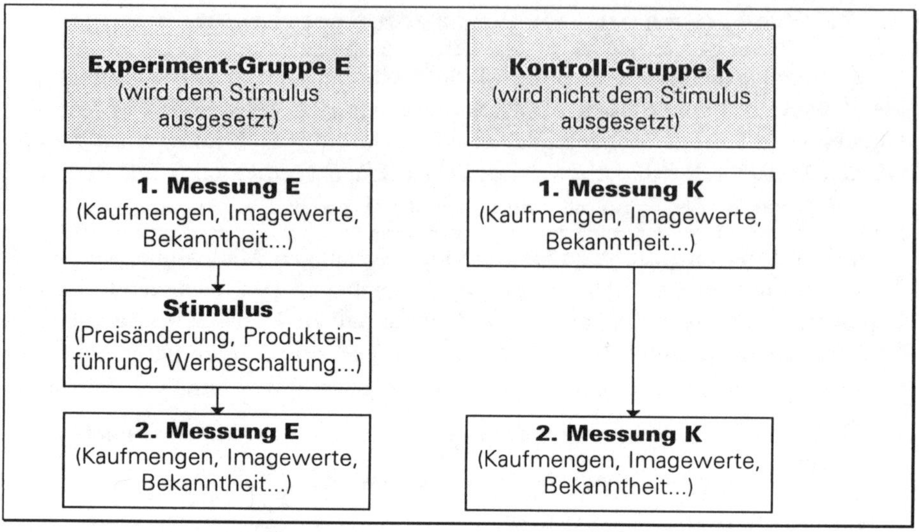

Abb. 2.13: Kontrolliertes Experiment

Der Vorteil dieser Anordnung liegt darin, daß durch den Vergleich zwischen Experiment- und Kontrollgruppe sämtliche anderen Einflußfaktoren aus der Umwelt (jedoch keine Störfaktoren, die sich etwa aus einer falschen Stichprobenauswahl ergeben könnten) ausgeschlossen werden können. Zwischen der ersten und zweiten Messung werden jeweils mehr oder weniger große Unterschiede bestehen. Bei der Experiment-Gruppe werden sie durch den Stimulus sowie eine Reihe weiterer, unbekannter Faktoren beeinflußt. Bei der Kontrollgruppe wirken nur diese unbekannten Faktoren (z.B. Zeit). Die Differenz der Meßdifferenzen ergibt dann die Wirkung der Experiment-Variablen, z.B. die Wirkung der Preisänderung/Produkteinführung usw.:

(2. Messung Experiment-Gruppe – 1. Messung dort)
– (2. Messung Kontroll-Gruppe – 1. Messung dort)
= Wirkung der Experiment-Variablen.

In der Regel werden 1. und 2. Messung jeweils aus einer ganzen Reihe von Beobachtungen bestehen, etwa den Verkaufszahlen mehrerer Geschäfte eines Ortes oder eines Geschäftes an mehreren Tagen. Je mehr Einzelbeobachtungen durchgeführt werden, desto zuverlässiger ist das Ergebnis. So läßt sich beispielsweise ein Experiment durchaus in einem einzigen Supermarkt durchführen, jedoch kann dieser nicht als repräsentativ für den gesamten Einzelhandel angesehen werden. Daher sind, wenn immer möglich, mehrere Erhebungseinheiten zu berücksichtigen.

Mit Hilfe der **Varianzanalyse** ist es dann möglich festzustellen, ob ein signifikanter Unterschied besteht zwischen den Mittelwerten zweier oder mehrerer

Wertereihen. Auf das kontrollierte Experiment bezogen heißt das: Die Varianzanalyse stellt fest, ob sich das Ergebnis der Experimentgruppe signifikant von dem der Kontrollgruppe unterscheidet bzw. ob der experimentelle Stimulus zu einer signifikanten Reaktion führt.

Sie berücksichtigt die Abweichungen der einzelnen Beobachtungswerte untereinander. Je stärker die Beobachtungswerte innerhalb einer Stichprobe streuen, desto größer muß die Differenz zwischen den Stichprobenmittelwerten sein, um als signifikant angesehen zu werden. Voraussetzung für die Durchführung ist metrisches Skalenniveau der abhängigen Variablen (z.B. Umsatzzahlen) und nominales Skalenniveau der unabhängigen Variablen (z.B. Werbung gesehen/ Werbung nicht gesehen). (Vgl. zur Varianzanalyse z.B. Backhaus u.a. 1994, S. 56ff.)

Bevor die Varianzanalyse durchgeführt wird, ist eine **Nullhypothese** aufzustellen. Diese leugnet den Einfluß des experimentellen Faktors, z.B.: Das neue Werbemotiv hat keinen Einfluß auf die Verkaufszahlen. Sie gilt als verworfen, wenn der empirische F-Wert, der sich aus den Beobachtungswerten ergibt, größer ist als der theoretische F-Wert.

Der empirische F-Wert wird berechnet durch Division der Varianz des experimentellen Faktors durch die Varianz der Reststreuung. Anders ausgedrückt: Der empirische F-Wert ist:

$$F = \frac{\text{mittlere quadrat. Abweichung zwischen den experimentellen Gruppen}}{\text{mittlere quadrat. Abweichung innerhalb der Gruppen}}$$

Je stärker die Beobachtungswerte der Gruppen streuen, desto stärker müssen sich die Mittelwerte der Gruppen voneinander unterscheiden, damit ein signifikanter Unterschied vorliegt.

Diese Werte ermittelt Excel problemlos, so daß eine weitergehende statistische Erklärung an dieser Stelle nicht notwendig ist.

Beispiel: Ein Kaffeeproduzent möchte wissen, wie sich die Einführung der neuen Sorte „Americana" auf den Absatz der bisher schon vorhandenen Sorten auswirkt. Dazu führt er in Zusammenarbeit mit einer Handelskette ein kontrolliertes Experiment durch. Die Handelskette bietet in 10 Märkten in Testberg die neue Sorte parallel an, in 10 vergleichbaren Märkten in Kontrollhausen nicht. Der Hersteller führt in der regionalen Tageszeitung „Testberger Bote" im Monat Mai eine Einführungskampagne durch. Zusätzlich gibt es Displays für den Verkaufsraum. Ziel ist es also, eine mögliche Kannibalisierung der bestehenden Marken durch „Americana" zu ermitteln.

Die Nullhypothese lautet daher: „Die Einführung der Marke Americana führt zu keinen Unterschieden bei den Abverkaufsmengen der bestehenden Marken".

Folgende Daten wurden ermittelt:

Microsoft Excel - MCINFO1.XLS

Datei Bearbeiten Ansicht Einfügen Format Extras Daten Fenster ?

	1	2	3	4	5	6
1	Umsätze	Umsätze				
2	Experimentgruppe	Kontrollgruppe				
3	mit Americana	ohne Americana				
4	1523	1630				
5	1632	1725				
6	1704	1529				
7	908	2309				
8	2172	1997				
9	1657	2491				
10	1800	2316				
11	1262	1685				
12	1742	1955				
13	1669	1752				
14	Anova: Einfaktorielle Varianzanalyse					
15	*Gruppen*	*Anzahl*	*Summe*	*Mittelwert*	*Varianz*	
16	mit Americana	10	16069	1606,9	111750,99	
17	ohne Americana	10	19389	1938,9	110690,54	
18	ANOVA					
19	*Streuungsursache*	*Quadratsummen (SS)*	*Freiheitsgrade (df)*	*Mittl. Quadratsum.(MS)*	*Prüfgröße (F)*	*kritischer F-Wert*
20	Unterschiede zwische	551120	1	551120	4,96	4,41
21	Innerhalb der Gruppen	2001973,8	18	111220,77		
22	Gesamt	2553093,8	19			
23						
24						
25						
26						

Tabelle23 / Tabelle1 / Tabelle2 / **Tabelle3** / Tabelle4

Die ANOVA (ANalysis Of VAriance)-Auswertung wird in Excel erzeugt durch Auswahl von „ANOVA" (einfaktorielle Varianzanalyse) aus dem Menü „Analyse-Funktionen" aus dem Hauptmenü „Extras". Die Daten werden in zwei oder (bei mehrfaktorieller Varianzanalyse) mehr Spalten eingegeben. Das ANOVA-Menü fragt die Lokalisierung der Daten sowie das gewünschte Signifikanzniveau ab (Standard ist 5%). Dann werden die oben gezeigten Werte errechnet. Wichtig sind die Werte der Prüfgröße F (= empirischer F-Wert: 4,96) und des kritischen F-Werts (= theoretischer F-Wert: 4,41). Bei den verwendeten Daten ist somit ein signifikanter Unterschied bezüglich des Mittelwerts festzustellen. Der Umsatz-Mittelwert der Experimentgruppe liegt bei 1606,9, der der Kontrollgruppe bei 1938,9, also um 20,6% höher. Bei der Einführung der neuen Marke „Americana" muß daher mit einer Kannibalisierung der bestehenden Produkte von 20% gerechnet werden.

Dieses einfache Beispiel berücksichtigt nicht einige wichtige praktische Probleme, die einer Durchführung des Experiments durchaus im Wege stehen können. So muß in diesem Fall die Kooperation der Handelskette gewonnen werden, ist die Repräsentativität des Testortes und der Testgeschäfte zu gewährleisten usw. Weiterhin sind die relativ hohen Kosten zu berücksichtigen. So sind Serienprodukte erforderlich, sind Anzeigen zu entwerfen und zu schalten. Schließlich sind erhebliche Untersuchungszeiträume einzukalkulieren.

Als Alternative zu dieser vollständigen Anlage eines **Feldexperiments** bieten sich **Laborexperimente** an. Dabei werden Tests unter möglichst realitätsnahen, aber letztlich doch künstlichen Bedingungen durchgeführt. Für Testzwecke werden z.B. Ladenlokale in geeigneten Räumen nachgebaut oder Personen gebeten, eine dem Alltag nachempfundene Situation zu „erleben", um sie dann nach dabei wahrgenommenen Werbemaßnahmen zu befragen.

Dabei kann nicht von einer repräsentativen Situation ausgegangen werden, weil weder die Repräsentativität des befragten/beobachteten Personenkreises exakt zu gewährleisten, noch der Einfluß der künstlichen Situation auf das Verhalten auszuschließen ist. Die Vorteile liegen jedoch in der Schnelligkeit und den vergleichsweise geringen Kosten.

2.3 Früherkennungssysteme

Früherkennungssysteme sollen helfen, Zeit zu gewinnen. Ein entscheidender Wettbewerbsfaktor ist es, schneller als Wettbewerber zu agieren bzw. zu reagieren. Dabei geht es sowohl um neue Gefahrenquellen als auch um sich ergebende Chancen, etwa für Neuprodukteinführungen oder Marktausweitungen. Zu diesem Zweck werden Verfahren und Analyseschemata entwickelt, die in der Gegenwart Anzeichen (schwache Signale) für Veränderungen in der Zukunft aufgreifen.

Dazu existieren zum einen **Methoden** der Verarbeitung solcher Informationen und zum anderen Kataloge von relevanten **Indikatoren**. Zunächst werden hier einige der zum Einsatz kommenden **Methoden** vorgestellt, um dann auf die Herkunft dieser Früherkennungsindikatoren einzugehen (vgl. dazu Wiedmann 1985; Brixle/Haag 1993).

1. Gap-Analyse: Die Gap-Analyse nimmt einen Vergleich von geplanter und tatsächlicher Entwicklung einer Größe vor. Die unabhängige Größe ist die Zeit. Die abhängige Größe können etwa der Umsatz, Marktanteil, Sympathie usw. sein. Grundgedanke des Verfahrens ist es, die tatsächliche bzw. voraussichtliche Entwicklung der geplanten gegenüberzustellen, um auf eine mögliche Zielverfehlung aufmerksam zu werden. Idealerweise sollte beim ersten Erkennen einer Ziellücke gegengesteuert werden. Dabei besteht jedoch das Risiko, daß die ermittelte Abweichung auf Zufällen beruht und zu einem späteren Zeitpunkt nicht mehr besteht.

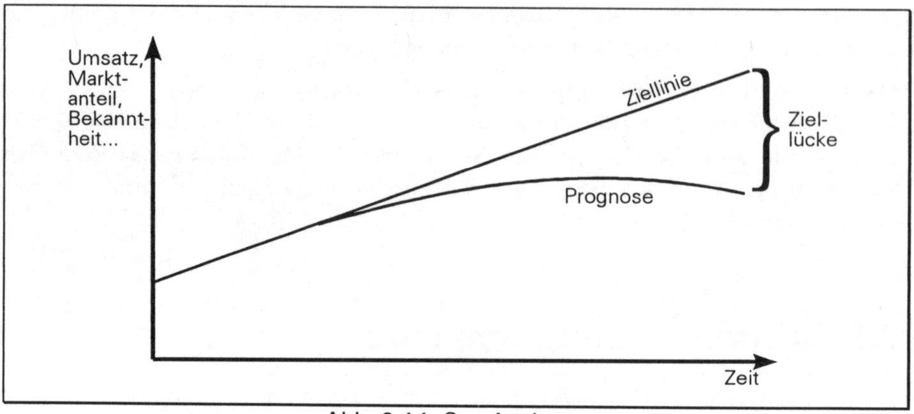

Abb. 2.14: Gap-Analyse

2. Disaggregation von Zielgrößen: Veränderungen der relevanten Zielgrößen wie etwa Umsatz oder Gewinn lassen sich durch Veränderungen einzelner ihrer „Bausteine" vorhersehen. So ist davon auszugehen (man denke z.B. an die Diffusionstheorie), daß der Umsatz durch Käufer mit unterschiedlicher Innovationsbereitschaft erfolgt. Innovative kaufen dieses Produkt damit schon seit längerer Zeit, Nachzügler erst seit kurzem. Somit werden die Innovativen auch wieder als erste zu einem neuen Produkt wechseln, das z.B. technische Vorteile besitzt. Kann diese Zielgruppe identifiziert und aus der Umsatzzahl herausgelöst werden, ist ein Indikator für einen zu erwartenden Umsatzrückgang gefunden.

Der Gesamtumsatz ist dazu in Abhängigkeit von der Käuferschaft aufzuteilen. Aus dem Verhältnis innovativer zu nicht innovativen Kunden lassen sich Rückschlüsse auf das Lebenszyklusstadium ziehen. Idealtypisch sieht ein solcher Umsatzsplit wie folgt aus:

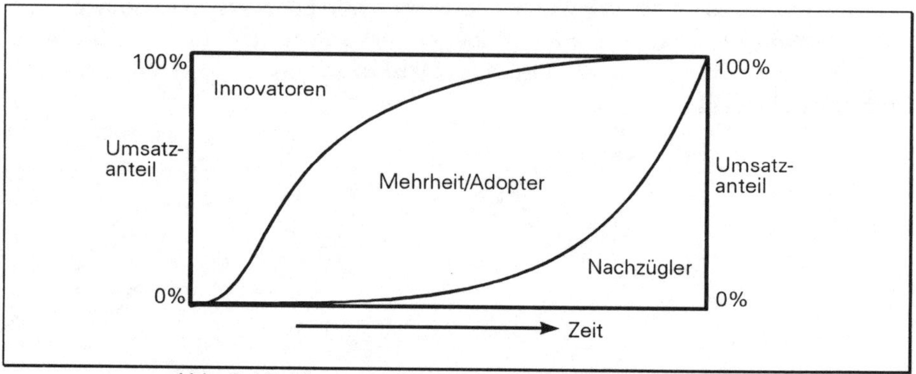

Abb. 2.15: Umsatzsplit nach Innovationsbereitschaft

3. Kausalanalyse: In einigen Fällen lassen sich zwischen Entwicklungen kausale Beziehungen feststellen. Ein banaler aber einleuchtender Fall ist etwa der Zusammenhang zwischen Auftragseingang und Absatzmenge in einem Unternehmen. Etwas globaler wäre die Auswirkung von OPEC-Beschlüssen über Öl-Fördermengen auf den Benzinpreis. Auf diese Weise lassen sich vielfach Verbindungen herstellen, die für Prognosezwecke tauglich sind.

Beispiele für solche kausalen Zusammenhänge in bezug auf die Nachfrageentwicklung:

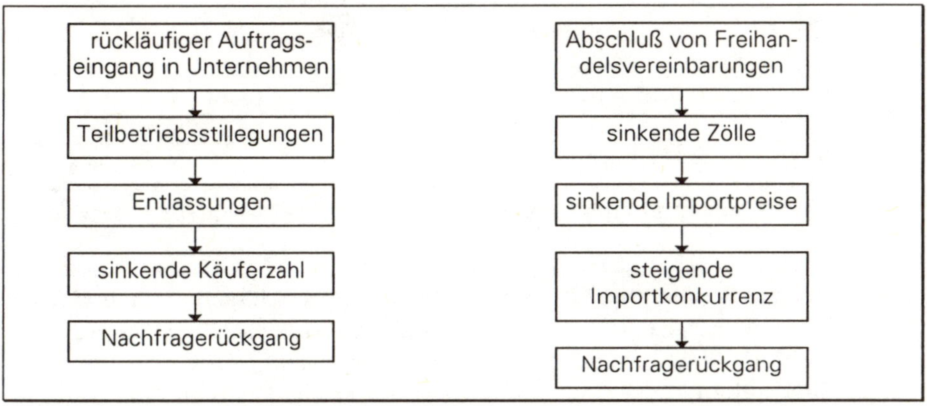

Abb. 2.16: Beispiele für Kausalzusammenhänge

4. Inhaltsanalyse: Zahlreiche Medien beschäftigen sich damit, Trends aufzuspüren oder allgemein über neue Entwicklungen und Erkenntnisse zu berichten. Die Inhaltsanalyse ist nicht anderes als die systematische Auswertung geeigneter Medien unter einem gewissen Aspekt. Dabei können Andeutungen über mögliche Pläne eines Konkurrenzunternehmens, politische Unsicherheiten in einem Abnehmerland, Diskussionen über mögliche gesetzgeberische Maßnahmen usw. für ein Unternehmen als Früherkennungsindikatoren relevant sein. Besondere Bedeutung hat auch die Auswahl des Mediums. Es muß z.B. sichergestellt sein, daß die Informationen nicht erst dann veröffentlicht werden, wenn dies bereits anderswo geschehen ist. Wesentliche Faktoren sind auch Innovationsbereitschaft der Redaktion und Erscheinungsweise. Tages- und Wochenzeitungen sind hier natürlich im Vorteil gegenüber Fachzeitschriften und insbesondere Büchern. Folgende Abbildung stellt einige Informationsquellen in Abhängigkeit von der Dauer der Gültigkeit der Informationen und ihrer Aktualität dar.

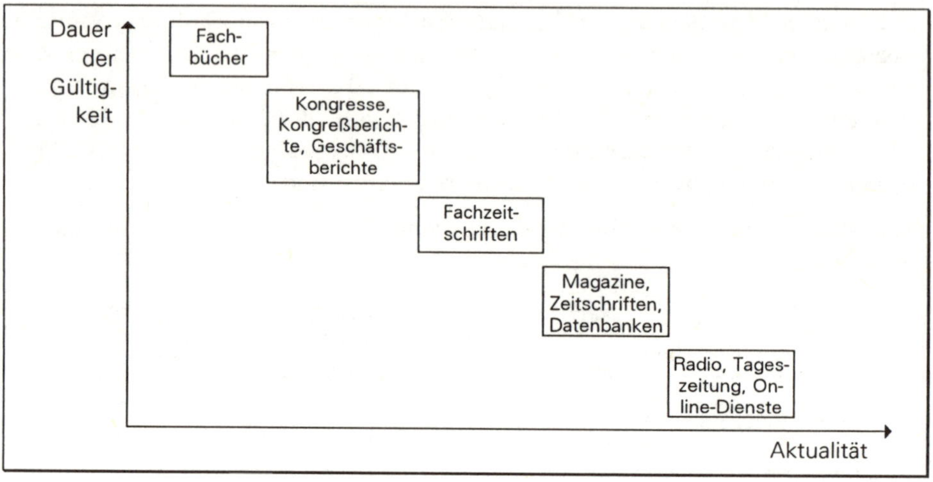

Abb. 2.17: Informationsquellen für die Früherkennung

5. Diskontinuitätenbefragung: Methodisch handelt es sich hierbei um eine Delphi-Analyse. Verschiedene Experten werden um ihre Einschätzung möglicher relevanter Einflußfaktoren auf das eigene Betätigungsfeld gebeten. Die Bezeichnung „Diskontinuität" verdeutlicht, daß es um solche Faktoren geht, die die bisherige Entwicklung stören könnten oder dies bereits tun. Die Hinzuziehung von externen Personen soll sicherstellen, daß keine relevanten Gebiete etwa aufgrund von Betriebsblindheit außer acht gelassen werden.

6. Szenario-Technik: Die bereits oben dargestellte Szenario-Technik ist in der Lage, Störgrößen bei der Prognose zu berücksichtigen. Sie ist jedoch weniger dazu geeignet, solche systematisch ausfindig zu machen. Daher kommt ihr Einsatz in einer späteren Phase in Frage, wenn es um die Auswirkungen von bereits identifizierten Ereignissen geht.

Wo lassen sich nun die schwachen Signale finden und wie können sie aussehen? Das **Beobachtungsfeld** kann in folgende Gebiete unterteilt werden: Markt, Technologie, Handel/Distribution, Konsumenten. Es können an dieser Stelle jeweils nur einige Beispiele möglicher Signale angeführt werden (ausführlich: Köhler 1991).

Markt

Markteintrittsbarrieren: Je geringer die Eintrittsbarrieren sind, desto größer ist die Wahrscheinlichkeit, daß neue Konkurrenten auf den Markt kommen. Die Beobachtung der Barrieren (z.B. Handelsbeschränkungen, gesetzliche Vorschriften, Zugang zu Rohstoffquellen) kann also die Gefahr eines Markteintritts signalisieren.

Abb. 2.18: Frühwarninformationen

Gesetzgeberischer Einfluß: In zunehmendem Umfang wird staatlicherseits auf Märkte Einfluß genommen. Dies zeigt sich etwa im Bereich der Umweltpolitik (Verpackungsverordnung, Chemikaliengesetz usw.) oder des Verbraucherrechts (Produkthaftpflichtgesetz, Verbraucherkreditgesetz usw.). Solche Initiativen durchlaufen lange Genehmigungsverfahren, so daß sie frühzeitig erkennbar sind, z.B. durch Referentenentwürfe, Beschlüsse von Parteitagen, Forderungen von Interessenverbänden.

Konkurrenzaktivitäten: Hierbei handelt es sich sicherlich um die bedeutendsten Einflußfaktoren. Relativ frühzeitig kündigen sich Übernahmen von anderen Unternehmen an, was auf Marktausweitungen hindeuten kann. Weiterhin ist etwa die Errichtung von neuen Produktionsstätten relevant.

Technologie

Patente: Die Anmeldung von Patenten ist ein deutlicher Hinweis auf konkrete Neuproduktentwicklungen von Konkurrenzunternehmen. Aufgrund der steigenden Produktentwicklungszeiten besteht zwar ein gewisser Reaktionszeitraum, doch sind auch im eigenen Unternehmen diese Entwicklungszeiten zu berücksichtigen. Interessant ist auch eine Auswertung von Patentanmeldungen in bezug auf Technologietrends.

Substitutionstechnologien: Jedes Produkt ist nicht nur von qualitativ besseren und preiswerteren Produkten bedroht, sondern auch von Substitutionsprodukten und Substitutionstechnologien. Beispiele dafür sind vor allem in der Bürotechnik und im Textilbereich zu finden. Die technologische Entwicklung muß daher auch auf mögliche Substitutionsmöglichkeiten hin untersucht werden. Es ist zu fragen, ob neue Materialien, Konstruktionsweisen usw. so eingesetzt werden können, daß eine Konkurrenz für bestehende Produkte entsteht.

Forschungsergebnisse: Z.B. in Max-Planck-Instituten wird Grundlagenforschung betrieben, die nicht unmittelbar auf bestimmte Produkte oder Produktionsverfahren bezogen ist. Die Ergebnisse zeigen aber, in welche Richtung die technologische Entwicklung geht und wo Innovationspotentiale entstehen.

Handel/Distribution

Sortimentsentwicklung: Der Handel kann wesentlich schneller auf aktuelle Entwicklungen reagieren als der Hersteller. Damit schrumpft allerdings auch der Vorlauf vor dem Eintreten einer dauerhaften Entwicklung. Sortimentsverschiebungen bzw. Absatzmengen allgemein können Nachfrageveränderungen ankündigen. Problematisch ist allerdings die Absicherung dieser Erkenntnisse gegen zufällige Einflüsse.

Entwicklung von Handelsformen: Nachfrageverhaltenstrends gehen häufig einher mit der Entwicklung bestimmter Handels- oder Distributionsformen. So hat etwa das Entstehen zahlreicher Verbraucher- und Fachmärkte konkrete Auswirkungen auf Produkt- und Preispolitik. Die Hersteller reagierten auf diese Entwicklung z.B. mit handelsspezifischen Produkttypen, besonderen Konditionsgestaltungen usw. Im Personal Computer-Bereich hat die Herausbildung von spezialisierten Handelsketten mit eigenen Marken erhebliche Bedeutung.

Listungen/Jahresgespräche: Insbesondere die großen Handelsketten und Warenhäuser führen ihre Sortimentsentscheidungen nur noch im Halbjahresrhythmus durch. Hier zeigt sich möglicherweise schon frühzeitig, daß Änderungen der Absatzchancen vermutet werden.

Konsumenten

Soziodemografische Trends: Einige Kaufentscheidungen sind abhängig von soziodemografischen Faktoren wie Alter, Einkommen, Wohnort, Familiengröße usw. Diese Informationen lassen sich z.B. amtlichen Statistiken und Informationsdiensten von Marktforschungsinstituten entnehmen. Insbesondere Altersstruktur und Haushaltsgröße haben erheblichen Einfluß auf das Konsumverhalten und lassen sich über die Veröffentlichungen des Statistischen Bundesamtes beobachten.

Wertewandel: Werte bzw. Lebenseinstellungen unterliegen Wandlungen. Diese wirken sich auch auf Konsumentscheidungen aus. So führt z.B. das gestiegene Gesundheitsbewußtsein zu einer stärkeren Nachfrage nach Vollwertkost, das Interesse an Bewußtseinserweiterung und neuen Lebensformen zu einer stärkeren Nachfrage nach Esoterik-Kursen, Literatur über fremde Religionen usw.

Anspruchsniveaus: Zunehmende Marktsättigung und sinkende Differenzierung zwischen den einzelnen Produkten führt zu höheren Ansprüchen seitens der Konsumenten. Während früher häufig der Gedanke im Vordergrund stand, ein Produkt mit einem bestimmten Leistungsangebot überhaupt zu besitzen, werden heute gewisse Qualitätsniveaus und Lebensdauern erwartet. Ein Indikator hierfür können Reklamationen sein, die in den Kundendienst-Abteilungen eingehen. Sie zeigen, was konkret erwartet wurde und inwieweit das Produkt diesen Erwartungen nicht entsprach.

Diese beiden angesprochenen **Bereiche** der Früherkennung (Methoden und Indikatoren) müssen zu einem geschlossenen System kombiniert werden. Dazu ist es sinnvoll, von einem festen Stamm von Indikatoren, die für das betreffende Unternehmen potentiell relevant sind, auszugehen und nach dem Grad der Konkretisierung des Signals als relevante Einflußgröße den Methodeneinsatz festzulegen. Solange kein konkreter „Verdacht" besteht, also erst nach möglichen Signalen gesucht wird, sind z.B. Inhaltsanalysen in innovativen Medien vorzunehmen und die betriebliche Zielerreichung mit Hilfe von Gap-Analysen zu **beobachten**. Umfangreiche Vorarbeiten (Ermittlung der ursächlichen Zusammenhänge) erfordern Kausalanalysen, die aber dann langfristig als Indikatorensystem auf verschiedenen Konkretisierungsstufen einsetzbar sind. Diskontinuitätenbefragungen können sowohl auf einen konkreten Verdacht hin als auch zur Suche nach Verdachtsmomenten eingesetzt werden. Die Disaggregation von Zielgrößen ist sicher nicht immer möglich (Problem der Datenbeschaffung), macht aber auf sich bereits abzeichnende Entwicklungen aufmerksam. Ebenso setzt die Szenario-Technik die Identifikation von Einflüssen voraus.

3 Marketing-Planung

3.1 Planung

Ziel von **Planung** allgemein ist es, die Zukunft besser zu bewältigen. Sie soll es erleichtern, die richtigen Entscheidungen zu treffen, und damit die Ausrichtung der Entscheidungen auf ein Ziel sichern.

Bei genauerer Betrachtung können drei Funktionen unterschieden werden:

- **Ergebnisfunktion** - Planung soll zur Erzielung des bestmöglichen Ergebnisses führen (insbesondere: Umsatz und Gewinn).
- **Koordinationsfunktion** - Planung soll sicherstellen, daß alle Beteiligten (Mitarbeiter des Unternehmens usw.) am gleichen Strang ziehen und nicht einer die Arbeit des anderen behindert.
- **Lernfunktion** - Der Vergleich von Zielen, Plänen und Ergebnissen soll einen Lernprozeß bei den Beteiligten in Gang setzen, der Informationsstand soll kontinuierlich verbessert werden.

Die Marketing-Planung ist einer der großen Bausteine des Marketing-Controlling. Wie der Planungsprozeß ablaufen soll, ist nicht einheitlich zu bestimmen, sondern abhängig von der Art des Unternehmens, der Marktposition, der Branche und anderen Faktoren. So kann ein Unternehmen, das in stark modeabhängigen Bereichen engagiert ist, meist nur saisonbezogen planen und muß sich bei der Langfrist-Planung auf allgemeine Richtlinien beschränken. Unternehmen dagegen, die über langfristige vertragliche Bindungen mit Kunden verfügen, können und müssen auch für lange Zeiträume detailliert planen. Ebenso ist die Größe des Unternehmens zu berücksichtigen. In einem kleineren Unternehmen ist schon die kurzfristige Planung mit sehr hohen Unsicherheiten verbunden. So kann ein einziger verlorener oder neu hinzugewonnener Kunde, ein neuer oder kündigender Mitarbeiter die Situation so stark beeinflussen, daß die bestehende Planung komplett überarbeitet werden muß.

Trotzdem ist es wichtig, eine Grund-Vorstellung vom Aufbau eines Planungsprozesses zu haben, um dessen Vollständigkeit sicherstellen zu können. Wie im einzelnen vorzugehen ist, muß in der konkreten Situation entschieden werden.

Unabhängig vom Zweck der Planung sind regelmäßig die folgenden **Phasen** zu durchlaufen:

1. Situationsanalyse
2. Zielplanung
3. Maßnahmenplanung
4. Durchführung
5. Kontrolle

Im Marketing-Bereich wird ein solcher Prozeß entsprechend abgewandelt. Der Planungsprozeß auf der nächsten Seite ist letztlich nur ein möglicher.

So findet sich z.B. die **Zielplanung** an letzter Stelle, um deutlich zu machen, daß die Ergebnisse der Kontrolle direkt in neue Ziele bzw. die Variation alter Ziele umgesetzt werden müssen. Nur so ist sichergestellt, daß die Organisation aus den Fehlern (nämlich der Nichterreichung der Ziele) lernt. Hiermit wird unterstellt, daß das planende Unternehmen bereits existiert. Im Fall einer Neugründung sollten jedoch die Ziele an der ersten Stelle stehen.

Am Beginn des Planungsprozesses stehen gleichbedeutend die **Situationsanalyse** und **Marktprognosen**. Diese beiden Planungselemente sollen die Informationsgrundlage des Prozesses sicherstellen. Nur wenn die relevante Umwelt (Konsumenten, Wettbewerber, Handel, Staat usw.) und die Position des eigenen Unternehmens darin bekannt ist, können sinnvolle Pläne entwickelt werden. Diese Informationen stellen die Ausgangsbasis dar. Mit Hilfe der Marktprognosen wird diese Situation in die Zukunft fortgeschrieben. Auch diese Tätigkeit ist unverzichtbar, weil auch die Planung in die Zukunft gerichtet ist und die Situationsanalyse im Laufe der Zeit immer weniger zutreffend sein wird.

Hier sind wieder unternehmensspezifische Besonderheiten zu berücksichtigen. So wird sich ein Großunternehmen mehr um globale Markttrends kümmern, ein kleines eher um das Nachfrageverhalten seiner wichtigsten Kunden. Wie wichtig die Beziehung zu einzelnen Kunden für Kleinbetriebe ist, zeigt die Erfahrung einiger Werbeagenturen, die zu einem überwiegenden Teil von einem Kunden abhängig sind. Ein Auftragsverlust kann durchaus den sofortigen Konkurs bewirken.

Nicht nur, aber insbesondere im Marketing-Bereich ist die Unterscheidung von **operativer** und **strategischer Planung** von Bedeutung. Der dargestellte Planungsprozeß unterscheidet denn auch „Defining the Business" (=strategische Planung) und Marketing-Mix-Planung (=operative Planung). Strategische Planung findet immer *vor* der operativen statt, sie stellt sozusagen den Rahmen dar, innerhalb dessen sich die operative Planung bewegen kann. Beide Planungsbereiche können anhand bestimmter Kriterien charakterisiert werden (vgl. z.B. Hofer/Schendel 1978, S. 23ff.):

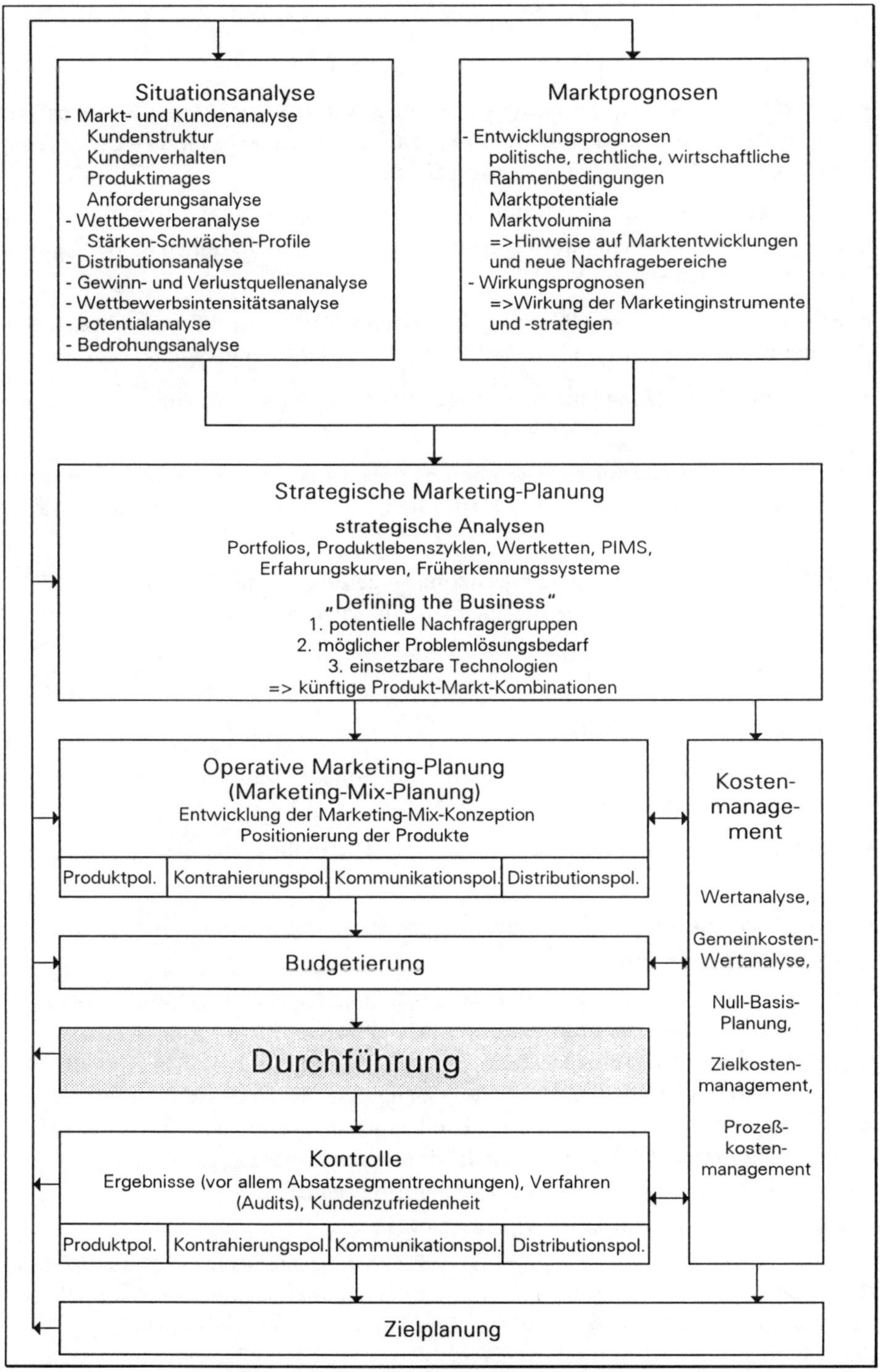

Abb. 3.1: Planungsprozeß im Marketing

strategisch:

- Langfristigkeit (zumindest in der Theorie: mind. 5 Jahre)
- Synergieorientierung (Nutzung von Kooperationsmöglichkeiten und Abstimmung der Instrumente, um einerseits Rationalisierungspotentiale zu nutzen, andererseits die Marketing-Leistung zu steigern)
- Kräftekonzentration (Beschränkung der unternehmerischen Tätigkeit auf Kernbereiche, Verzicht auf Engagements in Bereichen, in denen keine Kompetenz vorhanden ist)
- Ressourcenorientierung (Nutzung besonderer Stärken und Potentiale des Unternehmens, nicht nur auf Rohstoffe und den Beschaffungsbereich bezogen)
- Risikoausgleich (Ausgleich des Angebotsprogramms in bezug auf Nachfrage-, Markt-, Rechts- u.a. Risiken)
- Konzeptionelle Gesamtsicht (Sicherung des Überblicks über die Unternehmensaktivitäten, Verfolgung gemeinsamer, sich nicht widersprechender Ziele)
- Wettbewerbsorientierung (Abgrenzung gegenüber dem Angebot von Wettbewerbern, Positionierung des eigenen Unternehmens in bezug auf Wettbewerber)

operativ:

- Kurzfristigkeit (max. 1 Jahr)
- Konkretheit (Planeinhaltung ist durch die Angabe definierter, operationaler Kriterien exakt überprüfbar)
- Orientierung an der strategischen Planung (Übernahme der strategischen Pläne als Vorgabe)
- Ertragsorientierung (Pläne sind so zu gestalten, daß sie einen Beitrag zur Erlös-/Ertragserzielung leisten).

Teilweise findet man in der Literatur auch den Begriff **„taktische Planung"**. Diese steht zwischen der strategischen und operativen Planung. In der Praxis ist es jedoch schon recht schwer, operative und strategische Planung eindeutig zu identifizieren und voneinander zu unterscheiden. So sind viele Unternehmen mit einem fünfjährigen Planungshorizont einfach überfordert und bezeichnen auch die Ein-Jahres-Planung schon als strategisch. Aus diesem Grund soll hier die taktische Planung nicht weiter berücksichtigt werden.

Das Schlagwort **„Defining the Business"** geht auf den amerikanischen Wissenschaftler Abell zurück, der sagte, man könne die strategischen Tätigkeitsbereiche eines Unternehmens mit Hilfe dreier Dimensionen bestimmen, nämlich der Technologie, der Zielgruppe und der Problemlösung. Für einen Verlag könnte sich z.B. folgendes „Business" ergeben:

Problemlösung:	Weiterbildung im Fach Personalwesen
Technologie:	audiovisuelles Medium - Video
Zielgruppe:	Sachbearbeiter in Personalabteilungen

Die **Budgetierung** folgt in diesem Vorschlag auf die Planung der Maßnahmen. In anderen Planungsprozessen findet sie sich vor der Maßnahmenplanung bzw. auch vor der strategischen Planung. Hier muß man sich Gedanken darüber machen, ob sich die Zuweisung finanzieller Mittel nach den geplanten Maßnahmen und deren Kosten richten soll, oder ob die Verfügbarkeit finanzieller Mittel maßgebend für den Einsatz von Maßnahmen sein soll. So kann z.B. die wirtschaftliche Situation oder die Ertragslage des Unternehmens ausschlaggebend für die Reihenfolge der Planung sein. Je enger der finanzielle Spielraum ist, desto früher muß die Budgetierung durchgeführt werden.

Verfahren der **Kontrolle** stellen den letzten Schritt des Marketing-Planungsprozesses dar, jedoch keineswegs den unwichtigsten. Planung ohne Kontrolle ist sinnlos, weil die Nichterfüllung der Ziele und die Nichtbefolgung der Planung ohne Konsequenzen bleibt, denn sie wird nicht erkannt. Kontrolle ist das verbindende Element zwischen einzelnen Planungszyklen und macht den Planungsprozeß zu einem Regelkreis.

3.2 Strategische Marketing-Planung

Neben einer Einführung in die strategische Planung werden in diesem Abschnitt folgende Themenbereiche behandelt:

- **Strategische Analyseverfahren** - Sie analysieren die Ausgangssituation für die strategische Planung und machen auf Problembereiche und Chancen aufmerksam.
- **Marketing-Strategien** - Sie sind die inhaltlichen Leitlinien für die gesamte Marketing-Tätigkeit. Sie basieren auf der strategischen Analyse und den Ergebnissen der Früherkennung.

3.2.1 Entwicklung und Verbreitung der strategischen Marketing-Planung in Unternehmen

3.2.1.1 Entwicklung des Strategiebegriffs

Der Begriff **„Strategie"** wird mindestens seit den 60er Jahren im Zusammenhang mit der Unternehmensführung verwendet. Nichtsdestotrotz ist es bis heute nicht gelungen, zu einem einheitlichen Verständnis von „Strategie" und schon gar nicht zu einer regelmäßigen Umsetzung in den Unternehmen zu kommen. Der Begriff wird aber überaus häufig verwendet und oft genug wird alles, was auch nur annähernd mit einem Konzept zu tun hat oder mehr als nur kurzfristig ausgerichtet ist, mit „Strategie" überschrieben.

Auch ohne daß in der Praxis die einzelnen Gedanken und Konzeptionen immer nachvollzogen wurden, hat sich die Theorie strategischer Planung kontinuierlich weiterentwickelt. In Abhängigkeit von grundlegenden Tendenzen des Marktgeschehens wurden jeweils aktuelle Konzepte erarbeitet.

Chronologisch betrachtet war etwa folgende Entwicklung zu beobachten:

Ende der **50er Jahre** setzte ein Wandel der Märkte von Verkäufer- zu **Käufermärkten** ein. Die Versorgungslage der Bevölkerung besserte sich deutlich und die Fortschritte im Bereich der Produktionstechnik führten zu einem ständig wachsenden Warenangebot. War früher der Hersteller der mächtigere Marktteilnehmer, weil die Waren knapp waren, wurde es nunmehr der Konsument, weil die Nachfrage knapp wurde. In dieser Zeit wurden die Grundlagen für das moderne Marketing gelegt, und die Unternehmen begannen, die kurzfristige Planung um eine langfristige zu ergänzen.

Die **60er Jahre** standen noch im Zeichen des Wachsens der Unternehmen. Das **Wachstum** entstand jedoch nicht mehr gleichsam automatisch, sondern mußte systematisch geplant werden. In dieser Zeit begannen die ersten Forschungen im Bereich der Erfolgsfaktoren der Unternehmensführung. Ansoff entwickelte seine Wachstumsstrategien-Matrix (Corporate Strategy, 1965). 1966 wurde von der Boston Consulting Group das Erfahrungskurvenkonzept vorgestellt. General Electric legte durch seine zunächst unternehmensinternen Forschungen den Grundstein für das spätere PIMS-Projekt. Die Diversifikation wurde zu einer der prominentesten Unternehmensstrategien. Die Zielgrößen der strategischen Planung waren noch überwiegend finanzwirtschaftliche, insbesondere das finanzielle Gleichgewicht.

Die **70er Jahre** standen dann im Zeichen des Ausbaus der quantitativen Planungstechniken. So setzten sich die **Portfolio-Techniken** durch. Darüber hinaus wurden im Rahmen der Unternehmensforschung zahlreiche Optimierungsverfahren entwickelt. Der **Marktanteil** wurde immer wieder als wesentlicher Erfolgsfaktor herausgestellt und stand im Mittelpunkt des Interesses. Um die zur Marktanteilssteigerung notwendigen Produktionsmengen zu erzielen, kam es zu einer Wiederbelebung der funktionalen Organisation und zur Konzentration. Die in den 60er Jahren propagierte divisionale Organisationsstruktur wurde teilweise abgelöst.

In den **80er Jahren** wurde die Erforschung der Erfolgsfaktoren ergänzt um die Betrachtung **qualitativer Kriterien**. Zum Teil ausgelöst durch die Analysen von Peters/Waterman (In Search of Excellence, 1982), standen nunmehr Kriterien wie Kundennähe, Unternehmenskultur, Entscheidungsfreiheit usw. im Vordergrund. Im Hinblick auf den sich verschärfenden Wettbewerb durch immer mehr Konkurrenten bei immer ähnlicher werdenden Produkten wurde die Wettbewerbsorientierung zum neuen strategischen Fokus. Bemühungen um mehr Freizügigkeit im Welthandel ermöglichten die Erschließung neuer Märkte und die **Globalisierung** der Konzerne

Die **90er Jahre** stehen nun im Zeichen **strategischer Allianzen**. Immer mehr Unternehmen suchen sich weltweit unabhängige Kooperationspartner, um die eigene Wettbewerbsfähigkeit zu erhalten und zu stärken. Verbindendes Element ist die gleiche Zielsetzung der Unternehmensführung bei unterschiedlichen Stärken/Ressourcen. In den Unternehmen sind umfangreiche Restrukturierungen das zentrale Thema. Ziel ist der Abbau bürokratischer hierarchischer Strukturen und die Einführung einer prozeß- und damit kundenorientierten Organisation. Klassiker des Jahrzehnts: Hammer/Champy: Reengineering the Corporation 1993.

Parallel zur Evolution strategischer Themen vollzog sich die **Evolution des Begriffs „Strategie"**:

Langfristplanung: Die Langfristplanung, um die Mitte dieses Jahrhunderts entwickelt, geht davon aus, daß sich Entwicklungen der Vergangenheit in die Zukunft fortschreiben lassen. Sie extrapolierte das Wachstum der letzten Jahre und führte in Zeiten kontinuierlichen Wachstums durchaus zu guten Ergebnissen.

Strategische Planung: Die strategische Planung erkennt, daß sich Entwicklungen nicht unendlich lange vollziehen, daß es unregelmäßige Störungen durch Ereignisse, Chancen und Risiken gibt, und daß das Wachstum nicht unbegrenzt ist. Ansoff (1984, S. 15ff.) zerlegt den strategischen Plan in mehrere Stufen:

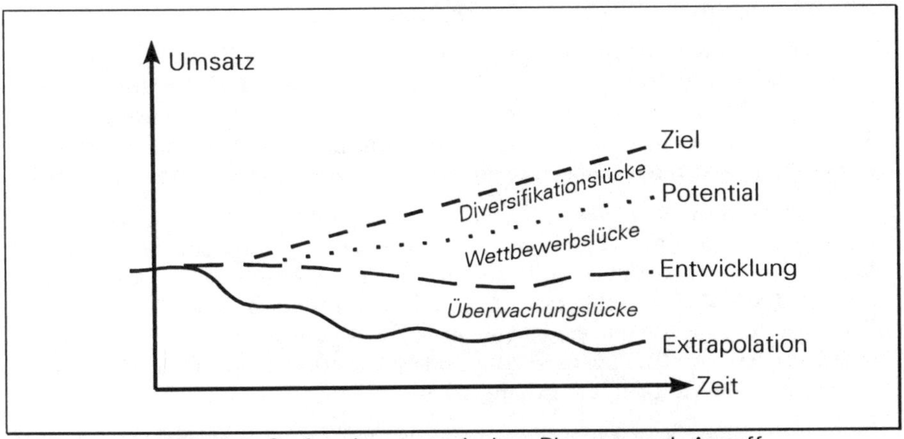

Abb. 3.2: Stufen der strategischen Planung nach Ansoff

Die Fortschreibung der bisherigen Entwicklung wird als eine möglicherweise negative angesehen. Sie kann etwa die zukünftige Entwicklung im Falle der Lethargie sein. Das Unternehmen hat aber prinzipiell bessere Aussichten, wenn es seine individuellen Stärken und Chancen nutzt und mögliche Bedrohungen identifiziert. Mit Hilfe einer systematischen Analyse der Stärken/Schwächen und

Chancen/Bedrohungen (sog. SWOT-Analyse) kann es die **Überwachungslücke** schließen und die Entwicklungslinie erreichen, die dem eigenen Leistungsvermögen entspricht.

Die Lücke zur Potentiallinie ist die **Wettbewerbslücke**. Sie wird mit Hilfe einer Wettbewerbsanalyse geschlossen. Diese analysiert die einzelnen Geschäftsfelder im Hinblick auf die Eignung der verfolgten Strategie und auf ihr Erfolgspotential. Auf der Basis einer Portfolio-Analyse werden dann die Ressourcen auf die einzelnen Geschäftsfelder verteilt.

Schließlich ist mitunter noch die Lücke zur Ziellinie zu schließen. Dies ist immer dann der Fall, wenn die Potentiallinie nicht den Vorstellungen des Managements über den anzustrebenden Ertrag entspricht oder im Portfolio wesentliche Bedrohungen gesehen werden, so daß die Ausweitung auf weitere Geschäftsbereiche notwendig erscheint. Ansoff nennt diese Lücke **Diversifikationslücke**. Die Diversifikationsanalyse identifiziert neue Geschäftsfelder, mit deren Hilfe diese Lücke geschlossen werden kann.

Strategisches Management: Die Weiterführung der Grundgedanken strategischer Planung ist das strategische Management. Die Erfahrung mit der Einführung und Umsetzung strategischer Planung zeigte, daß sie nur zum Erfolg führt, wenn das gesamte Management darauf eingestellt ist. So wurde erkannt, daß erst ein strategisches Denken in den Unternehmen durchgesetzt werden muß, daß die Managementprozesse strategisch ausgerichtet werden müssen und daß im Unternehmen eine Vision von der angestrebten Zukunft erforderlich ist. Strategie ist mehr als eine reine Planungstätigkeit.

Ansoff (1984, S. 18ff.) entwickelte weitere Konzepte, die sich in das Gesamtsystem des strategischen Management integrieren lassen:

Strategic Posture Management ist eine Erweiterung des Strategischen Managements, und zwar 1. um Managementfähigkeiten, die sich äußern in der Qualifikation und Mentalität der Manager, der sozialen Kultur im Unternehmen, der Machtstruktur, der System- und Organisationsstruktur und den Managementkapazitäten sowie 2. um das Management des Widerstands gegen Änderungen.

Strategic Issue Management geht einen Schritt weiter. Hintergrund des Konzepts ist das Problem, daß strategische Herausforderungen unvorhersehbar sind, und es darauf ankommt, schnell auf solche Herausforderungen zu reagieren. Strategic Issue Management basiert daher auf einer kontinuierlichen Beobachtung der Umwelt. Es soll erkennen, ob eine Reaktion auf die Herausforderung sofort, innerhalb der nächsten Planungsperiode oder nicht erforderlich ist. Entsprechend werden die notwendigen Schritte eingeleitet.

Das Konzept der **Schwachen Signale** konzentriert sich auf den Faktor Früherkennung. Wird eine Herausforderung für das Unternehmen erkannt, kann es für eine Reaktion schon zu spät sein. Es kommt darauf an, solche Ereignisse so frühzeitig zu erkennen, daß eine geeignete Reaktion vorbereitet werden kann. Dazu müssen Schwache Signale („weak signals“) beobachtet werden, die frühzeitig, aber nicht immer deutlich, zukünftige Ereignisse ankündigen. In Abhängigkeit von der Stärke des Signals werden Reaktionsstrategien ausgelöst, von der kontinuierlichen Beobachtung bis zum konkreten Aktionsplan.

Strategic Surprise Management schließlich ist eine Art Notfall-Management, das aktiviert wird, wenn eine strategische Überraschung, ein nicht vorher erkanntes, wichtiges Ereignis bewältigt werden muß. Das Konzept besteht aus Handlungsanweisungen, wie sich das Management in diesem Fall zu verhalten hat. Dazu werden Verantwortlichkeiten festgelegt und eine Task Force eingerichtet, um sich auf dieses Problem konzentrieren zu können.

Strategische Planung kann auf mehreren **Ebenen** eingesetzt werden (vgl. Hofer/Schendel 1978, S. 27f., Schreyögg 1984, S. 89f.):

- Die **Unternehmensstrategie** (corporate strategy) betrifft das Unternehmen als Ganzes. Es wird festgelegt, in welchen Geschäftsbereichen das Unternehmen tätig sein soll, wie die Ressourcen auf die Bereiche verteilt, welche Wettbewerbsvorteile und Synergien ausgebildet werden sollen und wie das Unternehmen am Markt auftritt.
- Eine Ebene tiefer ist die **Geschäftsbereichsstrategie** (business strategy) angesiedelt. Sie legt fest, wie in den Geschäftsbereichen gehandelt werden soll. Dazu gehört die Bestimmung der besonderen Kompetenzen in diesem Feld und deren Umsetzung in eine wettbewerbsorientierte Strategie. Die genaue Definition der bearbeiteten Produkt/Markt-Segmente gehört ebenfalls hierzu.
- Schließlich kann die **Funktionsbereichsstrategie** (functional area strategy) identifiziert werden. Sie bezieht sich auf die einzelnen Funktionsbereiche des Unternehmens, unabhängig von den definierten Geschäftsfeldern. Ihr Schwerpunkt liegt in der optimalen Nutzung der Ressourcen und Synergiepotentiale des Unternehmens. Sie soll zur Herausbildung funktionaler Kompetenzen beitragen.

Es zeigt sich, daß sich „Strategie" im Laufe der Zeit zu einem äußerst komplexen Thema entwickelt hat. Sie ist mehr als ein Planungsvorgang, in der weitesten Definition eine Managementphilosophie. Dabei spielt das Marketing als Funktionsbereich die größte Rolle. Zahlreiche strategische Entscheidungen, wie die Auswahl von Märkten oder die Bestimmung des Erscheinungsbilds des Unternehmens in der Öffentlichkeit, sind Marketing-Entscheidungen.

Um zu einer möglichst einfachen Charakterisierung der Strategie zu kommen, sei die **Definition** von Hofer/Schendel verwendet, die zwar „klassisch", aber damit keineswegs überholt ist: *„The basic characteristics of the match an organization achieves with its environment is called its strategy."* (Hofer/Schendel 1978, S. 4)

Einige **Beispiele für Marketing-Strategien**:

- Die englische Fluggesellschaft **virgin atlantic** legt ihren Schwerpunkt auf den Komfort der Fluggäste. Neues Fluggerät, Unterhaltung während des Flugs durch eine große Auswahl von Filmen und Computerspielen, besondere Betreuung von Kindern usw. bringen virgin atlantic regelmäßig Auszeichnungen für den hohen Flugkomfort ein. Im Gegensatz zu anderen Fluggesellschaften werden international nur ausgewählte Langstrecken bedient. Auf Kurzstrecken wird weitgehend verzichtet.

- Eine entgegengesetzte Marketing-Strategie findet sich bei der US-amerikanischen Fluggesellschaft **Southwest Airlines**. Im Mittelpunkt stehen hier konkurrenzlos günstige Flugtarife. Southwest beschränkt sich auf inneramerikanische Kurzstrecken mit hohem Verkehrsaufkommen. Als Konkurrent wird neben den anderen Fluggesellschaften auch das Auto angesehen. Um die günstigen Preise zu ermöglichen, wird weitgehend auf Service verzichtet (es gibt kein System von Anschlußflügen und keine Mahlzeiten an Bord) und standardisiert (es gibt nur einen Flugzeugtyp, die ausgewählten Strecken werden mit hoher Frequenz im Zeittakt bedient).
- Die **Citibank**, in Deutschland früher als KKB-Bank mit dem Schwerpunkt als Kreditgeber auf dem Markt, positioniert sich nunmehr mit ihrem Geschäftsbereich Global Consumer Services als Anbieter aller Bankgeschäfte für den Privatkunden. In Deutschland ist hierfür die Citibank Privatkunden AG zuständig. Als eines der ersten Institute automatisierte man die Abwicklung der Bankgeschäfte weitgehend. So wurden in den Filialen, die in Lagen mit hoher Passantenfrequenz eingerichtet wurden, Automaten für Selbstbedienung aufgestellt. Weiterhin können Bankgeschäfte über Telefon abgewickelt werden.
- Die **Berliner Handels- und Frankfurter Bank** (BHF Bank) zog sich aus dem Geschäft mit Privatkunden weitgehend zurück und spezialisierte sich auf das Firmengeschäft. Diese Zielgruppenausrichtung wird durch den Untertitel „Merchant Bank" unterstrichen. Es existieren drei Geschäftsbereiche: Corporate Banking, Financial Markets sowie Private Banking & Asset Management. Mit letzterem Geschäftsbereich sollen vermögende Privatkunden mit hohem Anlagevolumen betreut werden.
- Der niederländisch-britische Konsumgüterhersteller **Unilever** hat den Eiscreme-Markt in den Mittelpunkt seines Interesses gestellt. Hier werden die größten Wachstumschancen bei gleichzeitig guter Ertragslage gesehen. Neben mehreren Akquisitionen wurden neue Fabrikationsstätten errichtet. Die Zielmärkte wurden vor dem Hintergrund der ausgeweiteten Kapazitäten weltweit ausgedehnt. Produkte, die in einem Land erfolgreich sind, werden auch in anderen Ländern eingeführt. Mit neuen Produkten werden zusätzliche Zielgruppen angesprochen und weitere Preissegmente besetzt (z.B. Magnum, Ranieri, Klondike).
- **Procter & Gamble**, US-amerikanischer Konsumgüterhersteller und als das Unternehmen mit dem besten Marketing gehandelt, sieht den Ansatzpunkt seines strategischen Marketing am „point of market entry" des Konsumenten. Immer dann, wenn ein Produkt zum ersten Mal gekauft wird, will Procter & Gamble mit seinen Produkten präsent sein. Auf dieses Ziel sind z.B. die Marken Always, Cover Girl und Clearasil ausgerichtet. Sie sprechen vorwiegend

junge Konsumenten an. Weiterhin wird Werbung als wesentlicher Bestandteil des Marketing angesehen.

3.2.1.2 Prozeß der strategischen Marketing-Planung

Wie in Abb. 3.3 zu erkennen ist, ist die strategische Marketing-Planung eingebettet in das Gesamtsystem der Marketing-Planung. Unter Berücksichtigung dieses Zusammenhangs sowie der Merkmale strategischer Planung ergibt sich z.B. folgender Prozeß der strategischen Marketing-Planung:

1. Definition der strategischen Ausgangssituation aufgrund von strategischen Analysen und Prognosen

↓

2. Definition der strategischen Geschäftseinheiten (ggf. auch neue)

↓

3. Analyse der Ist-Situation der strategischen Geschäftseinheiten (Erstellung der Ist-Portfolios, Lebenszyklusanalyse, Wertkettenanalyse, Wettbewerbsprofile usw.)

↓

4. Zuweisung von Ressourcen zu den Geschäftseinheiten

↓

5. Entwicklung alternativer Marketing-Strategien (z.B. nach Strategie-Konzepten von Ansoff, Porter, Kotler usw.)

↓

6. Bewertung und Auswahl von Strategien

Abb. 3.3: Prozeßschema strategische Marketing-Planung

3.2.1.3 Verbreitung strategischer Planungsverfahren in Unternehmen

Die beiden folgenden Abbildungen geben einen Überblick über die Bedeutung der strategischen Planung, die Zeithorizonte sowie den Einsatz einzelner Methoden. Es ist jedoch zu beachten, daß die Daten auf einer Erhebung bei nur 29 Unternehmen beruhen (Untersuchung von Steinle/Lawa/Lier).

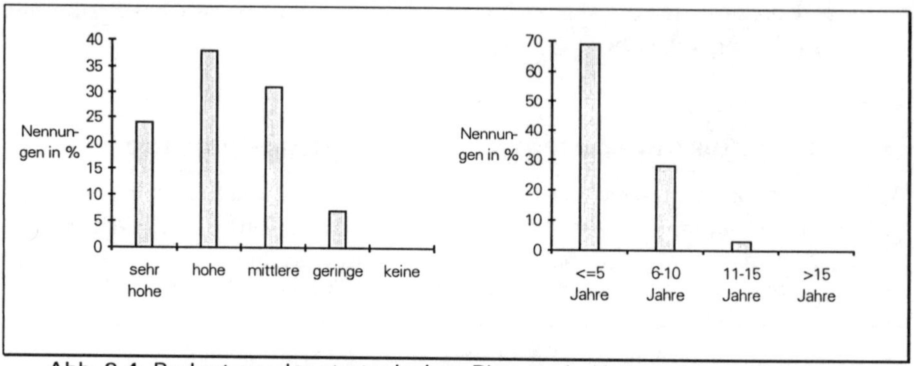

Abb. 3.4: Bedeutung der strategischen Planung in Unternehmen (links) und Zeithorizont strategischer Pläne (rechts) (Steinle/Lawa/Lier 1993)

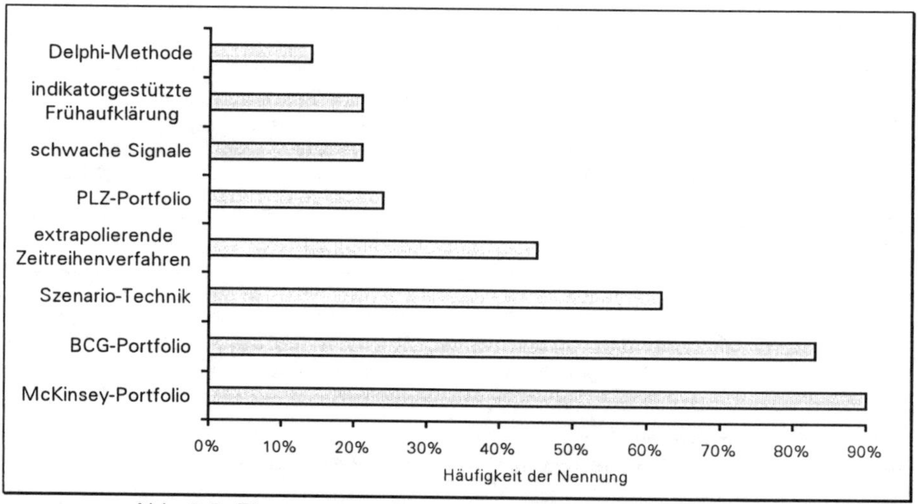

Abb. 3.5: Einsatz strategischer Planungsverfahren (ebenda)

In einer anderen Untersuchung wurden folgende Nutzungshäufigkeiten von Planungsinstrumenten festgestellt (Muchna 1990):

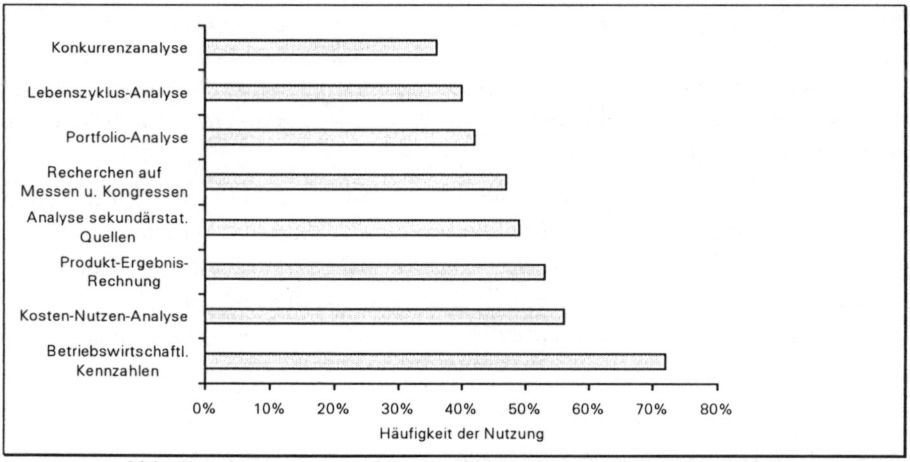

Abb. 3.6: Nutzung von Planungsinstrumenten (Muchna 1990)

Speziell auf den **Mittelstand** bezieht sich eine Untersuchung aus dem Jahr 1992. Unter den beteiligten 240 mittelständischen Unternehmen wurde folgende Verbreitung von strategischen Planungsinstrumenten festgestellt (Küpper/Bronner 1995, S. 76):

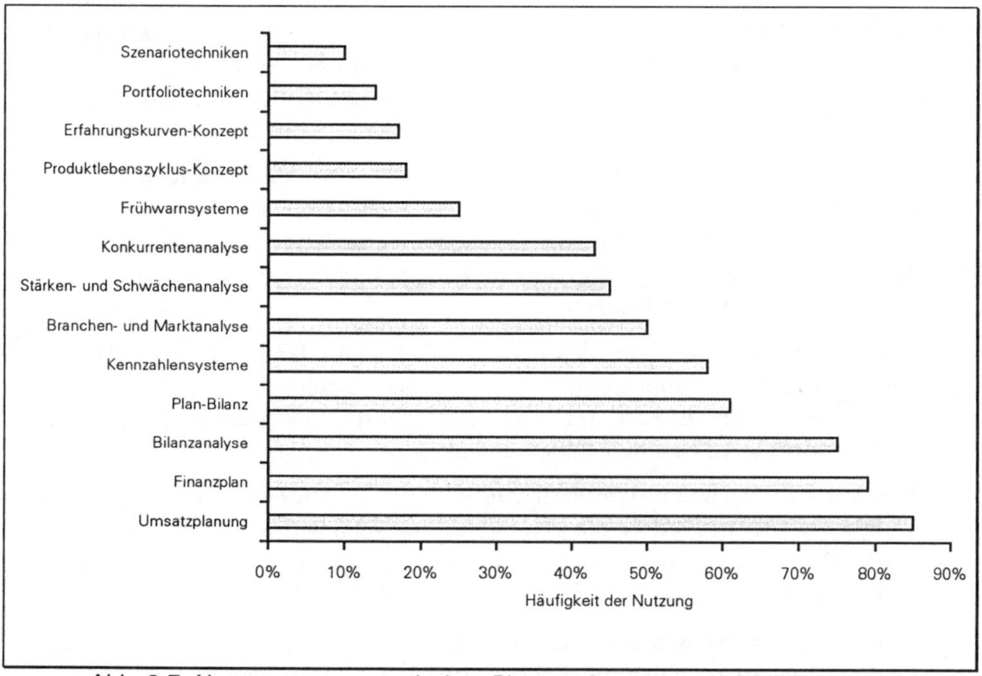

Abb. 3.7: Nutzung von strategischen Planungsinstrumenten im Mittelstand (Küpper/Bronner 1995)

Die hier wiedergegebenen Untersuchungsergebnisse erlauben es sicher nicht, ein allgemeines Urteil über den Einsatz von Planungstechniken zu fällen. Was den Einsatz der Portfoliotechniken angeht, widersprechen sie sich sogar. Hier ist aber der geringe Stichprobenumfang zu berücksichtigen. Trotz allem läßt sich jedoch festhalten:

- In mittelständischen Unternehmen werden bevorzugt einfache, auf der Analyse vorhandenen Zahlenmaterials basierende Verfahren eingesetzt.
- Eine systematische Konkurrentenanalyse ist noch nicht selbstverständlich.
- Die Früherkennung bzw. -warnung wird relativ selten eingesetzt.
- Komplexe Prognoseverfahren gehören ebenfalls zu den selten eingesetzten Verfahren.

3.2.2 Strategische Analyseverfahren

Hier lassen sich folgende Verfahren und Techniken unterscheiden:

- **Produktlebenszyklus-Analyse** - Ein Produkt wird einzeln in Abhängigkeit von seiner Umsatzentwicklung analysiert. Es handelt sich um ein Modell, das auf Gesetzmäßigkeiten aufmerksam machen soll, nicht um eine empirische Analyse.

- **Erfahrungskurven** - Grundlage des Konzepts ist das Verhalten der Kosten in Abhängigkeit von der Produktionsmenge. Es dient der Schätzung langfristiger Kostenverläufe und des Vergleichs der Kostensituation mit den Wettbewerbern.

- **PIMS-Projekt** - Dies ist ein empirisches Projekt, bei dem strategische Geschäftseinheiten von Unternehmen analysiert und beurteilt werden. Daraus läßt sich ermitteln, welche Auswirkungen bedeutende Faktoren wie der Marktanteil oder das Marktwachstum auf die Rentabilität haben. Es handelt sich somit um Erfolgsfaktorenforschung.

- **Portfolio-Techniken** - Die Geschäftseinheiten eines Unternehmens werden anhand von zwei Dimensionen dargestellt. Dies geschieht, um auf Risiken für das Unternehmen aufmerksam zu machen und die Verwendung finanzieller Mittel in attraktive Geschäftsfelder zu lenken.

- **Wertketten** - Nach dem Wertkettenansatz wird das Unternehmen in einzelne Tätigkeitsfelder gegliedert, die jeweils einen eigenen Beitrag zur individuellen Stärke des Unternehmens leisten. Daraus lassen sich strategische Erfolgspotentiale ermitteln.

- **Umfeld- und Unternehmensanalyse** - Mit Hilfe umfangreicher Kriterienkataloge wird versucht, einen möglichst umfassenden Überblick über die Markt- und Unternehmenssituation zu erhalten. Siehe hierzu das Kapitel „Marketing-Informationen".

3.2.2.1 Definition strategischer Geschäftseinheiten

Nach der Durchführung der Situationsanalyse sind die strategischen Geschäftseinheiten zu definieren, auf die sich die strategische Planung bezieht. Dieser Schritt ist notwendig, da eine strategische Planung für einzelne Produkte und Angebote aufgrund der Vielzahl zu berücksichtigender Faktoren nicht sinnvoll durchzuführen ist. Das Bezugsobjekt der Planung muß daher entsprechend globaler definiert werden.

Diese Planungsobjekte werden als strategische Geschäftseinheiten bezeichnet.

Unter einer solchen **strategischen Geschäftseinheit (SGE)** versteht man ein gedanklich oder organisatorisch zusammengefaßtes Tätigkeitsfeld eines Unternehmens, für das eine einheitliche Strategie entwickelt wird.

Innerhalb dieses Tätigkeitsfeldes gibt es eine Reihe von Produkten, die in bezug auf Absatzmärkte, Produktionstechnologie, Distributionswege usw. recht homogen sind. Also würde es beispielsweise in einem Elektronikunternehmen keine SGE „Farbfernseher mit 70-cm-Bildschirm" geben, sondern eher eine SGE „Unterhaltungselektronik". Marktsituation und Marketing-Strategien dürften für alle Fernseher und wahrscheinlich auch alle anderen Geräte der Unterhaltungselektronik dieses Herstellers vergleichbar sein.

Eine wesentliche Frage ist, ob sich die **Abgrenzung** der SGE an betrieblichen Organisationseinheiten (Sparten, Produktgruppen) orientieren soll, oder eher an gedanklichen Einheiten. So könnten durchaus Produkte aus unterschiedlichen Organisationseinheiten zu einer SGE zusammengefaßt werden, weil sie z.B. an die gleiche Zielgruppe verkauft, aus gleichen Materialien hergestellt werden oder Komplementärgüter darstellen. Diese Frage ist letztlich nur unternehmensindividuell zu klären und wird i.d.R. auch sehr stark von historischen Gegebenheiten abhängen. Produktprogramme entfalten oft eine Eigendynamik, so daß Geschäftseinheiten mehr oder weniger automatisch entstehen und vielfach mehr mit der Eigeninitiative einzelner Marketing-Verantwortlicher zu tun haben als mit einer analytischen Festlegung durch die Geschäftsleitung. Eine Veränderung der Zuordnung zu Geschäftseinheiten ist mit zahlreichen betrieblichen Konsequenzen verbunden (Kompetenzregelungen, Budgetveränderungen usw.), so daß sie umfangreichen unternehmensweiten Restrukturierungen vorbehalten bleiben.

Beispiel: Bei Henkel wird eine SGE definiert als „genau abgegrenzte, nicht zu große, international tätige Geschäftseinheit eines operativen Ressorts". Sie wird abgegrenzt durch „- eine eigenständige Marktaufgabe, - eigenständige Technologie bzw. Anwendungstechnik, - eigenständigen Kundenkreis" (Grünewald 1993, S. 49).

Wie strategische Geschäftseinheiten aussehen können, läßt sich am besten anhand einiger praktischer Beispiele verdeutlichen (Quelle: Melitta Geschäftsbericht 1994):

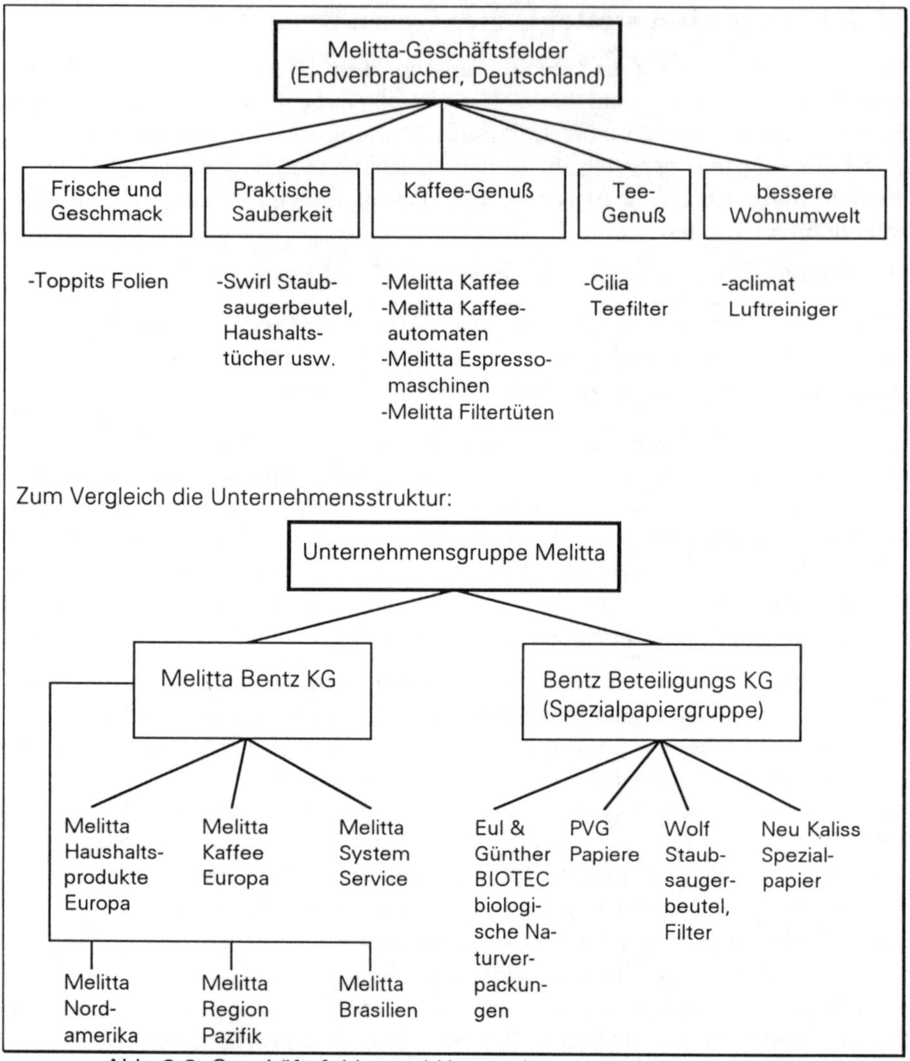

Abb. 3.8: Geschäftsfelder und Unternehmensstruktur von Melitta

Joas (1994) führt als Beispiel die strategischen Geschäftseinheiten eines Elektronik-Unternehmens an:

Kfz-Bordrechner
Kommunikationsendgeräte
Halbleitersensoren
Meßgeräte
Leiterplatten
Fahrtenschreiber
SPS.

Es zeigt sich, daß die Geschäftseinheiten des Elektronik-Unternehmens produktorientiert definiert sind, die von Melitta jedoch anwendungsorientiert.

3.2.2.2 Produktlebenszyklus-Analyse

Der **Produktlebenszyklus (PLZ)** ist ein Modell, das die Umsatzentwicklung eines Produktes im Zeitablauf darstellt.

Dieses Modell gilt, wie andere Modelle auch, nur unter einer Reihe von Bedingungen. So werden Annahmen über das Verhalten der Konsumenten, des Wettbewerbs und des Handels unterstellt. Außerdem sind Einschränkungen in Abhängigkeit von der Produktart erforderlich. In der Praxis finden sich häufig ähnliche, mitunter aber auch ganz andere Umsatzverläufe. Damit ist das Modell jedoch nicht widerlegt. Es kann vielmehr sein, daß eine oder mehrere der o.g. Annahmen nicht gültig waren, oder daß bewußt dem modellhaften Verlauf entgegengesteuert wurde. Dies ist letztlich der Zweck der Analyse. Der Produktlebenszyklus soll dazu dienen, durch geeignete Maßnahmen dem modellhaften Verlauf, der keineswegs den Optimalvorstellungen entspricht, entgegenzusteuern.

Unten wird ein idealtypischer Verlauf dargestellt. Zusätzlich ist eine Deckungsbeitragskurve eingezeichnet, die genauso eine Modellvorstellung ist und die Ertragskraft des Produktes wiedergibt.

Grundlage des Modells sind Annahmen über folgende Faktoren:

- Innovationsverhalten der Konsumenten (d.h. die vom Produktlebensalter abhängige Bereitschaft, einen Erstkauf zu tätigen)
- Penetration der Handelskanäle
- Reaktionen der Wettbewerber
- Marktsättigungstendenzen
- Veralterung des Produktes.

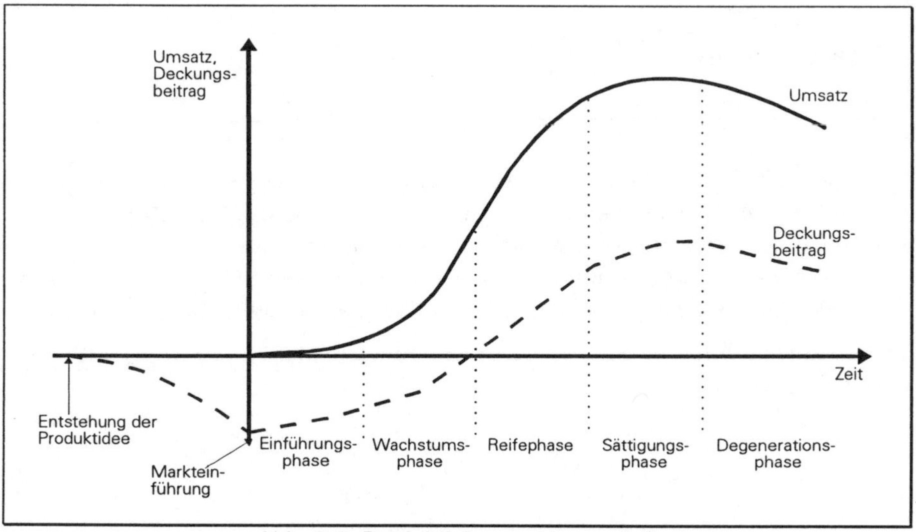

Abb. 3.9: Produktlebenszyklusmodell

Wesentliches **Anwendungsproblem** des Produktlebenszyklusmodells ist die Prognose der erreichten Phase. Welche Phase ein Produkt erreicht hat, läßt sich oft erst dann bestimmen, wenn die weitere Umsatzentwicklung bekannt ist. Der Übergang von einer Zeit des Umsatzwachstums zur Stagnation kann bedeuten, daß sich das Produkt in der Sättigungsphase befindet. Es kann aber auch nur eine Zufallsschwankung sein und der Umsatz wächst nach kurzer Zeit wieder, was die Zugehörigkeit zur Reifephase bedeuten würde. Insofern kann die Einschätzung mit einer gewissen Sicherheit nur vergangenheitsbezogen erfolgen.

In einigen Fällen ist es möglich, die Umsatzzahlen näher aufzuschlüsseln. Stehen nämlich Angaben darüber zur Verfügung, welche Bevölkerungsgruppe (Innovatoren, Risikoscheue usw.) das betreffende Produkt gekauft hat, läßt sich ebenfalls die Zugehörigkeit zu einer bestimmten Lebenszyklusphase ermitteln. In der Einführungsphase kann davon ausgegangen werden, daß das Produkt von Innovationsfreudigen gekauft wird, in der Sättigungsphase dürften sie schon zu neuen Produkten abgewandert sein. Sofern der einzelne Käufer anonym ist, bleibt nur die Möglichkeit, die Umsatzstruktur über den Distributionsweg zu ermitteln. Ein hoher Umsatzanteil über Trendläden, innovative Fachgeschäfte, Boutiquen usw. spricht für ein frühes Lebenszyklusstadium, ein hoher Umsatzanteil über Kauf- und Warenhäuser für ein mittleres bis spätes. Voraussetzung ist allerdings, daß eine entsprechende Handelsstruktur vorhanden ist.

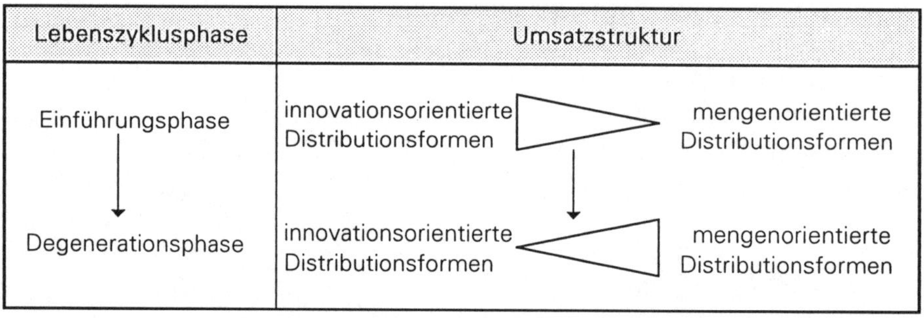

Sind die Käufer des Produkts einzeln bekannt, kann über eine Befragung, z.B. im Rahmen der Kundendienstbetreuung oder Registrierung, die Zugehörigkeit zu einer Innovationsgruppe ermittelt werden. Hierbei kann aufgrund demografischer Veränderungen, veränderter Kommunikationswege, über die das Produkt bekannt wurde usw., auf das Lebenszyklusstadium geschlossen werden.

Die Umsatzsituation in den einzelnen Lebenszyklusphasen kann wie folgt charakterisiert werden:

Phase	Charakteristika
Produktinnovationsphase	Produktidee wird umgesetzt zu einem konkreten Produkt, Produktionskapazitäten werden aufgebaut, es entstehen hohe Fixkosten, noch kein Umsatz
Einführungsphase	Umsätze sind sehr gering, nur langsames Wachstum, noch hohe Fixkostenbelastung
Wachstumsphase	Umsatz wächst progressiv, Abbau der Fixkosten, analytisches Ende der Phase: Wendepunkt der Umsatzkurve
Reifephase	Umsatz wächst nur noch degressiv, Gewinnzone ist i.d.R. erreicht
Sättigungsphase	Stagnation des Umsatzes, i.d.R. hohe Profitabilität des Produktes
Degenerationsphase	Umsatz sinkt dauerhaft, sowohl Gewinne als auch Verluste möglich

Verantwortlich für die dargestellte Umsatzentwicklung sind regelmäßig folgende Ereignisse und Verhaltensweisen:

Phase	Produkt	Konsumenten	Distribution	Wettbewerber
Einführungsphase	echte Innovation, auf dem Markt noch unbekannt, Leistungsvorsprung vor dem Wettbewerb, noch keine Erfahrungen mit dem Produkt vorhanden	hohes Maß an Zurückhaltung gegenüber neuem Produkt, Angst vor Kinderkrankheiten, fehlende Erfahrung und Bekanntheit, Risikoaversion, nur geringer Bevölkerungsanteil ist innovationsfreudig	noch kein Distributionsnetz aufgebaut, Abwarten der Listungstermine bei den Großvertriebsformen, Pipeline-Filling (Transport der Ware vom Hersteller ins Regal)	i.d.R. keine vergleichbaren Produkte auf dem Markt, Leistungsrückstand, intensive Marktbeobachtungen
Wachstumsphase	Innovationsvorsprung noch vorhanden, wachsende Bekanntheit und erste Erfahrungen	steigende Bekanntheit, erste Erfahrungen und Testberichte vermindern Kaufrisiko, wachsende Testbereitschaft	erste Listungen, wachsende Zahl von Distributionsstellen, Pull-Effekte durch Konsumentenanfragen	Einsetzen eigener Innovationsprozesse, Investition in Produktentwicklung, insbesondere von Me too-Produkten
Reifephase	Vorsprung vor dem Wettbewerb wird geringer, erste Konkurrenzprodukte mit möglicherweise höherer Leistung auf dem Markt	weiterer großer Bevölkerungsteil tritt als Erstkäufer auf, gleichzeitig erste Abwanderungen zu neueren Produkten, Bedarfsdeckung teilweise erfolgt	Füllen einzelner Distributionslücken, Verbesserung der Distribution in den einzelnen Kanälen, Stärkung der Zweitplazierung	Einführung eigener Produkte mit i.d.R. besserer Leistung, kommunikative „Störfeuer"

Phase	Produkt	Konsumenten	Distribution	Wettbewerber
Sättigungsphase	nur noch ein Produkt unter vielen, bei Gebrauchsgütern: Marktsättigung in Sicht, hohe Bekanntheit	risikoscheue Erstkäufer gleichen den Verlust durch abwandernde Käufer aus, maximale Markentreue	Konstanz	eigene Produkte gewinnen an Marktstärke und locken Käufer des alten Produktes an, Verdrängungswettbewerb im Handel
Degenerationsphase	von Konkurrenzprodukten inzwischen überholt, veraltet, Ersatz durch neuere Produkte, gelegentlich als „Klassiker" auf dem Markt	nur noch wenige Neukäufer (Traditionalisten), hohes Maß an Marktsättigung, Abwanderung zu neueren Produkten	Auslistungen, Wechsel zu schlechteren Plazierungen, Verringerung des Präsentationsaufwands	Käufer des ersten Produktes laufen über auf das neue, Leistungsvorsprung ist weiten Teilen der Bevölkerung bekannt

Wie schon oben angedeutet, ist das Modell für bestimmte Produktgruppen **nicht anwendbar**. Dazu gehören z.B. Grundnahrungsmittel, insbesondere nichtmarkierte, z.B. Frischware. So kann man sich vorstellen, daß der Produktlebenszyklus von Kartoffeln oder Erdbeeren über Hunderte und Tausende von Jahren verlaufen müßte.

Das Modell kann bzw. soll genutzt werden, um folgende **Entscheidungen** zu fällen:

- Elimination des Produktes nach einem bestimmten Zeitraum
- Beginn der Entwicklung bzw. Produktion eines Nachfolgers
- Durchführung von Relaunches bzw. Produktverbesserungen
- Planung der Produktionskapazitäten
- schwerpunktmäßiger Einsatz von Maßnahmen des Marketing-Mix.

a) Eliminationsentscheidung

Das Modell macht darauf aufmerksam, daß zumindest die meisten Produkte ein „Lebensende" haben. Den Marketingabteilungen fällt es häufig schwer, ein Produkt zu eliminieren, solange es wenigstens noch in geringen Stückzahlen verkauft wird. Hier spielen auch emotionale Faktoren ein Rolle; kein Produktmanager möchte sich von einem Produkt trennen, das er selbst auf den Markt gebracht hat.

Die Eliminationsentscheidung kann jedoch dadurch erleichtert werden, daß mit Hilfe des Modells die Nachfolge systematisch geplant wird (s.u.).

b) Nachfolgeentscheidung

Mit Hilfe des Produktlebenszyklus-Modells kann die strategische Planung von Produktinnovationen unterstützt werden. Sofern der ungefähre Verlauf des Umsatzes bekannt ist (z.B. aufgrund von Erfahrungen bei den Vorgängerprodukten), kann das Produktprogramm so aufeinander abgestimmt werden, daß die Lebenszyklen in bezug auf Liquidität und Produktionskapazität optimal ineinandergreifen. Der optimale Ersatzzeitpunkt läßt sich wie folgt darstellen:

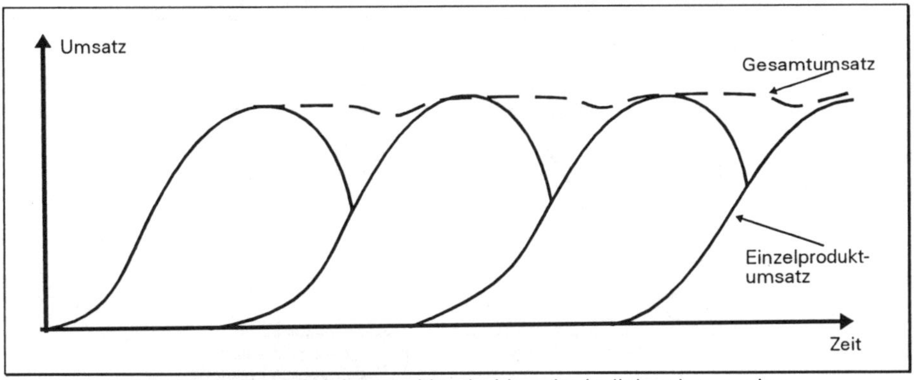

Abb. 3.10: Produktlebenszyklen bei kontinuierlicher Innovation

Das Ergebnis ist ein annähernd konstanter Umsatzverlauf (gestrichelte Linie).

c) Relaunchentscheidung

Die Entscheidung zur Innovation zieht erhebliche finanzielle Konsequenzen und natürlich auch ein hohes unternehmerisches Risiko nach sich. In Anbetracht hoher Flop-Raten bei Produktneueinführungen im Bereich der Konsumgüter ist eine gewisse Zurückhaltung gegenüber der Elimination und anschließender Innovation verständlich.

Unter bestimmten Bedingungen ist es sinnvoller, einen Relaunch durchzuführen, d.h. aufbauend auf dem bisherigen Produkt eine verbesserte Variante auf den Markt zu bringen. Für die Konsumenten ist dabei deutlich erkennbar, daß es sich um den Nachfolger eines bestimmten Produktes handelt, was im Falle der Innovation nicht der Fall wäre bzw. sein müßte.

Ein **Beispiel** für einen **Relaunch** ist der VW Golf, der seit seiner Einführung im Jahr 1974 zweimal einem Relaunch unterzogen wurde. Das Grundkonzept (Karrosserieform, Größenklasse, relatives Preisniveau usw.) wurde näherungsweise beibehalten. Details wurden den veränderten Marktbedingungen angepaßt (Airbag, Katalysator, Innenausstattung usw.).

Beispiele für **Innovationen** in ähnlichen Situationen lassen sich bei Spiegelreflex-Kameras finden. In den achtziger Jahren stellten die meisten Hersteller ihre Spiegelreflex-Sortimente auf Autofokus-Kameras um, während es vorher fast ausschließlich manuell zu fokussierende Kameras gab. Das Konzept, die Objektive mit einer Autofokuseinrichtung auszustatten, die Kamera an sich aber beizubehalten, erwies sich als nicht dauerhaft. Statt dessen wurden völlig neue Konzepte entwickelt und dabei zahlreiche mechanischen Vorgänge beim Fotografieren elektronisiert sowie neue Materialien (vor allem Kunststoffe) eingeführt.

Der Relaunch setzt später ein als die Innovation, die idealerweise in der Wachstumsphase des Vorgängerprodukts beginnt. Erst wenn sich ein dauerhafter Umsatzrückgang des Ausgangsprodukts abzeichnet, ist der Relaunch sinnvoll. Ansonsten würde das noch vorhandene Potential des Vorgängers verschenkt.

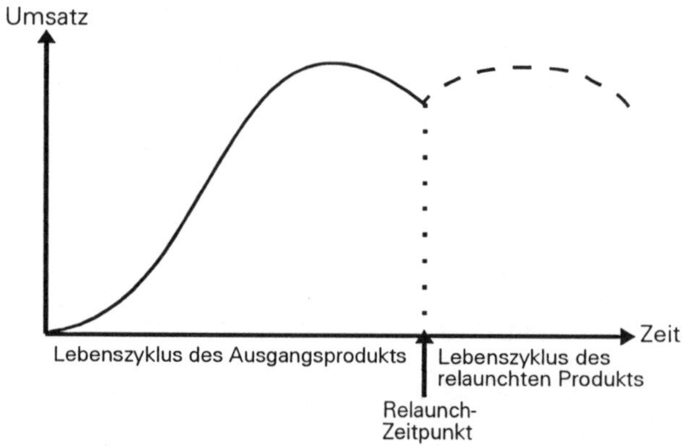

Abb. 3.11: Produktlebenszyklus bei Relaunch

d) Kapazitätsentscheidung

Zumindest im Modell können Entscheidungen über die Produktionskapazität erleichtert werden. Das Produktlebenzyklusmodell zeigt, daß ein sofortiger Aufbau der maximal erforderlichen Produktionskapazität nicht sinnvoll ist, weil zunächst relativ wenig verkauft werden kann. Sinnvoller ist es dagegen, Produktionskapazitäten an den Verkauf anzupassen und somit hohe Leer- oder Lagerkosten zu vermeiden.

Da die Produktion i.d.R. wesentlich weniger flexibel ist als der Verkauf, ist dieser Grundgedanke meist nicht in der Praxis durchsetzbar. Der Einfluß findet daher eher in der umgekehrten Richtung statt. Die Kapazitätsgrenze bestimmt die maximale Verkaufsmenge und eine unterausgelastete Kapazität erhöht den Verkaufsdruck. Ist es aber möglich, auf Lebenszyklen von Vorgänger- oder Konkurrenzprodukten zurückzugreifen, lassen sich Kapazitätsentscheidungen fundierter treffen als allein auf produktionstechnischer Grundlage.

Sinnvolle Innovations- und Relaunchentscheidungen tragen auch dazu bei, Produktionskapazitäten optimal zu nutzen. So verhindert das kapazitätsbezogene

Timing sowohl eine Unterauslastung als auch eine kostspielige kurzfristige, befristete Ausweitung.

e) Marketing-Mix-Entscheidungen

Der Verlauf des Produklebenszyklus legt bestimmte grundsätzliche Schwerpunktsetzungen im Marketing-Mix nahe:

	Produktpolitik	Kontrahierungs-politik	Distributions-politik	Kommunika-tionspolitik
Einführungs-phase	umfangreiche Serviceleistungen, Garantie, Kundendienst	Einführungsrabatte für Handel, Testmöglichkeiten für Endverbraucher, Rückgabemöglichkeiten	Ausbau der Distributionswege, Listungsverhandlungen, ggf. Unterstützung durch Direktvertrieb	Öffentlichkeitsarbeit, Werbung in innovativen Medien, Direktwerbung an Meinungsführer
Wachstums-phase	dto.	Verringerung der Rabatte, ggf. Preiserhöhungen	weiterer Ausbau der Distribution	Massenumwerbung, Verkaufsförderung zur Erzielung von Testkäufen
Reifephase	kleinere Produktverbesserungen, Erweiterung der Ausstattung	Konstanz	Pflege bislang vernachlässigter Distributionswege, Verbesserung der Distributionsqualität (z.B. Regalplätze), Stärkung der Händlerbindung	Verkaufsförderung zur Aktualisierung, Erinnerungswerbung, Stärkung der Markentreue
Sättigungs-phase	Relaunch gegen Ende der Phase	ggf. leichte relative Preissenkungen, Mengenrabatte, höhere Händlerrabatte	Ausweitung in Richtung preisaktiver Distributionsformen, Zweitplazierungen	kommunikative Umpositionierung
Degenera-tionsphase	Umpositionierung als Klassiker-Version, Elimination und Innovation	starke Preiszugeständnisse, lange Garantiezeiten	Spezialisierung (preisaktiv oder beratungsorientiert)	Klassiker-Werbung

In Abhängigkeit von der Produktart und prinzipiellen Marktgegebenheiten lassen sich unterschiedliche Grundtypen von Lebenszyklen identifizieren. Einige Beispiele:

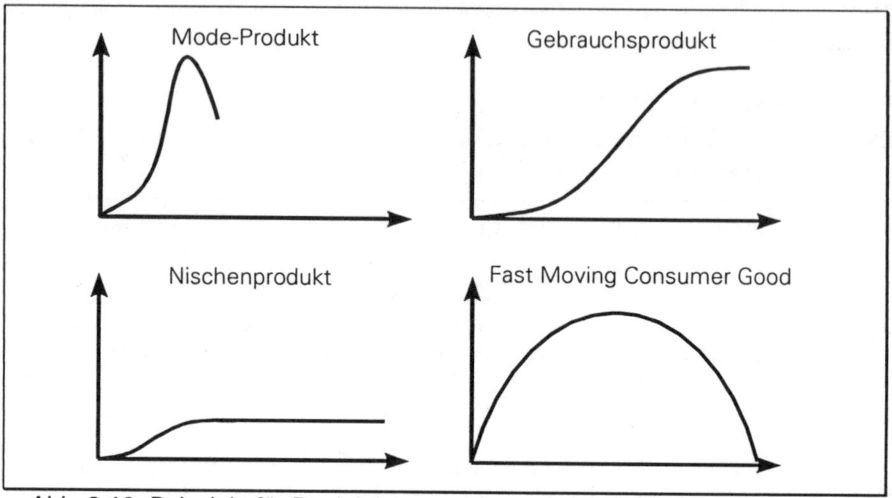

Abb. 3.12: Beispiele für Produktlebenszyklen unterschiedlicher Produktarten

Mode-Produkte zeichnen sich durch einen extrem kurzen Lebenszyklus mit steilem Anstieg und schnellem Umsatzabfall aus. Beispiele sind nicht nur in der Bekleidungsmode zu finden, sondern z.B. auch bei Lizenzartikeln. Dies sind Produkte, die ein Symbol oder Bild einer Filmfigur (Fred Feuerstein, Batman usw.) oder vergleichbar geschützte Zeichen tragen. Solche Produkte sind meist nur kurz aber heftig „in".

Gebrauchsprodukte, z.B. Haushaltsgeräte, weisen i.d.R. einen „normalen" Umsatzverlauf auf. Der Lebenszyklus erstreckt sich über mehrere Jahre, in Einzelfällen auch Jahrzehnte. Es werden sämtliche Phasen durchlaufen.

Nischenprodukte erreichen nur ein sehr geringes Umsatzniveau, können dies aber über einen längeren Zeitraum halten. Sie sind meist konkurrenzlos und erfüllen spezielle Bedürfnisse einer kleinen Käuferschicht. Dadurch bleibt der Markt stabil und für potentielle Wettbewerber uninteressant. Beispiele finden sich im Bereich der Investitionsgüter oder bei Konsumgütern bei verschiedenen Hobby-Produkten.

Fast Moving Consumer Goods (FMCG) ist zu einem Schlagwort für die Schnelldreher insbesondere des Lebensmittel-Handels geworden. Es handelt sich um Produkte, meist des täglichen Bedarfs, die in hohen Stückzahlen verkauft und hohen Frequenzen gekauft werden. Solche Produkte werden mit hohem Marketing-Aufwand in den Markt „gedrückt" und im Falle eines sich abzeichnenden Umsatzrückgangs schnell wieder vom Markt genommen. FMCGs sind meist schnell vom Wettbewerb zu imitieren, so daß das Durchlaufen der Einführungsphase nicht mehr vertretbar wäre. Beispiele sind Wasch- und Reinigungsmittel sowie Fertig-Lebensmittel.

Die offensichtlichen Schwierigkeiten bei der Abgrenzung „neues Produkt - Relaunch" sowie die wachsende Bedeutung der Markenführung im Rahmen des Marketing haben zu dem Gedanken geführt, anstelle des Produktlebenszyklus einen **Markenlebenszyklus** zu definieren. Die Marke ist das Dach, unter dem zahlreiche Produkte neben- oder nacheinander auf dem Markt eingeführt und wieder eliminiert werden. Für die Konsumenten ist dies teilweise kaum noch nachvollziehbar, weil das Marketing auf die Marke fokussiert, die dabei konstant bleibt. Besonders im Bereich der Waschmittel (Persil von Henkel/Ariel von Procter & Gamble) ist eine regelmäßige Produktänderung bei gleichzeitiger Konstanz der Marke zu erkennen.

Diese und vergleichbare Produkte unterliegen einem extremen Konkurrenzdruck, so daß von vornherein der klassische Verlauf des Produktlebenszyklus verhindert werden muß. Die Werbeetats liegen an der Spitze aller Werbeetats (für Persil Megaperls beispielsweise wurden allein 1994 77 Mio. DM ausgegeben), so daß das Problem mangelnder Bekanntheit nur ein äußerst kurzfristiges ist.

Auch bei Produkten, die Teil eines umfangreichen Sortiments sind, ist ein Markenlebenszyklus aussagefähiger. So besteht beispielsweise das Milka-Sortiment (Hersteller: Kraft Jacobs Suchard) aus einer kaum noch überschaubaren Vielzahl einzelner Produktvarianten. Je nach Verkaufszahlen werden einzelne Varianten vom Markt genommen und durch andere ersetzt, wird das Sortiment erweitert oder gestrafft. Da die einzelne Variante relativ unbedeutend ist und Konsumenten umfangreiche Möglichkeiten haben, auf andere Produkte auszuweichen, ist die Zugehörigkeit zur Marke das eigentlich Entscheidende.

3.2.2.3 Erfahrungskurven

Der **Erfahrungseffekt** (auch: Lerneffekt) ist eine empirische Erkenntnis. Auf der Basis von Ermittlungen des Kostenverlaufs in Unternehmen stellte sich heraus, daß die Kosten systematisch gesenkt werden können, wenn entsprechende Maßnahmen zur Rationalisierung, Schulung, Einsparung usw. durchgeführt werden. Genau:

Erfahrungseffekt: Mit jeder Verdoppelung der kumulierten Produktionsmenge entsteht ein Potential zur Senkung der Stückkosten von 20-30%.

Zwei Beispiele für Kostenverläufe bei Kostensenkungen von 20 und 30%:

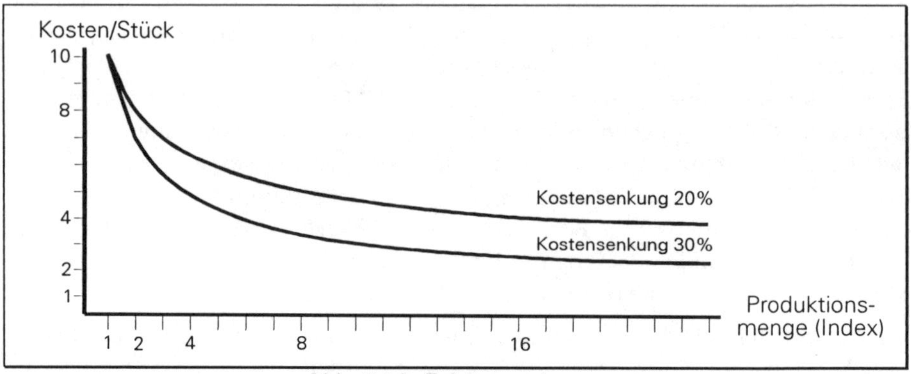

Abb. 3.13: Erfahrungskurve

Die **Kostensenkung** von 20 oder 30% ist immer dann möglich, wenn die kumulierte (bis zum jeweiligen Zeitpunkt insgesamt erreichte) Produktionsmenge wieder verdoppelt wird. Am Beginn der Produktion geschieht dies sehr schnell, bei einem Produkt, das bereits seit 4 Jahren auf dem Markt ist, dauert es bei konstanter Produktionsleistung wieder 4 Jahre.

Es entsteht aber auch nur ein *Potential* zur Kostensenkung, d.h. sie tritt nicht automatisch auf, sondern als Reaktion auf geeignete Maßnahmen. Folgende Maßnahmen können zur Kostensenkung durchgeführt werden:

- Verminderung der Fehlerquote durch Erfahrung
- Verringerung des Ausschusses
- Berücksichtigung von Verbesserungsvorschlägen der Beteiligten
- Verbesserung der Ausbildung der Mitarbeiter
- Verbesserung der Fertigungsorganisation
- Nutzung des technischen Fortschritts für die Produktionstechnik
- Verwendung günstigerer Materialien
- Erzielung von Preisvorteilen im Einkauf usw.

In der **ursprünglichen** Definition wurden die Kosten als **Wertschöpfungskosten** definiert (Henderson 1984, S. 49), also nur auf den Teil der Kosten beschränkt, die tatsächlich im Unternehmen entstehen und abhängig vom Ausmaß der vertikalen Integration sind, d.h. davon, wieviel Produktionsstufen vom Unternehmen abgedeckt werden. Im Laufe der wissenschaftlichen Verarbeitung dieses Konzepts wurde der Begriff zu Gesamtkosten verallgemeinert. Da es sich um keine zwangsläufige Entwicklung mit einem festen Prozentsatz handelt, ist dies prinzipiell unschädlich. Sinken die Wertschöpfungskosten, sinken auch die Gesamtkosten. Letztere unterliegen dann auch weiteren Faktoren wie der Erzielung von Preisvorteilen durch steigende Beschaffungsmengen. Dieser Effekt ist aber nicht der ursprüngliche Gegenstand des Erfahrungseffekts.

Die Erkenntnis des Erfahrungseffekts führte dazu, daß dem Marktanteil eine besondere Bedeutung als Erfolgsfaktor beigemessen wird. Das Unternehmen mit dem höchsten Marktanteil verfügt in der Regel über die größte Produktionserfahrung und hat daher, wenn die Kostensenkungspotentiale genutzt wurden, vermutlich die geringsten Produktionskosten. Dadurch entsteht ein Spielraum für Preissenkungen oder eine Erhöhung von Marketing-Ausgaben. Voraussetzung für den Schluß vom Marktanteil auf die Kostensituation sind allerdings langfristig stabile Marktverhältnisse.

Angenommen, ein Markt existiert seit 10 Jahren. Es gibt 4 konkurrierende Unternehmen, die zu unterschiedlichen Zeiten auf den Markt gekommen sind:

	Produktionsmengen			
Jahr	A	B	C	D
1985	50.000	-	-	-
1986	50.000	30.000	-	-
1987	50.000	30.000	-	-
1988	50.000	30.000	40.000	-
1989	50.000	30.000	40.000	-
1990	50.000	60.000	40.000	20.000
1991	50.000	60.000	40.000	20.000
1992	50.000	60.000	40.000	20.000
1993	50.000	60.000	40.000	20.000
1994	50.000	60.000	40.000	20.000
Summe:	500.000	420.000	280.000	100.000

Bei Ausgangskosten von DM 10 pro Stück am Ende des ersten Produktionsjahres und 20% Kostensenkung gemäß Erfahrungskurve ergibt sich folgende Kostensituation:

A: DM 4,86 B: DM 4,35 C: DM 5,44 D: DM 6,08

B hat allein dadurch, daß die Produktionsmenge im Jahr 1990 verdoppelt werden konnte, die günstigste Kostensituation erreicht. Wäre dies nicht geschehen, wäre A in der günstigsten Situation. Entscheidend ist bei konstanten Produktionsmengen die Dauer der Produktion. Das Unternehmen, das als erstes auf dem Markt war, hat vermutlich die geringsten Produktionskosten. Unterstellt man einen einheitlichen Verkaufspreis für alle Unternehmen, hat es damit den höchsten Gewinn. Die absolute Höhe des jährlichen Produktionsvolumens ist dabei unbedeutend. (In der Praxis wird dies aber regelmäßig Auswirkungen auf das Kostenniveau haben, so daß ein zusätzlicher Vorteil entsteht.)

Um die geringsten Produktionskosten zu erreichen, ist es daher sinnvoll,

- frühzeitig auf den Markt zu treten, möglichst als Pionier
- möglichst frühzeitig das Produktions- und Absatzvolumen zu steigern
- vom Produktionsbeginn an Rationalisierungsmöglichkeiten auszuschöpfen.

Die Erfahrungskurve ist gleichzeitig ein Instrument der **Preispolitik** und Preisstrategie. So ist es möglich, über die zu erwartenden Kostensenkungen eine Strategie der kontinuierlichen Preissenkung zu betreiben. Dabei kann auch die Kostensituation der Wettbewerber einbezogen werden. Folgende Abbildung zeigt die Kostenkurven zweier Wettbewerber und den Marktpreis des Produktes. Es zeigt sich, daß Unternehmen A eine Preissenkung eher verkraften kann als B. A könnte durch entsprechende Preispolitik B auch aus dem Markt drängen, indem es das Preisniveau unter die Kosten von B senkt (gestrichelte Linie).

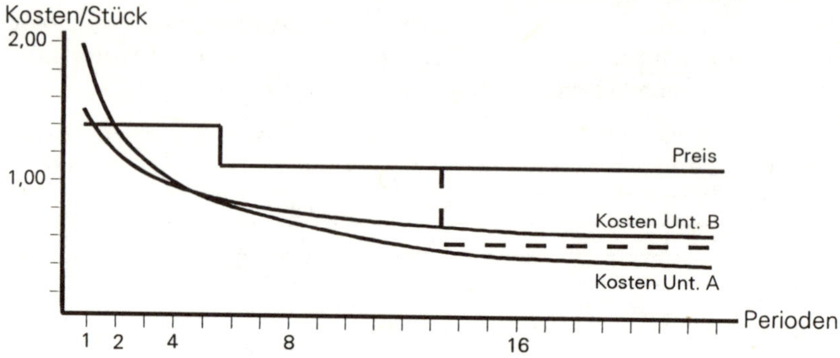

Abb. 3.14: Erfahrungskurven und Preispolitik

Zur Erfahrungskurve sind allerdings auch einige **einschränkende Bemerkungen** erforderlich (vgl. auch die Zusammenstellung bei Hopfenbeck 1992, S. 559f.):

- Der Erfahrungskurveneffekt ist eine empirische Beobachtung, die sich regelmäßig findet, jedoch keine Gesetzmäßigkeit darstellt. Je nach Branche, Produktionsverfahren und Unternehmenssituation kann er auch ganz anders ausfallen.
- Eine kontinuierliche Kostensenkung setzt über einen längeren Zeitraum konstante Marktverhältnisse voraus. Kurzfristige Nachfrageschwankungen, notwendig gewordene Änderungen am Produkt usw. verändern die Kostensituation, so daß das eigentliche Ziel der Nutzung des Kostensenkungspotentials möglicherweise nicht mehr verfolgt werden kann.
- Wird das Kostensenkungsziel verfehlt, so läßt sich nicht sagen, warum. Die Realisierung des Kostensenkungspotentials ist von einer ganzen Reihe von Faktoren abhängig, für die es keine genaue Anleitung gibt. Es kommt daher sehr stark auf das Engagement des Unternehmens in diesem Bereich an.
- Die Schätzung des Kostenverlaufs bei Wettbewerbern ist nur unter Verhaltensannahmen möglich, deren Einhaltung nicht kontrolliert werden kann. Wenn z.B. im eigenen Unternehmen eine Kostensenkung um jeweils 20% durchgeführt werden konnte, kann ein Wettbewerber durchaus 30% erreicht haben.
- Preispolitik auf der Basis von Erfahrungskurven kann zum Faß ohne Boden werden, wenn Preise wegen sinkender Kosten ebenfalls gesenkt werden. Schließen sich die Wettbewerber dem an, kann mit der Aussicht auf weiter sinkende Kosten eine weitere Preissenkung vorgenommen werden. Eine verlustfreie Situation kann dann nur noch über eine deutliche Mengensteigerung erreicht werden. Um diese am Markt durchsetzen zu können, kommt es zur weiteren Preissenkung usw. Der Markt wird dadurch zerstört.

- Erfahrung ist, wie gezeigt, nicht nur eine Mengen-, sondern auch eine Altersfrage. Das Konzept verleitet zum Versuch, Erfahrung durch Alter mit Erfahrung durch Stückzahl auszugleichen.

Das Erfahrungskurvenkonzept ist eine Grundlage für das Marktanteil/Marktwachstum-Portfolio der Boston Consulting Group. Es zeigt, daß der Marktanteil eine der wichtigsten Größen der Unternehmensführung ist. Der Marktanteil wird auch in anderen Studien als *der* Erfolgsfaktor herausgestellt.

3.2.2.4 Portfolio-Techniken

3.2.2.4.1 Grundgedanken der Portfolio-Technik

Der Begriff „Portfolio" stammt ursprünglich von „Portefeuille", bekannt aus der Wertpapier-Verwaltung. Unter einem Portefeuille versteht man eine Mehrzahl unterschiedlicher Wertpapiere, die vor allem unter dem Aspekt der Risikostreuung ausgewählt werden. Man kann sich leicht vorstellen, daß es wenig sinnvoll ist, etwa nur Aktien einer Branche im Wertpapier-Depot zu haben. Ist diese Branche von einer Rezession betroffen (oder auch von gesetzlichen Maßnahmen, die die Ertragskraft schwächen), so verliert das gesamte Depot erheblich an Wert. Bei einer geschickten Streuung über mehrere Branchen, die weitgehend voneinander unabhängig sind, kann dieses Risiko verringert werden.

Portfolios stellen die strategischen Geschäftseinheiten eines Unternehmens anhand zweier Beurteilungskriterien grafisch dar.

Ähnlich wie sich ein Anleger Gedanken bezüglich des Risikos und der Rendite seiner Wertpapiere macht, machen sich Unternehmen Gedanken über das Risiko und die Erfolgssituation ihrer Geschäftseinheiten. Dabei ist zu beachten, daß sich Portfolio-Analysen immer auf **strategische Geschäftseinheiten** beziehen, nicht auf einzelne Produkte. Sie sind als unternehmensbezogene Analyseinstrumente konzipiert worden, die einen Überblick über die Unternehmenssituation verschaffen sollen, anstatt sich mit Detailproblemen einzelner Produkte/Leistungen auseinanderzusetzen.

In der Praxis wird nichtsdestotrotz häufig mit *Produkt*portfolios gearbeitet. Gründe dafür liegen z.B. darin, daß nur für einen bestimmten Unternehmensteil eine Aussage gemacht werden soll, oder in der Problematik der Datenbeschaffung. In nicht wenigen Produktbereichen ist es kaum möglich, zuverlässig den Marktanteil zu bestimmen, weil es keine vollständige Erfassung der Umsätze, etwa im Rahmen von Panels, gibt. Unter solchen Bedingungen eine globale Aussage über eine Reihe von Produktmärkten zu treffen, ist dann noch weniger zuverlässig.

Um sinnvoll mit der Portfolio-Technik arbeiten zu können, ist es wichtig, sich darüber Gedanken zu machen, wozu sie eigentlich in der Lage ist. In der Literatur wird sie häufig als Planungsinstrument bezeichnet. Hinterhuber (1992, S.

106) bezeichnet sie dagegen als Visualisierungs- und Kommunikationsinstrument. Der Bedeutungsgehalt variiert in diesen Bezeichnungen erheblich.

Portfolios sind im Hinblick auf ihre Eignung als **Planungstechnik** keineswegs vergleichbar mit den operativen Techniken, die zu sehr genauen Handlungsanweisungen führen. Im Rahmen der strategischen Planung ist dies aber ohnehin kaum möglich, da nur eine konzeptionelle Leitlinie für die Unternehmensführung und insbesondere das Marketing vorgegeben werden soll. Für genaue Planungen liegen überhaupt keine Daten vor. Insofern muß auch der Anspruch vorsichtig formuliert werden.

Portfolios legen die Verfolgung sog. **generischer Strategien** nahe. Damit wird eine erste Hilfestellung für den strategischen Entscheidungsprozeß gegeben. Sie zeigen jedoch nicht, wie dieser inhaltlich ausgefüllt werden kann. Im Mittelpunkt der Empfehlungen stehen die Aspekte des Wachstums, d.h. der Steigerung des Marktanteils, oder des Rückzugs aus einem Markt, sowie die Verteilung finanzieller Mittel. Da die Beurteilungsdimensionen global definiert sind, können nähere Strategie-Details nicht betrachtet werden.

Diese Vagheit und mangelnde Detailliertheit wird regelmäßig als wesentlicher **Kritikpunkt** an den Portfolio-Techniken angeführt (z.B. Hopfenbeck 1992, S. 632f.). Unter Berücksichtigung der Zielsetzung, insbesondere einen Überblick über die strategische Ausgangssituation im Gesamtunternehmen zu geben, ist diese Kritik auch unvermeidbar. Sind Detailanalysen erforderlich, kann und darf die Portfoliotechnik grundsätzlich nicht eingesetzt werden. Dies ist nicht ihr Anspruch.

Portfolios sind aber mehr als reine Visualisierungen. Sie machen auf Risiken und Ungleichgewichte aufmerksam, die sonst möglicherweise übersehen würden. Außerdem können sie als Grundlage für die globale Budgetallokation verwendet werden. Sie stellen schließlich auch ein Raster für die Analyse der Geschäftseinheiten nach ausgewählten Kriterien dar. Insofern scheint es gerechtfertigt, Portfolios als Analyseinstrumente im Rahmen der strategischen Planung zu bezeichnen.

Nichtsdestotrotz soll auf ein wesentliches **Manko** hingewiesen werden, das im Hinblick auf die strategische Ausrichtung von Bedeutung ist. Portfolios berücksichtigen nicht zukünftige Entwicklungen. Potentielle Wettbewerber finden keine Berücksichtigung, die Entwicklung der Geschäftseinheiten im Zeitablauf kann nur unter Schwierigkeiten dargestellt werden.

Exkurs: Marktanteils-Definitionen und ihre Auswirkungen

Angenommen, ein Markt habe das Volumen von 1000 Mengeneinheiten. Es gebe die folgenden fünf Unternehmen (RMA = relativer Marktanteil):

Unter- nehmen	Absatz	Markt- anteil	RMA bezogen auf den stärksten Wettbewerber	RMA bezogen auf die 3 stärksten Wettbewerber
A	200	20%	0,66	0,27
B	150	15%	0,50	0,20
C	100	10%	0,30	0,13
D	300	30%	1,20	0,40
E	250	25%	0,83	0,33

Es zeigt sich, daß die Angabe des Marktanteils für sich alleine wenig aussagekräftig ist. 25% Marktanteil hören sich gut an, im vorliegenden Beispiel reichen sie aber nur für Platz 2 im Markt aus. Die Definition über den stärksten Wettbewerber zeigt deutlich, daß D Marktführer ist, und zwar mit einem Vorsprung von 20% gegenüber dem zweiten. Erhält man jedoch nur diese Information, ist nicht zu erkennen, ob es nur noch einen Wettbewerber oder eine Vielzahl gibt. Daher ist es sinnvoll, beide Marktanteile zu nennen. Die Definition über die drei stärksten Wettbewerber führt schließlich dazu, daß sich der relative Markanteil dem „einfachen" annähert.

Weiterhin ist zwischen einer wert- und mengenmäßigen Marktanteilsdefinition zu unterscheiden. Die wertmäßige Definition verwendet Umsätze in Geldeinheiten, die mengenmäßige Stückzahlen unabhängig von ihrem Wert. Zwischen beiden Werten können erhebliche Unterschiede bestehen, insbesondere, wenn das durchschnittliche Preisniveau der Produkte eines Hersteller über bzw. unter dem Marktniveau liegen. Ein klassischer „Billiganbieter" wird immer einen höheren mengen- als wertmäßigen Marktanteil aufweisen.

3.2.2.4.2 Marktwachstum/Marktanteil-Portfolio

Die Boston Consulting Group führte mit ihrem Portfolio diese Analysetechnik in die Beratungspraxis und Wissenschaft ein. Das Grundschema der Portfolio-Konstruktion ist bis heute gleich geblieben: Zur Kategorisierung der Geschäftseinheiten wird eine unternehmensexterne und eine -interne Größe verwendet. Neben dem **relativen Marktanteil** (hier: Marktanteil der eigenen SGE/Marktanteil der SGE des stärksten Konkurrenten) wurde das **Marktwachstum** als Kriterium bestimmt.

Das Marktwachstum ist aus zwei Gründen bedeutsam:

- Stark wachsende Märkte bieten Chancen für neue Produkte. Die meisten Markteinführungen finden in wachsenden Märkten statt. Stagnierende Märkte sind regelmäßig durch hohen Verdrängungswettbewerb gekennzeichnet, so daß ein neuer Anbieter relativ geringe Chancen für eine Etablierung neuer Produkte hat. Neue Produkte in wachsenden Märkten stellen daher ein Erfolgspotential für ein Unternehmen dar.

- Wachsende Märkte erfordern einen hohen Mitteleinsatz. Die Attraktivität des Marktes führt zu einer permanenten Bedrohung durch neue Markteintritte von Wettbewerbern. Durch geeignete Marketing-Maßnahmen ist daher die eigene Position zu festigen (z.B. Werbung, Produktverbesserungen, Preiszugeständnisse). Stagnierende Märkte dagegen sind i.d.R. „billiger", weil diese Konkurrenzbedrohung in geringerem Maße existiert. Oft können die Marketing-Ausgaben stark reduziert werden, so daß wesentlich höhere Renditen erzielt werden.

Die Betrachtung dieser beiden Größen ergibt für ein Unternehmen folgende Zielsetzung:

- Schaffung eines Ausgleichs zwischen SGE in wachsenden und stagnierenden Märkten
- Förderung der Geschäftseinheiten im Hinblick auf eine Steigerung des Marktanteils.

Das Marktanteil/Marktwachstum-Portfolio sieht wie folgt aus:

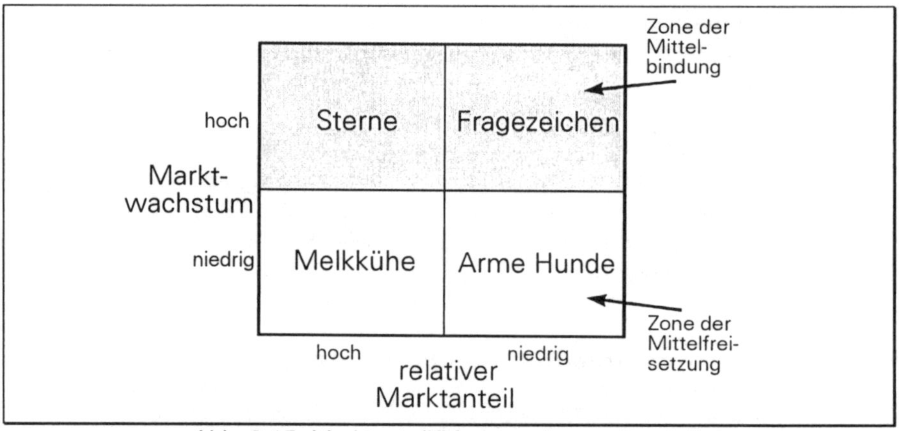

Abb. 3.15: Marktanteil/Marktwachstum-Portfolio

Das Portfolio-Feld wird in **vier Felder** unterteilt, denen bestimmte Charakteristika und Konsequenzen für die Unternehmensstrategie zugeordnet werden. Die **Abgrenzung** bereitet jedoch gewisse Schwierigkeiten. So hatte die Boston Consulting Group die Grenze zwischen hohem und niedrigem Wachstum bei 10% und die Grenze zwischen hohem und niedrigem relativen Marktanteil bei 1,5 festgesetzt. Dies ist heute nicht mehr vertretbar, weil die hohen Marktwachstumsraten, die es zur Zeit der Entstehung des Konzepts, in den sechziger Jahren, gab, heute überwiegend in Geschichtsbücher verbannt werden mußten. In der Praxis wird die Grenze daher eher im Bereich um 1-3% gezogen. Ähnliche Überlegungen sind beim relativen Marktanteil anzustellen. Da sich die Zahl der Anbieter in den meisten Märkten in den letzten Jahrzehnten vervielfacht hat, ist ein relativer Marktanteil von 1,5 kaum noch zu erzielen. Hier wird die Grenze eher im Bereich unter 1,0 gezogen.

Die vier Felder wurden mit prägnanten Titeln überschrieben, was sicher zur Verbreitung des Konzeptes beigetragen hat. Folgende Standard-Charakteristika lassen sich erkennen:

Feld	Definition	Charakteristika
Fragezeichen	niedriger Marktanteil, hohes Marktwachstum	meist neue SGE, hoher Finanzbedarf zur Unterstützung der Etablierung auf dem Markt, hohes Risiko des Scheiterns (Marktaustritt), schlechte Ertragssituation, nicht als dauerhafte Position geeignet – ggf. Desinvestitionsentscheidung notwendig
Stern	hoher Marktanteil, hohes Marktwachstum	etablierte SGE in attraktivem Markt, hoher Finanzbedarf, aber verbesserte Ertragssituation durch hohen Marktanteil, Stärkung der Wettbewerbsvorteile zum Ausbau der Marktposition erforderlich
Melkkuh	hoher Marktanteil, niedriges Marktwachstum	etablierte SGE in unattraktiv gewordenem Markt, geringer Finanzbedarf aufgrund geringer Konkurrenzbedrohung, sehr gute Ertragssituation, Halten der Marktposition erforderlich, Abschöpfen der Überschüsse
Armer Hund	niedriger Marktanteil, niedriges Marktwachstum	unattraktive SGE in unattraktivem Markt, schlechte Zukunftsaussichten, kein Finanzbedarf, keine Investitionen sinnvoll, Ertragssituation kann sowohl gut als auch schlecht sein, daher keine unbedingte Desinvestition

Aufgrund dieser Charakteristika kann eine **optimale Portfolio-Struktur** entwikkelt werden. Hierbei geht man jedoch von allgemeinen Annahmen aus, die im Einzelfall geprüft werden müssen. Es ist auf jeden Fall zu berücksichtigen, daß das Portfolio **keine Aussage zur Gewinnsituation** macht. Auch eine Melkkuh kann z.B. aufgrund unternehmerischer Fehlentscheidungen hochgradig defizitär sein! Ein Armer Hund kann Gewinn erwirtschaften! Folgende Abbildung verdeutlicht die Zielvorstellungen:

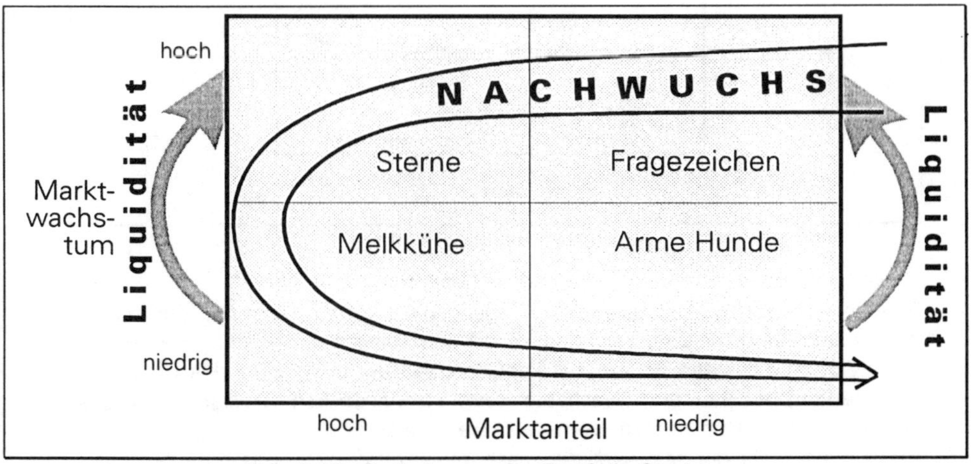

Abb. 3.16: Optimierung der Portfolio-Strukturen

Beispiel: Ein Unternehmen ermittelt für seine SGE folgende Daten:

SGE	Umsatz in Mio. DM	relativer Marktanteil	Marktwachstum in %
A	20	1,4	0,0
B	22	0,6	0,0
C	27	1,0	0,5
D	24	0,2	0,3
E	12	0,2	1,0
F	10	1,2	1,1
G	12	1,3	1,5
H	9	1,5	1,7
I	18	0,6	1,6

Aufgrund der allgemeinen Marktverhältnisse wird ein Marktwachstum von 1% als bereits relativ hoch betrachtet, so daß hier die Grenze auf der Marktwachstumsskala festgesetzt werden soll. Beim relativen Marktanteil wird die Grenze bei 0,85 gezogen. Die SGE werden durch Kreise dargestellt, deren Durchmesser den Umsatz repräsentiert, so daß die Bedeutung der SGE für den Gesamtumsatz ersichtlich ist.

Es ergibt sich folgendes Portfolio:

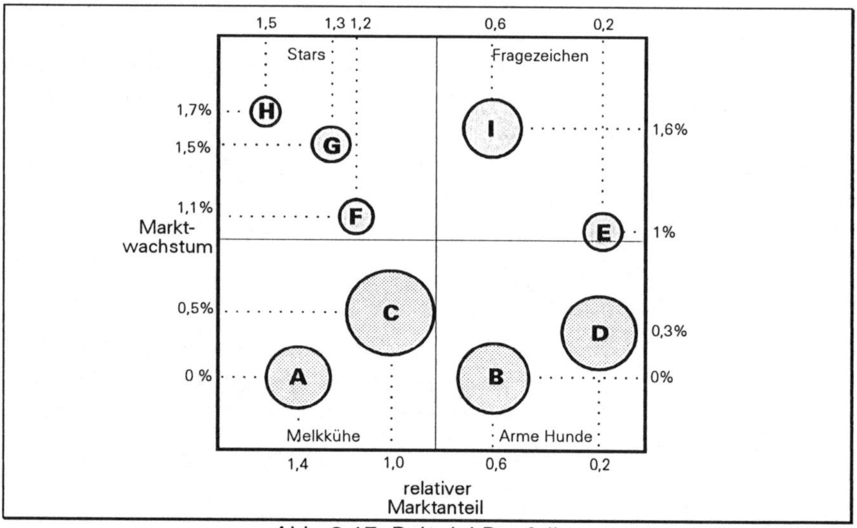

Abb. 3.17: Beispiel-Portfolio

Eine solche Portfolio-Darstellung ist Ausgangsbasis für die Diagnose der aktuellen Situation und für Empfehlungen für die strategische Ausrichtung der einzelnen SGE. Im gezeigten Beispiel wird deutlich, daß der größte Teil des Umsatzes aus Märkten mit geringem Wachstum bzw. Stagnation kommt. Darüber hinaus sind die Armen Hunde stark vertreten. Die finanzielle Situation des Unternehmens dürfte sehr gut sein, weil die „cash generators" (SGE in den beiden unteren Feldern) überwiegen. In wachsenden Märkten gibt es nur relativ kleine SGE.

Da sie über einen hohen Marktanteil verfügen, ist die Marktgröße relativ gering. Die Zahl der Fragezeichen ist gering. Nur I scheint sich gut zu entwickeln, während E auf dem Weg zu einem Armen Hund ist.

Strategieempfehlungen:

- Nutzung der finanziellen Überschüsse zur Innovation, d.h. zum Ausbau des Fragezeichen-Feldes.
- Stärkung der Sterne, insbesondere Unterstützung der SGE I auf dem Weg zum Stern.
- Stabilisierung der Melkkühe, bis ausreichender Nachwuchs für sie vorhanden ist.
- Bei B und D Analyse der Cash Flow-Situation. Falls negativ: sofortige Desinvestition.

Das Marktwachstum/Marktanteil-Portfolio hat unter bestimmten Annahmen auch eine **zeitliche Dimension**. Das Fragezeichen-Feld ist das klassische Feld der Markteinführung. Bei einem kontinuierlichen Erfolg, d.h. Steigerung des Marktanteils, werden die SGE zu einem Stern. SGE, bei denen dies nicht gelingt, werden wieder vom Markt genommen. Da die meisten Märkte der Sättigung unterliegen, sinkt das Marktwachstum nach einer bestimmten Zeit. Sterne werden dadurch, wenn der Marktanteil gehalten werden kann, zu Melkkühen. Schließlich muß im Zuge der Veralterung der Produkte (Innovationen lohnen sich aufgrund der Marktentwicklung meist nicht mehr), mit einer Entwicklung der Melkkühe zu Armen Hunden gerechnet werden.

Vergleicht man das Marktanteil/Marktwachstum-Portfolio mit dem **Produktlebenszyklus-Konzept**, so fallen gewisse Ähnlichkeiten auf. Die Phasen des Produktlebenszyklus finden sich näherungsweise im Portfolio wieder. So kann das Feld Fragezeichen mit der Einführungsphase verglichen werden, das Feld Arme Hunde mit der Degenerationsphase.

Diese augenscheinlichen Ähnlichkeiten dürfen jedoch nicht dazu führen, eine logische Verbindung zwischen beiden Verfahren herzustellen. Das Produktlebenszyklus-Konzept ist ein Modell, das Portfolio eine Beobachtung. Der Verlauf des Produktlebenszyklus ist über die Zeit definiert, das BCG-Portfolio ist eine statische Betrachtung aufgrund von Marktwachstum und Marktanteil. Eine bestimmte Position bei einem dieser Verfahren kann mit einer bestimmten Position beim anderen Verfahren zusammenhängen. Dieser Zusammenhang ist jedoch nicht ursächlich.

3.2.2.4.3 Marktattraktivität/Wettbewerbsposition-Portfolio

Dieses Portfolio wurde von McKinsey, einem Wettbewerber der Boston Consulting Group auf dem Unternehmensberatungsmarkt, entwickelt. Es verwendet nicht „harte", d.h. quantitative, objektiv überprüfbare Daten, sondern „weiche", d.h. teils subjektiv geprägte, auf Einschätzungen beruhende.

Beim **Marktattraktivität/Wettbewerbsposition-Portfolio** werden zahlreiche Kriterien zur Beurteilung strategischer Geschäftseinheiten verwendet. Mit Hilfe entsprechender Kriterienkataloge werden die Attraktivität des Marktes (externe Größe) und die Wettbewerbsposition der Geschäftseinheit (interne Größe) bewertet.

Auf der Basis dieser Beurteilungen sollen dann Entscheidungshilfen bezüglich der Grundstrategien

- Investition (d.h. kontinuierliche Unterstützung einer strategischen Geschäftseinheit),
- Desinvestition (d.h. Rückzug aus einer strategischen Geschäftseinheit) und
- Selektion (d.h. nach eingehender Prüfung entweder Investition oder Desinvestition)

gegeben werden.

Das Portfolio hat folgende **Grundstruktur**:

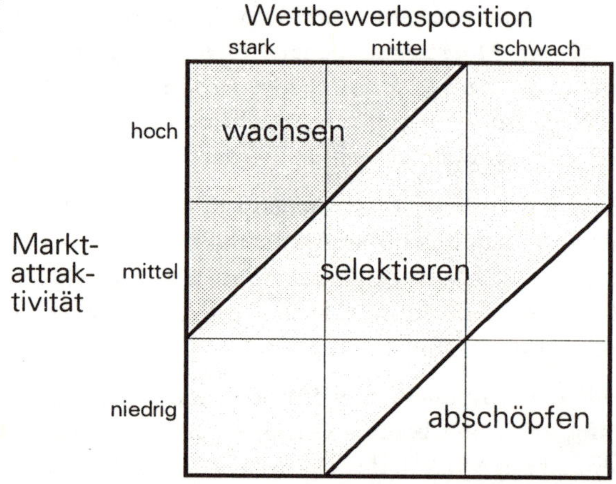

Abb. 3.18: Marktattraktivität/Wettbewerbsposition-Portfolio

Aufgrund seines andersartigen Aufbaus ist das Marktattraktivität/Wettbewerbsstärke-Portfolio kein „Konkurrenzprodukt" zum Marktanteil/Marktwachstum-Portfolio, sondern eher eine Ergänzung. Marktanteils- und Marktwachstumsdaten gehen zwar auch in die Positionsbestimmung der SGE ein, sind aber nur ein kleiner Teil der Analyse. Ein Unternehmen kann also durchaus mit beiden Techniken zu unterschiedlichen Portfolios kommen.

Die Chance, die Beurteilung auf eine breitere Basis zu stellen, wird jedoch mit der Gefahr subjektiver Verfälschungen erkauft. So ist es auch vom Analysierenden abhängig, welche Beurteilung eine SGE erhält. Diese Subjektivität wird in der Praxis dadurch einzudämmen versucht, daß Mittelwerte der Urteile mehrerer Personen verwendet werden.

Die Beurteilung der SGE erfolgt in vier Schritten:

1. Bestimmung der relevanten Kriterien/Aufstellung des Kriterienkatalogs mit Gewichtung

↓

2. Bewertung der strategischen Geschäftseinheiten anhand dieser Kriterien möglichst durch mehrere Personen

↓

3. Verdichtung der Beurteilung zu einem Wert, der den Kategorien hoch/mittel/niedrig bzw. stark/mittel/schwach zuzuordnen ist

↓

4. Grafische Darstellung in der Portfolio-Matrix.

Abb. 3.19: Ablaufschema SGE-Beurteilung

Bestimmung der relevanten Kriterien: Da die verwendeten Dimensionen hochgradig komplex sind, stellt die Operationalisierung das größte Problem dar. Die einzelnen Kriterien werden sich vermutlich nie vollständig erfassen lassen, so daß auf jeden Fall eine Auswahl zu treffen ist.

Hinterhuber (1992, S. 112) nennt vier Kriteriengruppen für die Bestimmung der **Marktattraktivität**:

a) Marktwachstum und Marktgröße

b) Marktqualität

c) Versorgung mit Energie und Rohstoffen

d) Umweltsituation.

Innerhalb dieser Gruppen lassen sich dann weitere Kriterien finden. So kann dann in Abhängigkeit von den unternehmensindividuellen Gegebenheiten ein Beurteilungsraster erstellt werden. Beispiel:

Marktattraktivität		Beurteilung				
Kriterium	Gewicht	sehr gut		mittel		schlecht
Marktvolumen	10				x	
Marktentwicklung	8			x		
Marktpotential	5				x	
vorhandene Exklusivbindungen	5			x		
Zahl der Wettbewerber	6			x		
Größe der Wettbewerber	7		x			
durchschnittliche Rentabilität	6					x
Preisentwicklung	3				x	
Marktzutrittsbarrieren	7			x		
Investitionsquoten	2					x
Substitutionsbedingungen	4				x	
Kapazitätsauslastung	4				x	
Abnehmerstruktur	5			x		
Kaufkraft	6				x	
rechtliche Rahmenbedingungen	4				x	
staatliche Reglementierungen	4				x	
Rohstoffversorgung	3				x	
Lieferantenstruktur	6					x
vorhandene Distributionswege	3				x	
wirtschaftl./konjunkturelle Risiken	2					x
Summe:	100					
Durchschnittswert:		2,29				

Abb. 3.20: Beurteilungsschema Marktattraktivität

Für die Bestimmung der **Wettbewerbsposition** lassen sich nach Hinterhuber (1992, S. 117) folgende Kriteriengruppen heranziehen:

a) relative Marktposition

b) relatives Produktionspotential

c) relatives Forschungs- und Entwicklungspotential

d) relative Qualifikation der Führungskräfte und Mitarbeiter.

Hierfür könnte folgendes Bewertungsschema geeignet sein:

Wettbewerbsposition		Beurteilung				
Kriterien	Gewicht	sehr gut		mittel		schlecht
Marktanteil	10		x			
Umsatzentwicklung	5			x		
Rentabilität	5			x		
Kostenstruktur	8	x				
Unternehmensimage	7			x		
Qualität des Vertriebs	8		x			
Serviceleistungsniveau	3				x	
Bindungen zum Handel	4				x	
Abnehmerstruktur	4			x		
Modernität d.Produktionsverfahren	6	x				
Produktionskosten	6	x				
vorhandenes Know how/Patente	4			x		
Flexibilität der Produktionsanlagen	6					x
Kapazitäten	2				x	
Standort	1				x	
Lieferantenstruktur	4			x		
Umweltfreundlichkeit d.Produktion	5		x			
Forschungspotential	6		x			
Mitarbeiterqualifikation	3			x		
Führungssysteme	3		x			
Summe:	100					
Durchschnittswert:		3,50				

Abb. 3.21: Beurteilungsschema Wettbewerbsposition

Für die **Bewertung** der strategischen Geschäftseinheiten wird hier eine Fünf-Punkte-Skala vorgeschlagen. Es sind aber auch andere Skalen und Schemata einsetzbar. Je nach Bedeutung des Kriteriums wird ein Gewichtungsfaktor vergeben. So ist sicher der Faktor Marktanteil bedeutender als der Standort usw., so daß sich dies auch in der Bewertung niederschlagen kann. Für die Bewertung „sehr gut" können nun 5 Punkte, für „schlecht" 1 Punkt vergeben werden usw. Die Summe der Gewichte sollte zweckmäßigerweise bei 1, 10 oder 100 liegen.

Die Summe der mit dem Gewichtungsfaktor multiplizierten Beurteilungen geteilt durch die Summe der Gewichte ergibt den Durchschnittswert, der die Position der SGE im Portfolio bestimmt. Bei dieser 5er-Skala würde ein Durchschnittswert von 1,0 bis 2,33 der Position „niedrig", von 2,34 bis 3,66 „mittel" und von 3,67 bis 5,0 „hoch" entsprechen. Im obigen Beispiel befindet sich die SGE bezüglich der Wettbewerbsposition im Feld „mittel", bezüglich der Marktattraktivität im Feld „schlecht".

Je nach Position im Portfolio lassen sich drei Strategieempfehlungen ableiten:

Strategietyp	Portfolioposition	Strategieempfehlung
Investitions-strategie	hohe Wettbewerbsposition/ hohe Marktattraktivität	Position halten bzw. ausbauen, Investitionen in Produktion und Marketing, Verteidigung gegenüber neuen Wettbewerbern
Des-investitions-strategie	niedrige Wettbewerbsposition/ niedrige Marktattraktivität	Position langsam abbauen, Mittel abschöpfen und zur Deckung des Investitionsbedarfs in den Wachstumsfeldern verwenden, Rationalisieren
Selektive Strategie	mittlere Wettbewerbsposition/ mittlere Marktattraktivität	Entscheidung, ob SGE langfristig gefördert werden soll; bei hoher Marktattraktivität Investition in Stärkung der Wettbewerbsposition, sofern durchsetzbar; bei starker Wettbewerbsposition Verteidigung der Position und Abschöpfung liquider Mittel

3.2.2.4.4 Lebenszyklus/Wettbewerbsposition-Portfolio

Neben den oben vorgestellten Portfolio-Techniken wurden zahlreiche weitere entwickelt, wobei jeweils spezifische Aspekte der Unternehmensführung herausgegriffen werden. So beziehen sich einige Portfolios schwerpunktmäßig auf den Bereich der Produktionstechnologie oder die Beschaffung.

Unter Marketingaspekt ist vor allem noch das Lebenszyklus/Wettbewerbsposition-Portfolio relevant. Diese Technik wurde insbesondere von der Unternehmensberatung A.D.Little propagiert. Die verwendeten Beurteilungsdimensionen sind bereits aus anderen Analyseverfahren bekannt, so daß auf ihre Bedeutung hier nicht näher eingegangen werden muß. Je nach Gestaltung des Produktlebenszyklus (vier oder fünf Phasen) und Unterscheidung von Wettbewerbspositionen (drei bis sechs Kategorien) ergibt sich ein leicht variiertes Lebenszyklus/Wettbewerbsposition-Portfolio.

Unter Verwendung des oben vorgestellten Modells sieht das Portfolio wie folgt aus:

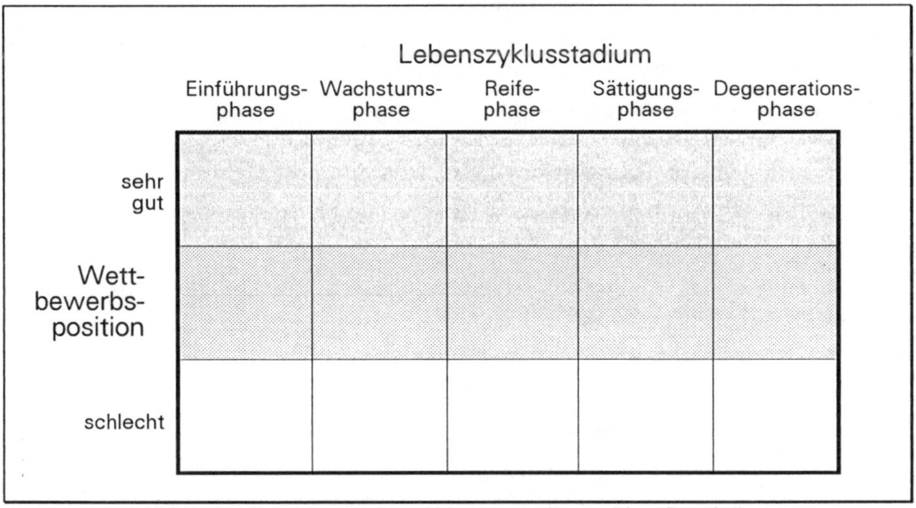

Abb. 3.22: Lebenszyklus/Wettbewerbsposition-Portfolio

Es ergeben sich nunmehr 15 verschiedene Felder, so daß es nicht mehr möglich ist, für jedes Feld eine individuelle Strategierichtung zu bestimmen. Insbesondere für die Lebenszyklusdimension lassen sich in erster Linie Tendenzaussagen machen. Zudem ist bei dieser Methode das Problem zu berücksichtigen, daß es innerhalb einer strategischen Geschäftseinheit Produkte in unterschiedlichen Lebenszyklusphasen gibt. Somit ist es schwierig, die gesamte SGE einer bestimmten Lebenszyklusphase zuzuordnen. Dies ist eher möglich, wenn einzelne Produkte oder Produktgruppen analysiert werden. Damit wird aber die eigentliche Ebene der Portfolio-Analyse, die Geschäftsbereichs-Ebene, verlassen. Für Unternehmen mit umfangreichem und unübersichtlichem Produktprogramm ist dieses Portfolio daher kaum noch einsetzbar.

Folgende **Strategieempfehlungen** lassen sich ableiten:

Sehr gute Wettbewerbsposition: In der Einführungsphase unbedingt Marktposition ausbauen, hohe Investitionen sind auf jeden Fall gerechtfertigt. Absicherung gegenüber Wettbewerbern. Mit steigendem Produktalter sind Investitionen weniger lohnenswert. In der Wachstums- und Reifephase Position halten. Sättigungsphase nutzen, um Produkt zu aktualisieren (Relaunch), sonst Position möglichst halten, wenn finanziell vertretbar. In der Degenerationsphase abschöpfen, solange möglich.

Mittlere Wettbewerbsposition: In der Einführungsphase dort investieren, wo eine Verbesserung der Wettbewerbsposition möglich erscheint. Hier sehr hohe Investitionen erforderlich. Nach Nischen suchen, in denen die Wettbewerbsposition zu halten und/oder leichter zu steigern ist. Markt stärker segmentieren. Falls dies nicht möglich ist, Markt wieder verlassen. In der Wachstums- und Reifephase Position möglichst halten. In der Reifephase neuen Innovationsprozeß einleiten, um bessere Wettbewerbsposition zu erreichen. In der Sättigungsphase Ablösung durch neues Produkt vorbereiten oder altes Produkt verteidigen. In der Degenerationsphase langsamer Rückzug.

Schlechte Wettbewerbsposition: In der Einführungsphase Produktverbesserung oder Umpositionierung versuchen. Falls nicht möglich, Markt wieder verlassen. In der Wachstumsphase verteidigen und bei negativer Erfolgssituation vom Markt nehmen. Spätestens in der Sättigungsphase eliminieren. Innovation ohne Bezug zum Vorgängerprodukt sinnvoll.

Auf der Basis eines 4x5-Portfolios können folgende Strategie-Hinweise gegeben werden (Scholz 1987, S. 196):

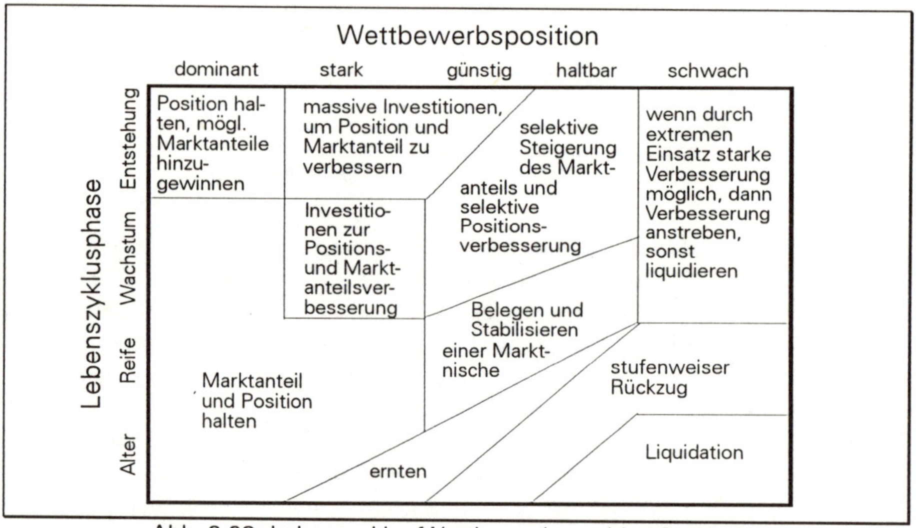

Abb. 3.23: Lebenszyklus/Wettbewerbsposition-Portfolio mit Handlungsempfehlungen

Der Investitionsbedarf verteilt sich damit etwa wie folgt:

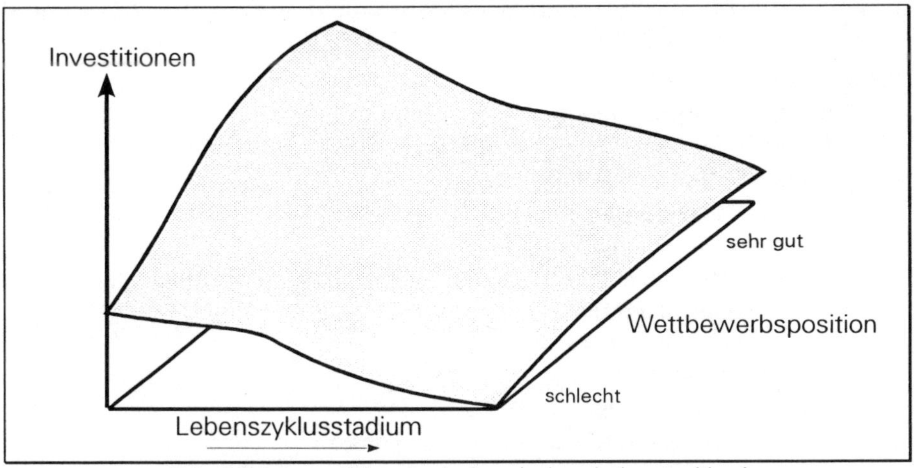

Abb. 3.24: Investitionsbedarf nach dem Lebenszyklus/
Wettbewerbsposition-Portfolio

3.2.2.5 PIMS-Projekt

Das **PIMS-Projekt** unterscheidet sich von allen anderen strategischen Analyseverfahren dadurch, daß es sich um eine empirische Analyse von Wettbewerbsunternehmen bzw. deren strategischen Geschäftseinheiten handelt. Es wird also möglich, das eigene Unternehmen im Vergleich zum Wettbewerb zu betrachten.

PIMS steht für „Profit Impact of Market Strategy" (nicht: Market*ing* Strategy). Grundlage war ein Projekt des amerikanischen Konzerns General Electric (GE) zur Erforschung langfristiger Erfolgsfaktoren. GE verfügte schon damals über 100 strategische Geschäftseinheiten, für die die relevanten Daten gesammelt und ausgewertet wurden. Später wurde das Projekt der Harvard Business School übertragen, die die empirische Grundlage erheblich erweiterte und andere Unternehmen in das Projekt mit aufnahm. Seit 1975 wird es vom Strategic Planning Institute (SPI) betreut. Das SPI befindet sich im Besitz der Mitgliedsfirmen. Beratungen werden von der Tochtergesellschaft PIMS Associates durchgeführt.

Daten über die Geschäftseinheiten der Mitgliedsfirmen stellen die Basis des PIMS-Projekts dar. Von den 3000 Geschäftseinheiten sind Daten über mindestens vier Jahre vorhanden. Der Schwerpunkt der teilnehmenden Unternehmen liegt in der Investitionsgüterindustrie, aus der sich 60% der Unternehmen rekrutieren.

Aus den Informationen über die Wettbewerbsposition, die Marktumwelt und die Kapital- und Produktionsstruktur wird auf das Ertragspotential geschlossen. Zentrale Erfolgsgröße ist der ROI (Return on Investment). Die PIMS-Auswertungen beschreiben, unter welchen Bedingungen der ROI maximiert werden kann. Es geht also um die Erforschung von Kausalitäten (vgl. Meyer/Greif 1991, Hopfenbeck 1992, S. 561ff.).

Folgende Variablen hat PIMS als **Haupt-Einflußfaktoren auf den ROI** identifiziert (Hopfenbeck 1992, S. 564):

1. Marktattraktivität
   Marktwachstum (kurz- und langfristig)
   Exportanteil
   Konzentrationsrate auf der Anbieter- und Nachfragerseite
2. Relative Wettbewerbsposition
   absoluter Marktanteil
   relativer Marktanteil (bezogen auf die drei stärksten Wettbewerber)
   relatives Gehaltsniveau
   relative Produktqualität
3. Investitionsattraktivität
   Investitionsintensität
   vertikale Integration: Wertschöpfung : Umsatz
   Arbeitsproduktivität: Umsatz : Beschäftigte
   Kapazitätsauslastung
4. Kostenattraktivität
   Marketingaufwand : Umsatz
   Forschungs- und Entwicklungsaufwand : Umsatz
   Rate von Produktneueinführungen
5. allgemeine Untersuchungsmerkmale
   Unternehmensgröße
   Diversifikationsgrad
6. Veränderungen der Einflußgrößen
   Marktanteilsänderungen
   vertikale Integrationsänderung
   relative Preisänderung
   Produktionsqualitätsänderung
   Kapazitätsänderung

Der ROI wird definiert als:

$$\frac{\text{Gewinn vor Steuern und Zinsen}}{\text{durchschnittlicher Kapitaleinsatz}}$$

Der **Marktanteil** wird auch durch das PIMS-Projekt wieder als Schlüsselgröße identifiziert. Je größer der relative Marktanteil ist, desto höher ist die Chance, einen hohen ROI zu erwirtschaften.

Je nach Informationsinteresse und Einsatzbereich bietet PIMS eine Reihe von **Analysen:**

- **PAR-Report** zur Ermittlung des ROI, der unter den gegebenen Bedingungen (z.B. Marktanteil, Qualität, Kapitalintensität, Produktivität) zu erwarten ist
- **Strategy-Analysis-Report** zur Ermittlung der voraussichtlichen Auswirkungen von Strategieänderungen

- **Optimum Strategy Report** zur Ermittlung der optimalen Strategie zur Erreichung vorgegebener Cash Flow-, ROI- oder Gewinnziele
- **Report on Look-Alikes** zur Bestimmung von Maßnahmen, die bei vergleichbaren Geschäftseinheiten in der Vergangenheit zur Erreichung des vorgegebenen Ziels führten
- **Qualitätsanalyseprogramm** zur Ermittlung der optimalen Preis-/Leistungsstrategie
- The **PIMSletter on Business Strategy** veröffentlicht regelmäßig Forschungsergebnisse und Fallstudien aus der Arbeit von PIMS.

Das PIMS-Projekt ist keineswegs ein marketingspezifisches Programm, bietet aber gerade für den Bereich der Marketing-Strategie zahlreiche grundlegenden Erkenntnisse. Im folgenden werden einige Beispiele für Auswertungen von Marketing-Faktoren gezeigt. Dabei ist zu beachten, daß es sich um Durchschnittsergebnisse aus dem PIMS-Datenbestand handelt. Im Einzelfall sind daher auch widersprechende Ergebnisse möglich.

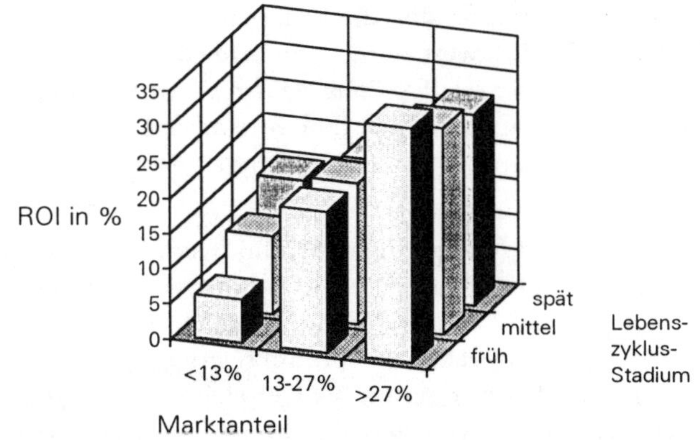

Abb. 3.25: PIMS: Lebenszyklusstadium und Marktanteil

Hier zeigt sich, daß der ROI in erster Linie vom Marktanteil abhängig ist. Je höher der Marktanteil, desto höher der ROI. Der Einfluß des Lebenszyklusstadiums ist vergleichsweise gering. Bei einem geringen Marktanteil ist ein spätes Lebenszyklusstadium renditefördernd, bei einem hohen Marktanteil ist es umgekehrt. Der höchste ROI ergibt sich bei neuen Produkten mit hohem Marktanteil.

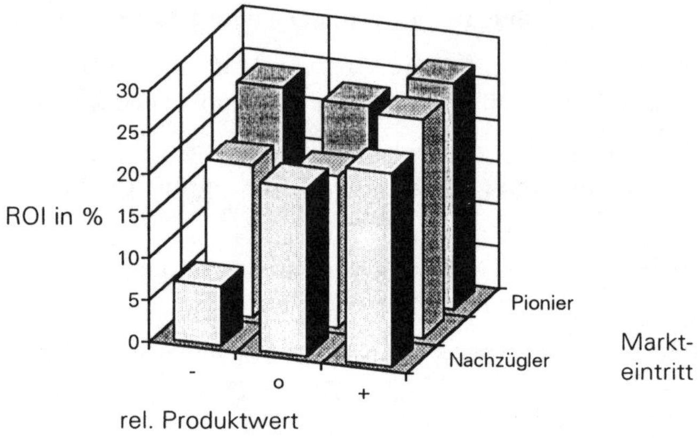

Abb. 3.26: PIMS: Relativer Produktwert und Markteintritt

Der relative Produktwert ist definiert über das Verhältnis von Produktqualität zu Preis, und zwar jeweils bezogen auf den Wettbewerb. Durch die relative, wettbewerbsbezogene Definition sind die Kriterien unabhängig von der absoluten Höhe. Ein hoher Produktwert wird dann erreicht, wenn die relative Produktqualität besser ist als der relative Preis. Ist das Verhältnis umgekehrt, ist der Produktwert gering. Geht eine geringe (hohe) relative Produktqualität mit einem niedrigen (hohen) relativen Preis einher, handelt es sich um einen mittleren Produktwert.

Die Abbildung zeigt, daß ein geringer Produktwert bei Nachzügler-Unternehmen zu einem wesentlich geringeren ROI führt. Bei Pionier- oder mittelschnellen Unternehmen ist die Auswirkung vergleichsweise gering. Die höchsten ROI werden bei hohem relativem Produktwert erzielt, außerdem ist die Abhängigkeit vom Markteintritt gering. Es läßt sich somit sagen, daß bei Pionierunternehmen der Produktwert vergleichsweise unbedeutend ist, dafür um so mehr bei Nachzüglern.

Relative Produktqualität ist definiert als Umsatzanteil überlegener Produkte geteilt durch Umsatzanteil unterlegener Produkte. Maßgebend ist das Urteil der Konsumenten beim Vergleich der eigenen Produkte mit denen der Wettbewerber.

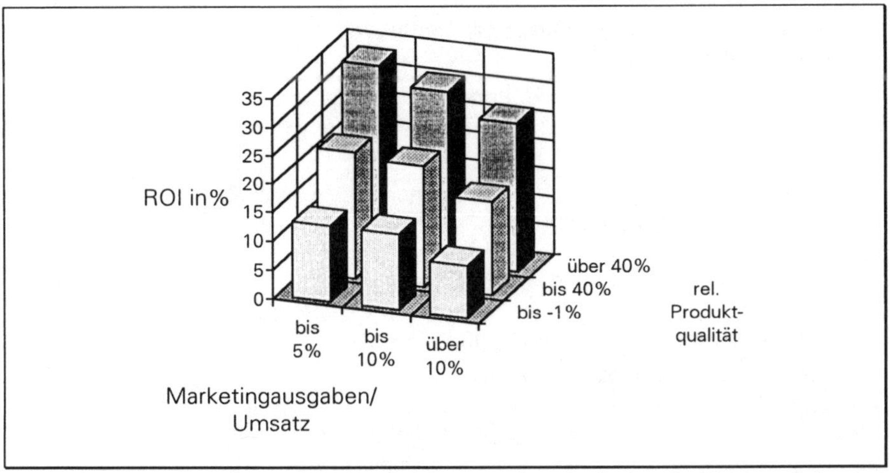

Abb. 3.27: PIMS: Marketingausgabenanteil und relative Produktqualität

Die Abbildung zeigt, daß die relative Produktqualität einen stärkeren Einfluß auf den ROI hat als der Marketingausgabenanteil. Der Einfluß des Marketingausgabenanteils ist sogar negativ. Die ROI-optimale Kombination ergibt sich aus hoher Produktqualität und geringen Marketingausgaben. Bei einer schlechten Produktqualität hilft die Investition in Marketing nicht weiter.

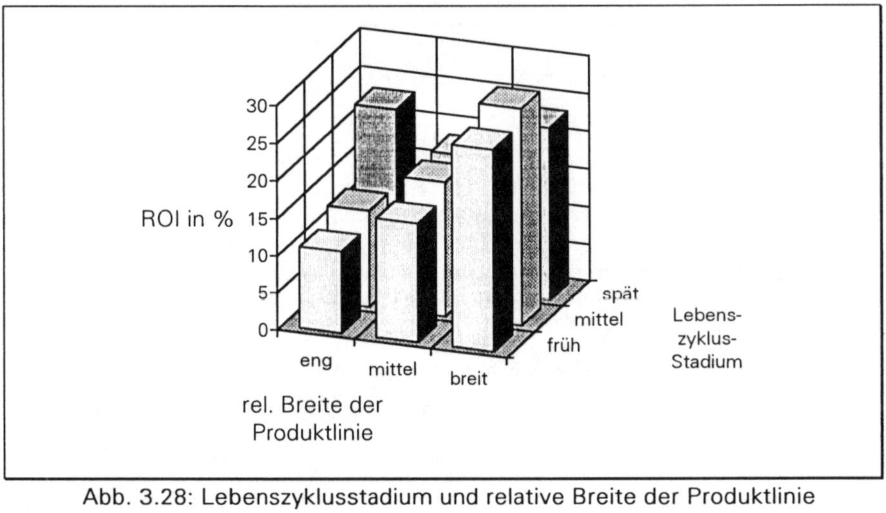

Abb. 3.28: Lebenszyklusstadium und relative Breite der Produktlinie

Hier zeigt sich, daß eine breite Produktlinie renditestärker ist als eine enge. In einem frühen und mittleren Lebenszyklusstadium steigt der ROI mit wachsender Breite der Produktlinie. In einem späten Lebenszyklusstadium führt eine mittlere Produktlinie zu einer geringeren Rendite als eine enge oder breite.

PIMS setzt sich aber auch mit sehr speziellen Fragestellungen auseinander:

Fallbeispiel PIMS: Das Verhältnis von Werbe- und Verkaufsförderungsbudgets bei Verbrauchsgütern

(auszugsweise Übersetzung von: Roberts, Keith: Balancing Advertising vs. Promotion for Fast Moving Brands, in: The PIMSletter on Business Strategy Nr. 50/1992)

Jeder Marketing-Manager steht vor folgendem Dilemma: Soll das Marketing-Budget für Medienwerbung mit dem Ziel der Bildung und Förderung des Markenimages oder für Verkaufsförderung mit dem Ziel der Steigerung des Abverkaufs verwendet werden? Bei dieser Frage muß es irgendwo ein Gleichgewicht geben. Zuviel Verkaufsförderung führt zu untreuen Konsumenten, zuviel Werbung erbringt eine geliebte, aber wenig gekaufte Marke.

Die PIMS Berater versuchten, auf diese Frage für den Bereich der „schnelldrehenden" Konsumgüter eine Antwort zu finden. Als Maßstab für den Erfolg wurde der Return on Capital Employed (ROCE) verwendet.

Aus der PIMS Datenbank ergab sich als grundlegende Erkenntnis, daß die Profitabilität vom Mix von Werbung und Verkaufsförderung abhängt, während Marktanteilsgewinne von den Gesamtausgaben, also der Summe beider Instrumente, abhängen. Stellt man die Faktoren Marktanteilsrang und Werbeausgabenanteil gegenüber, ergibt sich folgende Matrix:

Marktanteilsrang	0-30	31-50	51-70	71+
1	32	39	41	43
2/3	18	23	28	14
4+	6	11	6	-1

Zellen: (ROCE)

Werbung/(Werbung+Verkaufsförderung) in %

In der untersten Zeile läßt sich erkennen, daß es sich mit einem unteren Marktanteilsrang am schlechtesten leben läßt. Höchstens 11% ROCE sind möglich. Dieser Wert wird bei einem Werbeausgabenanteil von ca. 40% erreicht (Verkaufsförderungsanteil 60%). Marktführer erreichen grundsätzlich wesentlich höhere Renditen. Sie erreichen den Spitzenwert mit einem sehr hohen Werbeausgabenanteil. Abweichungen davon fallen jedoch weniger ins Gewicht als bei marktschwachen Marken.

Betrachtet man die Abnehmerkonzentration und die Ausgabenanteile für Werbung und Verkaufsförderung als unabhängige Größen, so ergibt sich folgendes Bild:

Abnehmerkonzentration	0-30	31-50	51-70	70+
gering	23	24	32	47
	16	29	35	25
hoch	10	29	27	21

(ROCE)

Werbung/(Werbung + Verkaufsförderung) in %

In dieser Übersicht zeigt sich, daß eine hohe Abnehmerkonzentration fast immer eine geringere Profitabilität nach sich zieht. In dieser Situation scheint es ein Optimum für den Werbeausgabenanteil bei 31-50% zu geben. Auf jeden Fall sollte eine Senkung des Anteils unter 30% vermieden werden. Ist die Abnehmerkonzentration gering, sollte der Werbeausgabenanteil so weit wie möglich erhöht werden.

Eine weitere Analyse bezieht das Marktwachstum ein:

Marktwachstum		0-30	31-50	51-70	70+
	hoch	18	17	12	-7
Markt-		14	45	20	10
wachs-	mittel	18	27	34	33
tum		24	25	42	42
	schrumpfend	13	22	39	40
	(ROCE)	0-30	31-50	51-70	70+

Werbung/(Werbung + Verkaufsförderung) in %

Hier läßt sich der diagonale Verlauf der Zellen mit höchster Rendite erkennen. Je schneller der Markt wächst, desto profitabler ist ein geringer Werbeausgabenanteil. In schrumpfenden Märkten ist ein hoher Werbeausgabenanteil profitabler. Gerade bei der Markteinführung (in der Regel in wachsenden Märkten) lohnt es sich danach, überwiegend Verkaufsförderung zu betreiben, um den Abverkauf anzukurbeln. Später ist es sinnvoller, sich auf eine Stützung des Image zu konzentrieren.

Zusammenfassung wichtiger marketingbezogener Erkenntnisse des PIMS-Projekts (SPI 1977, 1982):

- der relative Marktanteil korreliert positiv mit dem ROI und Cash Flow
- ein hoher Produktwert kann bei relativ geringem Marktanteil den ROI steigern
- je später der Markteintritt erfolgt, desto wichtiger ist ein hoher Produktwert für den ROI
- je höher die relative Produktqualität, desto höher der ROI
- eine schlechte Produktqualität kann nicht durch hohe Marketingausgaben ersetzt werden
- fehlender Marktanteil kann durch hohe relative Produktqualität und umgekehrt ersetzt werden; beide Faktoren verstärken sich
- hohe Produktqualität ist besonders in langsam wachsenden Märkten wichtig für den ROI
- hohe Produktinnovationsraten verringern den ROI besonders in schnell wachsenden Märkten
- eine enge Produktlinie ist im frühen und mittleren Lebenszyklusstadium unprofitabel

- besonders in frühem Lebenszyklusstadium führt ein geringer Marktanteil zu geringem ROI
- ein hoher Forschungs- und Entwicklungsausgabenanteil beeinflußt den ROI bei geringem Marktanteil stark negativ, bei hohem Marktanteil nicht
- hohe Marketingausgaben senken den ROI bei geringem Marktanteil stark, bei hohem Marktanteil nicht
- bei geringer Produktqualität führt ein hoher Neuproduktanteil zu besonders geringem ROI
- bei einer hohen Zahl von Kunden lohnt sich ein hoher Marketingausgabenanteil, bei einer geringen Zahl von Kunden ein geringerer bis mittlerer Anteil.

Zu den PIMS-Analysen sind aber auch kritische Bemerkungen erforderlich:

- Die Erkenntnisse beziehen sich überwiegend auf den ROI. Andere Faktoren, die gerade unter strategischem Gesichtspunkt relevant und längerfristig interessant sind, werden nicht berücksichtigt.
- Die Beurteilung bezüglich der Qualitätskriterien ist subjektiv und kaum zuverlässig zu ermitteln. Hier muß eine gewisse Fehlerwahrscheinlichkeit einkalkuliert werden.
- Der Schluß vom Branchendurchschnitt oder einem Vergleichsunternehmen auf das eigene unterliegt verschiedenen Unsicherheitsfaktoren. So ist es beispielsweise nicht möglich, die Qualität operativer Entscheidungen zu berücksichtigen.
- Besonders bei den veröffentlichten Ergebnissen wird die Vielzahl der untersuchten Determinanten auf zwei reduziert. Dabei können wichtige andere Einflußfaktoren wegfallen.
- Die Analysen sind vergangenheitsorientiert. Es besteht das grundsätzliche Risiko, daß bisherige Zusammenhänge in der Zukunft nicht mehr gelten.

3.2.2.6 Wertketten

Das Wertkettenkonzept geht auf Michael E. Porter zurück (Competitive Advantage, 1985).

> „Die Wertkette gliedert ein Unternehmen in strategisch relevante Tätigkeiten, um dadurch Kostenverhalten sowie vorhandene und potentielle Differenzierungsquellen zu verstehen" (Porter 1992b, S. 59).

Die Wertkette stellt die Prozesse im Unternehmen dar, mit denen es die Leistung erbringt, z.B. Produkte herstellt. Alle diese Vorgänge tragen zur Wertschöpfung bei und bieten Möglichkeiten, Wettbewerbsvorteile zu erlangen. Es werden primäre und sekundäre Prozesse unterschieden. Primäre wirken unmittelbar auf das Ergebnis und werden entsprechend dem Produktionsablauf abgegrenzt. Sekundäre unterstützen primäre und wirken daher nur indirekt. Es handelt sich dabei um Managementtätigkeiten.

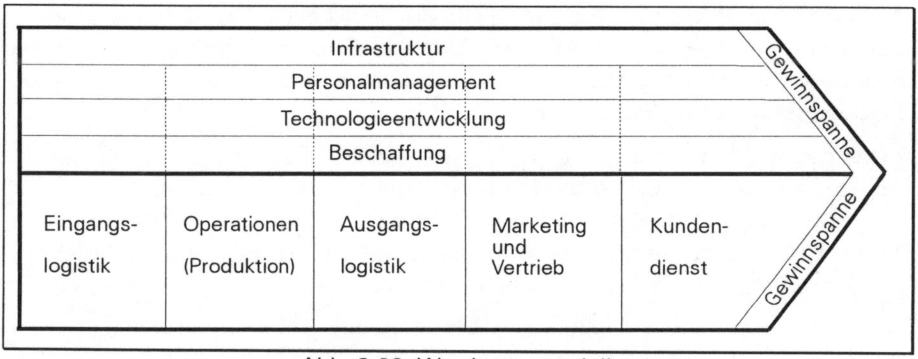

Abb. 3.29: Wertkettenmodell

Porter unterscheidet **fünf primäre Prozesse**:

- Eingangslogistik
- Operationen (Produktion)
- Ausgangslogistik
- Marketing & Vertrieb
- Kundendienst.

Diese Prozesse stellen den Wertschöpfungsprozeß des Unternehmens dar. Er beginnt mit der Lieferung von Waren (Vorprodukten, Teilen, Rohstoffen), die in der eigenen Produktion weiterverarbeitet werden. In der **Logistik** dieses Bereiches (Transport, Eingangskontrolle, Lagerung, innerbetriebliche Zurverfügungstellung usw.) bestehen bereits Möglichkeiten der Differenzierung und des Kostenmanagements.

Operationen sind die Produktionsvorgänge im Unternehmen. Hier geht es um die verwendeten Produktionsverfahren, den Einsatz von Maschinen, die Qualitätssicherung, die Betriebsart usw. Am Ende des Prozesses steht ein fertiges Produkt, das auf dem Markt angeboten wird. Auch hier bestehen zahlreiche Möglichkeiten, sich gegenüber Wettbewerbern zu differenzieren, z.B. durch die Schnelligkeit des Produktionsvorgangs, durch seine Wirtschaftlichkeit, durch Qualitätsstandards, durch Flexibilität usw., und entsprechend auch die Kosten zu beeinflussen

Dritter primärer Prozeß ist die **Ausgangslogistik**. Sie umschließt sämtliche Vorgänge von der Fertigstellung an der Produktionsstätte bis zur Übergabe an den Kunden. Hierzu gehören der Transport, die Zwischenlagerung, die Organisation der Verteilung an die Kunden, Entscheidungen über Lieferwege und -zeiten, die Abwicklung der Vorgänge usw. Auf die Erzielung von Wettbewerbsvorteilen wirken sich z.B. die entstehenden Lieferzeiten, die Lieferzuverlässigkeit, die Zuverlässigkeit der Auftragsabwicklung usw. aus.

Marketing und Vertrieb umfassen alle Tätigkeiten, die helfen sollen, die Produkte zu verkaufen. Dazu gehören alle Aktivitäten der Kommunikation, der Suche und Gestaltung von Absatzwegen, der Verkaufsverhandlungen, marken- und preispolitischer Entscheidungen. Differenzierungsmöglichkeiten entstehen hier durch die Art der Präsentation, die Wahl von Verkaufsargumenten, die Festlegung des Preisniveaus usw.

Letzter primärer Prozeß ist der **Kundendienst**. Hierbei geht es um die Betreuung der Kunden nach dem Kauf. Neben Reparaturen kommen auch Schulung, Instandhaltung, Versorgung mit Ersatzteilen und Zubehör als Tätigkeiten in Frage. Differenzierung entsteht durch den Umfang des Service-Angebots, dessen Schnelligkeit und Kosten, Garantieleistungen u.ä.

Diese primären Prozesse, die eine chronologische Abfolge darstellen, werden durch eine Reihe weiterer, **unterstützender Aktivitäten** unterstützt. Sie sind jeweils in allen Phasen des Wertschöpfungsprozesses wirksam und in der Grafik waagerecht dargestellt:

- Beschaffung
- Technologieentwicklung
- Personalwirtschaft
- Unternehmensinfrastruktur.

Beschaffung als unterstützende Aktivität bezieht sich auf den Einkauf der Produkte, die im Laufe des Wertschöpfungsprozesses verbraucht werden. Dazu gehören auch Büromaterial, Fuhrpark usw. Die Qualität dieses Prozesses wirkt sich auf alle anderen Prozesse aus. Fehlentscheidungen bei der Beschaffung eines Transporters führen zu längeren Transportzeiten und höheren Kosten, die Beschaffung des optimalen Computerprogramms kann zu erheblichen Kosteneinsparungen führen. Die Beschaffung ungeeigneter Materialien führt zu qualitativ schlechten oder teuren Produkten.

Technologieentwicklung bezieht sich nicht nur auf die technologischen Merkmale der Produkte, sondern auch auf die Verfahrensweisen im Unternehmen. Sie betrifft beispielsweise auch den verwaltungsmäßigen Ablauf und die Entscheidungsfindung. Zahlreiche Industriebereiche sind stark technologiebestimmt, z.B. der Maschinenbau. Hier ist das technologische Know how des Unternehmens grundsätzlich entscheidend für den Unternehmenserfolg. Aber auch bei weniger komplexen Produkten können technologische Errungenschaften entscheidend für führende Marktpositionen sein. (So z.B. beruht der Erfolg der Molkerei Müller auch auf einer Technologie zur Haltbarmachung von Milchprodukten.)

Das **Personalmanagement** hat eine vergleichbare Schlüsselstellung inne. Die richtigen Mitarbeiter am richtigen Ort einzusetzen, wird zunehmend als Wettbewerbsfaktor anerkannt. Mitarbeiter mit der falschen Ausbildung beispielsweise führen in der jeweiligen Abteilung zu zusätzlichem Aufwand für Einarbeitung und Schulung, so daß höhere Kosten entstehen und die Güte der Leistung nicht optimal ist.

Die **Unternehmensinfrastruktur** umfaßt die Bereiche der Geschäftsführung, der Kommunikation, des Rechnungswesens, der Kontakte nach außen usw. Sie stellt die Rahmenbedingungen für die Aktivitäten im Unternehmen dar und kann damit optimale Entscheidungen ebenso fördern wie behindern. Ihre Bedeutung für Kosten und Wettbewerbsdifferenzierung kann man sich verdeutlichen, wenn man die Diskussion um den Abbau von Bürokratie, die Verschlankung des Managements u.ä. beobachtet. Kurze Entscheidungswege und ein hohes Maß an Eigenverantwortung finden sich immer häufiger als Qualitätsmerkmal.

Diese insgesamt neun Prozesse bezeichnet Porter als Wertaktivitäten (1992b, S. 64), die zusammen mit der Gewinnspanne den Gesamtwert der Leistung/des Produkts ergeben. Ziel ist es, durch die einzelnen Wertaktivitäten einen Wert für den Kunden zu schaffen, der über den Gesamtkosten liegt. Je höher die Differenz aus Wert und Gesamtkosten ist, desto größer ist die Gewinnspanne. Ein Unternehmen hat demnach zwei Möglichkeiten, seine Gewinnspanne zu erhöhen:

- Senkung der Gesamtkosten oder
- Steigerung des Werts für den Kunden.

Unter Marketingaspekten ist in erster Linie, aber nicht nur, die Steigerung des Werts der Leistung von Bedeutung. Mit Hilfe der Wertkette soll es möglich sein, die einzelnen werterzeugenden Aktivitäten im Unternehmen zu identifizieren, eigene Stärken und die der Wettbewerber herauszuarbeiten. Durch den so erzielten systematischen Vergleich können dann gezielt Strategien zur Erreichung und Durchsetzung von Wettbewerbsvorteilen entwickelt werden.

Je nach Untersuchungsziel (Kosten oder Differenzierung optimieren) ist eine der folgenden Vorgehensweisen sinnvoll (Porter 1992b, S. 163, 216ff.):

Schritt	Kosten optimieren	Differenzierung optimieren
1	Wertkette ermitteln und Kosten und Anlagegüter den Wertaktivitäten zuordnen	ermitteln, wer tatsächlich kauft (Identifikation der einzelnen Personen)
2	Diagnose der Einflußfaktoren auf die Kosten jeder Wertaktivität	Wertkette des Abnehmers ermitteln und den Einfluß des eigenen Unternehmens auf sie bestimmen
3	Wertkette der Konkurrenten ermitteln, Kosten bestimmen und Ursachen für Abweichungen analysieren	Rangfolge der Kaufkriterien des Abnehmers ermitteln
4	Strategie zur Verbesserung der eigenen Kostensituation im Verhältnis zum Wettbewerb entwickeln; ggf. Wertkette neu strukturieren	bestehende und potentielle Differenzierungsquellen in der Wertkette bewerten

5	Sicherstellen, daß die Differenzierung nicht durch Kostensenkungen beeinträchtigt wird	Kosten vorhandener und potentieller Differenzierungsquellen ermitteln
6	Kostensenkungsstrategie auf Dauerhaftigkeit hin überprüfen	Wertoptimale Zusammenstellung von Wertaktivitäten ermitteln, Ziel: max. Differenz zwischen Abnehmerwert und Differenzierungskosten
7		Differenzierungsstrategie auf Dauerhaftigkeit hin überprüfen

In der Spalte „Differenzierung" wird bereits angesprochen, daß die Wertkette eines Unternehmens nicht isoliert zu betrachten ist, sondern als **Bestandteil eines Systems**, das aus den Wertketten der Unternehmen eines Wirtschaftsbereichs besteht. So ist die Wertkette eines Rohstoff- oder Vorproduktlieferanten mit der Wertkette seines Abnehmers, z.B. eines Herstellers von Endprodukten verbunden, diese wiederum mit der Wertkette eines Händlers usw. Die Abstimmung der Wertketten aufeinander stellt eine erhebliche strategische Herausforderung dar, die nicht nur durch einen hohen Aufwand, sondern auch durch ein hohes Differenzierungspotential gekennzeichnet ist. Gelingt es nämlich, die Wertkette des eigenen Unternehmens auf die des Abnehmers einzustellen, entsteht ein hohes Potential an Wettbewerbsvorteilen.

Darüber hinaus kann die Wertkette eines Unternehmens weiter aufgegliedert werden. So stellt z.B. der Bereich der Operationen oder der Logistik jeweils ein eigenständiges Wertsystem dar, das durch eine Wertkette gekennzeichnet werden kann. Folgende Abbildung stellt schematisch ein solches System von Wertketten dar:

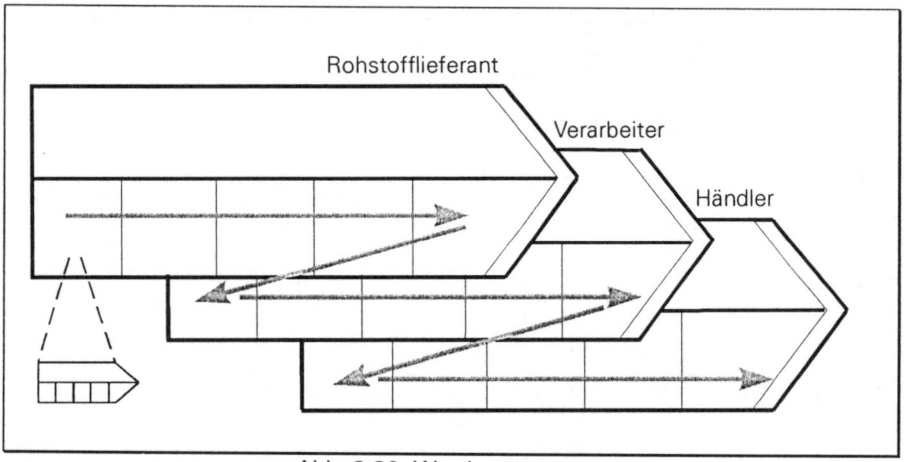

Abb. 3.30: Wertkettensystem

Zentrale Bedeutung hat der Vergleich der Wertkette mit den Kaufkriterien der Abnehmer. Dazu ein Beispiel eines Halbzeug-Herstellers (Esser 1994, S. 146):

strateg. Ausrichtung der unterstützenden Bereiche		Öffentlichkeitsarbeit über unsere Anstrengungen zur Umweltschonung; Schaffung technischer, personeller u.a. Voraussetzungen zur Abwehr einer Kunststoff-Substitution				
(Standort, Führungs- und Geschäftssysteme, Ressourcen)		Verringerung der Abhängigkeit von wenigen Lieferanten				EDV-gestütztes Marktinformationssystem einführen
Wertkette des Primärbereichs		Schmelzen	Umformen	Konfektionieren	Anwendungsberatung	Marketing Vertrieb
Strategische Ausrichtung im Primärbereich		Optimierung des Vormaterials	Umstrukturierung zu kleineren Losgrößen	Null-Fehler-Programm für Verpackung und Transport	Aufbau einer schlagkräftigen AWT	Orientierung am Kundennutzen
Kaufkriterien der Abnehmer	1. Produktqualität	Reduzierung des Schrotteinsatzes			Beratung zu Sonderlegierungen	
	2. Kundenspezifische problemlös.		CuNi-Bremsleitungsrohre	kundengerechte Verpackungen	Aufbau Personal	Produktinformation zu eigenen Spezialitäten
	3. Lieferniveau	Erhöhung der Ausbringung		Rationalisierung der Fixmaßherstellung		
	4. Preis		Automatisierung der Maschinen			Schulung des Personals über die Kostensituation

Abb. 3.31: Wertkette eines Halbzeug-Herstellers

Wie die Wertkette genau aufgebaut ist, kann nur im Einzelfall entschieden werden. So kommt es auf die Branche, die Unternehmensgröße, das Ausmaß an vertikaler Integration und verschiedene andere Faktoren an. Das Konzept von Porter ist sicherlich leicht auf Unternehmen im Bereich der technischen Güter anzuwenden, in anderen Bereichen dürften Modifikationen erforderlich sein. Schließlich können Wertketten entwickelt werden, die auf spezielle Fragestellungen ausgerichtet sind.

Pabst (1994) untersuchte die Zusammenarbeit von Herstellern und Händlern im Bereich der Distribution von Damenoberbekleidung. Die dazu herangezogenen Wertketten hatten folgende Struktur der primären Prozesse:

Wertkette Hersteller	Wertkette Händler
Design/Einkauf	Einkauf/Sortimentsgestaltung
Verkauf/Order	Manipulation/Eingangslogistik
Ausgangslogistik	Ladengestaltung/Warenpräsentation
Dienstleistungen/Service	Verkauf
Marktbearbeitung	Marktbearbeitung

Der Prozeß „Operationen" ist in dieser Untersuchung gar nicht erst erhalten, weil er für die Distribution ohne Bedeutung ist. Wert gelegt wurde statt dessen auf diejenigen Tätigkeiten, bei denen sich Ansatzpunkte für eine Verbesserung der Zusammenarbeit zwischen beiden Marktpartnern ergeben. So kann beispielsweise überprüft werden, inwieweit die Ausgangslogistik des Herstellers auf die Eingangslogistik des Händlers abgestimmt werden kann. Ebensolche Überlegungen sind etwa für die Prozesse „Design" auf Hersteller- und „Einkauf" auf Händlerseite anzustellen.

Die Wertkettenanalyse ist kein theoretisch anspruchsvolles Modell, das sich mit Gesetzmäßigkeiten beschäftigt, sondern nichts anderes als ein pragmatisches Instrument, um in der individuellen Analyse Wettbewerbsvor- oder auch -nachteile eines Unternehmens herauszuarbeiten. Die Wertkette ist das Grundgerüst der Analyse, das hilft, die Arbeit zu systematisieren. Die gewünschten Erkenntnisse bringt nicht das Verfahren an sich, sondern die Interpretation ermittelter Unterschiede zu Wettbewerbern, ermittelter Übereinstimmungen mit oder Abweichungen von den Anforderungen der Kunden.

Die Wertkettenanalyse steht bei Porter im Zusammenhang mit der Bedeutung einzelner Strategietypen, die im Abschnitt „Marketing-Strategien" erläutert werden. Dort spielen die Faktoren Differenzierung und Kostenvorteile eine zentrale Rolle.

3.2.3 Strategietypen

Die bisherigen Abschnitte beschäftigten sich vorwiegend mit den formalen Aspekten der strategischen Marketing-Planung. Die verschiedenen Analysetechniken sind in der Lage, einen Überblick über die Situation des Unternehmens, Hilfestellung für die Zuweisung finanzieller Mittel und Innovationsplanung zu geben. Sie geben aber keine Anleitung, wie das Marketing inhaltlich zu gestalten ist, wie also die einzelnen Instrumente eingesetzt werden können.

Für diese Aufgabenstellung wurden verschiedene Strategietypologien entwikkelt. Es handelt sich um Raster, die allgemein und unabhängig von einem bestimmten Unternehmen oder einer bestimmten Situation mögliche Strategieentwürfe beschreiben. Diese Entwürfe sollen helfen, die operativen Marketingentscheidungen in die „richtige Richtung" zu lenken. Verschiedene Konzepte bestehen aus einer Matrix (Kreuztabelle), die aus der Kombination der Ausprägungen zweier Merkmale zu einer Unterscheidung mehrerer Strategietypen führt.

Diese dürfen jedoch nicht mit den Portfolio-Matrizen verwechselt werden. Sie dienen nur zur Systematisierung der Strategie-Typen, nicht zur Analyse von Geschäftseinheiten.

Die bekannteste und älteste Matrix ist die **Wachstumsstrategien-Matrix** von Ansoff (auch Produkt/Markt-Matrix genannt). Sie kombiniert die Kriterien Produkt und Markt (jeweils mit den Ausprägungen alt und neu) und unterscheidet damit vier Strategien:

- Marktdurchdringung
- Marktentwicklung
- Produktentwicklung
- Diversifikation.

Auf Kotler geht die Strategien-Typologisierung nach den Kriterien **Preis und Qualität**, zwei der wichtigsten Marketing-Variablen, zurück. Jeweils mit den Ausprägungen hoch und niedrig lassen sich folgende Strategien unterscheiden:

- Premium-Strategie
- Übervorteilungs-Strategie
- Preis-Leistungs-Strategie
- Preis-Mengen-Strategie.

In Abhängigkeit vom **geografischen Fokus** lassen sich wiederum vier Strategien unterscheiden:

- globale Marktabdeckung
- selektive Internationalisierung
- nationaler Fokus
- regionaler Fokus.

In bezug auf die **Wettbewerbsorientierung** ist nach Porter eine weitere Typologisierung möglich. Er verwendet die Dimensionen Strategischer Vorteil und Strategisches Zielobjekt, um zu drei Strategietypen zu kommen:

- Differenzierung
- umfassende Kostenführerschaft
- Konzentration auf Schwerpunkte.

3.2.3.1 Produkt/Markt-Strategien

In die Gruppe der **Produkt/Markt-Strategien** fallen diejenigen, die sich aus einer Kombination von neuen und gegenwärtigen Produkten und Märkten ergeben. Diese Einteilung geht auf Ansoff (1965) zurück, der damit vier Wachstumsstrategien definierte. Es wird sich im folgenden zeigen, daß die Zuordnung der Strategien nicht immer eindeutig erfolgen kann. So ist z.B. zu fragen, ob ein Produkt mit nur geringfügigen Änderungen schon als neues oder noch als altes zu bezeichnen ist. Der Markt ist hier definiert als Zielgruppe, z.B.: „Jugendliche von 12 bis 20 Jahren". Sofern diese Zielgruppendefinition bestehen bleibt, wird vom „alten Markt" gesprochen. Wird beispielsweise versucht, innerhalb dieser Zielgruppe zusätzliche Personen anzusprechen, agiert das Unternehmen weiter auf dem alten Markt.

		Märkte	
		alt	neu
Produkte	alt	Marktdurchdringung	Marktentwicklung
	neu	Produktentwicklung	Diversifikation

Abb. 3.32: Ansoff-Matrix

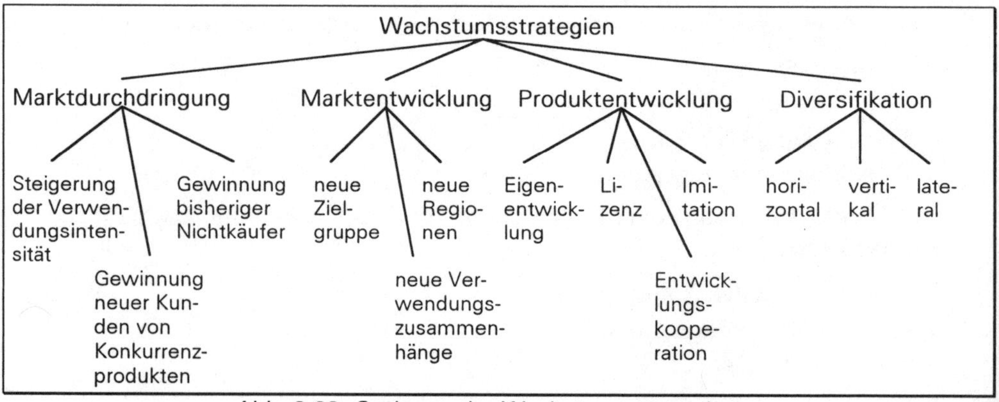

Abb. 3.33: Optionen der Wachstumsstrategien

Obenstehende Übersicht gibt die wichtigsten Optionen zur Umsetzung der Wachstumsstrategien wieder.

3.2.3.1.1 Marktdurchdringung

Mit der Strategie der **Marktdurchdringung** soll das Marktpotential mit dem bestehenden Produktprogramm besser ausgenutzt werden. Sowohl die bestehenden Produkte als auch die bestehenden Absatzmärkte bleiben erhalten.

Dazu stehen drei grundsätzliche Möglichkeiten zur Verfügung.

a) Steigerung der Verwendungsintensität

Der Gesamtabsatz für ein Produkt kann dadurch gesteigert werden, daß Anreize geschaffen werden, dieses häufiger als bisher zu verwenden und dadurch schneller nachzukaufen. Bei dieser Sub-Strategie ist zwischen Ver- und Gebrauchsgütern zu unterscheiden.

Verbrauchsprodukte zeichnen sich dadurch aus, daß sie in meist kurzen Abständen immer wieder gekauft werden. Strategischer Ansatzpunkt ist die Kauffrequenz, d.h. die Zahl der Käufe innerhalb einer Periode. Gebrauchsprodukte werden nur in sehr großen Zeitabständen gekauft, teilweise nur einmalig. Strategischer Ansatzpunkt ist hier die Schaffung neuer Kaufanlässe.

Folgende Strategien sind denkbar:

- **Das Produkt selbst wird attraktiver.** Zunächst ist zu ermitteln, ob die bestehenden Konsumenten das Produkt auch häufiger kaufen würden und was sie bislang davon abhält, dies zu tun. Bei Lebensmitteln könnten gesundheitliche Bedenken eine Rolle spielen, bei Fahrzeugen und Elektrogeräten umweltbezogene. Je nachdem, wie berechtigt diese Bedenken sind, kann etwa mit produkt- oder kommunikationspolitischen Maßnahmen reagiert werden. Beispiele sind die Senkung des Kraftstoffverbrauchs von Fahrzeugen oder die Senkung des Fett- und Zuckergehalts von Lebensmitteln. In der Kommunikation kann ggf. auf die Unbegründetheit solcher Bedenken hingewiesen werden. So warb die CMA beispielsweise für die Qualität deutschen Fleisches, um der Zurückhaltung der Verbraucher im Zusammenhang mit verschiedenen Hormon- und Pest-Skandalen zu begegnen.
- **Die Erhältlichkeit wird verbessert.** Die Verwendungsintensität kann zum Teil auch dadurch gesteigert werden, daß das Produkt an weiteren Orten und zu weiteren Zeiten erhältlich ist. Darauf basiert z.B. die Strategie von Coca Cola. Ziel des Unternehmens ist es, das Produkt an jedem Ort und zu jeder Zeit erhältlich zu machen. Dies schließt die Aufstellung von Automaten, den Verkauf an Kiosken usw. ein. Die Diskussion um die Ausweitung der Ladenöffnungszeiten geht in die gleiche Richtung. Durch längere Verfügbarkeit soll die Verkaufsintensität gesteigert werden.

- **Die Preise und Vertragsgestaltungen werden angepaßt.** Über eine Preissenkung kann die Absatzmenge gesteigert werden. Dadurch bestehen wiederum Möglichkeiten der Kostensenkung (bessere Auslastung der Kapazitäten, Rationalisierung), so daß langfristig ein höheres Absatzniveau bei geringerem Preisniveau besteht. Der Erfolg dieser Strategie ist jedoch abhängig von der Preiselastizität der Nachfrage. Eine solche Strategie findet sich z.B. im Bereich der Computer-Hardware. Die Preise werden im Laufe des Produktlebens sukzessive gesenkt, um auch die Preissensiblen anzusprechen und die Ersatzbeschaffung zu beschleunigen. Ähnlich verhalten sich Mobilfunkanbieter. Um die Einsatzhäufigkeit der Mobiltelefone zu steigern, werden regelmäßig die Tarife gesenkt bzw. Tarifsplittings vorgenommen. Die Vertragsgestaltung hat insbesondere im Versand eine erhebliche Bedeutung. Durch die Gewährung von Zahlungszielen wird hier die Kaufbereitschaft erhöht.

- **Die kommunikative Positionierung wird verändert.** Zuweilen ist die kommunikative Präsentation des Produkts in der Öffentlichkeit ein Hemmnis für höhere Absatzmengen. So kann z.B. ein nicht mehr zeitgemäßes Image vermittelt oder eine falsche Zielgruppe angesprochen werden. Die Zigarettenmarke West ist ein Beispiel für (nicht nur) eine Änderung der Kommunikationsstrategie. Durchaus sehr erfolgreich wurde der Werbestil in der Vergangenheit mehrfach geändert. Im Bereich der Unternehmenswerbung ist die Strategie der Volks- und Raiffeisenbanken zu nennen, die seit Jahren mit dem Slogan „Wir machen den Weg frei" werben und damit versuchen, ihre Zielgruppe effektiver anzusprechen.

b) Gewinnung neuer Kunden von Konkurrenzprodukten

Die Absatzsteigerung erfolgt hier durch eine Umverteilung des Marktvolumens. Ziel ist es, den eigenen Marktanteil zu Lasten des Marktanteils der Wettbewerber zu steigern. Die einzelnen Maßnahmen ergeben sich wieder aus dem Spektrum des Marketing-Instrumentariums.

- Im Rahmen der **Produktpolitik** und insbesondere der Ausstattung können besonders Käufer von Konkurrenzprodukten angesprochen werden. So kann bei niedrigerem Preisniveau das Konkurrenzprodukt imitiert, bei gleichem Preisniveau z.B. eine höherwertige Ausstattung angeboten werden. Bei der Einführung der Großraumlimousine, die gemeinschaftlich produziert wird, stellte VW fest, daß Ford für sein Modell Galaxy einen um rund DM 1500 niedrigeren Preis ansetzte. Um nicht das Käuferpotential an Ford zu verlieren, wurde der VW Sharan daraufhin zusätzlich serienmäßig mit einer Klimaanlage ausgestattet. Ford zog allerdings kurze Zeit später nach.

- In der **Kommunikationspolitik** wird mit Systemvergleichen oder individuellen Angeboten geworben, um Kunden von Konkurrenten abzuwerben. Innerhalb der eng gesteckten Grenzen für vergleichende Werbung hat der Vergleich grundsätzlicher Produktmerkmale erhebliche Bedeutung (sog. Systemvergleich, Namen von Wettbewerbern dürfen nicht genannt werden). Beispiele dafür sind die Vergleiche der Leistung von Wasch- und Spülmitteln, Slipeinlagen, Babywindeln u.ä. Versicherungen machen z.B. Vergleichsangebote, um Versicherungsnehmer zum Wechsel zu animieren. Im Rahmen der Verkaufsförderung bieten sich z.B. Verkostungen oder sonstige Verteilung von Proben an. So verschickte Procter & Gamble Probepackungen von Ariel Futur über den Journal Hauhalts Club der Handelskette Spar an die Club-Mitglieder. Die Aktion war gegen das Henkel-Produkt Persil gerichtet, das eine bessere Marktposition besitzt.

- Die **Kontrahierungspolitik** bietet die Möglichkeit der wettbewerbsorientierten Preisstellung. Gezieltes Unterbieten der Preise von Konkurrenten und Testangebote sollen zum Wechsel bewegen. Preispolitische Maßnahmen führen oft in Preiskriege, die nur mit hohem Aufwand wieder beendet werden können. Ein Beispiel ist der Luftverkehr. Um Kunden von anderen Airlines abzuwerben, wurden die Preise gesenkt, als Reaktion darauf kam es zu weiteren Preissenkungen usw. Als Gegenstrategie wurden Kundenbindungsprogramme entwickelt, die die Kunden bei einer oder einem kleinen Kreis von Airlines halten sollen (sog. Frequent Flyer-Programme).

c) Gewinnung von Nichtverwendern als Käufer

Hierbei geht es um die Ausweitung des Marktvolumens in Richtung auf das Marktpotential. Dazu sollen Personen, die bestimmte Produkte bisher nicht verwendeten, als Käufer gewonnen werden. Die Aufgabe besteht generell in der Kommunizierung des Produkts/Angebots gerade gegenüber solchen Personen, die es bisher nicht kannten. Die einzelnen Instrumentalstrategien ergeben sich wiederum aus dem Marketing-Instrumentarium.

- Die **Produktpolitik** kann zur Gewinnung von Nichtkäufern beitragen, indem grundsätzliche Kaufhemmnisse abgebaut werden. So kann die Ausstattung, die Bedienungs- und Umweltfreundlichkeit usw. verbessert werden, wenn Konsumenten dadurch erstmals für ein Produkt interessiert werden können. Eine Vereinfachung der Programmiertechnik eines Videorecorders beispielsweise kann dazu führen, daß auch Personen angesprochen werden, denen dieser Vorgang zu kompliziert war.

- Die **Distribution** kann neue Käufer gewinnen, wenn Distributionslücken geschlossen werden. Diese können in regionaler Hinsicht (z.B. ländliche Gebiete) oder bezüglich einzelner Händler (fehlende Listungen) bestehen. Hier kann die Beziehung zum Handel verbessert oder ein eigenständiger Vertrieb aufgebaut werden.

- Bezüglich der **Preispolitik** ist auf die Preisbereitschaft der Konsumenten zu achten. Die Senkung des Preises unter eine bestimmte Höhe kann neue Käufer anziehen, die die Produktart aufgrund des Preisniveaus bislang nicht beachteten. Die BahnCard beispielsweise, eine preispolitische Maßnahme der Deutschen Bahn AG, verändert die Struktur des Bahn-Fahrpreises, so daß eine Wettbewerbsfähigkeit mit PKW-Kosten entsteht und entsprechend Autofahrer eher auf die Bahn umsteigen werden. Darüber hinaus sind auch hier Testangebote sinnvoll.

- Die **Kommunikationspolitik** kann sich an Nichtkäufer wenden, indem in der Argumentation bestehende Vorurteile gegenüber einem Produkt ausgeräumt werden, die Art der Ansprache geändert und insbesondere auf Testmöglichkeiten hingewiesen wird. Zur Erzielung von Tests ist auch die Verkaufsförderung einzusetzen. Hier können Verkostungen, Samplingaktionen u.ä. durchgeführt werden. Zeitungsverlage arbeiten z.B. mit kostenlosen Test-Abonnements für einen kurzen Zeitraum, Kopiergerätehersteller stellen ihre Kopierer für einen bestimmten Zeitraum kostenlos zur Verfügung. Fahrzeug-Hersteller bieten über Autovermietungen die Möglichkeit, das Produkt gegen eine vergleichsweise geringe Miete tageweise kennenzulernen.

3.2.3.1.2 Marktentwicklung

Ziel der **Marktentwicklungsstrategie** ist der Absatz des bestehenden Produktprogramms auf neuen Märkten. Dabei kann es sich sowohl um neue Absatzregionen als auch neue Verwendungszusammenhänge und neue Kundengruppen handeln.

Da der räumliche Aspekt im Zusammenhang mit der Internationalisierung der Wirtschaft von überragender Bedeutung ist, wird auf ihn weiter unten separat eingegangen.

Die Übertragung eines Produkts in neue Verwendungszusammenhänge erfordert regelmäßig die Variation mehrerer oder aller Marketing-Instrumente. Ein Beispiel hierfür ist die Übertragung eines Produktes für professionelle Anwendung auf private Nutzung. Personal Computer waren ursprünglich reine Büromaschinen, sind heute aber in vielen Privatwohnungen und insbesondere Kinderzimmern zu finden.

- **Distributionspolitisch** spielte etwa die Ausweitung des Vertriebs auf Discount-Geschäfte mit wenig Beratung und den Versand eine wesentliche Rolle. Der klassische Computer- oder Büromaschinenhandel ist weder von der Konditionengestaltung noch vom Verkaufsraum her auf den Verkauf an Privatleute ausgerichtet. Während berufliche Nutzer auf Beratung, Zahlungsfristen und Anlieferung Wert legen, dafür Liefertermine akzeptieren und tendenziell höhere Preise zahlen, erwarten private Käufer die sofortige Verfügbarkeit, günstige Preise und eine verkehrsgünstige Lage des Ladenlokals.
- In **preispolitischer** Hinsicht sind im Privatkundengeschäft niedrige Festpreise erforderlich, während bei Geschäftskunden höhere Listenpreise angesetzt und durch individuelle Rabatte je nach Geschäftsbeziehung variiert werden können. Der Absatz gegenüber Privatkunden ist in der Regel ein Standardgeschäft, gegenüber Geschäftskunden ein Individualgeschäft.

- In der **Kommunikation** ist der Einsatz anderer Medien erforderlich. Während Geschäftskunden z.B. über Fach- oder Branchenzeitschriften und Direktwerbung am effektivsten erreicht werden, sind bei Privatpersonen eher Publikumszeitschriften oder Tageszeitungen zu belegen.

- In der **Produktpolitik** schließlich bieten sich Differenzierungen in bezug auf Stabilität und Leistungsvermögen der Geräte an. So kann in der Regel von unterschiedlichen Nutzungsdauern und damit Belastungen für Verschleißteile ausgegangen werden. Weiterhin sind Folgekosten für die Käufer zu berücksichtigen. Bei Privatpersonen ist daher die Kombination mit preisgünstigen Anwendungsprogrammen sinnvoll. So werden mittlerweile Personal Computer in der Regel in Verbindung mit Betriebssystemen und Programmpaketen angeboten.

Andere Beispiele für Marktentwicklungsstrategien finden sich z.B. beim Mobilfunk. Ursprünglich als Kommunikationsmittel für geschäftlichen Einsatz vorgesehen, wird sukzessive der Markt der Privatleute bearbeitet. Speziell auf die Bedürfnisse dieser Zielgruppe ausgerichtet wurden günstige Abendtarife eingeführt, so daß der Mobilfunk konkurrenzfähiger gegenüber dem normalen Telefon wird. Bei Trockenrasierern wird z.B. der Markt ausgedehnt durch spezielle Rasierer für Jugendliche mit jugendlichem Design und günstigerem Preis. Die Technik bleibt die gleiche wie bei anderen Rasierapparaten. Der Übergang zur Kategorie „neue Produkte", so deutet sich hier schon an, ist durchaus fließend.

In diesen Beispielen zeigt sich aber auch schon ein wesentlicher Unterschied in der **Motivation** zur Marktentwicklung. Im Falle der Computer und Mobiltelefone entsteht durch die technologische Entwicklung und Fertigungsart ein erheblicher Preisdruck auf die Hersteller, der nur durch eine Ausweitung der Absatzmärkte auszugleichen ist. Somit entsteht vor allem im Bereich der „modernen" Technologien (Mikroelektronik, Kommunikation u.ä.) ein grundlegendes Strategiemuster: Die Produkteinführung findet im Geschäftsmarkt statt, wo sich hohe Preise durch hohe Kostensenkungspotentiale rechtfertigen lassen. Mit steigender Produktionsausweitung werden dann zunehmend Privatpersonen angesprochen. Je höher der Fixkostenanteil ist, desto stärker ist die Tendenz zu dieser Strategie. Bei einem hohen Anteil variabler Kosten ist der Druck in Richtung einer Marktentwicklung geringer. Aufgrund der relativ geringeren Investitionen liegt die Produktentwicklungsstrategie mindestens ebenso nahe.

3.2.3.1.3 Produktentwicklung

Bei der Produktentwicklungsstrategie handelt es sich im Grunde um das „Basisgeschäft" jedes Unternehmens. Das Konzept des Produktlebenszyklus machte bereits deutlich, daß besonders aufgrund von Konkurrenzaktivitäten mit einer Alterung der Produkte zu rechnen ist und insofern Produktinnovationen zur Ertragssicherung erforderlich sind.

Als Strategie verstanden heißt **Produktentwicklung** das langfristige Vorhersehen der Ertragsentwicklung eines Produktes und die Schaffung und Erhaltung von Innovationspotentialen. Die Produktentwicklungsstrategie wird damit auch zu einer technologischen Strategie.

Bei der Produktentwicklungsstrategie können verschiedene Neuheitsgrade unterschieden werden. So kann es sich um ein Produkt handeln, das prinzipiell bereits auf dem Markt vorhanden ist, vom Unternehmen jedoch noch nicht angeboten wurde. Andererseits kann es sich auch um eine echte Marktneuheit handeln, im Extremfall um den Einstieg in einen völlig neuen Problemlösungsbereich. Beispiele für den zuerst genannten Fall finden sich in großem Umfang. Der weit überwiegende Teil der Neuprodukteinführungen besteht aus nur geringfügig modifizierten Produkten. Insofern ist es schwierig zu entscheiden, ob es sich wirklich um eine Produktentwicklung handelt, oder ob das Produkt den bestehenden zuzurechnen ist. Das Spektrum reicht letztlich vom Erfrischungsgetränk mit leicht verändertem Geschmack bis zum Mikrowellengerät.

Entsprechend vielfältig sind die Möglichkeiten der Produktentwicklung. Nach dem Ausmaß der Eigenständigkeit sollen hier unterschieden werden:

- Eigenentwicklung
- Gemeinschaftsentwicklung
- Lizenznahme
- Imitation.

a) Eigenentwicklung

Die eigenständige Entwicklung neuer Produkte stellt den klassischen Weg dar. Die Anregung dazu kann sowohl vom Markt als auch von der Entwicklungs- und Herstellungsseite (Produktionstechnik) her kommen. Sie wird innerhalb des Unternehmens eigenständig, d.h. mit Hilfe der eigenen Entwicklungsabteilung, in ein konkretes Produkt umgesetzt.

Die **Produktionstechnik** liefert Innovationspotentiale durch neue und veränderte, insbesondere kostengünstigere Fertigungsverfahren. Solche Erkenntnisse können sich schon aus der laufenden Produktion ergeben, wenn die einzelnen Arbeitsabläufe analysiert werden. Im Mittelpunkt produktionstechnischer Innovationen stehen sowohl die Senkung von Kosten als auch der Einsatz neu entwickelter Produktionsverfahren. Möglichkeiten zur Senkung der Produktionskosten können oftmals nur dann realisiert werden, wenn Änderungen am Produkt vorgenommen werden.

Ein **Beispiel** für produktionstechnische Innovationen, übertragen auf den Dienstleistungsbereich, sind Kundenterminals der Banken. Tätigkeiten, die früher von Bankangestellten ausgeführt werden mußten, werden nun von den Kunden selbst ausgeführt. Ermöglicht wird dies durch die Entwicklung im Bereich der Datenverarbeitung, die bedienungssichere Terminals hervorbrachte, und den Einsatz vereinfachter Prozesse der Bearbeitung (hier: von Überweisungen, Kontenabfragen u.ä.). Dadurch konnten Kosten und Bearbeitungszeiten gesenkt werden, die Angebotspalette der Banken wurde erweitert.

Nicht zuletzt deutsche Investitionsgüterhersteller stehen in dem Ruf, oftmals neue Produkte um ihrer selbst Willen zu entwickeln. Auch ohne konkrete Anregung vom Markt hat die **eigenständige Produktentwicklung**, vor allem im technologischen Bereich, einen hohen Stellenwert. Auslöser können sowohl technische Erfindungen als auch auf dem Weg der Kreativitätstechnik gefundene Produktideen sein. Während einerseits in dieser Art der Produktentwicklung ein hohes Maß an Kreativität zu sehen ist, besteht das Risiko, dem Aspekt der Durchsetzbarkeit am Markt zu wenig Rechnung zu tragen. So ist an die Produktionskosten, die Anwendungsmöglichkeiten und die Größe des Marktes zu denken.

Die Ermittlung eines **marktseitigen Innovationsbedarfs** ist eine Aufgabe der Marktforschung. Die kontinuierliche Beobachtung des Konsumentenverhaltens macht auf geänderte Anforderungen und neue Bedarfssituationen aufmerksam. Zum Instrumentarium gehören statistische Analysen von Reklamationen, Konsumentenbefragungen und -beobachtungen usw.

b) Entwicklungskooperation/Gemeinschaftsentwicklung

Kooperationen im Rahmen der Produktentwicklung gewinnen vor allem in den Branchen an Bedeutung, in denen hohe Innovationskosten (Entwicklungsdauer, Investitionen in Fertigungsanlagen usw.) bestehen.

So setzte etwa in der Autoindustrie in den achtziger Jahren eine gezielte Suche nach Kooperationspartnern ein, die zu zahlreichen Allianzen zwischen europäischen/amerikanischen und japanischen Herstellern führte. Beispielsweise bieten Rover (400) und Honda (Civic) sowie Volvo (40) und Mitsubishi (Carisma) ein mehr oder weniger gleiches Fahrzeug an. Im Extremfall unterscheiden sich die Produkte nur noch durch das Markenzeichen (Badge), so daß von Badge-Design oder Badge-Engineering gesprochen wird. Beispiele für sehr enge europäische Kooperationen sind die Großraumlimousinen Peugeot 806, Fiat Ulysse, Lancia Zeta und Citroen Evasion, die in einer jeweils zur Hälfte vom PSA-Konzern und Fiat getragenen Fabrik hergestellt werden, und das Gemeinschaftsprojekt der Großraumlimousinen von VW (Sharan) und Ford (Galaxy), später auch von Seat und Porsche.

Ford beispielsweise verfügt über eine vielfältige Struktur der Zusammenarbeit. Neben VW sind auch Nissan und Mazda Partner. So basiert der neue Mazda 121 auf dem Ford Fiesta und sind Nissan Terrano und Ford Maverick das gleiche Fahrzeug.

Darüber hinaus gibt es seit längerem Geschäftsbeziehungen zwischen Wettbewerbern, was den Zukauf von Teilen angeht. So bezieht Opel einen 6-Zylinder Dieselmotor von BMW und Volvo einen Dieselmotor von VW.

Grundsätzlich ist im Fahrzeugmarkt eine deutliche Tendenz zu erkennen, Nischenprodukte (Großraumlimousinen, Sportwagen, Geländewagen) gemeinschaftlich zu entwickeln bzw. zuzukaufen. Die Aufgabe der Differenzierung der Angebote obliegt immer mehr der Kommunikation. So wurde die Einführungswerbung für den VW Sharan auf das Thema Familie abgestimmt, während Ford die Vielseitigkeit, gerade für die geschäftliche Nutzung, in den Vordergrund stellte.

Die Beispiele aus der Automobilbranche dürfen jedoch nicht dazu verführen, die Kooperation als Allheilmittel anzusehen. Unter den Voraussetzungen hoher Investitionen und relativ kleiner Märkte mögen Gemeinschaftsentwicklung und -produktion ohne Alternative sein (sie sind im übrigen auch in der Datenverarbeitung und Unterhaltungselektronik verbreitet). Die damit einhergehende Standardisierung eröffnet jedoch kleineren Anbietern die Möglichkeit, mit einem differenzierten Angebot einen Markt zu finden. Weiterhin setzen sie voraus, daß zwischen den Kooperationspartnern keine Unstimmigkeiten bestehen. In Zeiten größerer wirtschaftlicher Schwierigkeiten entstehen immer auch Anreize, sich gegen den Kooperationspartner zu richten. So profitiert von der o.g. genannten Kooperation von Rover und Honda mittlerweile BMW, die Rover übernahmen, und nicht Honda.

c) Lizenzen

Der Erwerb von Lizenzen für die Nutzung einer Entwicklung ist im Einzelfall eine günstige Gelegenheit, ein neues Angebot auf den Markt zu bringen. Klassische Beispiele sind Fahrzeuge westeuropäischer Hersteller, die in Lizenz in osteuropäischen Ländern gebaut werden/wurden (neuerdings auch Daewoo mit GM-Lizenzen). So ist es durchaus ein gängiger Weg in wirtschaftlich schwachen Ländern, Know how in Form einer Lizenz (meist für im Ursprungsland veraltete Produkte) günstig zuzukaufen.

Eine Lizenzentwicklung kann im einfachen Fall aber auch im Erwerb der Nutzungslizenz für ein Patent liegen. So kann gezielt nach nicht umgesetzten Patenten recherchiert werden, die Ausgangspunkt für eigene Neuprodukte werden. Das Patentwesen ist gezielt darauf ausgerichtet, Möglichkeiten zur Lizenzvergabe zu schaffen (zu Patentinformationszentren s. z.B. Preißner/Engel 1995, S. 111).

Aber auch **andere Rechte** können im Wege der Lizenzvergabe übertragen werden. Beispielsweise erwerben Verlage Lizenzen an Büchern, um die Texte in anderen Sprachen oder in anderer Form zu vermarkten. Kleinere Unternehmen verkaufen Lizenzen für von ihnen entwickelte Produkte an größere, weil sie einen Kapazitätsausbau nicht finanzieren wollen oder können.

So ist eines der Erfolgsprodukte des deutschen Zeitschriftenmarktes, das Magazin Max vom Verlag Milchstraße, die adaptierte Version des italienischen Originals. Mit der Frauenzeitschrift Amica wird inzwischen das gleiche versucht.

In einer Reihe von Fällen ist die Eigenentwicklung entweder nicht möglich oder ökonomisch nicht sinnvoll, z.B. wenn

- keine eigene Entwicklungsabteilung vorhanden ist oder sie zu geringe Kapazitäten hat
- die erworbene Produktinnovation wesentlich früher zur Verfügung steht

- eine Innovation auf dem Markt verfügbar ist, die das Unternehmen selbst nicht geplant hatte
- der Zukauf kostengünstiger ist als die Eigenentwicklung
- das Entwicklungsrisiko vermindert werden soll.

Der Erwerb des Rechts, einen eingeführten Namen verwenden zu können, kann ebenfalls für Produktinnovationen genutzt werden.

So verwendet etwa die Firma Schöller den Namen Mövenpick, um eine hochwertige Eiscreme-Range zu vermarkten. Markennamen, die einmal mit einer bestimmten Imagewirkung erfolgreich eingeführt sind, reduzieren das Produkteinführungsrisiko für den Lizenznehmer und erlauben es, sich auch in einem neuen Produktbereich als kompetent und glaubwürdig zu präsentieren. Die Alternative wäre jeweils die eigenständige Etablierung eines Markennamens, was gerade im Rahmen einer Niveausteigerung mit erheblichem zusätzlichem Aufwand verbunden wäre.

Mövenpick vergibt Namenslizenzen auch für weitere Produktarten. Mövenpick Kaffee wird in Lizenz von Darboven hergestellt, Mövenpick Konfitüre von Schwartau, Mövenpick Joghurt von Bauer und Mövenpick Fruchtsaft von Dr. Siemer.

Lego vergibt seinen Markennamen ebenfalls in Lizenz für Kinderprodukte. So wurde eine Lego-Kleidungsrange für 1,5-4-jährige unter dem Namen Lego Duplo, für 2-10-jährige unter Lego System und für 5-13-jährige unter Lego Technic über den Otto Versand auf den Markt gebracht.

Üblich ist die Nutzung von Namen in Lizenz auch im Bereich der Parfümerieprodukte. So wird ein Eau de Toilette/Parfum mit dem Namen BOSS von Procter & Gamble, Lagerfeld von Elizabeth Arden (Unilever-Konzern) hergestellt usw.

d) Imitation

Die Imitation als Produktentwicklungsmaßnahme zu begreifen, wird nicht nur aus ökonomischen Überlegungen beliebter, sondern ist auch eine mehr oder weniger zwangsläufige Konsequenz eines ständig steigenden Angebots. Während sog. **Me too-Produkte** (hier wird das Grundkonzept eines Produkts übernommen und werden ggf. einzelne Produktmerkmale kopiert) zwar wenig originell, rechtlich aber einwandfrei sind, kann im Fall des **Plagiats** (hier wird ein Produkt so nachgebaut, daß eine Verwechslung durch den Konsumenten provoziert wird) ein Verstoß gegen das Markengesetz, ggf. auch gegen Patent- oder Gebrauchsmustergesetz vorliegen.

Imitationsstrategien können durchaus höchst erfolgreich sein. Beispiele dafür sind die Nachbauten der IBM-Personal Computer, die ihr ursprüngliches Vorbild fast vom Markt gedrängt haben. Voraussetzung für einen Erfolg der Strategie ist die Schaffung von spezifischen Vorteilen gegenüber dem Original. Diese werden in erster Linie in den Kosten gesucht, zumal Entwicklungskosten eingespart werden dürften. Darüber hinaus könnten Vorteile in der Verfügbarkeit geschaffen werden, etwa durch Vertrieb über Großvertriebsformen, Direktvertrieb usw.

Rowenta beispielsweise imitierte (legal) einen Braun-Toaster, der sich mit einem neuen Konzept (Infrarot-Sensor-Kontrolle des Röstvorgangs) und dem Namen

„infrarot sensor" als erfolgreich herausstellte. So wurde das Gehäuse bezüglich Form, Oberfläche und Bedienelementen weitgehend imitiert und der Name durch die Verwendung von „Sensor", obwohl ein anderer Kontrollmechanismus verwendet wird, weitgehend an den von Braun angelehnt.

Schließlich ist das **Risiko** des imitierenden Unternehmens geringer, da das imitierte Produkt seine Marktfähigkeit i.d.R. bereits unter Beweis gestellt hat. Insofern ist mit einer geringeren Flop-Wahrscheinlichkeit zu rechnen.

3.2.3.1.4 Diversifikation

Als **Diversifikation** wird das Engagement mit neuen Produkten auf neuen Märkten bezeichnet. Sie erfolgt häufig durch den Zukauf von Unternehmen. Bekannte Beispiele für diversifizierte Unternehmen sind:

Deutsche Unilever

Nahrungsmittel	Wasch- und Reinigungsmittel	Körperpflegemittel, Kosmetik	chemische Spezialprodukte
Margarine Käse Wurstwaren Getränke Fisch usw.	Waschmittel Reinigungsmittel Seifen Schaumbäder Duschbäder usw.	Zahncreme Deodorants Haarpflege Hautpflege Düfte usw.	Lebensmittel-zusätze Stärke Öle Farben usw.

Daimler-Benz AG

Mercedes-Benz	Daimler-Benz Industrie (AEG)	Daimler-Benz Aerospace (DASA)	Daimler-Benz InterServices (debis)
Personenfahrzeuge Nutzfahrzeuge	Bahnsysteme Mikroelektronik Dieselantriebe Energietechnik Automatisierungs-technik	Luftfahrt Raumfahrt Verteidigung und Zivile Systeme Antriebe usw.	Systemhaus Finanzdienstleist. Versicherungen Handel Marketing Services Mobilfunkdienste Immobilienmanag.

Abb. 3.34: Unternehmensstruktur Unilever und Daimler-Benz

Mögliche **Gründe für Diversifikationen** sind:

- Streuung des Geschäftsrisikos auf mehrere Branchen
- Nutzung von Gewinnchancen in anderen Bereichen

- Steigerung des Einflußbereichs des Unternehmens
- Sicherstellung einer umfangreichen Bindung an die Kunden durch Ausweitung des Angebots
- Nutzung von Entwicklungs- oder Management-Ressourcen zur Erzielung von Synergie-Effekten usw.

Diversifikationen verursachen jedoch auch erhebliche zusätzliche **Probleme**. So sind zu berücksichtigen:

- der zusätzliche Aufwand zur Steuerung und Kontrolle des neuen Unternehmensteils
- häufig zu geringe Kenntnisse in der neuen Branche
- im Falle des Unternehmenskaufs möglicherweise Widerstand seitens der Mitarbeiter
- die mitunter erhebliche finanzielle Belastung bei der Übernahme/dem Aufbau des neuen Unternehmensbereichs usw.

Während es vor allem in den siebziger und achtziger Jahren in erheblichem Umfang zu Diversifikationen durch Unternehmenskäufe kam, ist zwischenzeitlich die Stimmung wesentlich kritischer geworden. So wurde die Erfahrung gemacht, daß es durchaus nicht leicht ist, in einem unternehmerischen Gemischtwarenladen sämtliche Geschäftsbereiche mit gleicher Aufmerksamkeit zu steuern. Schließlich entstehen Probleme bei der Kompetenzwahrnehmung durch die Konsumenten, die nicht mehr einem Spezialisten für einen bestimmten Produktbereich gegenüberstehen, sondern einem nicht mehr überschaubaren Mischkonzern. Daimler-Benz ist durchaus auch als Beispiel für die Problematik der Diversifikation zu nennen. So schlossen die erworbenen Unternehmensbereiche AEG und DASA 1994 mit einem negativen Ergebnis ab, während das Stammgeschäft Mercedes-Benz und die Dienstleistungssparte positiv abschlossen. Inzwischen zog sich Daimler-Benz aus dem Flugzeugbau-Unternehmen Fokker zurück und trennte sich von weiteren Teilen von AEG.

Es werden grundsätzlich drei Richtungen der Diversifikation unterschieden:

Horizontal: Die horizontale Diversifikation beschreibt die Ausweitung des Angebots in verwandte Bereiche bzw. den Kauf eines Unternehmens der gleichen Branche. Es handelt sich dabei um Ergänzungen des bestehenden Sortiments.

Vertikal: Die vertikale Diversifikation beschreibt die Ausweitung des Angebots in vor- oder nachgelagerte Wirtschaftsstufen. Dies ist beispielsweise dann der Fall, wenn ein Produktionsunternehmen auch den Verkauf an Endverbraucher oder die Herstellung von Vorprodukten übernimmt.

Lateral: Unter lateraler oder konglomerater Diversifikation schließlich wird die Expansion in völlig neue Bereiche verstanden, die in keiner Beziehung zum bisherigen Betätigungsfeld stehen.

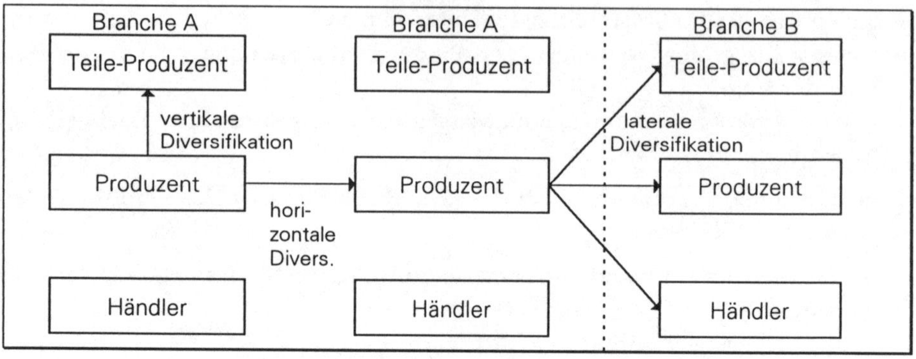

Abb. 3.35: Arten der Diversifikation

In marketingspezifischer Hinsicht lassen sich u.a. folgende **Vorteile** der Diversifikation erkennen:

- Diversifizierte Unternehmen vergrößern ihre Verhandlungsmacht gegenüber dem Handel. Je mehr unterschiedliche Produkte eines Herstellers ein Handelsunternehmen führt, desto größer ist seine Abhängigkeit von diesem Hersteller und desto geringer ist seine Bereitschaft, mit Auslistung zu drohen.
- Durch vertikale Diversifikation lassen sich Absatzwege sichern. Ein Beispiel ist die Fa. Herlitz, die unter dem Namen McPaper Schreibwarenfachgeschäfte betreibt und in diesen schwerpunktmäßig die eigenen Produkte verkauft.
- Über Diversifikationen lassen sich unterschiedliche Zielgruppen differenziert ansprechen. Ein Beispiel hierfür ist die Metro-Gruppe, die neben ihrer Betätigung im Großhandel im Einzelhandelsbereich Warenhäuser (Kaufhof), Kaufhäuser (Kaufhalle), Fachmärkte (Media Markt) und Fachgeschäfte (Vobis) betreibt.
- Mit Diversifikation kann eine Kontrolle der **Substitutionskonkurrenz** erreicht werden. Zahlreiche Produkte unterliegen nicht nur der Konkurrenz durch gleiche Produkte anderer Hersteller, sondern auch durch solche, die als Substitutionsprodukte in Frage kommen. Es ist daher im strategischen Interesse jedes Herstellers, sich gegen diese Konkurrenz abzusichern. Gerade wenn aus technologischen Gründen keine vergleichbaren Produkte hergestellt werden können, bietet sich der Kauf dieser Unternehmen an. Die Firma Gillette (Naßrasierer-Hersteller) hatte beispielsweise in den sechziger Jahren die Firma Braun, die u.a. Elektrorasierer herstellt, übernommen und damit die Kontrolle über einen der wichtigsten Substitutionskonkurrenten übernommen.

3.2.3.2 Preis/Qualität-Strategien

In Anlehnung an Kotler (1982, S. 90) kann ein weiteres Strategietypen-Raster aus der Kombination der Marketing-Dimensionen Preis und Qualität gewonnen werden. Beschränkt man sich auch hier auf die Ausprägungen hoch und niedrig, ergeben sich folgende vier Typen:

		Preis: niedrig	Preis: hoch
Qualität	hoch	Preis-Leistungs-Strategie	Premium-Strategie
	niedrig	Preis-Mengen-Strategie	Übervorteilungs-Strategie

Abb. 3.36: Kotler-Matrix

Während die oben dargestellte Ansoff-Matrix wachstumsorientierte Entwicklungslinien für das Unternehmen klassifizierte, bei der es u.a. um die Frage der Betätigungsfelder ging, geht es bei der Preis/Qualität-Matrix um die marketingpolitische Gestaltung eines gegebenen Sortiments. Insofern können beide Ansätze miteinander kombiniert werden. Wenn feststeht, welche Produkt-Markt-Kombination angestrebt wird, kann genauer das Preis-Qualität-Verhältnis festgelegt werden.

3.2.3.2.1 Premium-Strategie

Die Kombination aus hoher Qualität und hohem Preis führt zur Premium-Strategie (oder: Qualitäts-/Präferenzstrategie). Die zentralen Fragen dieser Strategie beziehen sich daher auf die der Erzielung höchstmöglicher Qualität und höchstmöglicher Präferenz bei einem gleichzeitig hohen Preisniveau. Neben der Kontrolle bzw. Schaffung von Qualität ist gleichzeitig auf die Konstanz des Preisniveaus zu achten.

Beispiele für Premiumstrategien finden sich bei einer Reihe von Herstellern klassischer Luxus-Güter, etwa im Bereich der Kosmetik, Mode, Schreibgeräte, Lederwaren usw.: Chanel, René Lezard, Gucci, Montblanc u.a. Aber auch innerhalb volumenstarker Branchen findet sich i.d.R. mindestens ein Hersteller mit einer Premium-Strategie: bei Fahrzeugen z.B. BMW, Mercedes-Benz, Jaguar, bei Kameras z.B. Hasselblad, Leica, bei HiFi-Geräten z.B. Bang & Olufsen, Loewe, bei Tafelschokolade z.B. Lindt, Gubor, bei Jeans z.B. Levi's, Joop usw.

Während einige Unternehmen sich auf die Bearbeitung dieses Sortiments beschränken, versuchen andere, sich im Rahmen ihrer Sortimentspolitik auch auf volumenstärkere Segmente zu stützen. Gründe dafür liegen zum einen in der Risikostreuung, zum anderen in der Verteilung und Nutzung der Fixkosten.

Distribution: Zur Sicherung der Exklusivität der Marke und eines konstanten Preisniveaus werden oftmals vertriebspolitische Maßnahmen durchgeführt, um auf den Vertrieb stärkeren Einfluß zu nehmen. Dazu gehören beispielsweise die Einführung einer Vertriebsbindung (selektiver Vertrieb), bestimmte Förderkonzepte für Händler (z.B. Stützpunkthändler) oder der Aufbau eines eigenständigen Vertriebsnetzes bzw. Franchising.

Unter **selektivem Vertrieb** wird ein Vertriebssystem verstanden, bei dem sich der Hersteller den Abnehmern (Händlern) gegenüber verpflichtet, nur bestimmte Händler zu beliefern, diese sich im Gegenzug dazu verpflichten, nicht an Wiederverkäufer zu liefern. Dadurch kann der Vertrieb auf den vom Hersteller kontrollierten Weg beschränkt werden (vgl. Niebling 1995, S. 881).

Bekannt geworden sind selektive Vertriebssysteme vor allem im Bereich der Kraftfahrzeuge und der Parfümeriewaren. Für den Vertrieb von Kraftfahrzeugen stellte es sich insbesondere als problematisch heraus, länderspezifische Preisniveaus aufrecht zu erhalten. Ziel der Hersteller ist es hier, Importe aus anderen Ländern, in denen die Fahrzeuge (nach Abzug der Steuern) billiger angeboten werden, zu verhindern. Im Parfümeriebereich geht es vor allem um die Aufrechterhaltung hoher Spannen. Die Belieferung/Nicht-Belieferung eines Händlers kann als Druckmittel eingesetzt werden, um eine Preisdisziplin durchzusetzen.

Stützpunkthändlerkonzepte finden sich vor allem im Bereich der technischen Gebrauchsgüter. Dabei handelt es sich um die besondere Förderung einzelner Händler (Fachgeschäfte), die sich ihrerseits zur Erbringung bestimmter Leistungen verpflichten. Dazu gehört z.B. die Durchführung kleinerer Reparaturen im Geschäft oder die Führung des vollständigen Sortiments. Im Gegenzug werden z.B. besondere Prämien, Schulungen usw. angeboten.

Esprit kann als besonderes Beispiel für die Unterstützung der Strategie durch die **eigene Distribution** gelten, wenn das Unternehmen auch eher im Mittelfeld als im Premium-Bereich anzusiedeln ist. Die Esprit Flagship-Stores in besten Lauflagen großer Städte sollten ursprünglich nur zur Repräsentation des Sortiments gelten. Aufgrund entsprechender Nachfrage sind sie zu Verkaufsfilialen geworden.

Kommunikation: Die Durchsetzung einer Premium-Strategie hat auch Konsequenzen für die Kommunikationspolitik. So ist die Glaubwürdigkeit der Positionierung von einer gewissen kommunikativen Selbstbeschränkung abhängig. Diese bezieht sich sowohl auf die Auswahl einzelner Zielgruppen als auch einzelner Botschaften und Medien.

3.2.3.2.2 Preis-Leistungs-Strategie

Die Kombination aus hoher Produktqualität und niedrigen Preisen stellt aus Verbrauchersicht zwar die wünschenswerte Strategie dar, ist jedoch um so schwieriger durchzuhalten, da die gegenüber der Premium-Strategie verringerten Einnahmen auf anderem Wege kompensiert werden müssen. Diese Kompensation stellt den Schlüsselfaktor für diese Strategie dar. Sie kann z.B. erfolgen durch:

Vertikale Integration: Durch die Übernahme vor- oder nachgelagerter Stufen können deren Gewinne in das Unternehmen einbezogen werden, so daß sich insgesamt Kostensenkungseffekte ergeben.

Als ein **Beispiel** hierfür können die verschiedenen Computer-Anbieter (Vobis, Escom usw.) gelten, die Computer sowohl produzieren/montieren als auch verkaufen. Die Unternehmensstrategie ist sowohl auf günstige Preise als auch hohe Produktqualität ausgerichtet. Die allgemeine Entwicklung der Handelsmarken, die in einzelnen Produktbereichen Anteile von einem Viertel und mehr erreichen, zeigt die Bedeutung dieser strategischen Ausrichtung. Während zunächst überwiegend sog. No Name-Marken von den Handelsketten auf den Markt gebracht wurden (z.B. Die Weissen, A&P), geht die Entwicklung in die Richtung qualitativ hochwertig positionierter Marken, die sich auf den ersten Blick nicht von den klassischen Herstellermarken unterscheiden (z.B. Today, Erlenhof, O'Lacey).

Anteile der Handelsmarken am Gesamtmarkt in % 1994 (Frost & Sullivan 1995):

Produkt	Großbritannien	Frankreich	Niederlande	Deutschland
Käse	65	23	32	22
Süßwaren	14	9	12	29
Alkoholfreie Getränke	35	13	10	37
Pizza	40	27	33	24
Tiefkühl-Gemüse	58	44	30	20
Lebensmittel und alkoholfreie Getränke	38	20	26	25

Abb. 3.37: Anteile der Handelsmarken in verschiedenen Ländern in % 1994

Absatzmengenausweitung: Hohe Produktqualität (und damit verbunden tendenziell höhere Produktionskosten) führt bei niedrigen Preisen zu geringeren Gewinnspannen. Der absolute Unternehmensgewinn kann jedoch durch eine Erhöhung der Absatzmenge gesteigert werden. Damit verbunden ist i.d.R. auch die Internationalisierung. Wichtig sind hier Maßnahmen zur Sicherung des Absatzes, etwa durch vertragliche Regelungen mit Handelsketten, die bestimmte Absatzmengen garantieren.

Gewinnkompensation innerhalb des Sortiments: Hochwertige Produkte zu günstigen Preisen stellen Imageträger für Sortimente dar. Sie eignen sich daher besonders für Kommunikationsmaßnahmen. Insofern könnte es lohnend sein, ein Produkt gezielt zu einem Preis anzubieten, der nicht die übliche Gewinnspanne gewährleistet. Voraussetzung ist, daß der Einnahmeverlust durch andere Produkte ausgeglichen werden kann und der günstige Preis vom Handel weitergegeben wird.

3.2.3.2.3 Übervorteilungs-Strategie

Eine solche Strategie ist zwar vom Analyseraster her möglich, entspricht jedoch nicht dem modernen Marketing-Verständnis. Ihr Ziel ist es, kurzfristig mit überteuerten Produkten auf dem Markt aufzutreten und diesen dann wieder schnell zu verlassen. Wenn dieses Verhalten auch aufgrund von Seriösitätsüberlegungen abzulehnen ist, findet es sich doch häufiger in Situationen, in denen aufgrund unvorhergesehener Ereignisse kurzfristig Nachfrage entsteht, die anderweitig nicht ausreichend befriedigt werden kann.

3.2.3.2.4 Preis-Mengen-Strategie

Diese vierte Strategiealternative verfolgt das Ziel, über einen niedrigen Preis die Absatzmenge zu maximieren. Grundlage dafür sind entsprechend niedrige Produktions-, Verwaltungs- und Vertriebskosten. Diese können beispielsweise erreicht werden durch

- weitgehende Standardisierung der Produktion
- geringe Zahl unterschiedlicher Typen
- seltenere Modellwechsel
- Reduzierung des Verpackungsaufwands auf das minimal erforderliche Maß
- Reduzierung des Serviceangebots auf das gesetzlich vorgeschriebene Maß (Gewährleistung)
- Rationalisierung des Vertriebs durch Mindestabnahmemengen, Verzicht auf Einzelauslieferung, Abholung statt Auslieferung usw.
- Beschränkung der Kommunikationsaufwendungen zugunsten von Preissenkungen.

Eine Niedrigpreisstrategie bringt für das Unternehmen einige **Risiken** mit sich. So führt die geringe Zahl von Produkttypen zu einer größeren Abhängigkeit vom Erfolg der einzelnen Typen, besteht eine größere Anfälligkeit gegenüber Konkurrenzmaßnahmen, weil nur noch der Preis das herausragende Differenzierungskriterium ist und nicht mehr eine ganze Reihe von Marketing-Instrumenten. Besonders auch ausländische Konkurrenz aus sog. Niedriglohnländern kann zu einer Bedrohung werden. Deren Kostenvorteile können in der Regel nicht durch Kostensenkungsmaßnahmen bei der inländischen Produktion ausgeglichen werden. Da die Niedrigpreisstrategie stark preisorientierte Käufer anspricht, ist mit einem raschen Wechsel der Käufer zu einem billigeren Anbieter zu rechnen. Die Wettbewerbsposition kann daher häufig nur gehalten werden, wenn die Produktion rechtzeitig in Niedriglohnländer verlagert wird.

Preis-Mengen-Strategien finden sich häufiger in Zusammenarbeit mit dem Handel, entweder, wie oben gezeigt, durch Vermarktung als Handelsmarke oder durch enge Bindung an eine Handelskette, wie etwa im Fall der Firma Aldi. Betrachtet man einzelne Produktgruppen, so zeigt sich, daß die Zahl der „Preis-Mengen-Strategen“ regelmäßig wesentlich geringer ist als die der „Premium-

Strategen". Die meisten Produktmärkte vertragen offensichtlich kaum mehr als einen Niedrigpreisanbieter.

Ob eine Preis-Mengen- oder Premium-Strategie erfolgverprechender ist, hängt wesentlich von der Bedeutung dieser Parameter für die Konsumenten ab. Im Rahmen der Erhebungen für die Stern-Studie Dialoge 3 (1990, S. 174ff.) wurde u.a. nach der Bedeutung von Qualität und Preis für einzelne Produktgruppen gefragt. Stellt man nur die Fallzahlen der Antworten „Hier habe ich sehr hohe Qualitätsansprüche" bzw. „Hier kaufe ich auch exklusive, teure Marken" (insg.: Qualität) und „Das kaufe ich dort, wo es am billigsten ist" (Preis) gegenüber, ergibt sich folgendes Bild (Angaben in % der Nennungen, Bevölkerung 18-70 Jahre):

Produkt	Qualität	Preis	Preis-Indexwert (Qualität=100)
Alkoholfreie Getränke	15	43	287
Bier	17	39	229
Spirituosen/Schnaps	14	27	193
Käse	22	26	118
Wein/Sekt	23	24	104
Kosmetik, Körperpflege	26	25	96
Reise/Hotels	18	14	78
Auto	29	18	62
Mode/Bekleidung	30	17	57
Uhren/Schmuck	26	13	50
Fotokameras	25	12	48
Elektrische Haushaltsgeräte	34	16	47
HiFi, Fernsehen, Video	34	14	41
Möbel/Einrichtung	31	12	39

Abb. 3.38: Preis- und Qualitätsorientierung nach Produkten

Die Produktbereiche Unterhaltungselektronik, Wohnungseinrichtung, Haushaltsgeräte eignen sich danach wesentlich mehr für eine Qualitätsstrategie als etwa Getränke.

In der Dialoge 4-Untersuchung (Stern 1995) wurden rund 33% der Verbraucher in Deutschland (18-70 Jahre) preisorientierten Segmenten zugerechnet, 18% als Preis-Leistungs-Käufer und 13% als großzügige Prestige-Käufer bezeichnet.

3.2.3.3 Geo-Fokus-Strategien

Wie bereits bei der Diskussion der Produkt-Markt-Strategien angedeutet, ist die regionale Ausrichtung der Marketingstrategie im Zuge der Internationalisierungstendenzen von besonderer Bedeutung. Was die Ausdehnung des Absatzgebiets in das Ausland angeht, so sind Freihandelszonen, Abkommen zum Abbau von Zollschranken, Rechtsvereinheitlichungen usw. von Bedeutung. Hier sind insbesondere die Regelungen im Rahmen der Europäischen Union und das allgemeine Zoll- und Freihandelsabkommen GATT zu nennen. Die einzelnen

Strategiealternativen lassen sich anhand des Ausmaßes der räumlichen Ausdehnung definieren:

- global
- selektiv international
- national
- regional.

3.2.3.3.1 Regionaler Fokus

Regionale Beschränkungen des Absatzgebietes finden sich mit Ausnahme der Medien (Tageszeitungen, Rundfunksender, Regionalliteratur) schwerpunktmäßig im Lebensmittelbereich. Gründe dafür sind regionale Besonderheiten der Ernährung und regionale Spezialitäten, die in anderen Landesteilen kaum bekannt sind. Gerade kleinere Unternehmen (vor allem Brauereien und landwirtschaftliche Betriebe) sind aufgrund ihrer Größe und mangelnden Kapitalkraft auch regelmäßig nicht in der Lage, mehr als den lokalen Markt zu bedienen. Ein weiteres Problem ist der Erhalt der Frische der Lebensmittel. Längere Transportwege erfordern zusätzliche Maßnahmen zur Verlängerung der Haltbarkeit, die das Argument der Frische zerstören. In den letzten Jahren wurde zunehmend auch der Direktverkauf vom Erzeuger an den Endverbraucher als Chance erkannt.

Nicht außer acht gelassen werden sollte das Argument eines **Lokalpatriotismus**. So kann etwa die „Marke von nebenan" allein aufgrund ihrer regionalen Herkunft mit einer gewissen Käuferzahl rechnen. So gelingt es z.B. einigen Marken aus der ehemaligen DDR wieder, alte Märkte aufzubauen (Rotkäppchen Sekt, Grabower Küsschen, Spee Waschmittel usw.). Häufig bestehen auch persönliche Verbindungen zum Hersteller, etwa durch Arbeitsplätze, lokale Sponsorings u.ä., die kaufauslösend wirken. Schließlich stellen Unternehmen der näheren Umgebung einen Wirtschaftsfaktor der Region dar, den man schon aus eigenem Interesse zu unterstützen geneigt ist.

In einigen Fällen wird versucht, die Vorteile einer regionalen Belieferung (geringe Transportkosten, Frische der Ware) mit einer nationalen Marketing-Steuerung (Listung bei den Handelsketten, Kommunikationsmaßnahmen) zu kombinieren.

Beispiele dafür sind Golden Toast als Dachmarke für Toastbrote verschiedener räumlich verteilter Backbetriebe oder Fruchtsaftmarken (z.B. Plurabell) mit mehreren Abfüllbetrieben.

In diesem Zusammenhang ist auch die Strategie der Molkerei Müller bemerkenswert, die in einem regional geprägten Markt nationale Marken geschaffen und insofern eine Pionierrolle übernommen hat. Während Molkereiprodukte üblicherweise nur in einem bestimmten Umkreis um den Erzeugungsort abgesetzt werden, gelang es über neue Verfahren zur Steigerung der Haltbarkeit von Milchprodukten (keine Vollmilch), das Absatzgebiet erheblich auszuweiten.

3.2.3.3.2 Nationaler Fokus

Die nationale Ausrichtung des Marketing kann als die Standardstrategie angesehen werden. Nicht zuletzt durch die Filialisierung des Handels mit nationalen Ketten ist es ohnehin kaum möglich, das Absatzgebiet weiter zu begrenzen. Erst an nationalen Grenzen entstehen Barrieren, deren Überschreitung zu erheblichem Marketingaufwand führt. Beispiele für solche Barrieren sind die unterschiedlichen Sprachen, die neue Verpackungen und Gebrauchsanweisungen erfordern, rechtliche Bestimmungen, die weitere Genehmigungen oder Tests erfordern, und handelsspezifische Besonderheiten, die zusätzliche distributionspolitische Maßnahmen (Verkaufsförderung, Provisionen usw.) notwendig erscheinen lassen. Je nach vorhandenem Know-how, Kapital und Managementkapazitäten kann es sinnvoll sein, diese Internationalisierungsbarriere nicht zu überschreiten.

3.2.3.3.3 Selektive Internationalisierung

Die Kennzeichnung der Internationalisierung als selektiv soll verdeutlichen, daß keinesfalls eine globale Marktabdeckung angestrebt wird, sondern die Zielländer bewußt ausgewählt werden. So hatte sich der Begriff der Triade als Beschreibung der wirtschaftlich attraktivsten Absatzgebiete der Welt herausgebildet. Die Triade umfaßt Nordamerika, die Europäische Union und Japan. Ende der achtziger Jahre gewann China als Absatzmarkt zusätzlich an Bedeutung. Heute besteht das „globale Schachbrett" aus (vgl. Jeannet 1995, S. 6):

„Globales Schachbrett"	
Nordamerika	China
Europäische Union	Osteuropa
Japan und Pazifische Küste	Indien
am Rande: Lateinamerika	

Abb. 3.39: „Globales Schachbrett"

Im Zusammenhang mit der internationalen Ausdehnung sind zahlreiche Entscheidungen zu treffen. Die wohl wichtigsten sind:

- Welche Märkte sollen bedient werden?
- Soll ein standardisiertes Produkt für alle Märkte oder jeweils ein marktspezifisches geschaffen werden?

Daran schließt sich die **Analyse der ausgewählten Märkte** an. Als Analyseraster kann das Marketing-Mix dienen:

Instrument	zu analysierende Fragen
Produkt-politik	Möglichkeiten des gewerblichen Rechtsschutzes (Patente, Markenschutz, Urheberrecht usw.)
	länderspezifische Regelungen zur Produkthaftung (insbesondere USA)
	bei Elektrogeräten: Zulassungsvorschriften der Approbationsstellen (vergleichbar VDE), Stromspannungen
	bei Lebensmitteln: zulässige Inhaltsstoffe und Kennzeichnungsvorschriften
	spezielle Anforderungen in einzelnen Ländern (bei der Gestaltung von Toastern wäre etwa das unterschiedliche Format der Toastbrote zu berücksichtigen)
	Verständlichkeit und sprachliche Bedeutung von Markennamen
	Anforderungen an die Produkte aufgrund klimatischer Besonderheiten
	Möglichkeiten der Ersatzteilversorgung, von Reparaturen und Service
	ästhetische Wirkungen von Produkten/ästhetische Gewohnheiten
	Verbrauchsgewohnheiten der Konsumenten, Körpergrößen, Wohnungsgrößen usw.
Kommunikations-politik	Zulässigkeit von Werbeaussagen in bezug auf rechtliche Vorschriften (z.B. vergleichende Werbung) oder religiöse Gefühle
	Struktur der Medien (Zahl und Verbreitung von Sendeanstalten, Zeitungen und Zeitschriften)
	Verständlichkeit der Botschaft, Entstehen möglicher Mißverständnisse
	Erreichbarkeit der Zielgruppen durch einzelne Medien/Mediennutzungsverhalten
	Kosten der Schaltung von Spots und Anzeigen
	Verfügbarkeit von Werbeplätzen/-zeiten
	Beliebtheit/Akzeptanz von Werbestilen
	bereits vorhandener Werbedruck
	länderspezifische Bedeutung der Kommunikationsinstrumente usw.
Distributions-politik	Vorhandensein und Leistungsfähigkeit von Distributionskanälen
	Bedeutung der Distributionswege für die Konsumenten
	Marktmacht einzelner Abnehmer
	Aufnahmebereitschaft des Handels für neue Produkte
	erforderliche Transportwege/Abwicklung des Transports
	erforderliche/übliche Handelsspannen
	Übernahme des Warenimports
	vorhandene Handelsvertreter bzw. Aufbau eines eigenen Vertriebssystems/Außendienstes usw.
Kontrahierungs-politik	länderspezifische Preisniveaus, Steuersätze
	Zulässigkeit von Rabatten, Preisdifferenzierungen usw.
	übliche Formen der Absatzfinanzierung/Konditionengestaltung
	Zahlungsgewohnheiten/-fristen
	Inflationsraten
	Kaufkraft im Zielland usw.

Bei dieser Aufzählung kann es sich nur um einen kleinen Ausschnitt aus der Menge zu beachtender Aspekte handeln. Es wird aber schon hier deutlich, vor welchem Problem das internationale Marketing steht, besonders, wenn zum Zweck der Kostensenkung standardisierte Produkte angeboten werden sollen. Sämtliche Besonderheiten, die letztlich auch durch multinationale Organisationen nicht vereinheitlicht werden können, müssen bei einem Produkt berücksichtigt werden. Dies zeigt sich an Gebrauchsanweisungen, die in mitunter zehn und mehr Sprachen verfaßt sind, an Bodenplatten von Elektrogeräten, die die Zulassungszeichen der jeweiligen Approbationsbehörde aufweisen, an Lebensmittelverpackungen, die die Zutaten in den jeweiligen Landessprachen aufführen.

Gründe für eine Internationalisierung des Marketing liegen in der Nutzung von Absatzpotentialen, insbesondere, wenn in anderen Ländern keine vergleichbaren Produkte auf dem Markt sind. Diese Zielsetzung liegt etwa der Expansion in osteuropäische Länder zugrunde.

Einige allgemeine Problembereiche sind im Rahmen von **Internationalisierungsstrategien** zu berücksichtigen (Kotler/Bliemel 1992, S. 579f.):

- hohe Auslandsverschuldung
- instabile Regierungen
- instabile Wechselkurse
- Eintrittsauflagen durch die Landesregierungen
- Zölle und Handelsbeschränkungen
- Korruption
- Technologie-Spionage im Falle der Produktion im Ausland
- hohe Kosten für die Anpassung der Produkte und der Kommunikation.

Nichtsdestotrotz hat die Internationalisierung für deutsche Unternehmen teils überragende Bedeutung (Quelle: Geschäftsberichte 1994):

Unternehmen	Anteil der Auslandserlöse an den Gesamterlösen 1994
Hoechst	78,1%
BMW	69,0%
SAP	65,1%
Escada (93/94)	65,0%
Beiersdorf	63,8%
Bertelsmann (93/94)	63,7%
Daimler-Benz	62,5%
Boss	61,1%
Wella	60,9%
Jil Sander	46,5%
Siemens (93/94)	39,8%
Deutsche Bank	36,9%

Abb. 3.40: Exportanteile ausgewählter deutscher Unternehmen

3.2.3.3.4 Globale Marktabdeckung

Global Marketing kann durchaus als *das* Marketing-Thema der achtziger Jahre bezeichnet werden. Schwieriger werdende heimische Märkte bei gleichzeitiger Öffnung neuer internationaler Märkte führten bei vielen Markenartikelherstellern zu dem Versuch, die Marken weltweit zu verkaufen und durch die Mengensteigerung erhebliche Kostendegressionseffekte zu erzielen. Voraussetzung dafür ist allerdings, daß die Produkte über mehrere Kulturkreise, Religionen, Klimazonen usw. hinweg standardisiert verkauft werden können.

Die „Globalisierungsfähigkeit" einzelner Produktbereiche kann höchst unterschiedlich sein. Folgende Übersicht stellt einige global, global mit länderspezifischen Adaptionen (Übersetzungen, Spannungsanpassungen usw.) und überwiegend national vermarktbare Produkte gegenüber:

global	global mit Adaption	national
Bekleidung	Radios/Fernseher/CD-Player	Bücher/Zeitschriften
Alkoholische Getränke	Erfrischungsgetränke	Lebensmittel-Frischwaren
Arzneimittel	Computer/Software	Dienstleistungen
Fotoapparate	Kraftfahrzeuge	Elektro-Großgeräte
einfache Plastikartikel	Spielfilme	Möbel
Musik	Produktionsmaschinen	Fachgeschäfte

Abb. 3.41: Globalisierungsfähigkeit einzelner Produktbereiche

Rall entwickelte 1986 folgendes Schema der Möglichkeit zur Internationalisierung (Rall 1986, S. 160):

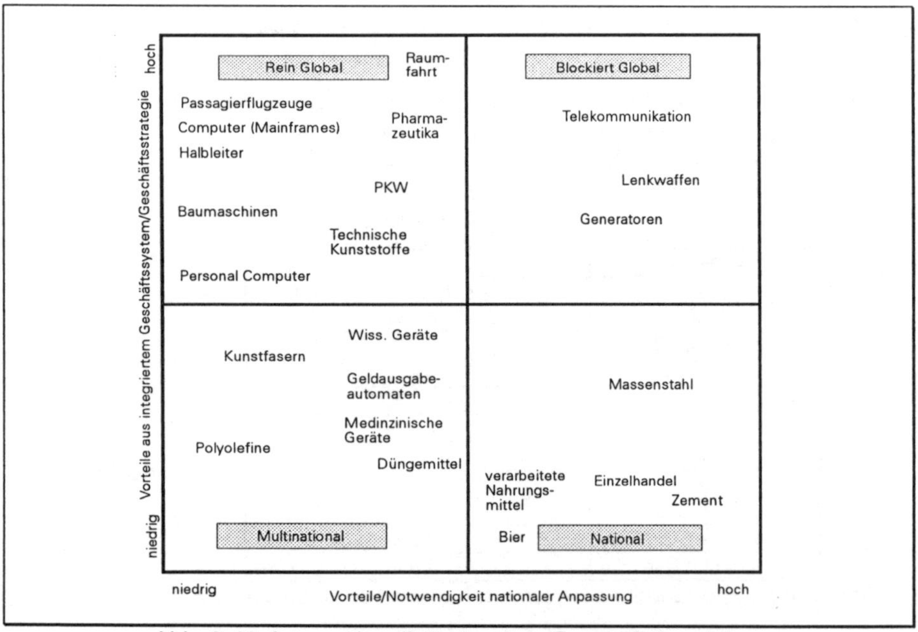

Abb. 3.42: Internationalität einzelner Geschäftsbereiche

Wohl populärstes Beispiel für eine globale Marke ist Coca Cola. Die Globalisierungsstrategie basiert auf einer Teilung des Marketing-Mix in standardisierte und lokal adaptierte Elemente (Becker 1992, S. 293):

standardisiert	lokal adaptiert
Marke	Preis
Logo	Verpackung
Positionierung	Vertrieb
Werbung	Verkaufsförderung
Produktformel	Marketingbudget

Es wird deutlich, daß die operativen Maßnahmen in den jeweiligen Vertriebsgebieten angepaßt werden, während die strategischen Entscheidungen global standardisiert werden.

Globalisierung kann auch im Zusammenhang mit der Zielgruppe betrachtet werden. Die weltweit einheitlich erhältlichen Produkte wenden sich überwiegend an jugendliche Zielgruppen, für die Internationalität häufig auch ein Statussymbol ist und die mit der internationalisierten Wirtschaft, Urlaubsreisen ins Ausland usw. aufwachsen. Beispiele für globale Jugend-Marken sind Levi's, Coca Cola, McDonald's, Sony und schließlich auch Pop-Stars. Schon aus dieser Überlegung heraus ist mit einer wachsenden Bedeutung globaler Marken in der Zukunft zu rechnen.

3.2.3.4 Wettbewerbsstrategien

Porter (1992a, S. 62ff.) hat drei Strategietypen identifiziert, die erfolgversprechend erscheinen, sich gegen die Wettbewerbskräfte

- Markteintritt
- Gefahr durch Ersatzprodukte
- Verhandlungsstärke von Kunden
- Verhandlungsstärke von Abnehmern
- Rivalität unter bestehenden Wettbewerbern

durchzusetzen. Diese Strategietypen können in einer Strategischer Vorteil/Strategisches Zielobjekt-Matrix dargestellt werden.

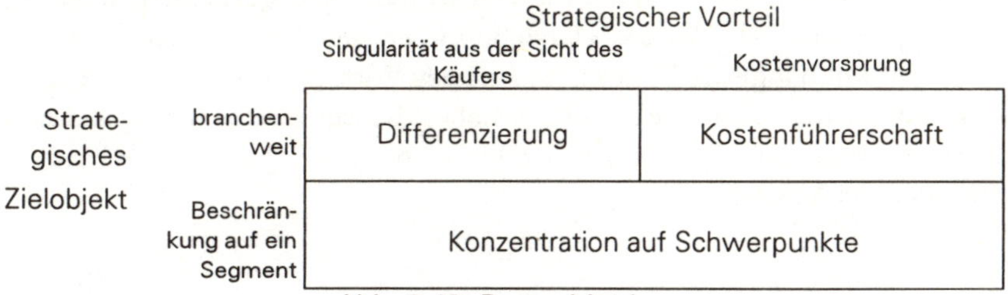

Abb. 3.43: Porter-Matrix

3.2.3.4.1 Differenzierung

Grundlage der Differenzierungsstrategie ist die Schaffung eines einzigartigen Angebots. Es erfolgt keine Spezialisierung auf ein bestimmtes Marktsegment; grundsätzlich ist der Gesamtmarkt das Ziel. Die Differenzierung kann über eine Reihe von Dimensionen sowohl der Produktpolitik als auch der anderen marketingpolitischen Instrumente erfolgen. Einige Beispiele sind:

- Produktdesign (Braun: Elektro-Haushaltsgeräte; Bang & Olufsen, Loewe: Unterhaltungselektronik)
- Produktgestaltung (SMH: Swatch Armbanduhren)
- Produktausstattung (Theramed: Zahnpasta im Spender)
- Service (private Mobilfunkanbieter, Kreditkartenorganisationen)
- Erreichbarkeit/Filialnetz (Postbank; Hertz, Avis: Autovermietungen)
- Technologie (Polaroid: Sofortbilder, Sony: Bildschirme)
- Markennamen (Kraft Jacobs Suchard: Milka, Beiersdorf: Nivea)
- Distributionsdichte (Coca Cola, Mars)
- Status (Mercedes-Benz, Jaguar).

Die **Durchsetzung** einer Differenzierungsstrategie setzt spezifische Kompetenzen des Unternehmens voraus. So erfordert die Differenzierung über technologische und Leistungsmerkmale das Vorhandensein einer leistungsfähigen Entwicklungsabteilung und umfangreicher Schutzrechte (Patente, Gebrauchsmuster). Nur dadurch kann verhindert werden, daß der Differenzierungsvorteil von Wettbewerbern imitiert wird. Vermarktungsorientierte Vorteile setzen entsprechende Marketingfähigkeiten voraus. Wird die Differenzierung etwa über die Distributionsdichte, d.h. Erhältlichkeit für den Konsumenten, angestrebt, sind sowohl ein umfangreicher Vertriebsaußendienst als auch eine gewisse Macht dem Handel gegenüber erforderlich. Die Distribution kann um so leichter ausgebaut werden, je umfangreicher das Produktprogramm und je größer die Abhängigkeit des Handels vom Hersteller ist. Differenzierungsvorteile über eingeführte Markennamen lassen sich nur erzielen, indem einzelne Namen über Jahrzehnte unverändert bleiben. Klassiker wie „Persil", „Nivea" usw. bleiben damit traditionsreichen Unternehmen vorbehalten.

Differenzierungsstrategien können jedoch insbesondere dann zum **Problem** werden, wenn die damit verbundenen Kosten zu einem wesentlich höheren Preisniveau als dem der Wettbewerber führen. So ist grundsätzlich zu überprüfen, welchen Aufpreis die Käufer für den Differenzierungsvorteil zu zahlen bereit sind. Wird diese Preisbereitschaft überschritten, ist mit erheblichen Käuferverlusten zu rechnen, da andere Hersteller über den Preisvorteil attraktiver werden. Weiterhin hängt die Dauerhaftigkeit des Vorteils vom Risiko der Imitation ab. Je stärker der rechtliche Schutz, je höher die Eintrittsbarrieren und je intensiver die vertraglichen Bindungen von Lieferanten und Abnehmern sind, desto sicherer ist der Vorteil.

3.2.3.4.2 Kostenführerschaft

Kernelement der Kostenführerstrategie sind niedrigere Produktionskosten als bei den Wettbewerbern. Solche Kostenvorteile ermöglichen sowohl niedrigere Verkaufspreise als auch größere Flexibilität bei der Konditionengestaltung, wodurch etwa gegenüber Abnehmern eine größere Macht erzielt werden kann. Voraussetzungen für die Erlangung von Kostenvorteilen sind z.B.

- hohe Produktionsmengen
- seltenere Modellwechsel, d.h. lange Produktionszeiten
- weitgehende Standardisierung von Produkten und/oder Produktteilen
- verfahrenstechnisch einfach gestaltete Produkte (wenige Bearbeitungsdurchgänge, geringe Fehler- und Ausschußquoten usw.)
- kostengünstige Produktionsverfahren
- „schlankes" Management
- Service-Beschränkung auf das notwendige Maß
- je nach Produktart auch distributionspolitische Beschränkungen (z.B. Mindestabsatzmengen, Einschränkungen des Abnehmerkreises)
- Beschränkung der Produktausstattung auf ein Minimum (z.B. Zubehörteile, Verpackung).

Beispiele für kostenführende Unternehmen lassen sich vor allem in Japan finden. Im Automobilbereich wird dies z.B. in der wesentlich geringeren Typenvielfalt deutlich. Während etwa deutsche Hersteller zahlreiche individuelle Kombinationsmöglichkeiten von Ausstattungsvarianten anbieten, beschränken sich japanische auf einige Standardversionen. Im Hinblick auf das Kostensenkungsmanagement wird beispielsweise auch das Target Costing als Erfolgsfaktor angeführt.

Ein Vergleich deutscher und japanischer Kleinwagen zeigt die Unterschiede in der Typenvielfalt. Dabei werden nur Grundversionen gezählt, die durch Motoren, Türenzahl und Grundausstattungs-Pakete bzw. Versionen definiert sind. Farben, Radios, Polster, Zusatzausstattungen usw. werden nicht berücksichtigt. Toyota bietet den Starlet als Starlet an und sonst nichts. Es gibt nur diese Version. Mazda bietet den 121 in drei Versionen an. Der Nissan Micra wird in sieben verschiedenen Versionen angeboten. Der Ford Fiesta ('96er-Modell) bietet 20 Varianten, der Opel Corsa kommt schon auf 34 Varianten und der VW Polo auf nicht weniger als 124.

Probleme der Kostenführerstrategie ergeben sich vor allem aus der eingeschränkten produktpolitischen Flexibilität und der mangelnden Individualität der Strategie. So führt die Entscheidung, ein Produkt in hohen Stückzahlen möglichst lange herzustellen, im Laufe der Zeit zu einem Verlust an Wettbewerbsfähigkeit, da andere Hersteller zwischenzeitlich durch technische Verbesserungen Vorteile erzielen können. Außerdem ist die Kostenführerstrategie nicht schutzfähig, so daß die Gefahr besteht, daß insbesondere kapitalkräftige Wettbewerber die Preise unterbieten und somit den ursprünglichen Kostenführer aus dem Markt drängen. Die Bindung der Kunden an den Hersteller über den Preis ist grundsätzlich nicht dauerhaft, da diese stets auf den billigeren Anbieter wechseln werden.

Ein aktuelles Thema ist beispielsweise auch die zunehmende internationale Konkurrenz aus sog. Billiglohnländern. Selbst eine kostengünstige Produktion in einem Hochlohnland unterliegt einer ständigen internationalen Bedrohung. Beispiele der letzten Jahre sind Stahl aus den ehemaligen Ostblock-Staaten und Fahrzeuge aus Südkorea. Eine Kostenführerstrategie ist in einer solchen Situation nur dann durchsetzbar, wenn die eigene Produktion verlagert wird.

3.2.3.4.3 Konzentration auf Schwerpunkte

Die Konzentration auf Schwerpunkte stellt eine Kombination der o.g. Maßnahmen bei einer Konzentration auf eine bestimmte Zielgruppe dar. Diese Zielgruppenspezialisierung erfolgt mit dem Ziel, besser als andere Anbieter auf die Anforderungen der Konsumenten eingehen zu können. Diese produktpolitische Beschränkung wird unterstützt durch einen erleichterten Imageaufbau und -erhalt. Je kleiner das Sortiment und je spezialisierter die Produkte sind, desto einfacher ist die Durchsetzung eines einheitlichen Firmenimages.

> Ein **Beispiel** für einen Rückzug von einem breiten Produktsortiment zur Konzentration auf einen Schwerpunkt ist die Fa. Rollei, die ursprünglich in fast allen Bereichen der Fototechnik tätig war und entsprechend breite Zielgruppen ansprach. Inzwischen wurden die Bereiche der Amateur- und Hobbyfotografie aufgegeben. Das Angebot beschränkt sich heute auf Kameras für Berufsfotografen, wobei teils erhebliche technische Vorsprünge gegenüber Wettbewerbern erreicht wurden.

Andere prägnante Beispiele sind etwa Fachverlage, die Literatur nur für bestimmte Personenkreise, insbesondere Berufsgruppen, anbieten. Dadurch wird eine besondere Kompetenz bei dieser Zielgruppe aufgebaut, die absatzfördernd ist und bei der Gewinnung von Autoren hilft.

3.2.3.5 Portfolio-Strategien

Die verschiedenen Portfolio-Techniken wurden bereits im Abschnitt „Strategische Analyseverfahren" dargestellt. Aus den Positionen der einzelnen strategischen Geschäftseinheiten im Portfolio lassen sich aber auch Empfehlungen für sog. Normstrategien ableiten.

Nach der Boston Consulting-Matrix werden folgende Normstrategien für die einzelnen Felder vorgeschlagen:

„Fragezeichen": Auf der Basis einer Analyse der Erfolgschancen sollen die Geschäftseinheiten entweder offensiv gefördert werden, um die Position zu stabilisieren, oder es erfolgt ein Rückzug aus dem Geschäft.

„Sterne": Diese Geschäftseinheiten sollen durch eine Investitionsstrategie unterstützt werden. Ziel ist es, die Position zu halten oder sogar zu steigern.

„Melkkühe": Die Marktposition soll so lange wie möglich gehalten werden, doch ist insbesondere darauf zu achten, daß aus den Erlösen Mittel abgeschöpft werden können.

„Arme Hunde": Hier kommt es darauf an, ob die Geschäftseinheiten einen positiven Deckungsbeitrag erwirtschaften. Ist dies der Fall, sollten sie in der Regel ebenso gehalten werden wie Melkkühe. Bei negativen Ergebnissen sollte eine Desinvestition stattfinden, d.h. eine Elimination der Produkte.

Die Ausgestaltung der Strategien kann etwa wie folgt vorgenommen werden:

Strategie	Maßnahmen
Investition	hohe Ausgaben für Kommunikationsmaßnahmen
	regelmäßige Produktverbesserungen
	Ausweitung des Produktprogramms
	zielgruppenspezifische Produktvariationen
	Investition in modernere Fertigungsverfahren
	hohe Investitionen in Forschung und Entwicklung
	Ausweitung der Distributionswege
	Kooperation mit Händlern zur Verstärkung der vertikalen Bindung
	Stärkung der Bindung zu Konsumenten durch Kommunikation, Serviceleistungen, Anwenderclubs usw.
	Ausweitung der Kulanzleistungen
	Angebot von Produkttests/Ermöglichung eines risikoarmen Produktkaufs
	Ausnutzung des Preisspielraums nach unten
	Angebot besonders günstiger Finanzierungskonditionen
	vertikale Integration in Richtung auf Vorprodukte und Rohstoffe
	Einstieg in Basistechnologien
Abschöpfung	Verringerung des Kommunikationsaufwands
	Konzentration auf Erinnerungswerbung
	Stabilisierung der Verkaufspreise auf möglichst hohem Niveau
	Beschränkung der Distribution auf die profitabelsten Kanäle
	Beschränkung der Zielgruppenansprache nach dem Kriterium der Profitabilität
	Reduzierung des Aufwands für Händlerbetreuung
	Ausnutzen der Lebensdauer der Produktionsanlagen
	Suche nach „Sondergeschäften", größeren Einzelaufträgen, ggf. im Ausland oder bei anderen Zielgruppen
	ggf. Vergabe von Produktions- oder Namenslizenzen
	Verlagerung der Produktion in andere Länder
Desinvestition	Verzicht auf Kommunikationsmaßnahmen
	Verzicht auf produktpolitische Maßnahmen
	kontinuierlicher Abbau von Fertigungskapazitäten
	Verkauf von Fertigungsanlagen

	Vergabe von Lizenzen
	je nach Produktart: Verkauf einer letzten limitierten Auflage
	genaue Beobachtung der Erfolgssituation, um das Auftreten negativer Deckungsbeiträge unverzüglich zu bemerken
Selektion	Fragen im Rahmen einer Selektionsentscheidung
	langfristige Marktentwicklung
	Bestehen von Eintrittsbarrieren für Wettbewerber
	Verbundeffekte innerhalb des Unternehmens
	Imagewirkung einer Elimination
	Auslastung der Fertigungskapazitäten
	Höhe der bisher getätigten Investitionen.

Ziel des von der Unternehmensberatungsgesellschaft McKinsey entwickelten Portfolios ist es ebenfalls, Anhaltspunkte für die Förderung bzw. den Abbau von strategischen Geschäftseinheiten zu geben. Im Gegensatz zum BCG-Ansatz werden jedoch nicht quantitativ bestimmbare Größen als Entscheidungskriterien verwendet, sondern Kriterienkataloge, die teils subjektive Bewertungen erfordern. Die Empfehlungen für die inhaltliche Umsetzung sind prinzipiell aber die gleichen wie die o.g.

3.2.3.6 Neue BCG-Matrix (Wettbewerbsvorteilsmatrix)

Die sog. neue BCG-Matrix kombiniert die Faktoren „Anzahl der Wettbewerbsvorteile" und „Größe des Wettbewerbsvorteils" zu vier Markttypen:

		Größe des Vorteils: klein	Größe des Vorteils: groß
Zahl der Vorteile	hoch	Fragmentierung	Spezialisierung
	gering	Patt	Volumen

Abb. 3.44: Neue BCG-Matrix

Im Gegensatz zu den bisher dargestellten Portfolio-Techniken handelt es sich hierbei nicht um ein SGE-orientiertes, sondern um ein marktorientiertes Raster. Es soll die grundlegenden Strategierichtungen für ein Unternehmen aufzeigen, die sich aus der Anzahl und Größe der Wettbewerbsvorteile ergeben.

Fragmentierung bezeichnet eine Situation, die durch eine hohe Zahl kleiner Vorteile gekennzeichnet ist. Hier gibt es zwar eine ganze Reihe möglicher Wettbewerbsdifferenzierungen, doch ist aufgrund deren geringer Höhe nicht mit einem dauerhaften Vorsprung zu rechnen. Potentiell erfolgreich ist diese Situation nur in Märkten, die ausgesprochen polypolistisch geprägt sind, so daß kein Unternehmen die Möglichkeit hat, marktbeeinflussend oder gar -beherrschend zu werden. Existiert eine starke Ungleichverteilung der Marktanteile, werden die stärkeren Unternehmen innerhalb kurzer Zeit die Wettbewerbsvorteile kleinerer Unternehmen wettmachen. Insofern kann die Fragmentierung überwiegend als Übergangssituation betrachtet werden.

Mit **Spezialisierung** wird die Situation zahlreicher großer Wettbewerbsvorteile in einem Markt bezeichnet. Hier ist es einer großen Zahl von Unternehmen möglich, individuelle Positionierungen zu finden und eine dauerhafte, ertragreiche Betätigung zu sichern. Die Zahl der Vorteile sichert eine gewisse Unternehmensvielfalt. Die Größe der Vorteile ermöglicht es, dauerhaft den Wettbewerbsvorteil zu sichern. Es ist daher auch für marktstarke Unternehmen schwierig, die Wettbewerbsvorteile kleinerer Unternehmen etwa durch Imitation zu erreichen.

Eine **Patt**-Situation findet sich in stark nivellierten Märkten, in denen keine Vorteile mehr erreicht werden. Dies ist z.B. dann der Fall, wenn die technologischen Spielräume ausgenutzt worden sind und die Produktionsmengen sich bei allen Unternehmen des Marktes stabilisiert haben. Fehlendes Marktwachstum (z.B. aufgrund hoher Bedarfsdeckung) führt dazu, daß die Bereitschaft zur Produktentwicklung seitens der Anbieter gering bis nicht vorhanden ist.

Volumenmärkte schließlich sind solche, in denen nur wenige, aber dafür große Vorteile existieren. Es gibt daher nur wenige Möglichkeiten, Wettbewerbsvorteile zu erzielen. Diese lassen sich jedoch gut gegenüber anderen Unternehmen verteidigen. Diese Situation unterstützt die Angebotskonzentration auf wenige Hersteller mit großen Produktionsvolumina.

Aus Marketingsicht läßt sich hieraus zunächst erkennen, daß Märkte mit einer geringen Zahl von Vorteilen die Tendenz zu einer Angebotskonzentration bei hohen Produktionsmengen haben. Die Strategie ist daher auf die Kostenführerschaft auszurichten, so daß der dadurch zu erreichende Preisvorteil eine Eintrittsbarriere für mögliche Wettbewerber darstellt. Dies führt zu wenig differenzierten, eher standardisierten Produkten. Ebenso können mehrere Produktpositionen von einem Hersteller übernommen werden, der ein Produkt unter verschiedenen Marken anbietet. Beispiele für solche Situationen sind der Margarine- oder Filterpapiermarkt.

Eine größere Zahl von Vorteilen eröffnet einen größeren Marketingspielraum. Die einzelnen Produkte lassen sich stärker differenzieren. Im Falle der Spezialisierung bieten sich eher langfristig angelegte Strategien an, während fragmentierte Märkte das Erfordernis ständigen Wechsels bzw. der Bereitschaft zum Wechsel mit sich bringen. Ein Erfolgsfaktor in dieser Situation ist daher die Schnelligkeit der Reaktion auf Veränderungen des Marktes, z.B. in bezug auf Kommunikationsmaßnahmen, Produktgestaltung, Distributionswege usw. Ein Beispiel für diese Situation ist etwa im Computermarkt zu sehen.

3.3 Operative Marketing-Planung

Wie bereits oben dargestellt, ist die operative Planung von der strategischen abhängig. Ihre Aufgabe ist es, strategische Pläne konkret umzusetzen. Im Marketing-Bereich heißt dies:

Strategische Planung legt den globalen Einsatz der Marketing-Instrumente fest. **Operative Planung** konkretisiert die strategische Planung und legt einzelne Marketing-Maßnahmen fest.

3.3.1 Ablaufplanung

3.3.1.1 Gantt-Diagramme

Gantt-Diagramme stellen eine einfache Form der Ablaufplanung dar. Ihre Aufgabe ist es, aufeinanderfolgende und miteinander verbundene Aktivitäten in bezug auf die Zeit darzustellen und eine zeitoptimale Planung zu ermöglichen.

Der Vorteil des Verfahrens liegt darin, daß die Planung beispielsweise auch mit einem Wand-Jahreskalender erfolgen kann, an den für die einzelnen Tätigkeiten jeweils Papierstreifen entsprechend dem Zeitbedarf geheftet werden. Darüber hinaus sind keine rechentechnischen Hilfsmittel erforderlich. Gantt-Diagramme werden häufig bei der zeitlichen Planung von Management-Projekten, Produkteinführungen u.ä. eingesetzt.

Die Durchführung soll an folgendem Beispiel eines Marketing-Planungsprozesses erläutert werden:

Nr.	Aktivität	Zeitbedarf	Start	abhängig von
1	Festlegung der Marketing-Ziele	3 Wo	03.06.1996	-
2	Situationsanalyse	2 Wo	24.06.1996	1
3	Durchführung von Prognosen	1 Wo	08.07.1996	2
4	Entwicklung der Strategien	5 Wo	15.07.1996	3
5	Verabschiedung des strategischen Plans	1 Wo	19.08.1996	4
6	Verabschiedung der Marketing-Mix-Konzeption	2 Wo	26.08.1996	5
7	Entwicklung produktpolitischer Pläne	4 Wo	09.09.1996	6
8	Entwicklung des Kommunikationsplans	4 Wo	09.09.1996	6
9	Entwicklung des Distributionsplans	2 Wo	23.09.1996	6
10	Koordination der operativen Pläne	1 Wo	30.09.1996	7, 8, 9
11	Erarbeitung der Budgetpläne	5 Wo	07.10.1996	7, 8, 9
12	Revision der Budgets	1 Wo	11.11.1996	11
13	Abschluß		18.11.1996	12

Diese Aktivitäten können nun grafisch dargestellt werden.

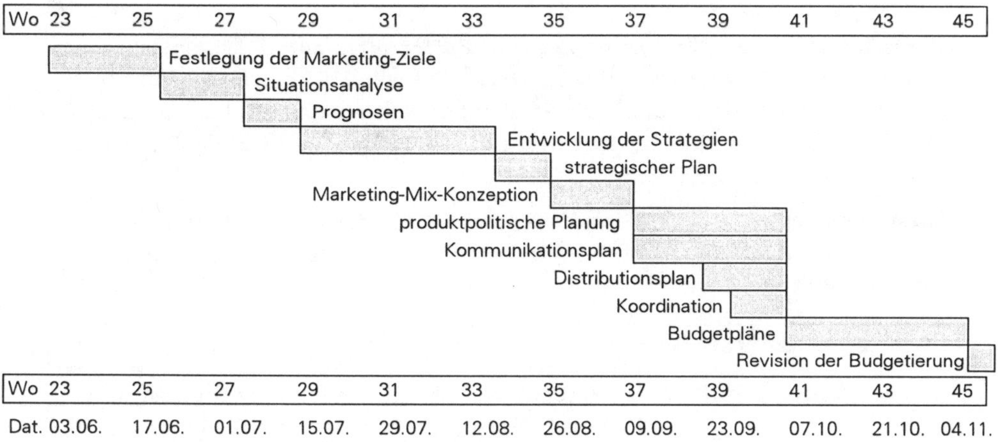

Abb. 3.45: Beispiel für ein Gantt-Diagramm

Die Vorgehensweise ist somit:

1. Festlegung der Tätigkeiten, die geplant werden sollen
2. Definition des Zeitbedarfs der Tätigkeiten
3. Ermittlung von Abhängigkeiten untereinander
4. Aufstellung der Reihenfolge der Tätigkeiten
5. ggf. Berücksichtigung von Kapazitätsengpässen
6. Zeichnen des Diagramms.

3.3.1.2 Netzplantechnik

Die **Netzplantechnik** ermöglicht die Koordination komplexer Arbeitsabläufe, wie sie im Marketing-Bereich z.B. im Rahmen der Neuprodukteinführung vorkommen. Das Planungsproblem entsteht dadurch, daß aus Gründen der Zeitersparnis und der besseren Ausnutzung von (personellen) Kapazitäten verschiedene Tätigkeiten parallel ausgeführt werden sollen. Es gilt dann zu bestimmen, wann welche Tätigkeiten begonnen bzw. beendet sein müssen, um einen reibungslosen Ablauf des gesamten Prozesses zu gewährleisten.

Netzpläne sind ein durchaus alltägliches Phänomen. So wird z.B., wenn zwei oder mehr Personen zusammen einkaufen, häufig unbewußt ein Netzplan aufgestellt. Beim Kauf von Produkten an Bedienungstheken beispielsweise müssen regelmäßig Wartezeiten einkalkuliert werden, so daß es sinnvoll ist, daß sich eine der beteiligten Personen an der Theke anstellt, während eine andere zwischenzeitlich andere Produkte aus den Regalen heraussucht und man sich anschließend wieder trifft. Darüber hinaus wird, was auch ein Element der Netzplantechnik ist, häufig eine Abfolge von Einkäufen festgelegt. So ist etwa der Einkauf von

Zutaten abhängig von der gekauften Fleischsorte. Entsprechend ist die zeitliche Reihenfolge festzulegen.

Weiterhin macht die Netzplantechnik auf **Pufferzeiten** aufmerksam. Dabei handelt es sich um Zeitreserven, die entweder als Risikoabsicherung bewußt beibehalten oder für andere Tätigkeiten eingeplant werden können. Puffer entstehen immer dann, wenn eine Tätigkeit früher beendet ist als eine andere, auf deren Ergebnis gewartet werden muß.

Die Vorgehensweise der **Critical Path Method** (CPM, es gibt eine Reihe weiterer Verfahren) soll an folgendem Beispiel (nach Nieschlag/Dichtl/Hörschgen 1994, S. 925ff.) dargestellt werden.

1. Analyse der Tätigkeiten

In einem ersten Schritt ist zu ermitteln, welche Tätigkeiten relevant sind, welche voneinander abhängen und wieviel Zeit für die Erledigung erforderlich ist. Gegebenenfalls ist auch zu bestimmen, von wem bzw. welcher Abteilung oder welchem Dienstleister die Tätigkeiten durchzuführen sind. Bestehen hierbei Wahlmöglichkeiten, ist eine Auswahl in Abhängigkeit von Zeitbedarf und Kapazität vorzunehmen.

In diesem **Beispiel** geht es um die Planung einer Neuprodukteinführung.

- Zunächst sind **Marktforschungsaktivitäten** erforderlich. Ergebnis ist ein Konzept für das neue Produkt.
- Nach dem Abschluß kann sowohl die **Investitionsplanung** als auch die **Konstruktion** beginnen.
- Ist die erforderliche Investitionssumme bekannt, kann auf dem **Kapitalmarkt** nach Finanzierungsmöglichkeiten gesucht werden.
- Ist die Konstruktion abgeschlossen, kann mit dem **Bau des Prototypen** begonnen werden.
- Im Anschluß daran fällt die **Entscheidung über die Produkteinführung**. Davon sind zunächst drei weitere Vorgänge betroffen: die Beschaffung des Kapitals, die Absatzplanung und Korrekturen an der Konstruktion.
- Nach erfolgter Kapitalbeschaffung können die **Produktionsanlagen erweitert** werden.
- Nach der Umsetzung der Konstruktionskorrekturen können die **Produktionsplanung** vorgenommen und das **Kundendienstnetz aufgebaut** werden.
- Nach Abschluß von Produktionsplanung, Absatzplanung und Kapitalbeschaffung werden **Marketingmaßnahmen** geplant und kann mit der **Beschaffung von Produktionsmitteln** begonnen werden.
- Sind die Produktionsanlagen erweitert und die Produktionsmittel beschafft, wird die **Produktion aufgenommen**.
- Das **Ende** ist dann erreicht, wenn die ersten Produkte ausgeliefert, die Marketingmaßnahmen vorbereitet und das Kundendienstnetz aufgebaut wurden.

2. Tabellarische Aufstellung der einzelnen Aktivitäten mit Zeiten und Abhängigkeiten

Zeichen	Aktivität	Dauer in Wochen	abhängig von
A	Marktforschung	2	-
B	Investitionsplanung	1	A
C	Konstruktion	4	A
D	Kapitalmarktforschung	1	B
E	Bau des Prototyps	3	C
F	Einführungsentscheidung	2	D, E
G	Kapitalbeschaffung	1	F
H	Konstruktionsänderung	3	F
I	Absatzplanung	5	F
J	Produktionsplanung	4	H
K	Erweiterung der Produktionskapazität	7	G
L	Aufbau des Kundendienstnetzes	4	H
M	Beschaffung der Produktionsmittel	5	J
N	Marketingmaßnahmen	3	G, I, J, K
O	Produktion erstes Los	3	K, M

Es zeigt sich, daß der Plan nun zwar nicht weniger komplex, aber doch übersichtlicher ist.

3. Ermittlung der Start- und Endzeiten

Mit Hilfe der vorhandenen Angaben kann nun eine Termintabelle aufgestellt werden. Dabei werden folgende Abkürzungen verwendet:

FAZ = frühester Anfangszeitpunkt
FEZ = frühester Endzeitpunkt
SAZ = spätester Anfangszeitpunkt
SEZ = spätester Endzeitpunkt
Puffer = SEZ - FEZ

Tätigkeit	A	B	C	D	E	F	G	H	I	J	K	L	M	N	O
Zeit	2	1	4	1	3	2	1	3	5	4	7	4	5	3	3
FAZ	0	2	2	3	6	9	11	11	11	14	12	14	18	18	23
FEZ	2	3	6	4	9	11	12	14	16	18	19	18	23	21	26
SAZ	0	7	2	8	6	9	15	11	13	14	16	22	18	23	23
SEZ	2	8	6	9	9	11	16	14	18	18	23	26	23	26	26
Puffer	0	5	0	5	0	0	4	0	2	0	4	8	0	5	0

Die Berechnung der einzelnen Zeiten erfolgt nach folgendem Schema:

- Tätigkeit A ist der Ausgangspunkt, sie greift auf keine anderen zurück. Der FAZ ist somit 0 und der FEZ entsprechend FAZ + Zeitbedarf = 2 Wochen.
- B schließt sich an A an (siehe Tabelle unter Ziffer 2). Der FAZ von B ist somit der FEZ von A, also die 2. Woche. Aufgrund des Zeitbedarfs von 1 ergibt sich ein FEZ von 3 Wochen.
- C schließt sich ebenfalls an A an. FAZ ist = 2, FEZ = 6.

- D ist Nachfolger von B, so daß sich ergibt: FAZ = 3 und FEZ = 4.
- E ist Nachfolger von C und hat FAZ = 6 und FEZ = 9.
- F kann erst beginnen, wenn D und E abgeschlossen sind. Als letztes ist Tätigkeit E beendet, so daß FAZ = 9 und FEZ = 11.
- G schließt sich an F an: FAZ = 11 und FEZ = 15. Genauso H: FAZ = 11 und FEZ = 14, I: FAZ = 11 und FEZ = 16.

usw.

Bei N ist noch darauf zu achten, daß die Tätigkeit erst beginnen kann, nachdem G, I, J und K abgeschlossen sind.

Damit ergibt sich eine Projektdauer von 26 Wochen. Nun können die Pufferzeiten ermittelt werden. Dazu sind die spätesten Anfangs- und Endzeitpunkte zu ermitteln. Die gleiche Rechnung wird nun rückwärts durchgeführt, d.h. vom Endzeitpunkt ausgehend. Immer dann, wenn früheste und späteste Zeitpunkte nicht übereinstimmen, ist ein Puffer vorhanden. Der Ablauf kann sich an diesen Stellen verzögern, ohne daß der Endzeitpunkt des gesamten Ablaufs verschoben wird.

- Für O ist der SEZ = 26 und damit der SAZ = 23.
- N muß ebenfalls erst im Zeitpunkt 26 fertig sein, so daß SEZ = 26 und SAZ = 23. Zu den frühesten Zeitpunkten besteht nunmehr eine Differenz von 5 Wochen. Das heißt: N kann frühestens in Woche 18 und muß spätestens in Woche 23 beginnen. Sollte also eine Verzögerung eintreten, die zu einer Verlängerung der Tätigkeit um max. 5 Wochen führt, kann das Projekt immer noch in Woche 26 abgeschlossen sein. Diese Toleranzzeit ist der Puffer.
- M ist der direkte Vorgänger von O und muß spätestens in Woche 23 fertig sein: SEZ = 23, SAZ = 18.
- L muß erst zum Projektende fertig sein und hat damit SEZ = 26 und SAZ = 22. Der Puffer beträgt 8 Wochen.
- K muß als Voraussetzung für O spätestens in der 23. Woche fertig sein (= SEZ). SEZ ist damit 16, es ergibt sich ein Puffer von 4.

usw.

Bei Tätigkeit A ist der Puffer wieder = 0. Diejenigen Tätigkeiten, die einen Puffer von 0 haben, liegen auf dem kritischen Weg, der keine Zeittoleranzen aufweist.

4. Zeichnen des Netzplans

Die grafische Darstellung des Netzplans kann auf unterschiedliche Weise erfolgen. Im folgenden wird ein Vorgangsknotennetz dargestellt. Diese Vorgangsknoten enthalten folgende Informationen:

FAZ	FEZ
SAZ	SEZ
Tätigkeit	
Dauer	Puffer

Der Netzplan hat dann folgendes Aussehen:

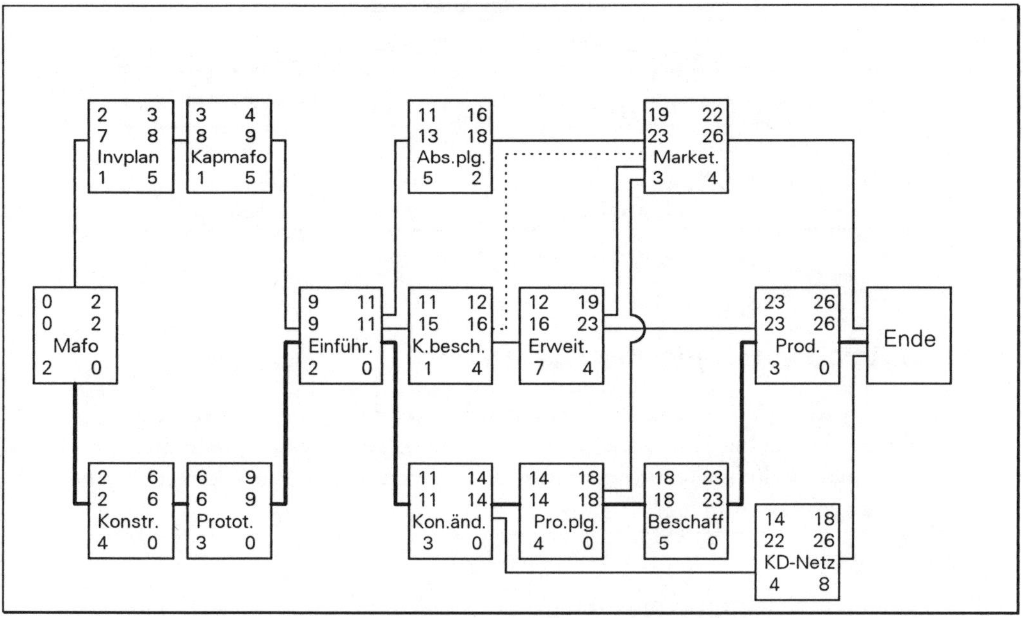

Abb. 3.46: Netzplan - Vorgangsknotennetz

Die fett gedruckte Linie ist der **kritische Pfad**, auf dem alle Pufferzeiten = 0 sind. Die gestrichelte Linie ist eine sog. **Scheinaktivität**, die eingefügt wird, um auf eine zeitliche Abhängigkeit aufmerksam zu machen. Die Aktivität „Marketingmaßnahmen" kann erst durchgeführt werden, wenn die Kapitalbeschaffung abgeschlossen ist. Beide Knoten sind jedoch nicht durch eine Tätigkeit verbunden, d.h. die Zeitdauer der Scheinaktivität ist (immer) = 0.

3.3.2 Kreativitätstechniken

Aufgabe der **Kreativitätstechniken** ist es, zum Verlassen der „normalen", d.h. überwiegend rationalen und vom Tagesgeschäft geprägten Denkwege anzuregen. Sie werden schwerpunktmäßig im Bereich der Neuproduktideeentwicklung eingesetzt, können aber auch für verschiedene andere Arten der Problemlösung verwendet werden. Es existieren sowohl systematisch-logische als auch intuitiv-kreative Verfahren.

Kreativitätstechniken sind i.d.R. gruppendynamische Techniken, bei denen mehrere Teilnehmer, z.T. aus unterschiedlichsten Fachgebieten, an einer Lösung arbeiten sollen.

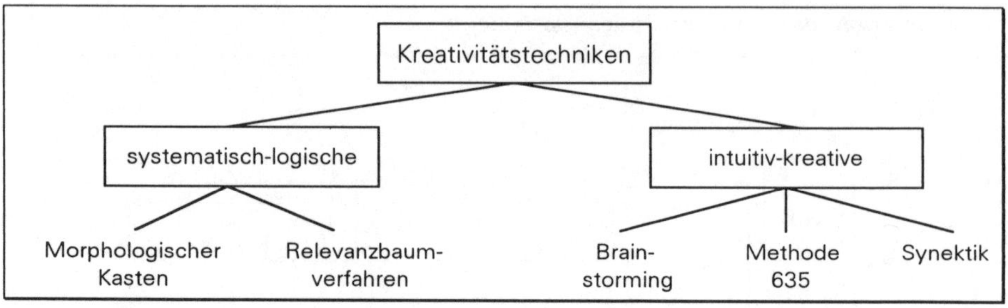

Abb. 3.47: Kreativitätstechniken

3.3.2.1 Morphologischer Kasten

Der **morphologische Kasten** ist ein Instrument, mit dem ein Produkt oder Problem in einzelne Teile zerlegt wird. Für diese Teile werden dann alternative Lösungsmöglichkeiten gesucht, um sie zu einem neuen Produkt/einer neuen Lösung zu kombinieren.

Vorgehensweise:

1. Beschreibung der Problemstellung
2. Zerlegung des Problems/Produkts in einzelne Komponenten (intensionale Merkmale) und Eintragung in die Vertikale einer Tabelle
3. Suche nach alternativen Techniken/Materialien/Lösungsmöglichkeiten für die einzelnen Komponenten (extensionale Merkmale) und Eintragung in die Zeilen der Tabelle
4. Suche nach neuen Produkten/Problemlösungen durch Kombination einzelner extensionaler Merkmale
5. Auswahl einer geeigneten Alternative.

Beispiel eines morphologischen Kastens für den Vertrieb eines Unternehmens:

Elemente	Alternativen			
Verkaufsrunden	halbjährlich	quartalsweise	zweimonatlich	monatlich
Informationsweg	Briefpost	Fax	T-Online	Telefon
Fahrzeug	Privatwagen	Firmenwagen		
Gebietseinteilung	nach Bundesländern	nach Anzahl der Händler	nach Fahrtstrecken	nach Art des Kunden
Entlohnung	nur Provision	Fixum u. Provision	nur Fixum	
Auftragsannahme	über ADM	über Verkaufsbüro	über Zentrale	

Abb. 3.48: Morphologischer Kasten für den Vertrieb

Allein dieser morphologische Kasten führt zu 4x4x2x4x3x3=1152 Kombinationsmöglichkeiten.

Beispiel eines morphologischen Kastens für eine Pauschalreise:

Elemente	Alternativen			
Buchung	Reisebüro schriftlich	Reisebüro persönlich	Veranstalter schriftlich	Veranstalter persönlich
Anreise	Eigenanreise	Bus	Bahn	Flug
Reiseleitung	eigene Reiseleitung	durch Agentur am Ort	keine	
Unterbringung	Privatzimmer	Pensionen	einfache Hotels	gute Hotels
Programm	in Reise enthalten	fakultativ durch Veranstalter	über örtliche Anbieter	

Abb. 3.49: Morphologischer Kasten für eine Pauschalreise

Hier ergeben sich 576 Kombinationsmöglichkeiten. Es zeigt sich, daß das Verfahren auf systematischen Überlegungen beruht und nicht zu völlig neuen, kreativen Lösungen führt. Jedoch ergeben sich durch die Vielzahl von Kombinationsmöglichkeiten kreative Potentiale, die ohne dieses Hilfsmittel schwer zu bewältigen wären. So ist sicher leicht vorstellbar, daß sich ein komplexes Produkt (z.B. Computer, Fahrzeug) in Hunderte oder auch Tausende Elemente zerlegen läßt, für die sich wieder eine Vielzahl von Möglichkeiten finden lassen. Für ein Produkt mit beispielsweise 10 Elementen und jeweils 5 Möglichkeiten pro Element lassen sich bereits 9.765.625 Kombinationen finden, die gewiß nie alle realisierbar sind.

3.3.2.2 Relevanzbaum-Verfahren

Mit Hilfe von **Relevanzbäumen** können Lösungsmöglichkeiten für Problemstellungen, z.B. die Erbringung spezieller Leistungen oder die Lösung betrieblicher Probleme, gefunden werden. Das Problem wird in Teilprobleme gegliedert, für die dann Lösungsmöglichkeiten entwickelt werden. Diese werden anhand einer Reihe von Kriterien bewertet, um so zur optimalen Lösung zu kommen.

Der prinzipielle Aufbau eines Relevanzbaums ist wie folgt:

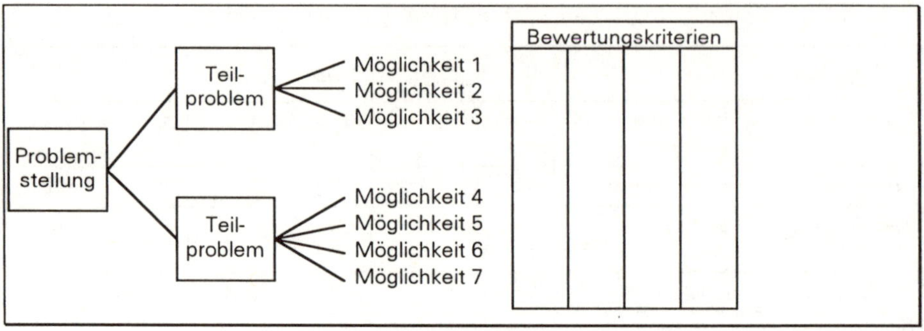

Abb. 3.50: Relevanzbaum-Verfahren

Beispiel eines Relevanzbaums für eine Lebensversicherungs-Gesellschaft:

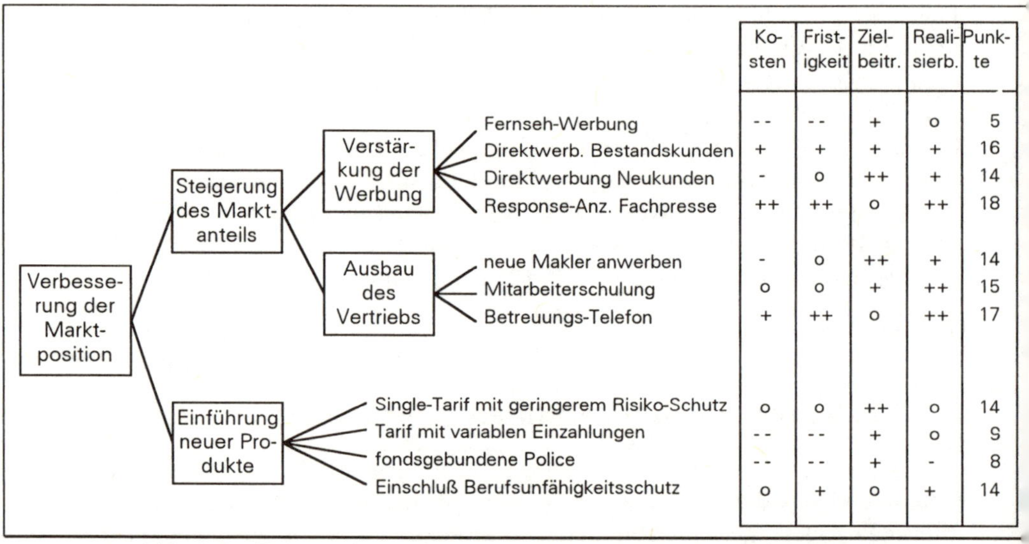

Abb. 3.51: Relevanzbaum für eine Lebensversicherungs-Gesellschaft

Für die Bewertung der einzelnen Möglichkeiten zur Verbesserung der Marktposition wurden die Kriterien Kosten, Fristigkeit, Zielbeitrag und Realisierbarkeit herangezogen. Eine sehr schlechte Bewertung wurde mit „--" gekennzeichnet, eine sehr gute mit „++" usw. Haben alle Kriterien das gleiche Gewicht, kann die Auswahl der durchzuführenden Maßnahme durch Addition der Punkte (++ = 5 Punkte, + = 4 Punkte usw.) erfolgen. In diesem Fall hat die Schaltung einer Response-Anzeige in der Fachpresse höchste Priorität.

3.3.2.3 Brainstorming

Das **Brainstorming** ist das bekannteste und am flexibelsten einsetzbare intuitiv-kreative Verfahren. Ziel ist es, durch eine geeignete Gestaltung des Umfelds eine kreativitätsfördernde Atmosphäre zu erreichen und somit kreative Energien der Beteiligten freizusetzen.

Folgende Regeln sollten bei der Durchführung von Brainstorming-Sitzungen beachtet werden:

- 7-12 Teilnehmer derselben Hierarchieebene
- Teilnehmer aus unterschiedlichen Fach- und Funktionsbereichen
- max. Dauer ca. 30 Minuten
- Quantität geht vor Qualität
- Verbot jeglicher Kritik am Gesagten
- kein Urheberrecht an den Ideen.

Ergebnis ist eine Reihe **freier Assoziationen** zu einem Thema. Jeder Teilnehmer wird mehr oder weniger bewußt Äußerungen der anderen Teilnehmer aufgreifen und weiterverarbeiten. Eine Kontrolle, ob das Gesagte sinnvoll ist oder nicht, bekannt oder unbekannt, utopisch oder realistisch usw., findet nicht statt. Die Erfahrung zeigt, daß nach etwa einer halben Stunde kaum noch Ideen produziert werden, so daß das Verfahren dann i.d.R. abgebrochen werden kann. Die Beschränkung auf eine Hierarchieebene verfolgt das Ziel, Hemmnisse, die mit der Anwesenheit von Vorgesetzten oder Mitarbeitern verbunden sein könnten, zu verhindern. Problematisch ist das nicht vorhandene Urheberrecht. Im Einzelfall kann es sein, daß sich Personen weigern, an einem Brainstorming teilzunehmen, weil sie eigene Ideen schützen lassen wollen (z.B. als Patent). Ein Urheberrechtsschutz ist bei diesem Verfahren jedoch ausgeschlossen.

Brainstormings können sowohl bei der Suche nach neuen Produkten als auch nach Kreativideen für Werbekampagnen und nach Problemlösungen eingesetzt werden.

Beispiele für Brainstorming-Fragestellungen:

- Welches neuartige Produkt können wir in Zukunft herstellen?
- Welche Technik, welches Konstruktionsprinzip können wir für den Relaunch eines bestehenden Produkts anwenden?
- Mit welchen Themen können wir in der Werbung auf unsere Produkte aufmerksam machen?
- Wie kann der technische Vorsprung unseres Produkts in der Kommunikation umgesetzt werden?
- Welche Möglichkeiten bestehen, den Vertrieb neu gestalten?

Beispiele für typische Killerphrasen, die ein Brainstorming gefährden:

- „Haben wir alles schon mal ausprobiert."
- „Das hätten wir schon längst gemacht, wenn es möglich wäre."
- „Wir müssen erst mal die Entwicklung abwarten."

- „Das schaffen wir in der vorgegebenen Zeit nicht mehr."
- „Das geht doch gar nicht."
- „Da haben Sie doch gar keine Ahnung von."
- „Das sollten wir zu einem späteren Zeitpunkt noch einmal ausdiskutieren."

3.3.2.4 Methode 635

Die **Methode 635**, auch Brainwriting genannt, ist eine Abwandlung des Brainstorming. Die Kreativgruppe setzt sich hierbei aus **sechs** Mitgliedern zusammen, die für eine definierte Problemstellung jeweils **drei** Lösungsvorschläge schriftlich darlegen müssen. Hierfür stehen genau fünf Minuten zur Verfügung. Anschließend werden die Papiere an den jeweils nächsten Teilnehmer weitergegeben, der dann die bereits beschriebenen Lösungsvorschläge weiterentwickelt. Dies wird so lange wiederholt, bis jedes Blatt von allen anderen **fünf** Teilnehmern bearbeitet wurde.

3.3.2.5 Synektik

Die **Synektik** wird im allgemeinen als das „verrückteste" Verfahren bzw. das mit dem höchsten kreativen Potential bezeichnet. Grundgedanke ist die Übertragung von Lösungen aus anderen Bereichen, beispielsweise der Natur bei technischen Problemstellungen oder der Technik bei sozialen Problemstellungen, auf eine konkrete Problemstellung.

Ablauf einer Synektik-Sitzung (vgl. Linneweh 1984, S. 100ff.):

1. Definition der Problemstellung, Bildung erster Analogien (30 Min.)
2. Nennung spontaner Lösungsansätze durch die Teilnehmer (zur Auflockerung der Atmosphäre, 10 Min.)
3. Neuformulierung des Problems, Verdichtung auf das Wesentliche (15 Min.)
4. Erste direkte Analogien aus Natur und Technik (20 Min.)
5. Persönliche Analogien („Wie fühle ich mich als...", 20 Min.)
6. Symbolische Analogien: Suche nach einem gegensätzlichen Wortpaar, bestehend aus Adjektiv und Substantiv (10 Min.)
7. Zweite direkte Analogie aus Natur oder Technik (im Gegensatz zur ersten direkten Analogie, 20 Min.)
8. Analyse und Beschreibung der gefundenen Analogien (20 Min.)
9. Zurückführung auf die ursprüngliche Problemstellung/Projektion (30 Min.).

Haupteinsatzgebiet der Synektik ist die Generierung von Neuproduktideen. In der Regel wird nach Lösungen im Tierreich gesucht. Beispiele finden sich etwa im Flugzeug- und Schiffsbau. Verschiedene konstruktive Merkmale wurden von Tieren übernommen (Rumpf, Tragflächen).

3.3.3 Entscheidungsbaumtechnik

Entscheidungsbäume sollen helfen, unterschiedliche Situationen und Entwicklungen bei einer Entscheidung zu berücksichtigen. Es wird dabei nicht mehr von *einem* bestimmten Zustand ausgegangen, sondern von *mehreren* möglichen, für die eine Eintrittswahrscheinlichkeit geschätzt werden kann.

Bei einer deterministischen (nur einen Zustand berücksichtigenden) Planung würde beispielsweise als Umsatzerwartung ein bestimmter Wert angegeben. Mit Hilfe der Entscheidungsbaumtechnik können mehrere Umsätze, die mit ihrer Wahrscheinlichkeit bewertet sind, berücksichtigt werden. Es läßt sich dann ein Umsatz-Erwartungswert errechnen.

Beispiel:

deterministische Planung:
Umsatz in Periode 1 = 100.000 DM
stochastische Planung:
Umsatz in Periode 1 = 120.000 DM mit einer Wahrscheinlichkeit von 30%
Umsatz in Periode 1 = 100.000 DM mit einer Wahrscheinlichkeit von 30%
Umsatz in Periode 1 = 080.000 DM mit einer Wahrscheinlichkeit von 20%
Umsatz in Periode 1 = 070.000 DM mit einer Wahrscheinlichkeit von 20%
Erwartungswert:
120.000 x 0,3 + 100.000 x 0,3 + 80.000 x 0,2 + 70.000 x 0,2 = 96.000 DM

Das Verfahren kann über beliebig viele Perioden durchgeführt werden, der Baum verzweigt sich dann immer weiter.

Das folgende **Beispiel** gibt einen Entscheidungsbaum zur Bestimmung eines Angebotspreises wieder. Folgende Daten liegen der Analyse zugrunde:

- Es gibt zwei Unternehmen auf dem Markt: das eigene (Untern.) und einen Wettbewerber (Wettb.). Die variablen Kosten des hergestellten Produkts liegen bei DM 60. Der Wettbewerber verlangt z.Zt. DM 100 pro Stück. Es wird erwogen, entweder diesen Preis zu übersteigen (DM 110) oder ihn zu unterbieten (DM 90).

- Auf die eigene Preisentscheidung hin werden jeweils zwei mögliche Reaktionen angenommen: Beim eigenen Preis von DM 110 wird der Wettbewerber mit einer Wahrscheinlichkeit von 40% den Preis ebenfalls auf DM 110 anheben, mit einer Wahrscheinlichkeit von 60% bei DM 100 lassen. Beim eigenen Preis von DM 90 wird der Wettbewerber mit einer Wahrscheinlichkeit von 60% bei DM 100 bleiben, ihn mit einer Wahrscheinlichkeit von 40% auf DM 90 senken.

- Auf diese Wettbewerbsreaktionen hin besteht wiederum die Möglichkeit, den Preis zu ändern. Entsprechend ergeben sich Konsequenzen bezüglich des Marktvolumens, der eigenen Absatzmenge und des Deckungsbeitrags. Für die sich ergebenden Preiskombinationen lassen sich dann die Gesamt-Deckungsbeiträge errechnen.

Untern.	Wettb.	Untern.	Marktvolumen	Absatz	Deckungsb.	DB gesamt
110	110 (0,4)	110	100.000	50.000	50	2.500.000
		100	100.000	60.000	40	2.400.000
	100 (0,6)	110	100.000	40.000	50	2.000.000
		100	100.000	50.000	40	2.000.000
90	100 (0,6)	100	100.000	50.000	40	2.000.000
		90	120.000	75.000	30	2.225.000
	90 (0,4)	90	130.000	65.000	30	1.950.000

Abb. 3.52: Beispiel eines Entscheidungsbaums

Es zeigt sich, daß ein Angebotspreis von DM 110 bei Gültigkeit dieser Annahmen der optimale ist.

Der oberste Strang des Entscheidungsbaums ist wie folgt zu interpretieren: Das Konkurrenzunternehmen erhöht den Preis ebenfalls auf DM 110, so daß ein einheitlicher Preis zustande kommt. Das Marktvolumen beträgt 100.000 Stück, die eigene Absatzmenge 50% davon. Der DB beträgt DM 50, so daß sich ein Gesamt-DB von DM 2.500.000 ergibt. Der unterste Strang bedeutet: Das Konkurrenzunternehmen schließt sich dem neuen, niedrigeren Preis an. Es entsteht wieder eine Preisgleichheit, das Marktvolumen steigt auf 130.000 Stück wegen des neuen, geringeren Preises. Auf jedes Unternehmen entfallen 65.000 Stück. Bei einem DB von DM 30 entsteht ein Gesamt-DB von DM 1.950.000.

Die Absatzmenge wird jeweils in Abhängigkeit des Preisverhältnisses geschätzt. Gibt es unterschiedliche Preise, erreicht der Hersteller die höhere Absatzmenge, der den niedrigeren Preis hat.

Was die eigene Reaktion auf die Konkurrenzreaktion angeht, so wird man sich für die Möglichkeit entscheiden, die den höchsten DB erbringt. Es wird also die DB-maximale Preisvariante ausgewählt, wobei unterstellt wird, daß die Preise dann stabil sind. Dann lassen sich die Erwartungswerte für den Gesamt-DB bei den einzelnen Preisvarianten berechnen. Es stellt sich heraus, daß die Strategie, zunächst DM 110 anzusetzen und dann auf die Konkurrenzreaktion seinerseits zu reagieren, den höheren DB erbringt. Erhöht der Konkurrent seinen Preis, ist es sinnvoll, ihn bei DM 110 zu belassen, behält er den alten Preis bei, bringt eine Preissenkung keine Vorteile.

3.3.4 Netzwerkanalyse

Netzwerke sind komplexe Darstellungen von Zusammenhängen. Ein wesentliches Problem des Planens besteht in der Bewältigung von Komplexität. Vielfach wird die Problemsituation auf eine lineare Prozeßabfolge reduziert, die die Abhängigkeit einer Situation von immer nur einer anderen darstellt.

In der Realität sind die Zusammenhänge jedoch wesentlich vielfältiger, jeder Einflußfaktor hängt wiederum von verschiedenen anderen ab und beeinflußt sie selbst auch. Solche Zusammenhänge können in Form von Netzwerken dargestellt werden. Folgende Abbildung zeigt einige Einflußfaktoren auf den Absatz von Personal Computern.

Es wird deutlich, daß es keinen definitiven Anfang mehr gibt; es existiert kein Faktor, von dem nur Pfeile weggehen. Im Mittelpunkt des Netzwerks steht der PC-Absatz. Er ist abhängig von der Nachfrage (1) und hat direkte Auswirkungen auf den Gewinn (2) sowohl eines einzelnen Unternehmens als auch der gesamten Branche. Der Kauf von PCs hat entsprechende Kostenwirkungen (3). Zum einen werden Kosten verursacht, die das verfügbare Einkommen senken, zum anderen können Kosten im betrieblichen Einsatz gesenkt werden, die das verfügbare Einkommen erhöhen (4).

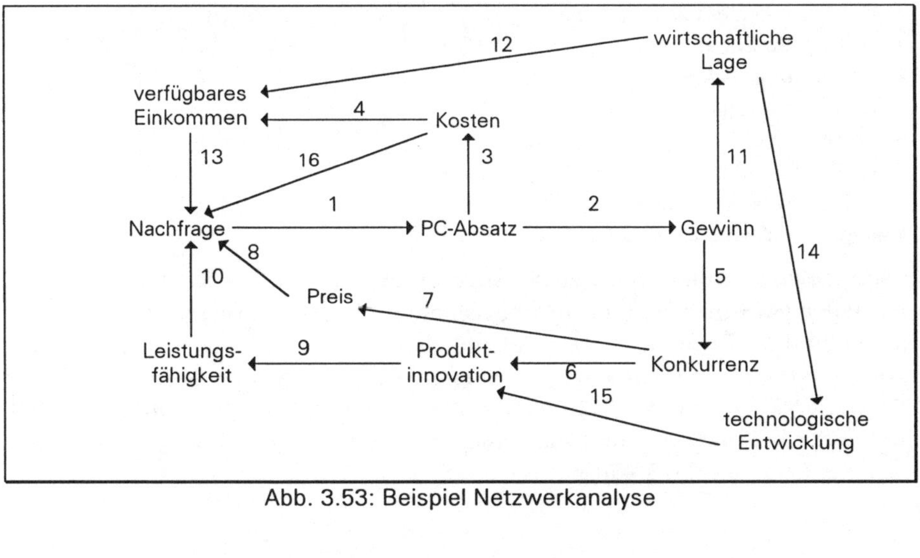

Abb. 3.53: Beispiel Netzwerkanalyse

Die aus dem PC-Absatz erzielten Gewinne haben Einfluß auf die Konkurrenz auf dem Markt (hohe Gewinne locken neue Anbieter an, geringe Gewinne schrecken neue Anbieter ab) (5). Intensive Konkurrenz führt zu hohem Wettbewerbsdruck, der Produktinnovationen als Profilierungsintrument notwendig macht (6). Gleichzeitig entsteht ein Preisdruck (7), der seinerseits die Nachfrage beeinflußt (8). Produktinnovationen steigern die Leistungsfähigkeit der PCs (9) und stimulieren damit die Nachfrage (10).

Gewinne haben neben der Wettbewerbsseite auch Einfluß auf die wirtschaftliche Lage (11), die über die verfügbaren Einkommen (12) wieder die Nachfrage beeinflußt (13). Von der wirtschaftlichen Situation ist aber auch die technologische Entwicklung abhängig (z.B. durch steigende oder sinkende Investitionen in Forschung und Entwicklung) (14). Diese wiederum hat Einfluß auf konkrete Produktinnovationen (15). Schließlich wirken sich die Kostenveränderungen durch PC-Einsatz auf die Nachfrage direkt aus (16).

Dieses Netzwerk ließe sich fast beliebig weiter fortführen, so könnten z.B. weitere Einflußgrößen auf die wirtschaftliche Lage, technologische Entwicklung oder die verfügbaren Einkommen berücksichtigt werden. Außerdem können die Pfeile differenziert werden in Haupt- und Nebeneinflüsse sowie in positive und negative Beziehungen.

Bei der Aufstellung eines solchen Netzwerks wird üblicherweise mit einer zentralen Beziehung zwischen zwei Faktoren begonnen (z.B. Absatzmenge und Erlöse, Preis und Absatzmenge usw.). Im Laufe der gedanklichen Beschäftigung ergeben sich dann immer weitere Beziehungen, die zusätzlich berücksichtigt werden können. Unter anderem folgende Faktoren sollten bei umfangreicheren Netzwerkanalysen grundsätzlich einbezogen werden:

- Einstellungen der Konsumenten
- verfügbare Einkommen
- Produktionskosten
- Konkurrenzangebote
- Technologie
- Produktqualität
- öffentliche Diskussionen
- Reglementierungen des Marktes.

Diese Analyse enthält noch keine Angaben über die Stärke des Einflusses der einzelnen Größen. Mit Hilfe eines sogenannten **Papiercomputers** ist es möglich, aktive und kritische Elemente zu identifizieren. Dazu ist jeweils der Einfluß eines Faktors auf jeden anderen zu bewerten. Im vorliegenden Beispiel zum PC-Absatz ergibt dies eine 16x16-Matrix. Aus Gründen der Übersichtlichkeit soll hier nur ein Netzwerk mit 4 Elementen zugrundegelegt werden (zur Methode vgl. z.B. Gomez 1983, S. 45ff.):

Wirkung von ↓ auf→	Preis	Nachfrage	Gewinn	Konkurrenz	AS	Q
Preis	0	3	3	2	8	1,60
Nachfrage	2	0	2	3	7	1,75
Gewinn	1	0	0	3	4	0,50
Konkurrenz	2	1	3	0	6	0,75
PS	5	4	8	8		
P	40	28	32	48		

Abb. 3.54: Beispiel eines Papiercomputers

0 = keine, 1 = schwache, 2 = starke, 3 = sehr starke Wirkung
AS = Aktivsumme — PS = Passivsumme
P = Passivsumme x Aktivsumme — Q = Aktivsumme/Passivsumme
höchster Q-Wert: aktives Element — niedrigster Q-Wert: passives Element
höchster P-Wert: kritisches Element — niedrigster P-Wert: träges Element

In diesem Beispiel ist die Nachfrage das aktive Element, der Gewinn das passive. Die Konkurrenz ist das kritische Element, die Nachfrage das träge Element. Das aktive Element ist dasjenige, bei dem das Verhältnis von abgegebenem Einfluß zu aufgenommenem (Aktivität zu Passivität) am größten ist. Das kritische Element ist dasjenige, das sowohl viel Einfluß abgibt als auch aufnimmt, das Produkt aus Aktivität und Passivität ist hier am größten. Es befindet sich daher im Mittelpunkt des Interesses, weil hier sozusagen die Fäden zusammenfließen.

3.3.5 Lineare Programmierung

Mit Hilfe der Linearen Programmierung ist es möglich, Produktions- und Absatzmengen (sowie verwandte Entscheidungsprobleme) für mehrere Produkte/Objekte unter Berücksichtigung von Nebenbedingungen (wie Kapazitätsbeschränkungen bei gemeinsam genutzten Anlagen, Budgetrestriktionen usw.) zu planen.

Das folgende **Beispiel** demonstriert die Anwendung für die Mediaselektion. Als Werbeträger stehen zwei Zeitschriften zur Verfügung (a und b). Eine Schaltung bei a kostet DM 10.000 und bringt 400.000 Kontakte, eine Schaltung bei b kostet DM 15.000 und bringt 500.000 Kontakte. Das Werbebudget beträgt DM 10.000.000 und soll ausgeschöpft werden.

Zusätzlich sind folgende Restriktionen zu berücksichtigen: die Zahl der Schaltungen bei a muß zwischen 100 und 400 einschließlich, bei b zwischen 200 und 600 liegen. Ziel des Verfahrens ist es, die Summe der Kontakte zu maximieren.

Folgende Gleichungen können aufgestellt werden:

Zielfunktion:

$K = 400.000\ a + 500.000\ b \rightarrow \max!$

Die Summe der Kontakte K setzt sich zusammen aus 400.000 Kontakten pro Schaltung bei a plus 500.000 Kontakten pro Schaltung bei b.

Budgetrestriktion:

$10.000\ a + 15.000\ b \leq 10.000.000$

Die Kosten für die Schaltungen bei a und b zusammen (Preis x Menge) dürfen maximal DM 10.000.000 betragen.

Mengenrestriktionen:

$100 \leq a \leq 400$

$200 \leq b \leq 600$

Die Bedingungen werden nun in Form von Geraden in ein a,b-Koordinatensystem eingetragen. Dazu ist es sinnvoll, die Zielfunktion und Budgetrestriktion nach b aufzulösen. Zunächst werden die Restriktionen für a eingezeichnet (je eine Senkrechte bei a = 100 und a = 400, je eine Waagerechte bei b = 200 und b = 600). Das durch diese Geraden eingeschlossene Rechteck ist der zulässige Lösungsbereich. Danach wird die Budgetgerade eingezeichnet. Nach b aufgelöst lautet sie:

$b = 666{,}67 - 2/3\ a.$

Das Gleichzeichen kann hier verwendet werden, weil das Budget maximal ausgeschöpft werden soll. Diese Gerade mit der negativen Steigung von 2/3 kann als nächstes eingezeichnet werden, ausgehend von einem Achsenabschnitt der Senkrechten bei 666,67. Sie führt zu einer weiteren Einschränkung des Lösungsraums.

Schließlich wird die Zielfunktion eingezeichnet. Sie lautet:

$K = 4\ a + 5\ b$ mit K = 100.000 Kontakte oder: $b = K/5 - 4/5\ a$

Da diese Gleichung drei Unbekannte enthält, kann sie nicht exakt eingezeichnet werden. Bekannt ist nur die Steigung von -4/5. Man kann nun über Parallelverschiebung mit einem Lineal, das mit dieser Steigung auf dem Koordinatensystem liegt, das Optimum bestimmen. Dazu ist das Lineal so weit vom Nullpunkt wegzuschieben, bis es gerade noch einen Punkt des Lösungsraums schneidet. Dies ist in der rechten oberen Ecke der Fall. Die Koordinaten dieses Punkts sind a=400 und b=400. Für K ergibt sich ein Wert von 3600, was dann 360.000.000 Kontakten (mit Überschneidungen zwischen den Medien und Mehrfachkontakten) entspricht.

Alternativ kommt man zur optimalen Lösung, indem man für K verschiedene Werte einsetzt, die entsprechende Gerade einzeichnet und prüft, ob der Lösungsraum am äußersten Ende geschnitten wird.

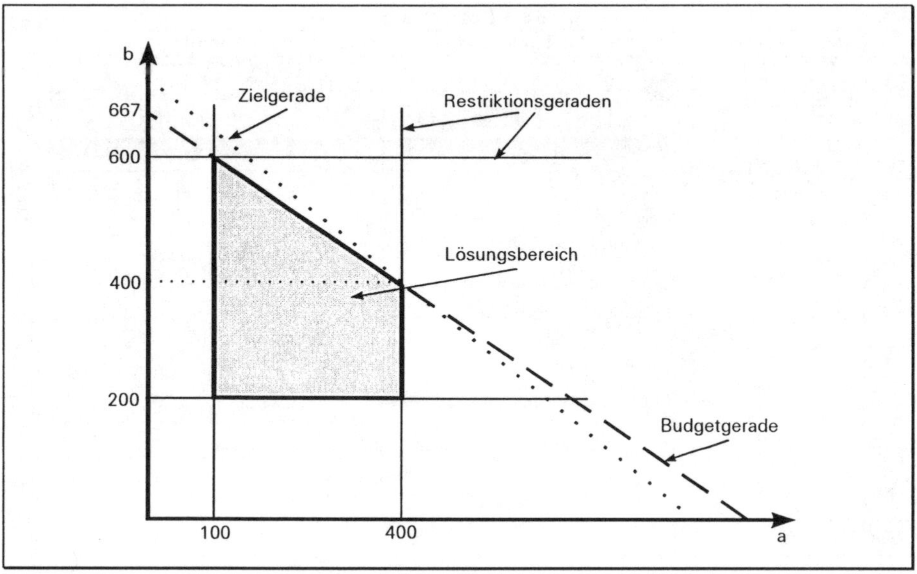

Abb. 3.55: Lineare Programmierung - grafische Lösung

Dieses Problem ist auch auf mathematischem Wege zu lösen, und zwar mit dem Simplex-Verfahren. Aufgrund der mathematischen Komplexität wird es hier nicht näher dargestellt.

Hierfür kann wieder Excel eingesetzt werden. Die Funktion „Solver" ermöglicht es, Probleme der linearen Programmierung zu lösen. Dazu ist im Hauptmenü „Extras" das Menü „Solver" zu wählen.

Zunächst werden im Tabellenblatt folgende Daten eingegeben:

1. die Zielfunktion „= 400.000*a + 500.000*b" (die Variablen sind jeweils Zellbezüge, z.B. die beiden Zellen unter der Zielfunktion)
2. zwei Leerfelder für die Variablen (entsprechend den obigen Zellbezügen)
3. die Budgetrestriktion „=10.000*a + 15.000*b" (die Variablen sind wieder die Zellbezüge)

Dann wird der Solver aufgerufen. In die Felder des Menüs werden eingegeben:

1. Zelladresse der Zielfunktion
2. „Max." für Suche nach dem Maximum der Zielfunktion
3. Nebenbedingungen: diese werden in das bei Anklicken von „Hinzufügen" erscheinende Untermenü eingegeben. In den linken Teil der Nebenbedingung wird der Zellbezug (am einfachsten durch Anklicken der betreffenden Zelle) eingegeben, in der Mitte die Verknüpfung (kleiner gleich, größer gleich, gleich, ganzzahlig) und rechts die Nebenbedingung, hier in Form der Maxima/Minima.
4. Zelladressen der zu verändernden Werte (s. oben Punkt 2.)
5. Dann wird die Berechnung durch Anklicken von „Lösen" durchgeführt.
6. Schließlich kann angegeben werden, wie die Lösung ausgegeben werden soll.

Die folgenden Abbildungen zeigen die Eingaben in das Arbeitsblatt und das Solver-Menü sowie den von Excel erstellten Ergebnisbericht.

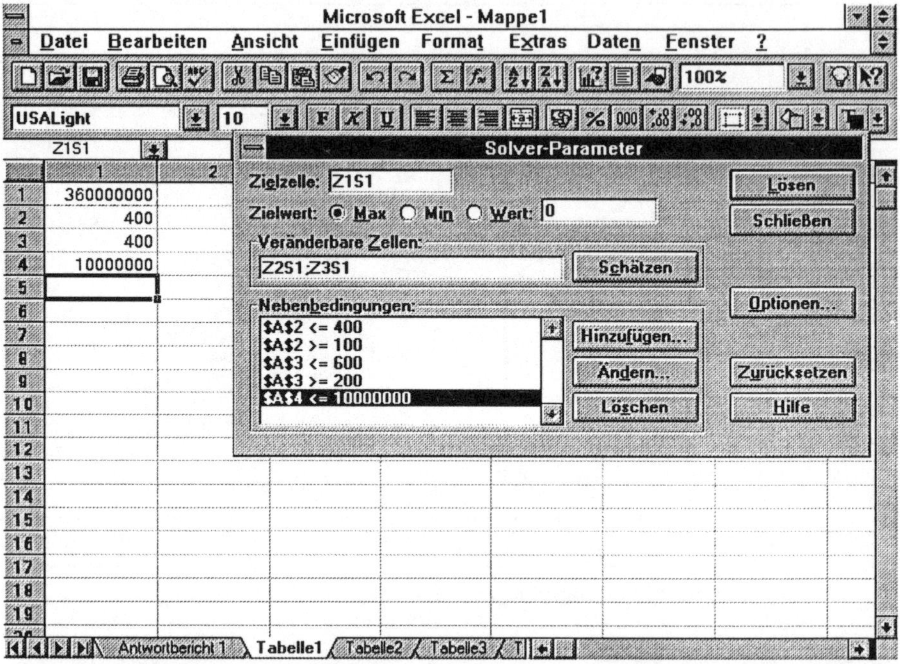
Microsoft Excel - Mappe1
Datei Bearbeiten Ansicht Einfügen Format Extras Daten Fenster ?
100%
USALight
10
Z1S1
360000000
400
400
10000000
Solver-Parameter
Zielzelle: Z1S1
Zielwert: Max Min Wert: 0
Veränderbare Zellen:
Z2S1:Z3S1
Schätzen
Nebenbedingungen:
A2 <= 400
A2 >= 100
A3 <= 600
A3 >= 200
A4 <= 10000000
Hinzufügen...
Ändern...
Löschen
Lösen
Schließen
Optionen...
Zurücksetzen
Hilfe
Antwortbericht 1
Tabelle1
Tabelle2
Tabelle3

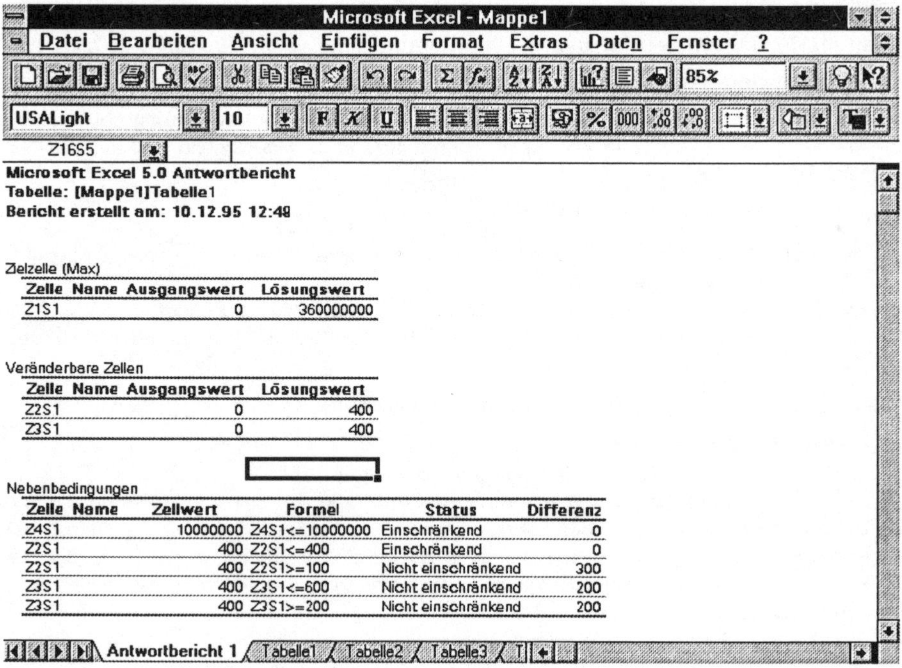
Microsoft Excel - Mappe1
Datei Bearbeiten Ansicht Einfügen Format Extras Daten Fenster ?
85%
USALight
10
Z16S5
Microsoft Excel 5.0 Antwortbericht
Tabelle: [Mappe1]Tabelle1
Bericht erstellt am: 10.12.95 12:49
Zielzelle (Max)
Zelle Name Ausgangswert Lösungswert
Z1S1 0 360000000
Veränderbare Zellen
Zelle Name Ausgangswert Lösungswert
Z2S1 0 400
Z3S1 0 400
Nebenbedingungen
Zelle Name Zellwert Formel Status Differenz
Z4S1 10000000 Z4S1<=10000000 Einschränkend 0
Z2S1 400 Z2S1<=400 Einschränkend 0
Z2S1 400 Z2S1>=100 Nicht einschränkend 300
Z3S1 400 Z3S1<=600 Nicht einschränkend 200
Z3S1 400 Z3S1>=200 Nicht einschränkend 200
Antwortbericht 1
Tabelle1
Tabelle2
Tabelle3

3.3.6 Absatzmengenplanung

Schon obiges Beispiel zur Netzplantechnik zeigte, daß die Absatzmengenplanung eine zentrale Rolle in der operativen Planung einnimmt. Von ihr sind die Zuteilung von Budgets, die Finanzplanung, die Personalplanung, Steuerungsmaßnahmen für den Außendienst usw. abhängig.

Absatzpläne können mit unterschiedlichem Detaillierungsgrad und unter Verwendung unterschiedlicher Gliederungskriterien erstellt werden:

objektbezogen:
- Geschäftseinheiten
- Produktlinien
- Produkte

gebietsbezogen:
- Länder/Kontinente
- Bundesländer/Nielsen-Gebiete
- Verkaufsgebiete

abnehmerbezogen:
- Handelsarten
- Handelsketten
- Verbrauchergruppen

zeitbezogen:
- jährlich
- quartalsweise
- monatlich

nach Bezugsgrößen:
- Umsatz in DM
- Deckungsbeitrag in DM
- Mengeneinheiten

nach dem Konkretisierungsgrad:
- Soll
- Ist
- Plan

Vorgehensweise bei der Absatzmengenplanung:

1. Ermittlung der tatsächlichen Werte der abgelaufenen Periode
2. Suche nach Ursachen für Nachfrageänderungen und andere absatzrelevante Einflüsse (siehe: Analysen), sowohl extern als auch intern
3. Schätzung des Einflusses dieser Faktoren auf den eigenen Absatz
4. Prognose des Absatzes für die Planungsperiode
5. Detaillierung der Absatzzahlen entsprechend der verwendeten Kriterien

Beispiel für einen Absatzplan:

Produkt -linie	Produkt	Ist 1995	Plan 1996	Abw. 95/96	Plan 1.Q.96	Ist 1.Q.96	Abw. 1.Q.	Plan 2.Q.96	Plan 3.Q.96	Plan 4.Q.96
A	aa	120	140	16,6%	30	34	13,3%	35	35	40
	ab	85	80	-5,9%	20	18	-10,0%	20	20	20
	ac	240	265	10,4%	55	58	5,5%	60	70	80
B	ba	30	30	-	12	11	-8,3%	8	5	5
	bb	75	85	13,3%	15	15	-	20	20	30
	bc	305	330	8,2%	70	68	-2,9%	75	90	95
	bd	200	210	5,0%	50	54	8,0%	50	50	60
C	ca	900	850	-5,6%	190	178	-6,3%	210	230	220
	cb	150	170	13,3%	40	44	10,0%	40	40	50
	cc	420	550	31,0%	140	162	8,6%	135	145	130
Gesamt		2525	2710	7,3%	622	642	3,2%	653	705	730

Abb. 3.56: Beispiel eines quartalsbezogenen Absatzplans

In diesem Plan wurden nach Ablauf des ersten Quartals Istwerte und Abweichungen berechnet. Daraus ergibt sich ein erster Hinweis darauf, ob die Absatzziele voraussichtlich erreicht werden können bzw. wie groß der Korrekturbedarf ist.

Folgendes Planungsschema eignet sich, um abnehmerspezifische Maßnahmenplanungen vornehmen zu können:

Abnehmer			Absatz 1996 in Deutschland										
			A			B				C			Gesamt
			aa	ab	ac	ba	bb	bc	bd	ca	cb	cc	
Einzelhandel	Großvertrieb	Metro EH											
		Rewe											
		Tengelmann											
		Edeka											
		Aldi											
		Karstadt											
		sonst. GV											
	gesamt												
	selbständiger EH												
gesamt													
Großhandel	Metro-GH												
	sonstiger GH												
gesamt													
Direktverkauf gesamt													
Gesamt													

Abb. 3.57: Beispiel eines abnehmerbezogenen Absatzplans

3.4 Kostenmanagement im Marketing

Das Kostenmanagement zählt zu den Bereichen des Controlling, die in den letzten Jahren am meisten Aufmerksamkeit erfahren haben. Steigende Probleme der Unternehmen mit ihrer Kostenstruktur und insbesondere steigenden Gemeinkosten führten zu einem erheblichen Interesse an Kostenmanagement-Verfahren. Zwei der im folgenden dargestellten Verfahren sind erst in den letzten rund 10 Jahren entwickelt worden.

Jedes Verfahren hat einen individuellen Schwerpunkt. Dieser läßt sich anhand der beiden Kriterien **Zeitbezug** und **Kostenbezug** verdeutlichen. Zielkostenmanagement und Null-Basis-Planung setzen frühzeitig an und sollten schon bei der Planung eines Produktes bzw. der Einrichtung einer Abteilung/eines Geschäftsfelds eingesetzt werden. Die Wertanalyse-Verfahren sind universell einsetzbar, auch für bereits vorhandene Produkte und Tätigkeiten. Die Prozeßkostenrechnung ist ein Kontrollverfahren, das auf konkreten Kostendaten basiert. In der praktischen Anwendung werden für die folgenden Perioden Schlußfolgerungen gezogen, um Prozesse ökonomischer zu gestalten.

Während sich die Wertanalyse schwerpunktmäßig mit Einzelkosten beschäftigt, sind Gemeinkosten-Wertanalyse und Null-Basis-Planung auf Gemeinkosten ausgerichtet, die Prozeßkostenrechnung hat ihren Schwerpunkt im Gemeinkostenbereich, das Zielkostenmanagement bezieht sich auf alle Kosten.

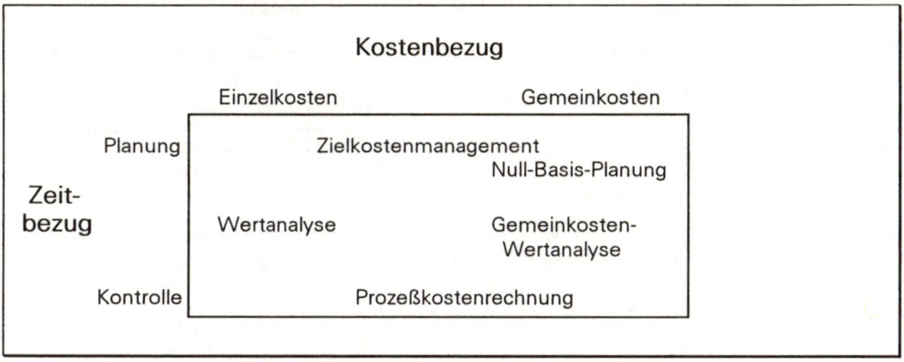

Abb. 3.58: Kostenmanagement-Verfahren

3.4.1 Wertanalyse/Value Analysis

3.4.1.1 Konzeptionelle Grundlagen

Aufgabe der **Wertanalyse** ist es, Kosten der Produkt- und Leistungserstellung unter Beibehaltung der Funktionen, der Qualität und der Marktfähigkeit zu senken. Im Mittelpunkt der Vorgehensweise stehen die Zerlegung des Untersuchungsobjekts (in der Regel ein Produkt) in seine Teilfunktionen, die Analyse ihres Nutzenbeitrags und die Prüfung von Möglichkeiten der Kostensenkung.

Die Wertanalyse kann jedoch nicht nur eingesetzt werden, um im nachhinein Kosten zu senken (Wertverbesserungsfunktion). Die Durchführung im Rahmen der Produktentwicklung, also bei Vorliegen eines Produktkonzepts oder eines Prototyps, kann von vornherein zu einer kostengünstigeren Gestaltung des Produkts führen (Wertgestaltungsfunktion). Darüber hinaus muß die Wertanalyse nicht unbedingt auf eine Senkung der Kosten ausgerichtet sein. Die Funktionsanalyse kann auch auf eine Steigerung des Nutzens eines Produkts bei Konstanz der Kosten ausgerichtet sein.

Die Wertanalyse stellt eine Weiterentwicklung einfacher Rationalisierungstechniken dar. Folgende Unterschiede sind festzustellen (Burger 1994, S. 67):

Unterscheidungs-kriterium	konventionelle Rationali-sierungs-Techniken	Wertanalyse
Untersuchungsobjekt	mehr der Leistungsentstehungsprozeß als z.B. Form oder Konstruktion des Leistungsergebnisses	ganzheitlich: Leistungsergebnis, Herstellung und Vertrieb sowie alternative Lösungen für die Soll-Funktionen
Anlaß	meist Kostenüberschreitungen, Planabweichungen	Ergebnissicherung, ständige Einrichtung zur Verwirklichung strategischer, wertbezogener Ziele
Ziel	wirtschaftliche Herstellung durch Kostensenkung	Wert- und Gewinnverbesserung durch Einflußnahme auf Entwurf, Herstellung und Vertrieb
Betrachtungsweise, Maßstab	absolutes Kostendenken, isoliert für bestimmte Bereiche	relatives Kostendenken, bezogen auf die Wert- und Gewinnziele aller relevanten Bereiche
Methodisches Vorgehen	verschiedene Arbeitstechniken	definierter Arbeitsplan, zugleich auch Institution und Denkweise

Abb. 3.59: Konventionelle Rationalisierungs-Techniken und Wertanalyse im Vergleich

Die Vorgehensweise bei der Wertanalyse ist in DIN 69910 geregelt. Sie basiert auf einer Richtlinie des VDI und enthält sechs Grundschritte:

Grundschritt 1: Vorbereitende Maßnahmen

- Auswahl des Wertanalyse-Objekts
- Festlegung der Wertanalyse-Ziele
- Bildung der Arbeitsgruppe
- Planung des zeitlichen Ablaufs

Grundschritt 2: Ermittlung des Ist-Zustands

- Beschaffung von Informationen und Beschreibung des Wertanalyse-Objekts
- Ermittlung der Funktionen des Wertanalyse-Objekts
- Ermittlung der Kosten der einzelnen Funktionen

Grundschritt 3: Prüfung des Ist-Zustands

- Prüfung der Funktionserfüllung
- Prüfung der Kosten

Grundschritt 4: Ermittlung von Alternativen

- Suche nach alternativen Lösungen für die einzelnen Funktionen

Grundschritt 5: Prüfung und Bewertung der Alternativen

- Prüfung der sachlichen Durchführbarkeit
- Prüfung der Wirtschaftlichkeit

Grundschritt 6: Auswahl und Verwirklichung einer Lösung

- Auswahl der optimalen Lösung
- Umsetzung der Lösung.

3.4.1.2 Vorgehensweise

Im folgenden werden die wichtigsten Elemente und Entscheidungsfelder einer Wertanalyse dargestellt.

1a. Festlegung der Wertanalyse-Objekte

Die Bestimmung, was überhaupt analysiert werden soll, stellt den Ausgangspunkt dar und hat Konsequenzen für alle weiteren Schritte. Grundsätzlich kommen als Analyse-Objekte in Frage:

- marktfähige Produkte (Schreibtischlampe, Rundfunkgerät, Stuhl usw.)
- Produktteile (Schalter, Motor, Thermostat usw.)
- marktfähige Dienstleistungen (Transporte, Handel, Vermittlung usw.)
- unternehmensinterne Abläufe (Berichterstellung, Kostenrechnung, EDV-Support, Schulung usw.).

1b. Organisation der Wertanalyse

Eine Wertanalyse wird regelmäßig als Projekt durchgeführt, ist also kein ständiger Bestandteil der Unternehmensorganisation, sondern abhängig von einem entsprechenden Auftrag, z.B. seitens der Unternehmensleitung, der Marketing-Leitung usw. **Auslöser** für die Ingangsetzung eines Wertanalyseprojekts sind aber nicht nur Feststellungen über zu hohe Kosten, sondern auch Anlässe wie die Entwicklung eines neuen Produkts, anstehende Relaunches, neue Zielformulierungen u.ä.

Die Durchführung als Projekt zieht eine **Projektmanagementorganisation** nach sich. Für einen begrenzten Zeitraum werden dazu Experten aus anderen Bereichen „abgezogen", um sich der Wertanalyse zu widmen.

Bei Wertanalyse-Projekten, die sich auf einzelne Produkte beziehen, sind insbesondere Fertigungsspezialisten, Einkäufer, Entwickler und Marketing-Fachleute einzubeziehen. Es muß ausreichendes Wissen über die Verfügbarkeit von Teilen auf dem Beschaffungsmarkt, Möglichkeiten der Änderung von Fertigungsverfahren, nachgefragte Produktleistungen usw. zur Verfügung stehen.

Nicht zuletzt die **Projektdauer** stellt einen wesentlichen Problembereich dar. Da zwischen den einzelnen Projektsitzungen teils umfangreiche Berechnungen, Angebotseinholungen usw. erforderlich sind, dauern Wertanalyse-Projekte gewöhnlich mehrere Monate. Berücksichtigt man dazu kalkulatorische Personalkosten, ist vorher zu überlegen, ob sich die Durchführung überhaupt lohnt. So kann es durchaus sein, daß Projektdauer und Umsetzungszeit zusammen etwa der Restlaufzeit des Produkts entsprechen, so daß die Ersparnis nicht mehr zum Tragen kommt. Daher sind vor Beginn folgende Fragen zu beantworten:

- Kann das Projekt so schnell fertiggestellt sein, daß eine Amortisation der Projektkosten vor Elimination des Produkts möglich ist?

- Ist das Einsparungspotential so hoch, daß die Kosten des Projekts abgedeckt werden und darüber hinaus ein zusätzlicher Gewinn erzielt wird?

2. Analyse der Funktionen des Wertanalyse-Objekts

Die Analyse der Funktionen des Objekts und ihrer Kosten bildet den eigentlichen Kern der Wertanalyse. Die einzelnen Funktionen werden immer als Kombination aus einem Substantiv mit einem Verb definiert. Neben den **Gebrauchsfunktionen** sind nach DIN 69910 auch **Geltungsfunktionen** zu analysieren. Während erstere den sachlichen, technischen Nutzen eines Produkts definieren, beziehen sich letztere auf den subjektiven, emotionalen, sozialen Nutzen.

Bei Bekleidung sind Geltungs- und Gebrauchsfunktionen offensichtlich. Die Gebrauchsfunktion besteht in erster Linie im Schutz vor Kälte und anderen Umwelteinflüssen, die Geltungsfunktion in der Darstellung von Status, dem erotischen Reiz u.ä.

Beispiel: Eine Funktionsanalyse des Produkts „Außenjalousie" kann zu folgendem Ergebnis kommen (vgl. Wellenreuther 1982, S. 183):

Hauptfunktion	Unterfunktionen
vor Sonneneinstrahlung schützen	Strahlung reflektieren
	Wärme reflektieren
Lichteinfall regulieren	Öffnung verändern
	- Lamellen verstellen
	- Behang auf- und niederfahren
Normen erfüllen	windstabil sein
	korrosionsfest sein
	geräuscharm sein
	VDE-Vorschriften einhalten
Montage ermöglichen	Transport ermöglichen
	Anbau erleichtern

Abb. 3.60: Beispiel Funktionsanalyse „Außenjalousie"

Den ermittelten Funktionen werden dann die zugehörigen Kosten gegenübergestellt. Dazu ist eine **Funktionskostenmatrix** zu erstellen, die die Funktionen und deren Umsetzung (durch Teile, Materialien, Fertigungsabläufe usw.) kombiniert.

Funktions-träger	beeinfluß-bare Kosten	Funktionen				gesamte Teilekosten
		F 1	F 2	F 3	F 4	
Material						
Bearbeiten						
Montieren						
Prüfen						
...						
gesamte Funktions-kosten						Gesamt-kosten

Abb. 3.61: Aufbau einer Funktionskostenmatrix

Die Inanspruchnahme der Mittel und Tätigkeiten für die einzelnen Funktionen wird mit einem Kostenanteil bewertet. Dazu ist es erforderlich, die Kostenverteilung auf die Funktionen zu schätzen. Es ergeben sich die Gesamtkosten für die einzelnen Funktionen und ihr Anteil an den Gesamtkosten. Diese bestehen z.B. aus Materialkosten, Energiekosten, Personalkosten für Montage, Transport usw. Somit läßt sich die Reihenfolge der Funktionskosten eines Produkts ermitteln.

Beispiel: Für die Herstellung einer Allwetter-Jacke seien folgende Kosten und Funktionen ermittelt worden:

		Funktionen					
Funktions-träger	beeinfluß-bare Kosten	vor Kälte schützen	vor Feuch-tigkeit schützen	Trans-piration verhindern	Dinge aufbe-wahren	Öffnen/ Schließen vereinfachen	Wert ver-mitteln
Entwurf	20,00	5% 1,00	5% 1,00	10% 2,00	10% 2,00	20% 4,00	50% 10,00
Material Textilien	20,00	30% 6,00	10% 2,00	20% 4,00	10% 2,00	-	30% 6,00
Material Verschluß	4,00	20% 0,80	10% 0,40	-	-	60% 2,40	10% 0,40
Material Applikation	2,00	-	-	-	-	-	100% 2,00
Schneiden/ Nähen	12,00	30% 3,60	10% 1,20	-	10% 1,20	20% 2,40	30% 3,60
Färben/ Bedrucken	2,50	-	-	-	-	-	100% 2,50
Bearbeiten Applikation	1,00	-	-	-	-	-	100% 1,00
End-kontrolle	2,20	20% 0,44	20% 0,44	-	10% 0,22	20% 0,44	30% 0,66
Gesamt	63,70 100%	11,84 19%	5,04 8%	6,00 9%	5,44 9%	9,24 15%	26,16 41%

Abb. 3.62: Beispiel Funktionskostenmatrix für eine Jacke

Zunächst sind die beeinflußbaren Kosten zu extrahieren. Es handelt sich um einen mehr oder weniger großen Teil der gesamten Kosten eines Funktionsträgers. Bei Kosten für eine Produktionsanlage beispielsweise ist davon auszugehen, daß sie zum überwiegenden Teil nicht zu beeinflussen sind. Materialkosten dagegen, die bei jedem Bestellvorgang neu anfallen, sind ganz oder überwiegend beeinflußbar und somit Objekt einer Wertanalyse.

Dann wird die Verteilung der Kosten auf die Funktionen bestimmt. Dabei kann es sich überwiegend nur um Schätzungen handeln. Die Kosten werden entsprechend gesplittet und dann spaltenweise addiert, so daß sich die (beeinflußbaren) Gesamtkosten für die einzelnen Funktionen ergeben.

3. Prüfung der Funktionserfüllung

Im nächsten Schritt geht es um die Feststellung, inwieweit die Funktionen ihre Ziele erfüllen, und ob die entstehenden Kosten in einem „vernünftigen" Verhältnis zum Nutzen stehen. Stellt sich heraus, daß unwichtige Funktionen relativ hohe Kosten verursachen, ist ein deutliches Kosten-/Leistungs-Mißverhältnis vorhanden. Folgende Fragen sollten analysiert werden:

- Stehen Kostenanteil und Nutzenbeitrag in einem positiven Verhältnis zueinander?
- Wie stark weichen die tatsächlichen Funktionskosten (Ist) von den geplanten (Soll) ab?
- In welchem Maße erreichen die Funktionen ihre Leistungsziele?
- Warum liegen Abweichungen zwischen Soll und Ist bei Kosten und Leistungen vor?

Beispiele für **Kostenabweichungsgründe** sind:

- Beschaffungspreise sind stärker gestiegen als geplant
- Bearbeitungszeiten sind länger als geplant
- Ausschußquote ist höher als geplant
- Mitarbeiter haben unvorhergesehene Probleme bei der Montage

Beispiele für **Leistungsabweichungsgründe** sind:

- hohe Zahl von Ausfällen während des Betriebs
- höhere Fertigungstoleranzen als geplant
- zu geringe Produktkenntnis vorhanden
- fehlerhafter Einsatz des Produkts.

4. Ermittlung von Alternativen

In dieser Phase geht es darum, Möglichkeiten für kostengünstigere und/oder zuverlässigere Lösungen zu finden. Hier kommen u.a. Kreativitätstechniken zum Einsatz, wie sie bereits oben beschrieben wurden. Die Alternativensuche nimmt eine zentrale Stellung innerhalb des Wertanalyse-Projekts ein. Je umfassender Alternativen gesucht werden, desto größer ist das Lösungspotential der Wertanalyse.

Darüber hinaus sind auch rein technische und ökonomische Alternativen zu suchen. So kann z.B. mit Hilfe der Einkaufsabteilung nach alternativen Materialien und Bezugsquellen gesucht werden. Produktionsfachleute können nach Verbesserungen bei Arbeitsabläufen, alternativen Fertigungstechniken usw. suchen. Das Marketing muß den Marktwert der Alternativen überprüfen und Konsequenzen für den Absatz schätzen.

5. Prüfung und Bewertung der Alternativen

Die ermittelten Alternativen werden anschließend einer Bewertung unterzogen. So ist zunächst zu klären, ob die vorgeschlagenen Lösungen überhaupt umzusetzen sind. Dazu sind i.d.R. umfangreiche Tests erforderlich, die von den betroffenen Abteilungen neben der normalen Tätigkeit durchgeführt werden müssen. Anschließend oder parallel werden die Alternativen auf ihre Wirtschaftlichkeit hin untersucht. Dazu sind z.B. Zeitstudien durchzuführen, um die Personalkosten für neue Arbeitsgänge zu schätzen, Angebote einzuholen, um die Beschaffungskosten für neue Teile zu schätzen usw.

6. Auswahl und Verwirklichung einer Lösung

Schließlich wird die Entscheidung für oder gegen eine alternative Lösung getroffen und diese umgesetzt.

3.4.2 Gemeinkosten-Wertanalyse

Die **Gemeinkosten-Wertanalyse** ist das Gegenstück zur Wertanalyse im Gemeinkosten-, d.h. Verwaltungsbereich. Ihr Ziel ist es, Arbeitsabläufe zu vereinfachen und überflüssige Tätigkeiten zu identifizieren. Erfahrungsgemäß lassen sich Kosteneinsparungen im Bereich um 20% erzielen.

Das Verfahren zielt sowohl auf eine Verbesserung der Effektivität als auch der Effizienz. So können etwa folgende Fragen und Entscheidungen untersucht werden (vgl. Burger 1994, S. 222; Kocher 1994, S. 5):

- Reduzierung des Umfangs einer Leistung/Tätigkeit
- Reduzierung des Aufwands für eine Leistung/Tätigkeit
- Wegfall einer Leistung/Tätigkeit
- Änderung der Organisation eines Prozesses
- Änderung der Struktur einer Abteilung
- Auslagern von Tätigkeiten (Outsourcing)
- Maschinelle Erstellung manueller Tätigkeiten
- Beschleunigung einer Tätigkeit
- Reduzierung von Fehlerquoten

- Anpassung der Qualität von Leistungen
- Suche nach Synergiepotentialen
- Konzentration von Tätigkeiten.

Die Gemeinkosten-Wertanalyse (GWA) ist überwiegend als Dienstleistung von Unternehmensberatungen bekannt geworden. Sie wird häufig mit der Entlassung von Personal in Verbindung gebracht. Die wertanalytische Tätigkeit muß jedoch nicht darauf hinauslaufen, insbesondere, wenn sie rechtzeitig durchgeführt wird. Der Ablauf der „GWA 93" vollzieht sich wie folgt (Kocher 1994, S. 6): (Abbildung nächste Seite).

Horváth (1994, S. 276) nennt z.B. als Beteiligte eines **Gemeinkosten-Wertanalyse-Teams**:

- Leiter der Gemeinkostenbereiche
- Führungskräfte, die als Abnehmer der Leistungen in Frage kommen
- Gemeinkostenwertanalyse-geschulte Führungskräfte und Controller
- unternehmensinterne Experten als Berater
- externe Unternehmensberater für Methodenwissen und Schulung.

Während die Wertanalyse in erheblichem Umfang hilft, das Marketing zu unterstützen (insbesondere durch Kostensenkung und damit Erhöhung des Preisspielraums, aber auch durch Qualitätsverbesserung), ist die Gemeinkosten-Wertanalyse (u.a.) auf die Abläufe im Marketing selbst gerichtet. Das Marketing gehört zu den klassischen Gemeinkostenbereichen im Unternehmen und wurde in den letzten Jahren und Jahrzehnten erheblich ausgebaut. Insofern ist in vielen Unternehmen der Bedarf an einer wertanalytischen Untersuchung des Marketing entstanden.

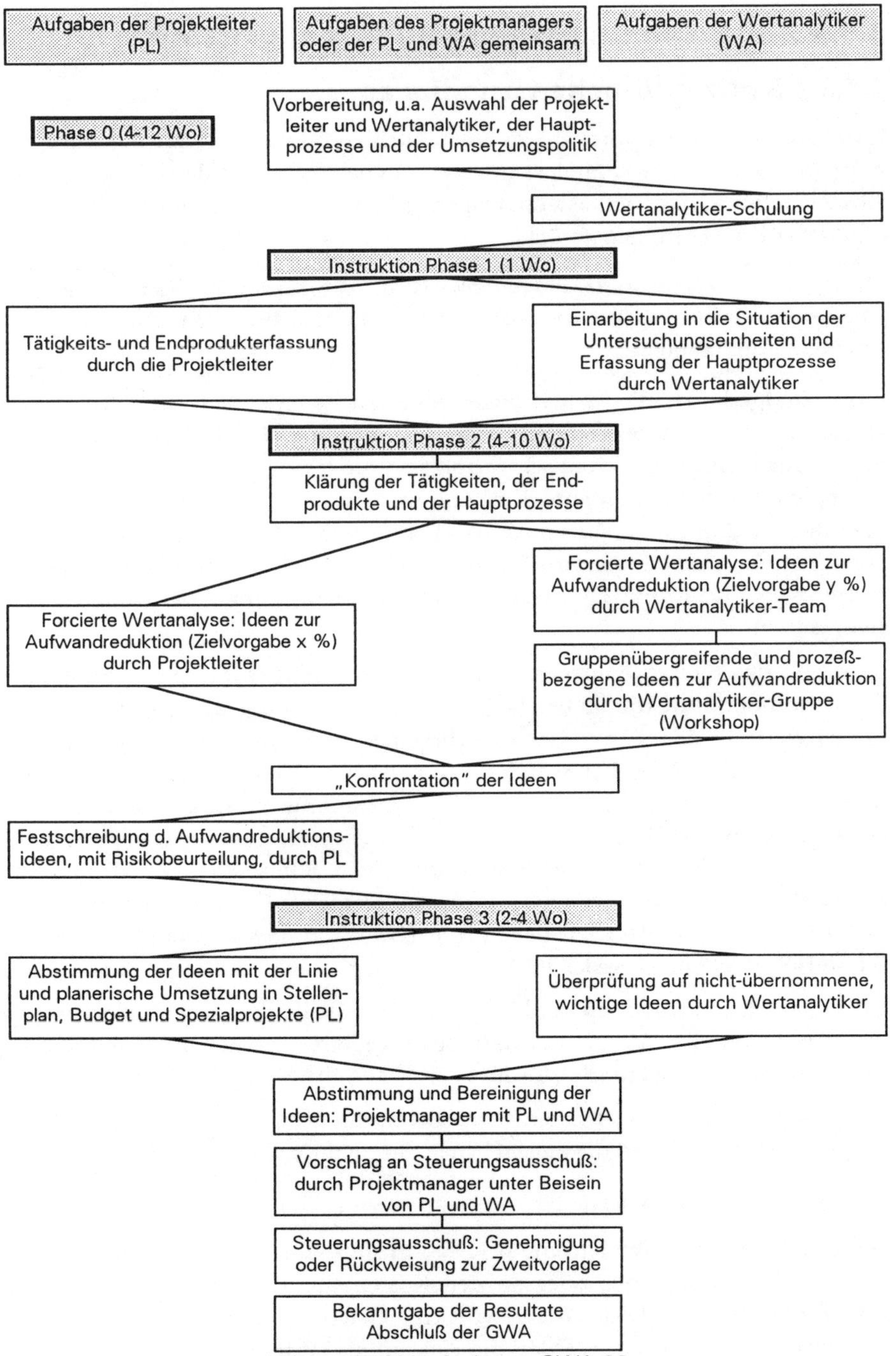

Abb. 3.63: Ablaufschema GWA 93

3.4.3 Zielkostenmanagement/Target Costing

3.4.3.1 Konzeptionelle Grundlagen

Im Laufe der letzten Jahre ist, vor allem auch verbunden mit der Beschäftigung mit japanischen Unternehmensstrategien in einer Situation der wirtschaftlichen Abschwächung, das Zielkostenmanagement bzw. Target Costing in den Mittelpunkt der Betrachtungen gerückt.

Aufgabe des **Zielkostenmanagements** ist es, die Kosten der Leistungserstellung den Markt- und Wettbewerbsgegebenheiten anzupassen, um somit konkurrenzfähig zu bleiben.

Der Grundgedanke, die Kosten zielorientiert zu steuern, kann dabei keineswegs als neu oder kreativ bezeichnet werden, da er von vielen Unternehmen bereits mehr oder weniger systematisch verfolgt wurde (Stichworte: retrograde Kalkulation, wettbewerbsorientierte Preispolitik). Jedoch rückte er in Zeiten wirtschaftlichen Aufschwungs zunehmend aus dem Blickfeld. In methodischer Hinsicht zeigt sich bei diesem Thema besonders die enge Verbindung zwischen Planung und Kontrolle. Hier werden nämlich Bezugspunkte der Kontrolle, Kosten, geplant.

Konzepte des Zielkostenmanagements wurden zunächst in Japan, vor allem in der Automobilindustrie, entwickelt. Es kann davon ausgegangen werden, daß es weltweit vor allem in dieser Branche eine weite Verbreitung gefunden hat. Aber auch andere Branchen wenden Target Costing-Konzepte an. In erster Linie handelt es sich um solche, die komplexe, technische Produkte herstellen (vor allem Investitionsgüter), bei denen ein rationales Kaufentscheidungsverhalten unterstellt werden kann. Im deutschsprachigen Raum kommen die meisten Anwendungsberichte denn auch aus diesem Bereich, z.B. Medizintechnik (Rummel 1992), industrielle Dienstleistungen (Niemand 1994), Automobilindustrie (Zahn 1995; Heßen/Wesseler 1994).

Die Unterschiede zwischen der klassischen amerikanisch/europäischen und der neueren japanischen Vorgehensweise des Kostenmanagements verdeutlicht folgende Abbildung 3.64 (nach Worthy 1991, S. 49).

Zur Bestimmung der Zielkosten wurden verschiedene Ansätze entwickelt (vgl. Burger 1994, S. 11ff. und die angegebenen Original-Quellen):

a) marktorientierter Ansatz

Dieser Ansatz geht auf Hiromoto (1988) zurück. Der Zielpreis orientiert sich entweder am Marktpreis oder an den Kosten der Wettbewerber. Wird vom Marktpreis eines Produktes der gewünschte Gewinn subtrahiert, erhält man die zulässigen (Ziel-)Kosten. Werden die Kosten der Wettbewerber als Ziel-Kosten gesetzt, ergibt sich der Verkaufspreis durch Addition des gewünschten Gewinns. Der Vergleich der Ziel-Kosten mit den Standardkosten ermittelt das zu realisierende Kostenziel.

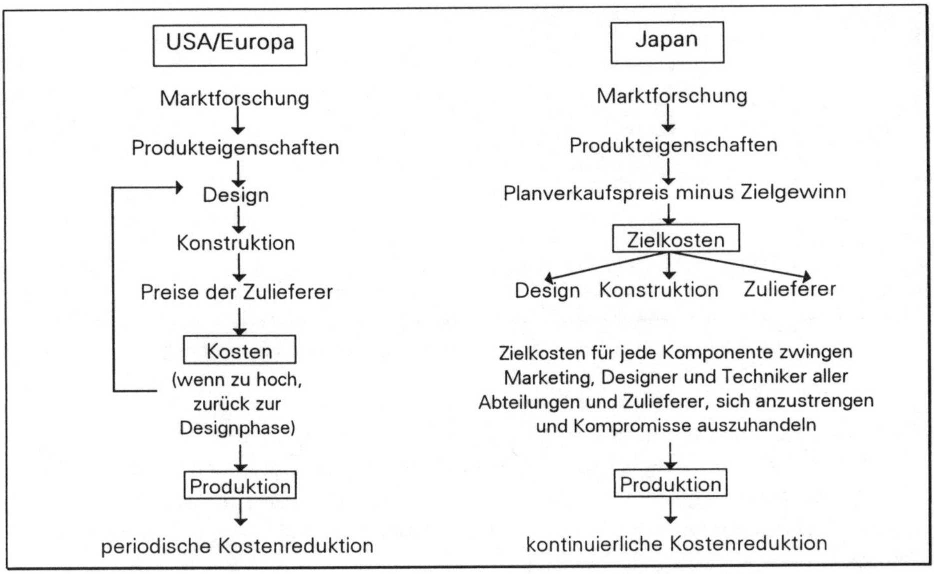

Abb. 3.64: Amerikanisch/europäisches und japanisches Kostenmanagement

Wesentliche Elemente des Ansatzes sind die frühzeitige und umfassende Planung der Kosten. So müssen zu erwartende Entwicklungen des Produktabsatzes (Produktlebenszyklus) ebenso berücksichtigt werden wie Lieferanten, die einen Teil der Herstellkosten beeinflussen.

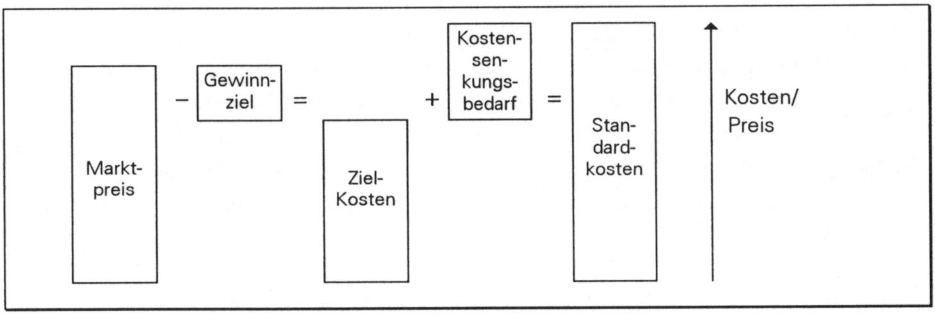

Abb. 3.65: Marktorientierte Zielkostenbestimmung

Obige Abbildung zeigt eine Situation, in der die Standardkosten weit über den Zielkosten liegen.

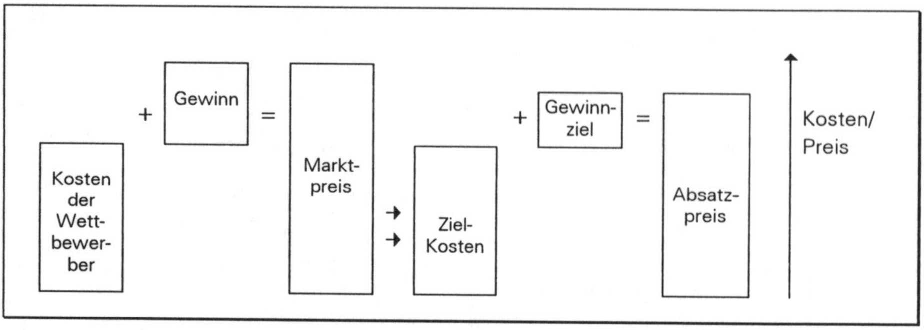

Abb. 3.66: Wettbewerbsorientierte Zielkostenbestimmung

Bei der wettbewerbsorientierten Zielkostenbestimmung sind die Kosten der Wettbewerber der Ausgangspunkt. Sie werden als Zielkosten angesetzt. Zuzüglich Gewinnziel ergibt sich dann der eigene Absatzpreis. Im dargestellten Beispiel wird ein Absatzpreis unter dem Marktpreis angestrebt, zu Lasten des Gewinns.

b) ingenieursorientierter Ansatz

Dieser Ansatz geht auf Sakurai (1989) und Monden (1989) zurück. Sakurai ging es um die Kombination von marktorientierter Zielkostenbestimmung (s.o.) und produktionstechnischer und ingenieurmäßiger Planung. Dabei soll das technologische und betriebsbezogene Wissen einbezogen werden. Es kommt zu einer Konfrontation von Top-down- und Bottom-up-Planung.

Monden untersuchte die japanische Automobilindustrie und entwickelte ein sehr technisch orientiertes Konzept. Danach ergeben sich aus der Gewinnplanung des Unternehmens die Zielkosten der Produkte. Die produktspezifischen Pläne werden zu einem frühen Zeitpunkt zur Grundlage der Kostenplanung gemacht. Bereits während der Produktentwicklung sollen durch regelmäßige Wertanalysen die Standardkosten gesenkt werden. Dabei sind auch Zulieferer einzubeziehen.

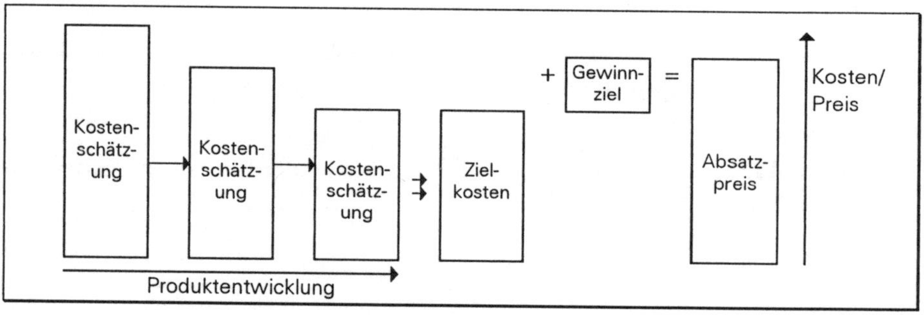

Abb. 3.67: Ingenieursorientierte Zielkostenbestimmung

c) produktfunktionsorientierter Ansatz

Dieser Ansatz geht auf Tanaka (1989) zurück. Im Mittelpunkt steht die Zerlegung der Funktionen eines Produktes und die Ermittlung ihrer Bedeutung. Jedes Produkt bzw. jede Leistung erfüllt Funktionen für den Nutzer. So lassen sich i.d.R. zahlreiche Funktionen ermitteln, die ggf. in Funktionsgruppen zusammengefaßt werden können. Diese Funktionen werden entsprechend ihrer Bedeutung für den Konsumenten gewichtet. Es läßt sich dann bestimmen, welchen Anteil jede Funktion an der Gesamtfunktion/-leistung des Produkts hat.

Die Funktionsgewichte sind dann Ausgangspunkt für die Bestimmung der Zielkosten. Der Kostenanteil für die Erfüllung einer Funktion soll dem Bedeutungsgewicht der Funktion entsprechen. Hat beispielsweise die Teilfunktion „Reinigung erleichtern" eines Produkts das Funktionsgewicht 5%, so betragen die Zielkosten, die auf die Erfüllung dieser Funktion entfallen, 5% der Gesamtkosten.

Für alle Funktionen, deren Kostenanteil über dem Bedeutungsanteil liegt, sind Möglichkeiten der Kostenreduzierung zu untersuchen. Liegt der Bedeutungsanteil über dem Kostenanteil, so handelt es sich um bereits günstig erstellte Funktionen, die bei der Kostensenkung geringere Priorität haben.

In diesem Konzept fehlt die Berücksichtigung der Marktsituation. So wird nicht sichergestellt, daß eine funktionsbezogene Zielkostenermittlung Preise ermöglicht, die am Markt durchsetzbar sind. Der Fokus liegt auf einer adäquaten Verteilung der Gesamtkosten auf Funktionen. Die Angemessenheit der Höhe der Gesamtkosten muß jedoch separat betrachtet werden. Darüber hinaus stellt die Ermittlung der Funktionsgewichte einen nicht unerheblichen Unsicherheitsfaktor dar. Es sind auf jeden Fall zusätzliche Marktforschungsaktivitäten erforderlich.

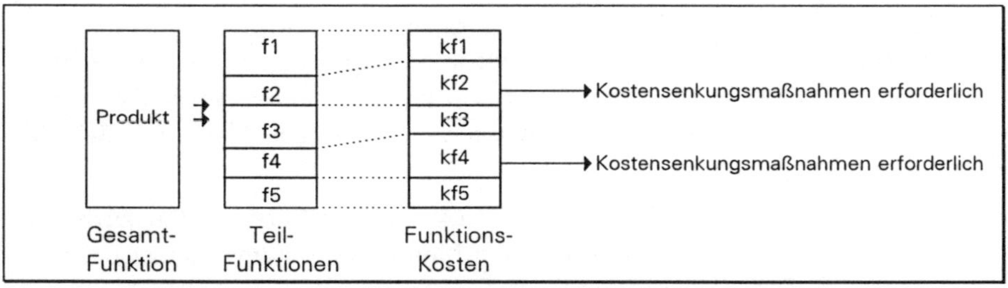

Abb. 3.68: Produktfunktionsorientierte Zielkostenbestimmung

Wie das Zielkostenmanagement in der Praxis umgesetzt werden soll, kann nur in Abhängigkeit von der Produktkategorie und der Marktsituation entschieden werden. Grundsätzlich schließt eine marktorientierte Vorgehensweise nicht die produktfunktionsorientierte aus usw. Prinzipiell scheint die Umsetzung aller Ansätze sinnvoll, wenn auch mit Schwerpunkten in Abhängigkeit von der Branche.

So setzt die Orientierung an den Produktfunktionen voraus, daß deren Bedeutung bekannt ist bzw. sie überhaupt differenziert betrachtet werden können. Insofern kommen fast nur komplexe technische Produkte, insbesondere Fahrzeuge und Investitionsgüter als Objekte in Frage. Konsumgüter in hart umkämpften Märkten werden eher mit Hilfe einer reinen Marktorientierung „bearbeitet" werden können.

3.4.3.2 Bestimmung des Zielverkaufspreises

Der Zielverkaufspreis muß der Anforderung genügen, am Markt durchsetzbar zu sein. Welcher Preis am Markt durchsetzbar ist, hängt von zwei Faktoren ab:

- den Preisen der **Wettbewerber** und
- den Anforderungen und der Preisbereitschaft der **Konsumenten**.

Darüber hinaus ist der **Zeitaspekt** zu berücksichtigen. So muß z.B. mit einer Änderung der Preise durch Wettbewerber und einer Änderung des Konsumverhaltens gerechnet werden. Ein einmal ermittelter Preis kann i.d.R. nicht als dauerhaft angenommen werden, sondern wird aktiv oder reaktiv verändert. Schließlich sind mögliche **Substitutionsbeziehungen** und Veränderungen der Kostensituation im eigenen Unternehmen zu berücksichtigen. Kommen neue Produkte auf den Markt, die als Ersatz für das eigene dienen können, so sind zumindest als kurzfristige Reaktion Preissenkungen einzuplanen.

Zur Ermittlung des Zielverkaufspreises sind damit folgende Analysen erforderlich:

a) Ermittlung des Marktpreisniveaus

Voraussetzung sind sowohl ein bestehender Markt als auch die Vergleichbarkeit der Produkte/Leistungen. Handelt es sich um ein neues Produkt, das nicht mit bereits vorhandenen vergleichbar ist, ist kein Marktpreis zu ermitteln. Ähnliche Probleme entstehen, wenn die vorhandenen Produkte entweder in technischer Hinsicht oder nach Ansicht der Konsumenten nicht vergleichbar sind (Beispiel: Krankenversicherungen).

In einigen Fällen kann auf bestehende Marktanalysen/-übersichten zurückgegriffen werden: bei Automobilen z.B. von Marketing Systems/Essen, bei Konsumgütern z.B. Tests der Stiftung Warentest. Sonst sind eigene Erhebungen erforderlich, bei denen jedoch das Problem der subjektiven Verfälschung entsteht. So muß durch geeignete Verfahren sichergestellt werden, daß Produktmerkmale/-bestandteile von Konkurrenzprodukten genauso berücksichtigt werden wie die der eigenen Produkte. Eine Kontrolle des Vergleichs durch unabhängige Dritte ist somit sinnvoll.

Folgende Schritte sind bei der Marktpreisermittlung zu berücksichtigen:

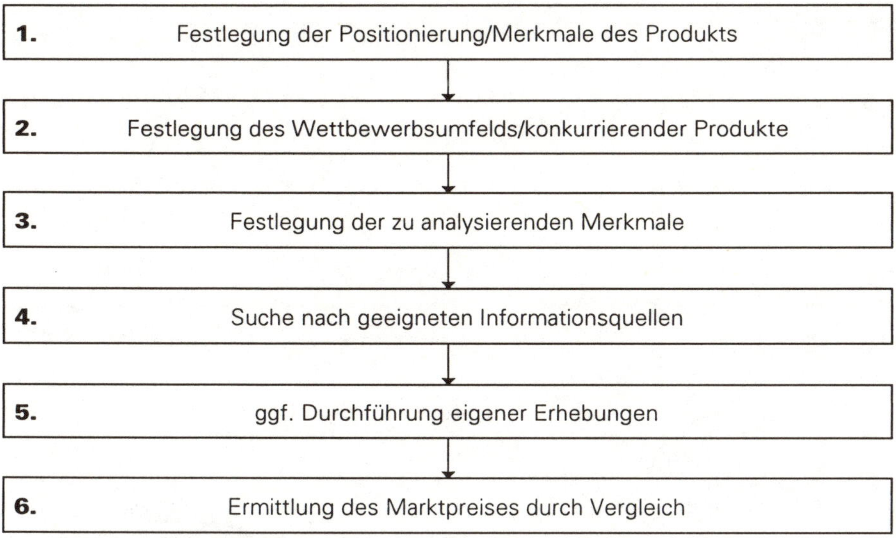

Abb. 3.69: Prozeßschema Ermittlung des Marktpreises

b) Ermittlung der Preisbereitschaft der Konsumenten

Auch hier zeigen sich Grenzen des Target Costing. Je früher der Zielkostenmanagementprozeß einsetzt, desto wirksamer kann er sein. Gleichzeitig wird es aber auch schwieriger, die Preisbereitschaft der Konsumenten zu ermitteln, weil sie z.T. noch kein konkretes Produkt vorgestellt bekommen. Daher muß in einem frühen Stadium mit Produktkonzepten gearbeitet werden, die eine nicht unerhebliche Unsicherheit mit sich bringen.

Die Frage, was jemand für welches Produkt zu zahlen bereit ist, eine der zentralen Fragen des Zielkostenmanagements, führte zu einer erheblichen Popularität des multivariaten Analyseverfahrens **Conjoint Measurement**. Ziel des Conjoint Measurement ist es, aus Einstellungs- und Präferenzurteilen über Stimuli, insbesondere Produkte, auf die Nutzenbeiträge einzelner Merkmale, etwa Produkteigenschaften, zu schließen. Das Verfahren basiert auf der Hypothese, daß sich die Beurteilung eines Produktes aus Urteilen über einzelne Merkmale (additiv) zusammensetzt. Mit Hilfe einer Simulation von Kaufentscheidungen läßt sich ermitteln, welche Bedeutung die einzelnen Merkmale haben. Diese Erkenntnisse können verwendet werden, um optimale Merkmalskombinationen zu Produkten zusammenzustellen und eine nutzenabhängige Preisbildung vorzunehmen.

c) Lebenszyklusabhängige Preispolitik

Jedes Produkt unterliegt einem mehr oder weniger typischen, vom Produktalter abhängigen Verlauf der Absatzmenge. Darüber hinaus sind Vorlauf- und immer stärker auch Nachsorgekosten, die mit Garantie- und Entsorgungsverpflichtungen zusammenhängen, zu berücksichtigen. Diese Rahmenbedingungen müssen bei der Preisfestsetzung berücksichtigt werden.

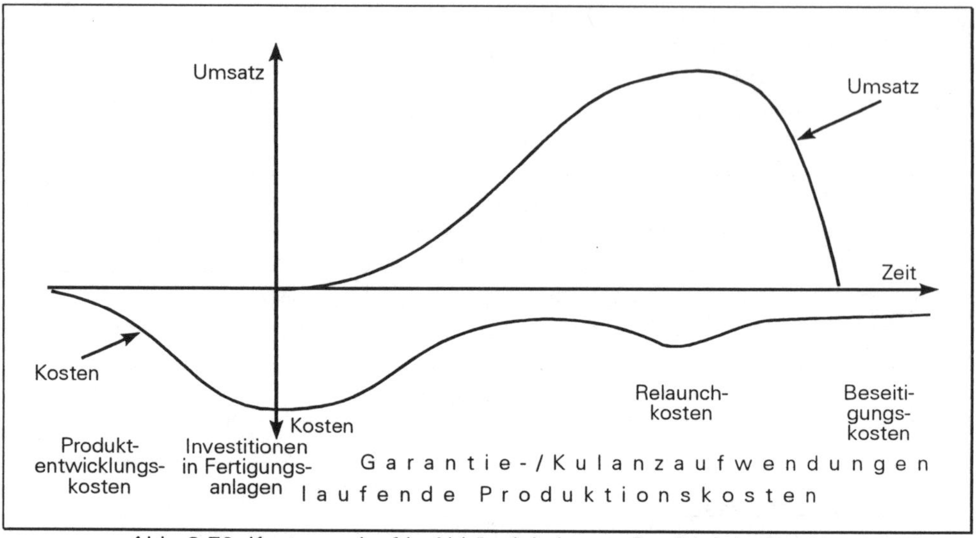

Abb. 3.70: Kostenverlauf in Abhängigkeit vom Produktlebenszyklus

d) Preisstrategie

In Abhängigkeit von Produktart, Marktverhältnissen, Nachfrageentwicklung usw. ist oftmals eine strategische Preisvariation sinnvoll. So sind einige Branchen von nahezu gesetzmäßigen Preisverläufen gekennzeichnet, etwa der Bereich Computer/Mikroelektronik. Praktisch alle Produkte werden zunächst zu einem relativ hohen Preis eingeführt, der im Laufe der Zeit kontinuierlich sinkt. Gründe hierfür sind:

- Konkurrenz durch neue Produkte
- Kostensenkungen durch Skalenerträge/Fixkostendegression
- Erfahrungseffekte
- Notwendigkeit der Erschließung neuer Zielgruppen
- Auftreten neuer Wettbewerber u.a.

Grundsätzlich sind Penetrations- und Skimmingstrategie zu unterscheiden. Bei der **Penetrationsstrategie** erfolgt die Produkteinführung auf einem niedrigen Preisniveau, das dann sukzessive erhöht wird. Da kontinuierliche Preiserhöhungen schwer durchsetzbar sind, kommt es i.d.R. zu mehr oder weniger starken Preissprüngen. Dabei kann etwa die Strategie des günstigen Einführungspreises mit späterer starker Preisanpassung (z.B. Zeitschriften) oder der erfolgs- und kalenderzeitabhängigen Preisrunden (z.B. Automobilindustrie) verfolgt werden. Bei der **Skimmingstrategie** wird das Produkt zu einem hohen Preis eingeführt, der dann sukzessive gesenkt wird. Sofern eine dieser Strategien verfolgt werden soll, ist der Zielpreis entsprechend flexibel festzulegen.

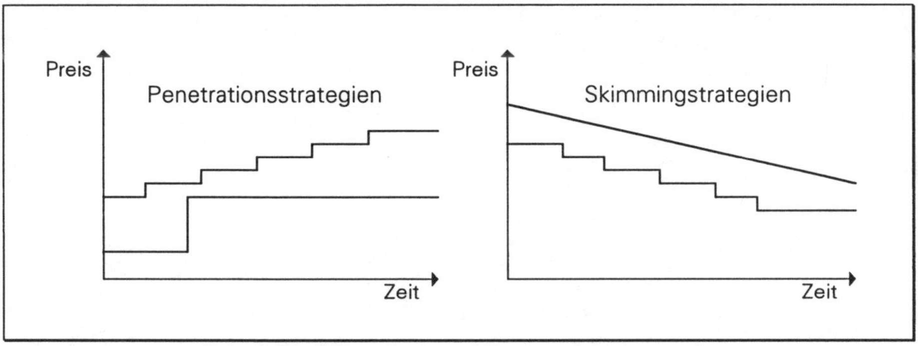

Abb. 3.71: Skimming- und Penetrationsstrategie

3.4.3.3 Vorgehensweise

Wie bereits oben angedeutet, kann das Zielkostenmanagement auf unterschiedliche Arten realisiert werden. Im folgenden soll ein produktfunktionaler Ansatz vorgestellt werden, wie er insbesondere bei komplexen, technischen Produkten zum Einsatz kommt:

1. Ermittlung des Zielpreises

Dieser Schritt wurde aufgrund seiner überragenden Bedeutung separat unter 3.4.3.2 erläutert.

2. Bestimmung des Zielgewinns

Hierzu sind Informationen über branchenübliche Gewinne bzw. Renditen und die angestrebte eigene Kapitalverzinsung erforderlich. Dabei muß sowohl das Risiko der Investitionen als auch das im Unternehmen bislang erreichte Renditeniveau berücksichtigt werden.

3. Bestimmung der Zielqualität

Um nicht in Gefahr zu kommen, ein Produkt zu Lasten seiner Leistung und Qualität „abzumagern", ist die angestrebte Qualität zu definieren. Sie kann definiert werden als „die Erfüllung aller vom Kunden an ein Produkt und den damit einhergehenden Zusatzleistungen gestellten Anforderungen" (Seidenschwarz 1993, S. 117). Die (weitgehend) vollständige Ermittlung der Anforderungen an das Produkt kann mit Hilfe eines Anspruchsschemas erfolgen (vgl. Koppelmann 1993, S. 102ff.):

- Objektbezogene Ansprüche
  - Gegenstandsansprüche
    - elementare Gegenstandsansprüche
      - Materialansprüche
      - Formansprüche
      - Farbansprüche
      - Zeichenansprüche
      - Oberflächenansprüche
    - komplexe Gegenstandsansprüche
      - Funktionsprinzipansprüche
      - Konstruktionsprinzipansprüche
      - historische Lösungsprinzipansprüche
      - Produktteileansprüche
  - Wahrnehmungsansprüche
    - Sehansprüche
    - Höransprüche
    - Geschmacksansprüche
    - Tastansprüche
- Wirkungsbezogene Ansprüche
  - Sachansprüche
    - Produktbewirkungsansprüche
      - technische Ansprüche
      - physiologische Ansprüche
    - Produktbedienungsansprüche
      - Vorbereitungsansprüche
      - Benutzungsansprüche
      - Erhaltungsansprüche
      - Beseitigungsansprüche
      - Nutzungserweiterungsansprüche
    - Ökonomieansprüche
      - Haltbarkeit
      - Zuverlässigkeit
      - Reparierbarkeit
      - Energieverbrauch...
  - Anmutungsansprüche
    - Empfindungsansprüche bezüglich
      - Wert
      - Ästhetik
      - Atmosphäre
      - Überlegenheit...
    - Antriebsansprüche bezüglich
      - Gesundheit
      - Sicherheitsdrang
      - Selbstbestätigung
      - Geselligkeit...

Abb. 3.72 Systematik der Ansprüche von Verwendern an Produkte

Aus einem solchen Anspruchsschema lassen sich dann die Produktfunktionen ableiten. Beispiele: Beseitigungsansprüche → Recyclingfähigkeit, physiologische Ansprüche → Wärmen, Ökonomieansprüche → Energieverbrauch senken, Materialansprüche → bestimmtes Material verwenden usw.

4. Ermittlung der Produktfunktionen

Auf der Basis von Konsumentenbefragungen und Expertengesprächen sind die wahrgenommenen Funktionen des Produktes aufzulisten und zu bewerten. Dabei ist grundlegend in Gebrauchs- und Wertfunktionen zu unterscheiden, also einerseits technisch-leistungsbezogene, andererseits eher subjektiv-emotionale. Ergebnis ist die Funktionsstruktur des Produkts, wie sie von den Konsumenten gesehen wird.

Beispiele für Wert- und Gebrauchsfunktionen:

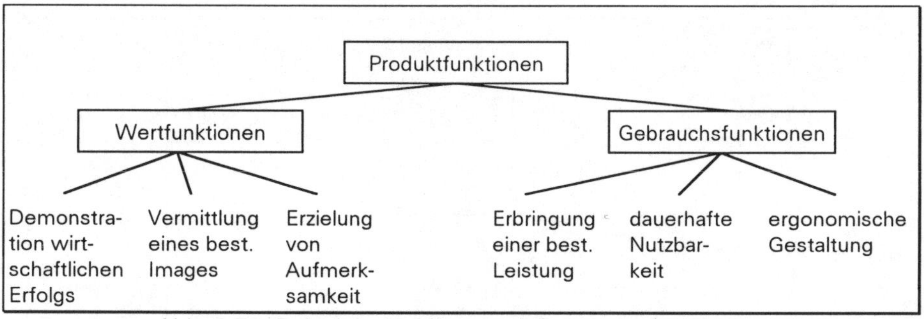

Abb. 3.73: Beispiele für Wert- und Gebrauchsfunktionen

Die Aufstellung einer solchen Funktionsstruktur ist in der Praxis schon deswegen schwierig, weil zielgruppenspezifische Unterschiede bei der Funktionsbewertung kaum zu berücksichtigen sind und die Ermittlung der darauf entfallenden Kosten erhebliche Probleme bereitet (vgl. dazu Abschnitt 3.4.1). Daher wird oft eine Zerlegung des Produkts nach Bauteilen durchgeführt.

Die ermittelten Funktionen werden entsprechend ihrer Bedeutung gewichtet. Für das Gesamtprodukt ergibt sich dann ein Funktionsgewicht von 1 bzw. 100%.

Funktionsgruppen	Funktion	Funktionsgewicht
Gebrauchsfunktionen	F 1	
	F 2	
	F 3	
	...	
Wertfunktionen	F 4	
	F 5	
	F 6	
	...	
		$\Sigma = 100\%$

Abb. 3.74: Aufbau der Funktionsstruktur eines Produkts

5. Ermittlung der Funktionskosten

Die Ermittlung der Funktionskosten kann analog zur Vorgehensweise bei der Wertanalyse erfolgen. Dabei ist allerdings von erheblichen Unsicherheiten auszugehen, insbesondere, wenn es sich um eine Zielkostenbestimmung für ein neues Produkt handelt. In diesem Fall können Daten für ein eventuell vorhandenes Vorgängermodell verwendet werden.

Beispiel zur Ermittlung der Zielkostenanteile für ein Software-Dienstleistungsangebot (Niemand 1994, S. 71):

Dienstleistungen / Dienstleistungsfunktionen	Funktionsgewicht	Schulung	Beratung	Installation/ Wartung	Leasing/ Miete	Ausstellungen	Benutzervereinigungen	Engineering	Information Services	Netzwerkservices	Softwareentwickl.	Gesamt
Entscheidungshilfen anbieten	8,65%		50 4,33			25 2,16	25 2,16					100%
Betriebsbereitschaft des DV-Systems herstellen	14,41%	20 2,88		60 8,65						20 2,88		100%
DV-System betreuen und pflegen	11,60%	20 2,32		60 6,96						20 2,32		100%
ungewollte Stillstandszeiten des DV-Systems minim.	13,86%	30 4,16	10 1,39	40 5,54						20 2,77		100%
Finanzierungshilfen anbieten	2,68%		40 1,07		60 1,61							100%
Teilsysteme verketten/ Systeme integrieren	8,65%			20 1,73				30 2,60		50 4,33		100%
spezifische Software erstellen	6,86%										100 6,86	100%
Projektplanung durchführen	6,80%	10 0,68	10 0,68					80 5,43				100%
Zugang zu Informationsdatenbanken ermöglichen	5,22%								100 5,22			100%
Netzwerk zur Verfügung stellen	4,87%									100 4,87		100%
Erfahrungsaustausch zwischen Anwendern fördern	8,58%	20 1,72				15 1,29	55 4,72		10 0,86			100%
DV-Neuerungen vorstellen	7,82%	10 0,78	20 1,56			60 4,69	10 0,78					100%
Gesamt	100%	12,54	9,02	22,88	1,61	8,14	7,66	8,03	6,08	17,17	6,86	100%

Abb. 3.75: Beispiel einer Funktionsgewichtsmatrix für Software-Dienstleistungen

Diese Matrix listet in der Senkrechten die (z.B. durch Befragung) ermittelten Funktionen der Software-Dienstleistung, in der Waagerechten die einzelnen Tätigkeiten (Dienstleistungs-Komponenten) für die Erstellung der Dienstleistung auf. Die zweite Spalte gibt jeweils das Bedeutungsgewicht der Funktion an. In den Zellen ist in der oberen Zeile der Anteil der Dienstleistungskomponente an der Erbringung der Funktion angegeben, in der unteren das sich daraus ergebende Teilgewicht der Komponente. Beispiel: Die Zelle (Zeile 2/Spalte 4) sagt aus: Die Dienstleistung „Beratung" übt 50% der Funktion „Entscheidungshilfen anbieten" aus. Ihr Teilgewicht für diese Funktion beträgt 50% des Funktionsgewichts von 8,65% = 4,33%. Das heißt: 4,33% der Zielkosten dürfen hiernach auf diese Teilfunktion entfallen. Liegt der zu schätzende Kostenanteil höher, so wurde das Kostenziel verfehlt.

6. Ermittlung der Zielkostenindizes

Damit ist der Zielkostenindex definiert:

$$\text{Zielkostenindex ZI} = \frac{\text{Kostenanteil KA (\%)}}{\text{Teilgewicht TG (\%)}}$$

In Abhängigkeit vom Zielkostenindex läßt sich nun jede Komponente in ein Zielkosten-Kontrolldiagramm eintragen, das Aufschluß über erforderliche Maßnahmen gibt:

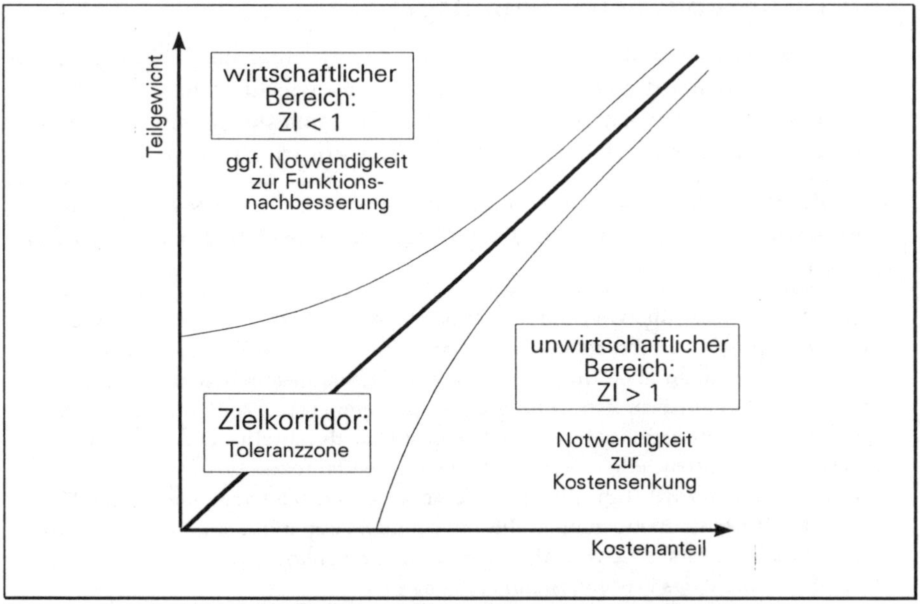

Abb. 3.76: Zielkosten-Kontrolldiagramm nach Tanaka

Befindet sich die Produktkomponente unterhalb der Winkelhalbierenden (fett gedruckt), so ist der Kostenanteil größer als der Bedeutungsanteil. Für diese

Komponente ist dementsprechend ein Kostensenkungsprogramm einzuleiten. Komponenten, die innerhalb des Zielkorridors liegen (dessen Breite durch eine Grundsatzentscheidung festgelegt wird), werden nicht weiter betrachtet. Hier entspricht der Kostenanteil etwa dem Teilgewicht. Ein Zielkostenindex von weniger als 1 bedeutet zunächst, daß die Komponente relativ günstig, mitunter sogar billig hergestellt wird. In dieser Situation ist jedoch zu prüfen, ob die Funktion adäquat erfüllt werden kann. So ist es möglich, daß die Kostengünstigkeit dadurch entsteht, daß kein geeignetes Fachpersonal für die Erfüllung der Aufgabe zur Verfügung steht, nur einfache und preisgünstige Verfahren eingesetzt werden usw. Hier kann also ein Ansatzpunkt für eine Verbesserung der Funktionserfüllung bestehen.

Der **Zielkorridor** wird mit unterschiedlicher Breite bestimmt. Dadurch wird erreicht, daß relativ unbedeutende Komponenten mit einem geringen Funktionsgewicht und/oder Kostenanteil umfangreich analysiert werden und damit die Aufmerksamkeit von den strategisch wichtigen Komponenten weg lenken. Je unbedeutender die Komponente ist, desto weniger Kapazitäten sollten für ihre Analyse verwendet werden.

3.4.4 Prozeßkostenmanagement

3.4.4.1 Konzeptionelle Grundlagen

Die Prozeßkostenrechnung ist ein Verfahren, das die Kontrolle bzw. das Management der Gemeinkosten ermöglichen soll. Die Entwicklung dieses Verfahrens ist besonders auf den starken Anstieg der Gemeinkostenanteile an den Gesamtkosten in den letzten Jahren und Jahrzehnten zurückzuführen.

> Mit Hilfe der **Prozeßkostenrechnung** wird versucht, die Gemeinkosten möglichst verursachungsgerecht einzelnen **Tätigkeiten** (Geschäftsprozessen) zuzurechnen.

Während zunächst überwiegend von Prozeßkostenrechnung gesprochen wurde, ist heute oftmals von **Prozeßkostenmanagement** oder von **Prozeßmanagement** die Rede. Vor allem auch die Verbreitung des Reengineering-Konzepts trug zu einer prozeßorientierten Betrachtung der Unternehmen bei, so daß immer häufiger die eher statische Analyse von Kostenstellen durch eine eher dynamische Analyse von kostenstellenübergreifenden Geschäftsprozessen ersetzt oder zumindest ergänzt wird. Ein zentrales Element des Prozeßmanagement bleibt jedoch die Prozeßkostenrechnung. Im Zusammenhang mit dem Ziel einer kostenoptimalen Gestaltung von Abläufen ist die Prozeßkostenrechnung das wichtigste Instrument des Prozeßkostenmanagement.

Im Mittelpunkt der Betrachtung steht der Verwaltungsbereich eines Unternehmens, zu dem etwa auch die Marketing- und Vertriebsabteilungen gehören.

Die **Zielsetzung** der Prozeßkostenrechnung kann wie folgt umrissen werden (Horváth/Kieninger/Mayer/Schimank 1993, S. 612):

- Schaffung einer Transparenz des Gemeinkostenbereichs in bezug auf einzelne Tätigkeitsabläufe
- Optimierung der Tätigkeiten in bezug auf Qualität, Zeit und Effizienz. Dazu ist über die reinen Kosten hinaus die Erfassung von Qualitätsmerkmalen und Bearbeitungszeiten erforderlich.
- Permanentes Gemeinkostenmanagement durch kontinuierliche Verfolgung der Kostenentwicklung. Die Prozeßkostenrechnung ermöglicht es, z.B. im Fall einer Änderung der Zahl der Tätigkeiten in einer bestimmten Periode, entsprechende Kapazitätsentscheidungen zu treffen.
- Verbesserung der Kalkulation durch eine prozeßorientierte Zurechnung von Gemeinkosten auf einzelne Absatzsegmente. Die Prozeßkostenrechnung ermöglicht es, einzelne Tätigkeiten den Segmenten zuzurechnen.
- Vorausschauende Kalkulation im Rahmen der Produktentwicklung. Es ist möglich, die Auswirkung von Produktentwicklungs- oder Differenzierungsmaßnahmen auf die Produktkosten zu ermitteln.

Der **praktische Nutzen** der Prozeßkostenrechnung wird in erster Linie in der Schaffung von Transparenz (41%) und Kostensenkung (31%) gesehen (Ergebnis einer nicht-repräsentativen Befragung von Managern, vgl. Witt 1991, S. 29).

Das Prozeßkostenmanagement durchbricht als Neuerung die durch die Kostenstellenrechnung und das damit verbundene Abteilungsdenken geschaffenen (Denk-)Strukturen. Analyseobjekt ist nun ein **Prozeß**, der innerhalb einer Kostenstelle oder von mehreren Kostenstellen gemeinsam erstellt wird.

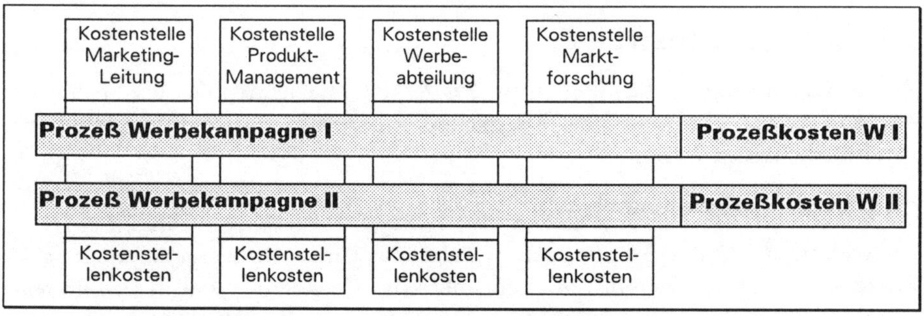

Abb. 3.77: Beispiel kostenstellenübergreifender Prozesse

Obiges **Beispiel** zeigt zwei Prozesse der Planung einer Werbekampagne. Daran sind vier Kostenstellen beteiligt: Marketing-Leitung, Produktmanagement, Werbeabteilung und Marktforschung. Die traditionelle Kostenrechnung ermittelt die Gesamtkosten der jeweiligen Kostenstelle und verrechnet sie (s. Betriebsabrechnungsbogen) auf die einzelnen Kostenträger, und zwar i.d.R. abhängig von den

Herstellkosten. Kosten für die Entwicklung der Werbekampagne werden somit abhängig vom Preis des Produktes und nicht abhängig von den tatsächlichen Aufwendungen verrechnet. Da die Kosten für die Entwicklung der Werbekampagne sicherlich nicht allzu viel mit den Herstellkosten zu tun haben, ist offensichtlich, daß die traditionelle Kostenrechnung teils erhebliche Kalkulationsfehler einbaut. Die Prozeßkostenrechnung soll diese Fehler vermeiden und Verursachungsgerechtigkeit herstellen.

Prozesse müssen nicht kostenstellenübergreifend sein. So wird das Verfahren auch eingesetzt, um **innerhalb einer Kostenstelle** mehr Transparenz zu erzielen. So können etwa innerhalb der Werbeabteilung verschiedene Prozesse unterschieden werden, beispielsweise die Vornahme gestalterischer Änderungen an vorhandenen Anzeigen, die Gestaltung einer Verkaufsverpackung usw. Hierdurch werden die gesamten Kostenstellenkosten weiter untergliedert und können einem Kostenträger direkt zugerechnet werden.

Grundsätzlich ist noch festzustellen, daß es sich bei der Prozeßkostenrechnung um ein **Vollkostenrechnungssystem** handelt. Fixe und variable Kosten werden ohne Unterscheidung verrechnet. Dies wird zuweilen als (pauschale) Kritik an der Prozeßkostenrechnung verwendet. Die Entscheidungsrelevanz der Prozeßkostenrechnung werde eingeschränkt durch die Berücksichtigung nicht entscheidungsrelevanter Kosten, nämlich fixer. Dieses Problem ist jedoch wesentlich abhängig vom Zeitbezug der Analyse. Langfristig gesehen sind auch fixe Kosten entscheidungsrelevant, so daß die Prozeßkostenrechnung gerade unter strategischem Aspekt das Potential zu kostenoptimierenden Entscheidungen hat. (Vgl. zu dieser Diskussion insbesondere Witt 1991; die strategische Bedeutung der Prozeßkostenrechnung für die Produktkalkulation hebt Cervellini (1991, 1994) hervor.)

3.4.4.2 Vorgehensweise

Zur Durchführung ist die Gliederung des zu untersuchenden Gemeinkostenbereichs in einzelne Prozesse bzw. Tätigkeiten erforderlich. Folgende Schritte können unterschieden werden:

1. Globale Tätigkeitsanalyse

Als vorbereitende Tätigkeit ist es notwendig, das Unternehmen gedanklich nach Prozessen zu strukturieren. Dabei entsteht eine Vorstellung von der zeitlichen Abfolge einzelner Tätigkeiten, die zusammen einen Prozeß ergeben. Hierzu kann man z.B. kunden- oder auftragsorientiert vorgehen.

2. Definition der Hauptprozesse

Im nächsten Schritt sind die Hauptprozesse zu definieren, die i.d.R. mehrere Abteilungen oder auch Funktionsbereiche betreffen. Die Hauptprozesse müssen so definiert werden, daß sie sich gegenseitig ausschließen. Lassen sich unterschiedliche Ausprägungen und Gestaltungen identifizieren, ist der Hauptprozeß zu teilen. Stellt sich z.B. heraus, daß bei der Kundenbetreuung erhebliche Unterschiede bezüglich des Zeitaufwands und damit der Kosten auftreten, so ist die Teilung dieses Hauptprozesses erforderlich. In diesem Fall bietet sich etwa die Unterscheidung von Neu- und Altkundenbetreuung an.

Beispiele für Hauptprozesse im Vertriebsbereich der Rhodius Mineralquellen (Stoi/Giehl 1995, S. 143):

1. Auftragsabwicklung
2. Verladung
3. Auslieferung Verkaufsfahrer
4. Auslieferung Zusteller
5. Technischer Kundenservice
6. Kundenbetreuung
7. Kundenakquisition
8. Fertigprodukte lagern.

3. Definition der Teilprozesse zu jedem Hauptprozeß

Jeder Hauptprozeß setzt sich aus einer Reihe einzelner Tätigkeiten, den Teilprozessen, zusammen. Mit deren Hilfe wird im nächsten Schritt der jeweilige Hauptprozeß vollständig beschrieben.

Beispiel Rhodius (Stoi/Giehl 1995, S. 144):

Hauptprozeß: Verladung
↓
Teilprozesse: Abcheckung Zentrallager
Beladung/Abcheckung Lager 2
Entladung der LKW
Kisten sortieren und Lagern
Leerpaletten abladen usw.

Der Grundsatz der Prozeßdefinition lautet: intern homogen, extern heterogen. Ein Prozeß muß bei Wiederholung immer wieder gleichartig ablaufen und sich von allen anderen Prozessen deutlich unterscheiden

4. Bestimmung der Bezugsgrößen, Prozeßmengen und Prozeßkosten

Zunächst ist eine Aufteilung vorzunehmen in **leistungsvolumenabhängige** (-induzierte) und **-unabhängige** (-neutrale) **Teilprozesse**. Leistungsmengeninduzierte Prozesse **(lmi)** sind abhängig von der Zahl der Aufträge, Bearbeitungen usw. Sie stellen den variablen Teil dar. Leistungsmengenneutrale Prozesse **(lmn)** sind unabhängig von der Zahl der Aufträge, Bearbeitungen usw. Sie sind der fixe Teil. Häufig handelt es sich um leitende Funktionen oder einmalige Prozesse.

Nunmehr können für die lmi-Prozesse die **Bezugsgrößen (sog. Cost Driver)** bestimmt werden. Dabei handelt es sich um die Kriterien, die die Häufigkeit der Prozeßdurchführung bestimmen. In der Regel sind dies Mengen, etwa die Anzahl der Aufträge oder die Anzahl der Reklamationen. Für lmn-Prozesse existieren definitionsgemäß keine Bezugsgrößen.

Anschließend werden die **Plan-Prozeßmengen** bestimmt. Dabei handelt es sich um die voraussichtliche Zahl der zu leistenden Prozesse, ggf. die Kapazitätsgrenze für den Prozeß. Bei manuellen Tätigkeiten können z.B. Zeitstudien durchgeführt oder Vergangenheitsdaten analysiert werden.

Der nächste Schritt betrifft die Bestimmung der Plankosten. Dazu gehören etwa die Personalkosten für die Leistung der geplanten Prozesse, Materialien, DV-Zeiten u.ä.

5. Bildung der Prozeßkostensätze

Mit den vorhandenen Daten kann nun eine Prozeßkostenrechnung für einen definierten Hauptprozeß durchgeführt werden. Der Kostensatz für jeden Teilprozeß ergibt sich durch Addition des lmi-Kostensatzes und der Umlage für den lmn-Prozeß.

Diese Umlage entspricht zwar nicht dem Grundgedanken der Prozeßkostenrechnung, ist aber nicht zu vermeiden, da z.B. für die Leitungstätigkeit nicht sinnvoll und ökonomisch bestimmt werden kann, in welchem Maße Kosten für welchen Prozeß angefallen sind. In der Regel wird der Anteil der lmn-Kosten sehr gering sein, so daß die Auswirkungen auf die Kalkulation zu vernachlässigen sind. Aus praktischen Gründen bietet es sich an, die Umlage als %-Satz auf den lmi-Prozeßkostensatz aufzuschlagen.

Beispiel einer einfachen Prozeßkostenrechnung:

Hauptprozeß: Neukundenakquisition							
Teilprozeß	lmi/ lmn	Bezugsgröße/ Cost Driver	Plan-Prozeß-menge	Plan-Kosten	lmi-Kosten-satz	lmn-Umlage	Gesamt-Kosten-satz
Kundenbesuch durchführen	lmi	Zahl der Neukunden	100	25.000	250	83,33	333,33
Kundendaten erfassen	lmi	Zahl der Neukunden	100	5.000	50	16,67	66,67
Vertriebs-leitung	lmn	–	–	10.000	–		–
Gesamt				40.000			400,00

Abb. 3.78: Beispiel einer einfachen Prozeßkostenrechnung

Der Hauptprozeß wurde in drei Teilprozesse unterteilt, einer davon ist leistungsmengenneutral. Dieser wird durch Umlage entsprechend den Plankosten auf die leistungsmengeninduzierten Prozesse verteilt. Insgesamt ergibt sich ein Prozeßkostensatz von DM 400 für die Akquisition eines Neukunden.

6. Prozeßkostenbasierte Kontrolle

Schließlich ermöglicht die Prozeßkostenrechnung eine differenziertere Kontrolle des Ergebnisses, insbesondere z.B. der Profitabilität der Kundenbeziehung.

Beispiel der DS-Getränke Logistik GmbH (Jerger 1995, S. 114):

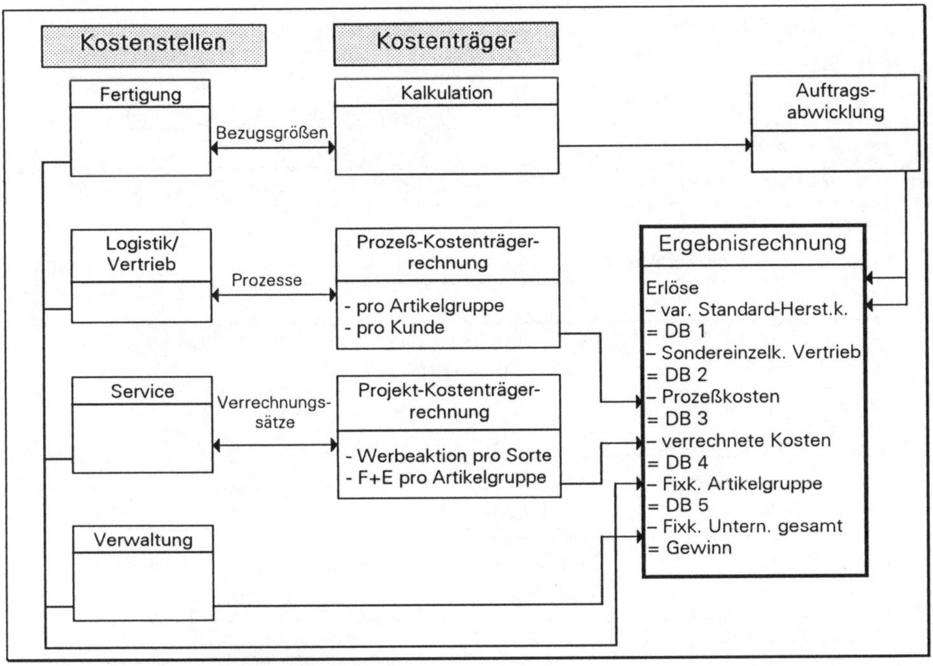

Abb. 3.79: Verrechnung kostenunterschiedlicher Unternehmensbereiche für eine differenzierte Ergebnisrechnung: Beispiel der DS-Getränke Logistik GmbH

Das **Beispiel** zeigt, wie unterschiedliche Rechnungskonzepte miteinander verbunden werden können. Die Prozeßkostenrechnung wurde verwendet, um den Logistik- und Vertriebs-Bereich transparenter zu gestalten. Für verschiedene Service-Funktionen wurden Projekt-Kostenträger geschaffen. Die Herstellkosten ergeben sich aus der klassischen Kostenträgerrechnung/Kalkulation. Schließlich werden Verwaltungskosten artikelgruppen- bzw. gesamtunternehmensbezogen in die Ergebnisrechnung einbezogen.

In diesem Zusammenhang wurde im Unternehmen auch ein Deckungsbeitragsschema für die Kundenerfolgsrechnung entwickelt (Jerger 1995, S. 113):

Position	Beispiele
Umsatzerlöse brutto	
– Erlösschmälerungen	
= Umsatzerlöse netto	
– variable Herstellkosten	
= DB 1	
– Sondereinzelkosten Vertrieb	Verkaufsförderung, Displays, Provisionen
= DB 2	

– Prozeßkosten Vertrieb	Betreuung, Besuche, Pachtabrechnung
= DB 3	
– Prozeßkosten Vertrieb 2	Key Account Management
= DB 4 (Vertriebsergebnis)	
– Prozeßkosten Distribution	Kommissionierung, Auftragsabwicklung, Transport
= DB 5 (Kundenergebnis)	
– sonstige Restgemeinkosten	
= DB 6 (Gesamtergebnis)	

Abb. 3.80: Deckungsbeitragsschema der Kundenerfolgsrechnung der DS-Getränke Logistik

Das folgende **Beispiel** zeigt eine Prozeßkostenrechnung für die Kostenstelle Verkaufsabwicklung. Der Einfachheit halber wird auf die Berücksichtigung leistungsvolumenunabhängiger Tätigkeiten verzichtet.

Teilprozesse	Bezugsgröße/ Cost Driver	Prozeß-menge	Prozeß-kosten	Prozeßko-sten-Satz
Bestellannahme	Anzahl Bestellungen	1000	10.000	10,00
Lagerabruf bei Lagerware	Anzahl Positionen	3000	21.000	7,00
Produktionsauftrag bei Einzelfertigung	Anzahl Positionen	200	10.000	50,00
Transportorganisation	Anzahl Lieferungen	1500	15.000	10,00
Rechnungsstellung	Anzahl Positionen	1500	4.500	3,00
Zahlungseingangskontrolle Vorkasse	Anzahl Rechnungen	500	2.000	4,00
Zahlungseingangskontrolle Rechnung	Anzahl Rechnungen	1000	15.000	15,00
Summe			77.500	

Abb. 3.81: Beispiel Prozeßkostenrechnung

In diesem Beispiel geht es darum, die in der Auftragsabwicklung entstehenden Kosten verursachungsgerechter auf die einzelnen Aufträge, die in unterschiedlichem Ausmaß Verwaltungsaufwand verursachen, zu verrechnen. Der erste Schritt bestand in einer Tätigkeitsanalyse, die die in der ersten Spalte dargestellten Arbeitsschritte ergab. Je nach Auftragsart (für Lagerware oder Einzelfertigung, gegen Vorkasse oder Rechnung) sind bestimmte Tätigkeiten für die Abwicklung erforderlich. Die Messung der Leistung in einem Tätigkeitsbereich erfolgt über die Cost Driver, z.B. die Anzahl der Rechnungen oder Lieferungen. Deren Bestimmung ist der Schritt 2. Schließlich werden im 3. Schritt die Prozeßkostensätze ermittelt, indem die Kosten für den Tätigkeitsbereich (z.B. Gehälter für Sachbearbeiter) durch die Anzahl der Verrichtungen geteilt werden. Diese geben die Kosten für eine einzelne Tätigkeit (z.B. Kontrolle eines Zahlungseingangs) an.

Leistungsmengenneutrale Kosten werden der Einfachheit halber nicht berücksichtigt.

Um die Kosten für den Verwaltungsvorgang zu kalkulieren, werden dann je nach Auftragsart die einzelnen Prozeßkostensätze addiert:

Beispiel 1: Kosten für eine Bestellung mit drei Positionen Lagerware bei Scheckzahlung:

10 + 21 + 10 + 9 + 4 = DM 54

Beispiel 2: Kosten für eine Bestellung mit zwei Positionen Lagerware, einem Einzelauftrag, Auslieferung mit zwei Fuhren und Zahlung nach zwei Rechnungen:

10 + 14 + 50 + 20 + 9 + 30 = DM 133

Ohne Prozeßkostenrechnung würde ein pauschaler Satz für die Verkaufsabwicklung verwendet, Beispiel 2 liegt aber 2,5 mal höher.

Folgendes Beispiel für eine Angebotskalkulation zeigt, welche Auswirkungen die Kalkulation mit Prozeßkostensätzen haben kann:

Angebotskalkulation für Komplettauftrag (wie Beispiel 2):

	Standard-Kalkulation	Prozeßkosten-Kalkulation
Verkaufspreis	320,00	320,00
– Herstellkosten	200,00	200,00
– Verwaltungskosten	30,00	30,00
– Vertriebskosten	77,50	133,00
Gewinn/Verlust	12,50	- 43,00

Der Standardsatz von DM 77,50 ergibt sich aus Gesamtkosten für die Abteilung von DM 77.500 bei 1000 bearbeiteten Aufträgen. In Anbetracht des hohen Abwicklungsaufwands wäre hier also ein höherer Vertriebskostenzuschlag erforderlich.

3.4.5 Null-Basis-Planung/Zero-Base-Planning

3.4.5.1 Konzeptionelle Grundlagen

Die **Null-Basis-Planung** (NBP) leitet sich aus der Null-Basis-Budgetierung (Zero-Base-Budgeting ZBB) ab. Sie bezieht sich auf Gemeinkostenbereiche eines Unternehmens und verfolgt den Grundgedanken einer Neuplanung eines Bereiches. Mit der Fiktion, wieder „von vorne anzufangen" wird eine Überprüfung aller Aktivitäten auf ihre Sinnhaftigkeit hin erreicht.

Ziel des Verfahrens ist es, sämtliche nicht-produktiven Kostenverursacher zu beseitigen. Von jedem Manager wird verlangt, jede Tätigkeit in seinem Bereich zu begründen. Da das Verfahren eine gründliche Analyse eines Gemeinkostenbereiches nach sich zieht und entsprechend viel Zeit erfordert, ist eine Durchführung nur im mehrjährigen Rhythmus sinnvoll.

Die Null-Basis-Planung hat daher einen eher **strategischen Charakter**. Der lange Planungshorizont ermöglicht es, (nahezu) sämtliche Kosten als variabel anzusehen. Anstelle von Kosten wird häufig auch von **Ressourcen** als Planungsobjekt gesprochen. Der Begriff „Ressourcen" verdeutlicht die strategische Ausrichtung im Sinne einer ökonomischen Einsatzplanung von Personal, Sachmitteln, Kapital. Als Instrument der kurzfristigen Korrektur ist sie nur eingeschränkt einzusetzen. Die grundlegende Neuorganisation erfordert i.d.R. einen längeren Zeitraum und umfangreiche Vorarbeiten zur Umsetzung. Bis zum Beginn der praktischen Umsetzung muß mit einem Zeitbedarf von bis zu einem dreiviertel Jahr gerechnet werden (vgl. Horváth 1994, S. 284).

Grundsätzlich ist mit nicht unerheblichen **Widerständen** gegen eine Null-Basis-Planung zu rechnen. Die betroffenen Mitarbeiter müssen nicht nur mit einer Umstrukturierung ihres Arbeitsbereichs rechnen, sondern auch mit einem Wegfall einzelner Tätigkeiten. Führungskräfte müssen mit einer Verflachung der Hierarchiestruktur rechnen, wodurch Weisungsbefugnisse entfallen können.

Nicht zuletzt sind erhebliche **Folgekosten** der Umstrukturierung einzukalkulieren. Diese sind nicht von vornherein kalkulierbar und können die Wirtschaftlichkeit des gesamten Projekts in Frage stellen (vgl. dazu Ziegenbein 1995, S. 375).

3.4.5.2 Vorgehensweise

Zur Durchführung der Null-Basis-Planung bzw. -Budgetierung wird allgemein ein Neun-Stufen-Prozeß vorgeschlagen (vgl. Horváth 1994, S. 279ff.; Radke 1989, S. 463f.).

1. Formulierung der Ziele und Abgrenzung der Analysebereiche

Zu Beginn des Prozesses werden die Ziele definiert, die zu untersuchenden Bereiche voneinander abgegrenzt (z.B. Abteilungen) und Projektteams ausgewählt und geschult.

2. Bildung von Entscheidungseinheiten und Definition von Teilzielen

Innerhalb des ausgewählten Analysebereichs werden nun Entscheidungseinheiten gebildet. Diese stellen das Analyseobjekt der NBP dar. Entscheidungseinheiten können sich direkt aus der Organisationsstruktur ergeben (z.B. eine Stelle mit einer definierten Tätigkeit), müssen mitunter aber erst analytisch definiert werden, z.B. bei Vorliegen einer Projektorganisation. **Beispiele** für Entscheidungseinheiten im Marketingbereich sind:

- Auftragsannahme
- Entwicklung einer Verpackungsgestaltung

- Schulung von Vertriebsmitarbeitern.

Diese Entscheidungseinheiten werden so definiert, daß sich ihnen Mitarbeiter und Sachmittel zuordnen lassen, um dann die entstehenden Kosten ermitteln zu können. Zusätzlich ist ein Verantwortlicher für die Einheit zu bestimmen. **Beispiele** für Kosten einer Entscheidungseinheit sind:

- Personalkosten
- Büromaterial
- DV-Kosten
- Reisekosten
- Mieten.

Schließlich werden von den Verantwortlichen Detailziele für diese Entscheidungseinheiten definiert.

3. Bestimmung der Leistungsniveaus

In diesem Schritt werden Menge und Qualität der Ergebnisse einer Entscheidungseinheit (Leistungsniveaus) bestimmt. Es handelt sich um eine dreistufige Bewertung der bisherigen Arbeit, die Aufschluß darüber geben soll, inwieweit ein signifikanter Beitrag zur Zielerreichung geleistet wird bzw. die Tätigkeit mehr oder weniger überflüssig ist.

Folgende Leistungsniveaus werden üblicherweise unterschieden:

- **Leistungsniveau 1** (Minimalleistung): für einen ordentlichen Geschäftsbetrieb mindestens erforderliches Niveau
- **Leistungsniveau 2** (Regelleistung): entsprechend den Richtlinien und Anweisungen gefordertes Niveau
- **Leistungsniveau 3** (Wunschleistung): im Hinblick auf die Zukunftssicherung wünschenswertes Niveau

4. Bestimmung von alternativen Verfahren

Hier geht es um die Suche nach alternativen Verfahrensweisen, die zu einer wirtschaftlicheren Gestaltung auf jedem Leistungsniveau führen können. Dazu werden schriftlich Alternativen aufgeführt und in bezug auf ihre Wirtschaftlichkeit bewertet. Grundlegende Alternativen sind etwa die Verlagerung von Tätigkeiten aus dem Unternehmen (Outsourcing), die maschinelle statt der manuellen Durchführung, Dezentralisierung/Zentralisierung u.ä.

5. Beschreibung der Leistungsniveaus und Zusammenfassung zu Entscheidungspaketen

Für ein Leistungsniveau einer Entscheidungseinheit wird nun ein Entscheidungspaket zusammengefaßt. Darin wird beschrieben, welche Alternativen für die Erreichung eines Leistungsniveaus einer Entscheidungseinheit bestehen, welche Kostenwirkungen und Konsequenzen sie haben. Ein Entscheidungspaket könnte etwa wie folgt formuliert werden (vgl. Horváth 1994, S. 282f.; Ziegenbein 1995, S. 372):

<table>
<tr><td colspan="4">Entscheidungseinheit:...</td></tr>
<tr><td>Leistungsniveau:
1 O 2 O 3 O</td><td>Ressourcen</td><td>laufendes Jahr.........</td><td>Budgetjahr...........</td></tr>
<tr><td rowspan="6">Beschreibung der Aufgabe:</td><td>Personal Anzahl
Personal Kosten</td><td></td><td></td></tr>
<tr><td>Fremdleistungen</td><td></td><td></td></tr>
<tr><td>Sachkosten</td><td></td><td></td></tr>
<tr><td>kalk. Kosten</td><td></td><td></td></tr>
<tr><td>Summe Kosten</td><td></td><td></td></tr>
<tr><td>Investitionen</td><td></td><td></td></tr>
<tr><td colspan="4">Alternativen:</td></tr>
<tr><td colspan="4">Vorteile und Risiken der Alternativen:</td></tr>
<tr><td colspan="4">Konsequenzen für andere Entscheidungseinheiten:</td></tr>
<tr><td colspan="4">Konsequenzen bei Ablehnung:</td></tr>
</table>

Abb. 3.82: Formular für die Entwicklung eines Entscheidungspakets

Für jede Entscheidungseinheit stehen dann für alle Leistungsniveaus Entscheidungspakete zur Verfügung. Für diese Entscheidungspakete werden die notwendigen Budgets bestimmt, für die höheren Leistungsniveaus die Mehrkosten gegenüber dem Mindestniveau.

6. Bestimmung der Rangordnung der Entscheidungspakete

In diesem Schritt werden die Entscheidungspakete entsprechend ihrer Kosten/Nutzen-Relation in eine Rangfolge gebracht. Dabei gilt die Regel, daß in der Rangordnung immer erst ein Paket für das Mindestniveau steht, bevor für dieselbe Entscheidungseinheit ein Paket für ein höheres Niveau folgt. Eine solche Rangordnung kann etwa wie folgt aussehen, wobei Buchstaben für Entscheidungseinheiten stehen, Zahlen für Leistungsniveaus:

Entscheidungspaket	Budget DM	Budget kumuliert DM
A 1	120.000	120.000
B 1	70.000	190.000
C 1	80.000	270.000
B 2	30.000	300.000
A 2	50.000	350.000
B 3	40.000	390.000
C 2	70.000	460.000
C 3	20.000	480.000

Abb. 3.83: Beispiel einer Rangfolge von Entscheidungspaketen

7. Budgetschnitt

Mit **Budgetschnitt** wird die Festlegung der Grenze zwischen den zu realisierenden und den abzulehnenden Entscheidungspaketen bezeichnet. Wurde z.B. die Entscheidung gefällt, das Gesamtbudget auf max. DM 300.000 zu beschränken, wird der Budgetschnitt nach Entscheidungspaket B 2 durchgeführt. Alle nachfolgenden Pakete werden dann nicht mehr realisiert.

Die Festlegung der max. Gesamtbudgets ist eine Managemententscheidung und sollte in Abhängigkeit von den entwickelten Entscheidungspaketen vorgenommen werden. So kann es sinnvoll sein, zunächst die Wirtschaftlichkeit der Pakete zu betrachten und dann über den Budgetschnitt zu entscheiden.

Pakete unterhalb der Budgetschnittlinie können ggf. zu einem späteren Zeitpunkt realisiert werden.

8. Festlegung der durchzuführenden Maßnahmen

Die zu realisierenden Maßnahmen werden endgültig festgelegt. Dabei wird eine detaillierte Zeit-, Kosten- und Investitionsplanung vorgenommen.

9. Erarbeitung der Einzelbudgets und Überwachung der Durchführung

Die Überwachung der Durchführung stellt schon deswegen einen wesentlichen Faktor dar, weil bei nicht-planmäßiger Durchführung unnötige Folgekosten entstehen können. Weiterhin ist auf mögliche Widerstände seitens Betroffener zu achten, die rechtzeitig ausgeräumt werden müssen. Aufgabe des Controllers ist es hierbei, die Maßnahmen argumentativ zu unterstützen.

3.5 Budgetierung

3.5.1 Grundfragen der Budgetierung

Budgets sind die **ökonomische Konkretisierung der Planung**. Sie legen fest, in welchem finanziellen Rahmen sich die Entscheidungsträger bewegen können. Eine Grundfrage ist die, ob die Maßnahmenplanung von der Budgetierung abhängig ist oder die Budgetierung von der Maßnahmenplanung. Ohne Geld lohnt sich die Planung nicht und ohne Planung benötigt man kein Geld. Die Frage ist nicht einfach zu lösen; idealerweise laufen Planungs- und Budgetierungsprozeß parallel ab. Da aber der Budgetierungsprozeß selbst schon hinreichend für Probleme sorgt, ist an eine solche Parallelisierung in der Praxis nicht zu denken. In dem im Abschnitt 3.1 dargestellten Planungsprozeß findet die Budgetierung nach Abschluß der Planung statt. In Krisenzeiten mit äußerst angespannter Liquiditätslage ist natürlich eine Umkehrung oftmals sinnvoll.

Budgetierung ist die schriftliche Festlegung von Maßnahmen bzw. entsprechenden Mengen- und Geldgrößen für eine Periode, einen Unternehmensbereich oder ein Projekt (vgl. Busse von Colbe 1994, S. 136).

Budgets beziehen sich überwiegend auf kurze Zeiträume, können aber auch langfristig ausgerichtet sein (strategische Budgetierung). Sie können sich sowohl auf monetäre Größen (Umsatz, Gewinn, Kosten, Deckungsbeitrag) als auch auf Mengen (Stückzahlen) beziehen. Budgets sind eine verbindliche Vorgabe/Richtlinie für die betroffenen Instanzen.

Mit der Budgetierung sind grundsätzlich einige **Gefahren** verbunden (vgl. Radke 1989, S. 118ff.).

- **Lähmung der ausführenden Instanzen** - Erkennen die von der Budgetierung Betroffenen die Vorgaben nicht an, entsteht keine Motivations-, sondern eine Demotivationswirkung. Daher müssen sie in den Budgetierungsprozeß einbezogen werden, um die Vorgaben zu akzeptieren.

- **Typisches Etatdenken** - Budgets führen dazu, sie gezielt zu beeinflussen und in den Mittelpunkt des Interesses zu stellen, anstatt sie als Rahmen für die eigentliche Tätigkeit anzusehen. So können Budgets dahingehend manipuliert werden, daß sie kurz vor Periodenende unproduktiv ausgeschöpft werden, um eine Kürzung in der nächsten Periode zu vermeiden, daß bewußt höhere Kostenschätzungen vorgenommen werden als eigentlich erforderlich, um am Periodenende eine Einsparung vorweisen zu können usw. Hier können z.B. regelmäßige Budgetanpassungen vorgenommen werden, um flexibler auf Entwicklungen zu reagieren. Außerdem ist sinnvollerweise auf einen Vergangenheitsbezug des Budgets zu verzichten (z.B.: Erhöhung um 3% gegenüber Vorjahr).

- **Verstärktes Bereichsdenken** - Budgets lösen mitunter einen Konkurrenzkampf unter Abteilungen aus. Es wird versucht, sich über positive Abweichungen vom Budget zu profilieren. Hier kommt es darauf an, Budgets nicht im Sinne eines innerbetrieblichen Vergleichs zu interpretieren. Weiterhin ist auf die korrekte Durchführung innerbetrieblicher Leistungsverrechnungen zu achten, die für Manipulationszwecke mißbraucht werden könnten.

- **Betonung kurzfristigen Denkens** - Budgets verführen dazu, nur bis zum Ende der Budgetperiode zu denken und entsprechend zu handeln. Hier kann nur Abhilfe geschaffen werden, wenn die Budgetierung längerfristigen Bezug aufweist und Strategien mit einbezieht.

Budgets sollen unabhängig von ihrem konkreten Inhalt u.a. folgende **Anforderungen** erfüllen:

- Sie sollen einen realistischen **Orientierungsrahmen** bieten. Sie zeigen, welche Aktivitäten und Annahmen realistisch sind, d.h. beispielsweise, wieviel Geld zur Verfügung steht, mit welchen Einnahmen gerechnet werden kann. Unrealistische Budgets, etwa zur Erzielung drastischer Einsparungen, demotivieren eher.
- Sie sollen die Mitarbeiter **motivieren**. Budgets können dazu beitragen, das Gefühl der Einbeziehung in wichtige Entscheidungsprozesse zu vermitteln. Darüber hinaus führt die Beteiligung an der Budgetierung dazu, sich selbst eigene Vorgaben zu entwickeln, was wesentlich motivierender ist als eine Vorgabe anonymer Leitungsinstanzen.
- Sie sollen die Aktivitäten im Unternehmen **koordinieren** helfen. Die Abstimmung aller Budgets (des Unternehmens, des Funktionsbereichs, der Geschäftseinheit usw.) ermöglicht erst eine Finanzplanung und damit Liquiditätssicherung. Aber auch die vom Budgetierungsprozeß betroffenen Instanzen koordinieren sich selbst im Wege der Abstimmung der Interessen.

Betrachtet man die unterschiedlichen Möglichkeiten der Budgetierung, so ergibt sich ein mehrdimensionales Auswahlmodell:

Budgetierungsgrößen	Umsätze	Kosten	Gewinne	Deckungsbeiträge	Mengen
Budgetierungsobjekte	Produkte	Geschäftsfelder	Abteilungen	Funktionsbereiche	Projekte
Budgetierungszeiträume	monatlich	quartalsweise	jährlich	mehrjährig	
Budgetkontrolle	laufend	am Periodenende			
Budgetkorrekturen	sofort	in Zeitabständen	keine		
Budgetierungsverfahren	top down	bottom up	Gegenstromverfahren		

Abb. 3.84: Budgetarten

Folgende grundlegenden **Problembereiche** der Budgetierung sind zu beachten:

- Übereinstimmung von Budgetverantwortung und Entscheidungskompetenz (Budgetiert derjenige, der später mit dem Budget auskommen muß?)
- Abhängigkeit von den Machtverhältnissen (Wird die Budgetierung von Machtverhältnissen beeinflußt?)
- Abhängigkeit der Budgets voneinander (Sind horizontale und vertikale Abhängigkeiten berücksichtigt worden, oder können Probleme durch damit verbundene Widersprüche entstehen?)
- Budgetslack: Differenz von erforderlichen und zugeteilten Ressourcen (Grundsätzliches Problem, das nie ausgeschlossen werden kann.)
- Aktualität (Bei dynamischer Umwelt und langen Budgetierungszeiträumen: Wurden gegebenenfalls Variablen für Schwankungen bei Wechselkursen, Preissteigerungsraten usw. vorgesehen?)
- Übereinstimmung mit Unternehmensstrategie und Zielen (Sind die Budgets angemessen im Hinblick auf die Erreichung der Unternehmensziele?)

3.5.2 Vorgehensweise

Die einzelnen Budgets sind grundsätzlich in einem Gesamtzusammenhang zu betrachten, d.h. letztlich hängt jedes Budget im Unternehmen mit jedem anderen zusammen. In funktionaler Hinsicht ergibt sich in einem Unternehmen etwa folgende Budgethierarchie:

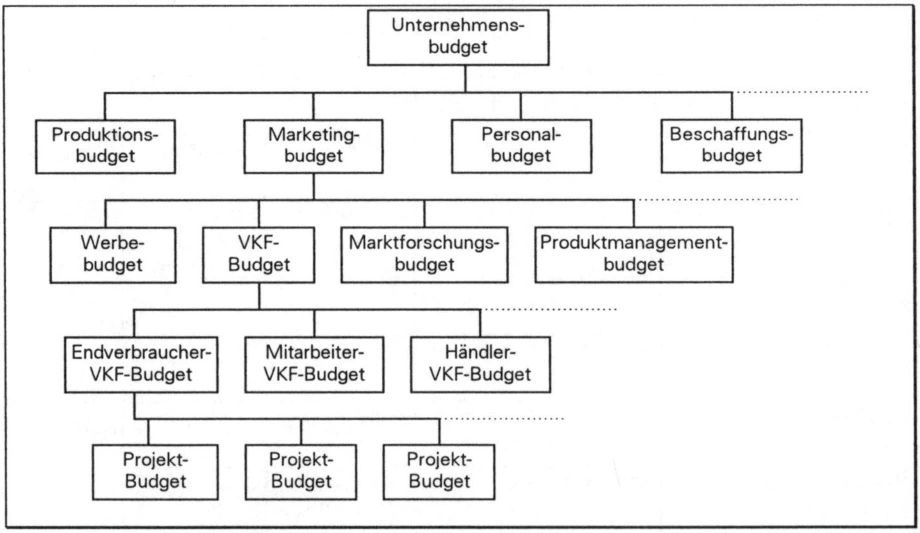

Abb. 3.85: Beispiel einer funktionsorientierten Budgethierarchie

Die Abhängigkeit einzelner Budgetarten voneinander zeigt folgende Abbildung:

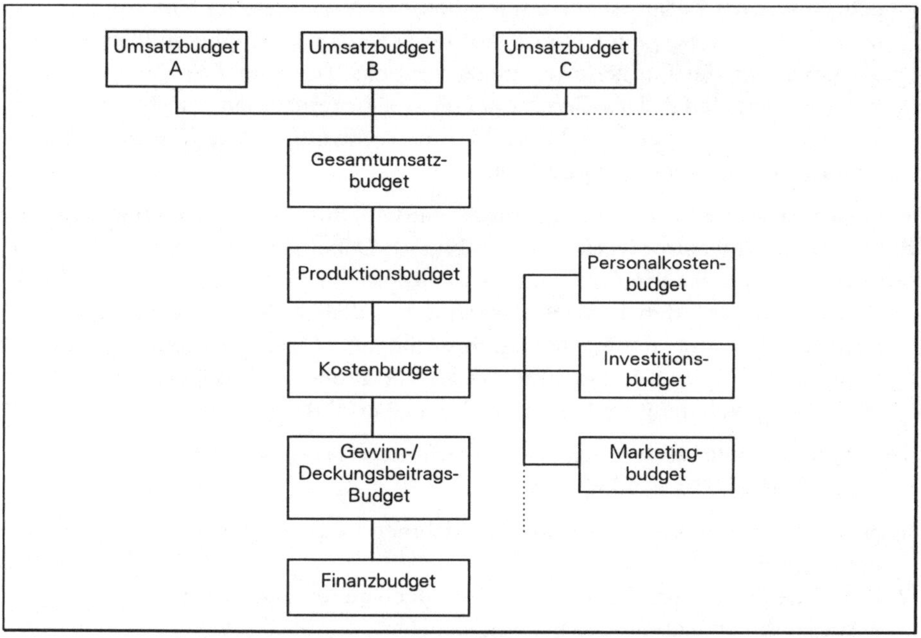

Abb. 3.86: Rechnerische Abhängigkeit von Budgets

Ausgangspunkt der Budgetplanung ist die Umsatzplanung für die einzelnen Produkte, Produktlinien, Geschäftsbereiche usw. Daraus wird der Gesamtumsatzplan erstellt. Nächster Schritt ist die Produktionsplanung, die ihrerseits die Kostenplanung nach sich zieht. Diese kann unterteilt werden nach verschiedenen Kostenarten, Funktionsbereichen usw. Aus Umsatz- und Kostendaten lassen sich schließlich Deckungsbeitrags- und Gewinnbudgets erstellen. Den Schluß bildet hier die Finanzplanung, mit deren Hilfe notwendige liquide Mittel beschafft bzw. nicht benötigte angelegt werden.

Der **Managementprozeß** der Budgetierung kann nach drei Prinzipien ablaufen:

- **Top down (retrograd)** - Man geht von einem zur Verfügung stehenden Gesamtbudget aus. Dieses wird „von oben verteilt", wodurch z.B. Koordinationsprobleme vermieden werden, da eine zentrale Stelle verantwortlich ist. Außerdem wird auch nur das verteilt, „was wirklich da ist". Der Flaschenhals der Budgetierung, das Gesamtbudget, ist hier nämlich der Ausgangspunkt. Problematisch ist allerdings die möglicherweise fehlende Sachkenntnis. Interessen der unteren Ebenen (Verantwortlichkeiten für einzelne Produkte oder Marketing-Maßnahmen) können kaum adäquat berücksichtigt werden.

- **Bottom up (progressiv)** - Man verfolgt den entgegengesetzten Weg. Die Budgetierung nach Zielen ist z.B. ein progressives Verfahren, da hier von der untersten Ebene ausgegangen wird. Auf der jeweils nächsthöheren Hierarchieebene werden die Budgetforderungen verdichtet und im Fall der Genehmigung weitergeleitet. Das Gesamtbudget des Unternehmens ergibt sich dann aus der Addition der Einzelbudgets. Eine rechtzeitige Abstimmung mit der Finanzplanung ist nicht vorgesehen.

- **Gegenstromverfahren** - In der Praxis werden häufig beide Vorgehensweisen zu einem Gegenstromverfahren kombiniert. Dabei erfolgt zunächst eine top down-Budgetallokation im Sinne der retrograden Budgetierung. Diese Budgets werden von den Kostenstellenverantwortlichen überprüft. Stimmen die Budgets nicht mit den eigenen Anforderungen überein, werden Gegenrechnungen bottom-up durchgeführt. Dieses Verfahren wird so lange wiederholt, bis ein Abgleich der jeweiligen Erfordernisse erfolgt ist.

Die einzelnen Schritte des **Gegenstromverfahrens** lassen sich wie folgt beschreiben (vgl. Weber 1993, S. 133):

1. Suche nach Veränderungen im Unternehmen und seiner Umwelt gegenüber dem Vorjahr
2. Prognose der Einflußfaktoren auf die Budgets in der nächsten Periode
3. Festlegung von grundlegenden Budgetzielen
4. Erstellung von Vorschlägen für Gesamt- und Bereichsbudgets
5. dezentrale Planung der Einzelbudgets
6. Beantragung von Budgets durch die Kostenstellenverantwortlichen
7. Prüfung der Budgetanträge durch die Genehmigungsinstanzen
8. Koordination der Teilpläne und -budgets
9. Genehmigung der Budgets durch die Unternehmensleitung.

3.5.3 Budgetierung im Marketing

Beispiel für ein Umsatzbudgetformular für die quartalsweise Kontrolle:

Umsatzbudget nach Geschäftsbereichen/quartalsweise																	
			Ist 96	Bud. 97	+/-	Bud. 1.Q.	Ist 1.Q.	+/-	Bud. 2.Q.	Ist 2.Q.	+/-	Bud. 3.Q.	Ist 3.Q.	+/-	Bud. 4.Q.	Ist 4.Q.	+/-
Umsatz GB A	Linie 1	Produkt a															
		Produkt b															
	gesamt	Linie 1															
	Linie 2	Produkt c															
		Produkt d															
		Produkt e															
	gesamt	Linie 2															
ges.	GB A																
Umsatz GB B	Linie 3	Produkt f															
		Produkt g															
	gesamt	Linie 3															
	Linie 4	Produkt h															
		Produkt i															
		Produkt j															
	gesamt	Linie 4															
ges.	GB B																
ges.	GB A	+ GB B															

Abb. 3.87: Beispiel Umsatzbudgetierung mit quartalsweiser Gliederung

Beispiel für ein Produkt-Kostenbudget:

Produkt:___					
	Jahr 1996	1. Quartal	2. Quartal	3. Quartal	4. Quartal
Produkt-Erlöse					
– Erlösschmälerungen					
= Netto-Erlöse					
Kosten des Produktmanagements					
Gehälter					
Büromaterial					
Raumkosten					
Reisekosten					
gesamt					
Produkt-Kosten					
Marktforschung					
Werbung					
Verkaufsförderung					
Vertrieb					
Forschung u. Entwicklung					
Einkauf					
Produktion					
gesamt					
Gesamtkosten					
budgetierter DB					

Abb. 3.88: Beispiel einer Produktkosten-Budgetierung

Ein solches Produktkosten-Budget enthält alle relevanten Kosten- und Erlösinformationen für ein Produkt. Hiermit läßt sich eine Produktkostenplanung und -erfolgsanalyse vollständig durchführen.

Funktionsbereich: Marketing			Sparte:				Jahr:		
				Budget 1997		Stand 30.6.1997		Prognose 1997	
Kategorie	Kostenart	Abteilung	Ist 1996	abs.	Abw. ggü.Vj.	abs.	Abw. ggü.Bud.	abs.	Abw. ggü.Bud.
Ressourcen	Räume		qm	qm	+/-%	qm	+/-%	qm	+/-%
		Marketingleitung							
		Produktmgt.							
		Werbeabteilung							
		andere							
		Summe							
	Geschäftsausstattung		DM	DM	+/-%	DM	+/-%	DM	+/-%
		Marketingleitung							
		Produktmgt.							
		Werbeabteilung							
		andere							
		Summe							
	Personal		Pers.	Pers.	+/-%	Pers.	+/-%	Pers.	+/-%
		Marketingleitung							
		Produktmgt.							
		Werbeabteilung							
		andere							
		Summe							
	Energie/ Kommunikation		DM	DM	+/-%	DM	+/-%	DM	+/-%
		Marketingleitung							
		Produktmgt.							
		Werbeabteilung							
		andere							
		Summe							
Kosten	Mieten		DM	DM	+/-%	DM	+/-%	DM	+/-%
		Marketingleitung							
		Produktmgt.							
		Werbeabteilung							
		andere							
		Summe							
	Stellenkosten		DM	DM	+/-%	DM	+/-%	DM	+/-%
		Marketingleitung							
		Produktmgt.							
		Werbeabteilung							
		andere							
		Summe							
	Personalkosten		DM	DM	+/-%	DM	+/-%	DM	+/-%
		Marketingleitung							
		Produktmgt.							
		Werbeabteilung							
		andere							
		Summe							
	Energie/ Kommunikation		DM	DM	+/-%	DM	+/-%	DM	+/-%
		Marketingleitung							
		Produktmgt.							
		Werbeabteilung							
		andere							
		Summe							
	innerbetr. Leistungsverrechnung		DM	DM	+/-%	DM	+/-%	DM	+/-%
		Marketingleitung							
		Produktmgt.							
		Werbeabteilung							
		andere							
		Summe							
gesamt									

Abb. 3.89: Beispiel eines Funktionsbereichs-Budgetplans

Antragsdatum:			Freigabedatum:		
Unternehmen/Sparte:			Werbeagentur:		
Produktlinie/Produkte:			Verantwortlich Marketing:		
Anlaß:			Verantwortlich Werbung:		
Werbeobjekt-Daten			Medien:		
Jahr	Umsatz	Werbeausgaben	Projektbeginn:		
1994			Projektende:		
1995			Werbeziele:		
1996					
Umsatzplanung			Ist 1996 monatl. DM	Plan 1997 monatl. DM	Abweichung %
Kostenstruktur			Budget DM	Ist DM _______	Abweichung
Vorbereitung	Marktforschung/Marktdaten				
	Planung				
	sonstige				
	Summe				
Gestaltung	Grafikentwurf				
	Textentwurf				
	Storyboard TV-Film				
	sonstige				
	Summe				
Produktion	Druckvorlagen				
	Honorare				
	TV-Produktion				
	sonstiges				
	Summe				
Media	Schaltkosten Print				
	Schaltkosten TV				
	sonstiges				
	Summe				
Gesamt					

Abb. 3.90: Beispiel eines Projektbudgets für eine Werbekampagne

Eine Frage kann jedoch mit Hilfe solcher und anderer Budgetpläne nicht beantwortet werden, nämlich die der Bestimmung der absoluten Höhe des Budgets für ein Projekt. Im Marketing ist insbesondere die Kommunikationspolitik von dieser Problemstellung betroffen. Die Budgetierung einer Werbekampagne wird daher häufig als Modellfall der Budgetbestimmung verwendet.

Die Budgetierungsverfahren können in mathematisch-exakte und Schätzverfahren oder praktische und theoretische usw. unterschieden werden. Während in der Theorie anspruchsvolle Modelle auf der Basis von mathematisch abgebildeten Wirkungsmustern entwickelt werden, verwendet die Praxis überwiegend „Daumenregeln" oder andere weniger exakte Verfahren. Während die praxisorientierten Verfahren nicht durch eine theoretische Fundierung überzeugen können, scheitern die theoretischen Verfahren überwiegend an der Datenbeschaffung und dem nicht nachweisbaren Zusammenhang zwischen Budgethöhe und Werbewirkung. Zudem besteht das grundlegende Problem, daß eine Werbe-DM nicht mit einer anderen Werbe-DM gleichgesetzt werden kann. Ein mathematisches Modell kann nicht zwischen einem sinnvoll und einem weniger sinnvoll eingesetztem Budget unterscheiden.

Praxisorientierte Werbebudgetierungsverfahren (vgl. dazu z.B. Huth/Pflaum 1993, S. 88ff.):

- **Percentage of Sales-Methode** - Das Werbebudget wird in Abhängigkeit vom Umsatz festgelegt. Grundlage ist ein mehr oder weniger traditionell entwikkeltes Verhältnis zwischen Umsatz und Werbebudget. Der zugrundeliegende Umsatz kann der der Vorperiode sein, der aktuelle oder der für die nächste Periode geplante. Nur letzteres Verfahren erscheint sinnvoll, jedoch besteht das Prognoseproblem. Eine Orientierung am Umsatz der Vorperiode führt im besten Fall zu einer Stabilisierung des Umsatzes, wahrscheinlicher jedoch zu einer Abschwächung eventuellen Wachstums und zu steigender Belastung im Falle eines Umsatzrückgangs. Verwandte Methoden beziehen sich statt auf den Umsatz auf den Gewinn oder Deckungsbeitrag. Die Grundproblematik bleibt jedoch bestehen.

- **Objectives and Tasks-Methode** - Ein ziel- und aufgabenorientiertes Vorgehen entspricht dem Ideal der Werbebudgetierung. Die Kosten werden anhand genau definierter Ziele und zu deren Erreichung bestimmter Mittel errechnet. Hier besteht jedoch das Problem des nicht exakt zu ermittelnden Zusammenhangs zwischen Zielen und Mitteln. So kann allenfalls geschätzt werden, welches Schaltvolumen erforderlich ist, um beispielsweise einen bestimmten Bekanntheitsgrad bei einer bestimmten Zielgruppe zu erreichen.

- **Competitive-Parity-Methode** - Die wettbewerbsorientierte Budgetbestimmung wird z.B. dann herangezogen, wenn es gilt, sich gegen einen bestimmten Wettbewerber durchzusetzen. Dem Verfahren liegt die Hypothese zugrunde, daß der Marktanteil mit dem Werbebudget korreliert. Die Erreichung eines bestimmten Marktanteils setzt danach ein bestimmtes Werbebudget voraus (nicht als einzige Voraussetzung!). Dieser Zusammenhang gilt auch umgekehrt: Um nicht unter einen bestimmten Marktanteil zu rutschen, darf ein bestimmtes Werbebudget nicht unterschritten werden. Informationen über die Werbeausgaben anderer Unternehmen sind über den Werbeinformationsdienst Nielsen Schmidt & Pohlmann/Hamburg erhältlich.

- **All you can afford-Methode** - Das Werbebudget wird hier als eine Art Restgröße im Marketing-/Unternehmensbudget betrachtet. Es wird nur (bzw. genau) soviel Geld ausgegeben, wie aufgrund der Liquiditätssituation gerade vorhanden ist. Der Vorteil liegt eindeutig darin, daß die Liquidität des Unternehmens erhalten bleibt, dafür ist jedoch das Verfolgen einer Werbe- oder Marketingstrategie praktisch unmöglich.

4 Marketing-Kontrolle

Die Verfahren der Marketing-Kontrolle können in zwei Gruppen unterteilt werden. Quantitativ orientiert, d.h. auf Geldgrößen bezogen, sind die Verfahren der Erfolgsanalyse und Investitionsrechnung, qualitativ orientiert sind Punktbewertungsverfahren (besonders als Ergänzung zur Investitionsrechnung) und Audits. Kundenzufriedenheitsmessung, Kontrolle der Marketing-Instrumente und Markenbewertung sind sowohl qualitativ als auch quantitativ orientiert.

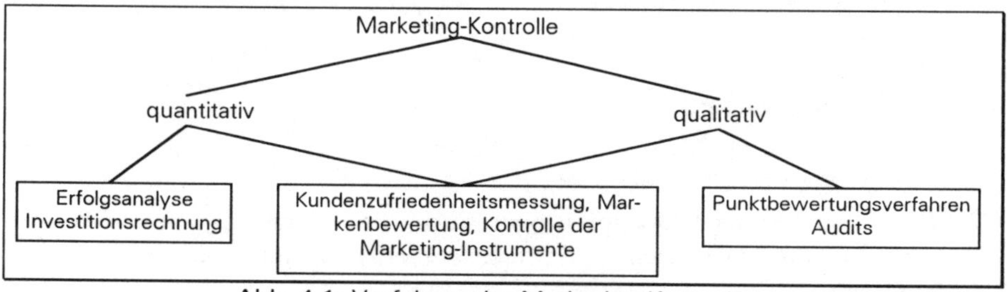

Abb. 4.1: Verfahren der Marketing-Kontrolle

4.1 Erfolgsanalyseverfahren

Hauptthema der Erfolgsanalyseverfahren ist die **Absatzsegmentrechnung**. Sie stellt das Grundkonzept dar für Analysen, die sich an den einzelnen Produkten/Leistungen oder Vertriebsaktivitäten orientieren. Sie ermöglicht damit die Kontrolle der Kosten und Erlöse von Produkten, Sortimenten und des Vertriebs. Für den Handel und damit auch für das Vertriebsmanagement des Herstellers ist das Konzept der **Direkten Produkt-Profitabilität** wichtig. Einzelne Marketing-Maßnahmen können mit Hilfe der **Aktionserfolgsrechnung** kontrolliert werden. Nicht grundlegend neu, aber zumindest aktuell sind die Verfahren der **Prozeßkostenrechnung**, die sich eignet, um Arbeitsabläufe in den Gemeinkostenbereichen zu kontrollieren, sowie das **Zielkostenmanagement**, bei dem es um die marktgerechte Kostenplanung geht. Hier bestehen Verbindungen zur

Kalkulation und zur Planung. Diese Verfahren wurden daher separat unter dem Titel „Kostenmanagement" behandelt.

4.1.1 Absatzsegmentrechnung

4.1.1.1 Grundlagen der Absatzsegmentrechnung

4.1.1.1.1 Aufbau der Absatzsegmentrechnung

Absatzsegmente sind gedanklich unterscheidbare Teilbereiche der Absatztätigkeit, denen sich Kosten und Erlöse gesondert zurechnen lassen.

Die Absatzsegmentrechnung ist das grundlegende Konzept der ergebnisorientierten Marketing-Kontrolle. Sie ermöglicht es, Ergebnisanalysen nach den verschiedenen **Objekten der Marketing-Tätigkeit** (Absatzsegmenten) vorzunehmen. Dies sind:

- Produkte
- Kunden
- Aufträge
- Vertriebswege
- Transportwege
- Konditionsgestaltungen
- Regionen
- Auftragsdatum.

Darüber hinaus können **Gruppierungen dieser Segmente** vorgenommen werden, um z.B. Produkte nach bestimmten ergebnisrelevanten Kriterien zusammenzufassen.

Beispiele für Fragen, die mit Hilfe der Absatzsegmentrechnung beantwortet werden können:

- Wie profitabel ist Produkt A im Vergleich zu Produkt B und C?
- Welcher Vertriebsweg erwirtschaftet den höchsten Deckungsbeitrag?
- Lohnt es sich überhaupt, eine bestimmte Auftragsart (z.B. Einzelbestellungen) zu akzeptieren?
- Ist die Höhe der Kundenbetreuungskosten für Kunde H angemessen?
- Müssen für bestimmte Aufträge besondere Zuschläge verlangt werden?
- Wie effizient werden die einzelnen Verkaufsgebiete betreut?
- Stehen die Kosten für das Produktmanagement in einem angemessenen Verhältnis zu den Deckungsbeiträgen der Produkte?

Eine Absatzsegmentrechnung baut sich aus den „Atomen" der Marketing-Kontrolle auf, nämlich den **Daten einzelner Aufträge**. Die Information,

- welches Produkt
- von wem
- in welcher Stückzahl
- wann

- zu welchen Bedingungen und
- zu welchem Preis

bestellt wurde, kann nach verschiedenen Gesichtspunkten ausgewertet werden. Faßt man sämtliche Bestellungen einer Periode für ein Produkt zusammen, so ergibt sich der Produktumsatz der Periode, der dann verwendet werden kann, um produktbezogene Kosten (z.B. Werbemaßnahmen) zuzurechnen.

Die **Absatzsegmentrechnung** gruppiert die Merkmalsträger zum Zweck der Aufspaltung und Zurechnung von Erlösen und Kosten und ermöglicht eine differenzierte Erfolgsbetrachtung der Absatztätigkeiten.

Grundlage des Verfahrens ist die Aufstellung eines **Bezugsgrößensystems**, das eine Vorschrift für die Zusammenfassung von Merkmalen darstellt. Es basiert auf den Elementen eines Auftrags:

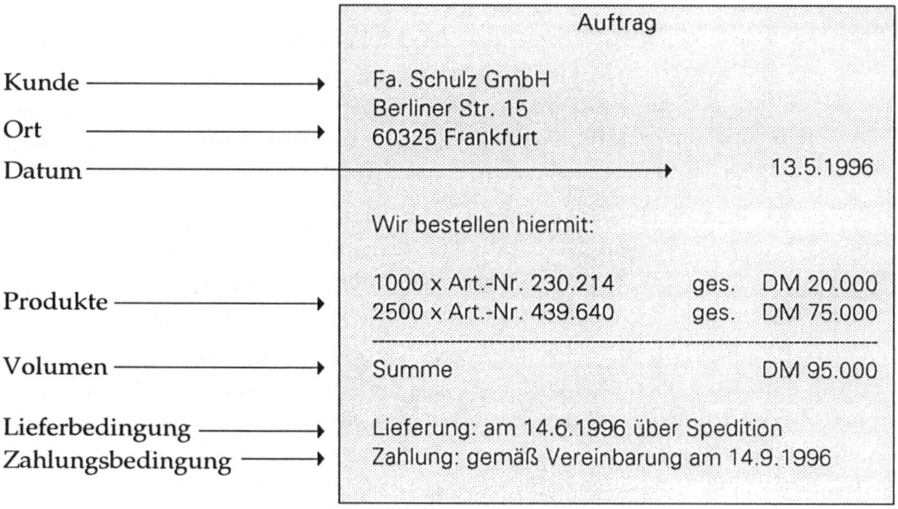

Abb. 4.2: Positionen eines Auftrags

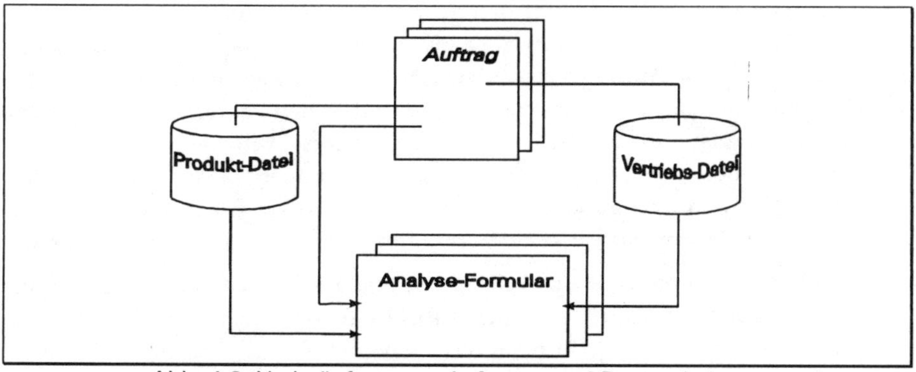

Abb. 4.3: Verknüpfung von Auftrags- und Bestandsdaten

Die **Auftragsdaten** können um weitere **ergänzt** werden, die für einzelne Auswertungen im Rahmen einer Absatzsegmentrechnung benötigt werden. Mit Hilfe integrierter Rechnungswesen-Programme (d.h. solcher, die Buchhaltung, Ergebnisrechnung sowie funktionsbereichsspezifische Zwecke abdecken) ist es unproblematisch, bei der Verbuchung eines Auftrags aus anderen Dateien ergänzende Daten abzurufen.

So kann z.B. die Erfassung einer Artikelnummer den Abruf der Kostendaten dieses Produkts auslösen, die für die Absatzsegmentrechnung benötigt werden. Die Information „Firmensitz des Kunden" kann den Auftrag automatisch einem bestimmten Außendienstmitarbeiter, der für das betreffende Gebiet zuständig ist, zurechnen. Dadurch wird die Kontrolle der Effektivität und Effizienz des Außendienstes ermöglicht.

In der Kundennummer, die dem Firmennamen zugeordnet wird, können weitere Informationen enthalten sein, die diesen näher qualifizieren. So ist es hilfreich, über die Eigenschaft als Groß- oder Kleinkunde, als Stamm- oder Neukunde, als Endverbraucher oder Weiterverkäufer Bescheid zu wissen, weil dies Auswirkungen auf die kostenrechnerische Behandlung (z.B. Zurechnung von Betreuungs- und Abwicklungskosten) und statistische Erfassung (z.B. Bildung von Kennzahlen zur Vertriebssteuerung und Erfolgsermittlung) hat.

Auf diese Weise entsteht ein **kompletter Datensatz**, der alle möglichen Auswertungen gestattet. Es handelt sich um ein betriebsinternes Auftragsblatt, d.h. dessen Abbildung im EDV-System. Dieses sollte möglichst vollständig gespeichert werden, um spätere zusätzlich gewünschte Auswertungen zu ermöglichen.

Auch wenn zum Zeitpunkt des Auftragseingangs kein Interesse an einer Auswertung der Daten nach dem Kriterium des Lieferwegs besteht, sollte dies nicht für die Zukunft dadurch verhindert werden, daß entsprechende Angaben fehlen. Wenn die möglichen Informationen die Speicher- und Verarbeitungskapazitäten bestehender EDV-Systeme überschreiten sollten, besteht die Möglichkeit, solche Daten vorerst auszulagern. Über die Auftragsnummer kann wieder eine Verbindung zu den außerhalb gespeicherten Daten hergestellt werden.

Die folgende Abbildung 4.4 zeigt den grundsätzlichen Informationsaufbau für eine Absatzsegmentrechnung. Ausgehend von der Auftragsposition wird senkrecht zunächst zum Auftrag verdichtet, d.h. das Auftragsvolumen wird nach Kunden bzw. einzelnen Auftragsmerkmalen und -daten analysiert. Waagerecht werden die Aggregationsmöglichkeiten der einzelnen Auftragspositionen wiedergegeben, wobei keine kompletten Aufträge betrachtet werden. Wird z.B. zu einzelnen Produktarten verdichtet, um eine Erfolgsanalyse für eine Produktlinie durchzuführen, läßt sich dann keine Verbindung mehr zum Auftrag herstellen.

Im Einzelfall, wenn nämlich ein Auftrag nur eine Produktart oder Liefer-/Konditionsart enthält, kann auch hier über Aufträge analysiert werden. Für den Fall eines Mischauftrags ist es jedoch sinnvoll, eine detaillierte Analysemöglichkeit vorzusehen.

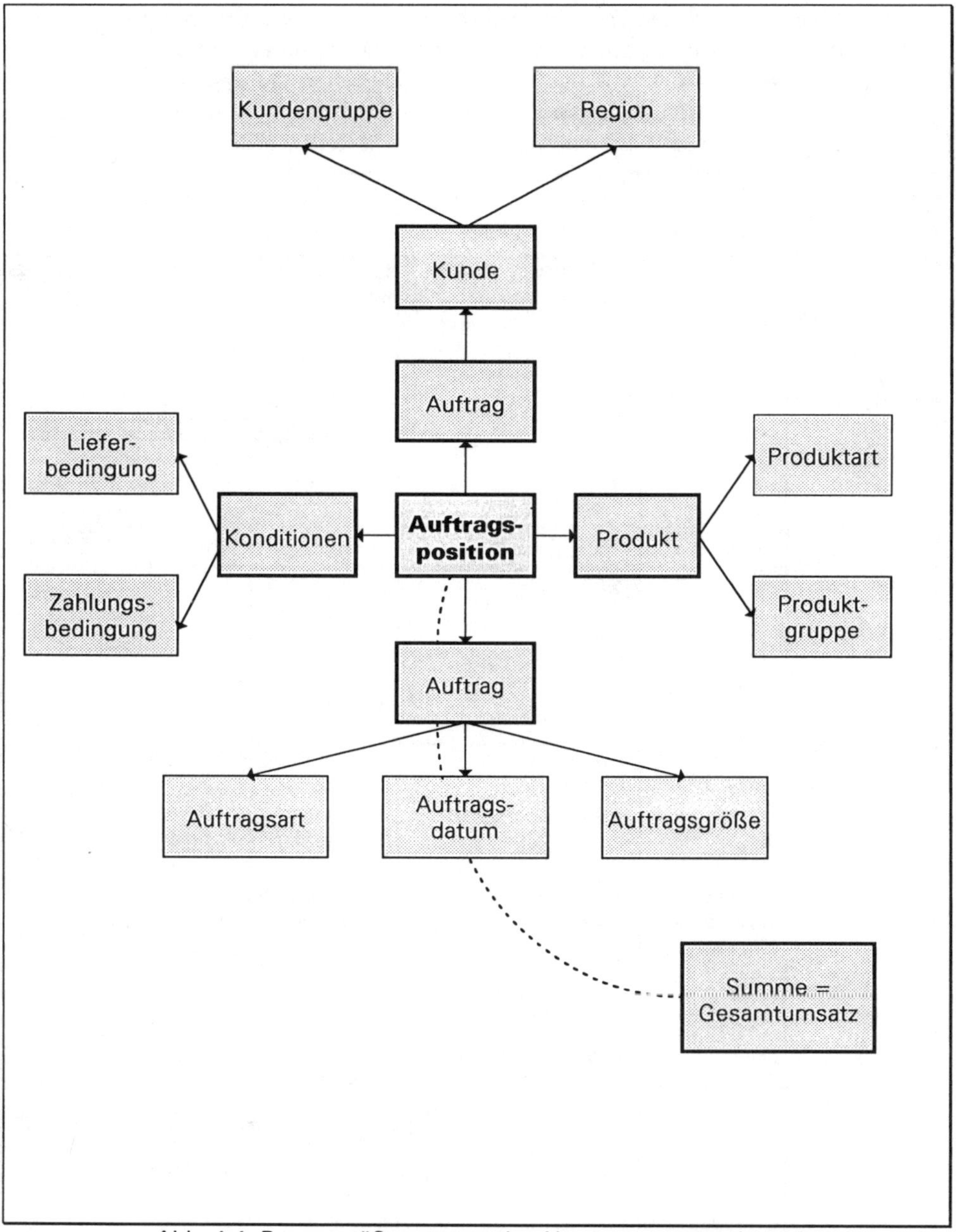

Abb. 4.4: Bezugsgrößensystem der Absatzsegmentrechnung

Wie später noch gezeigt wird, lassen sich nahezu beliebig Verbindungen zwischen den Variablen herstellen. So läßt sich z.B. ermitteln, welche Kunden welche Auftragsgrößen ermöglichen, in welchen Zeiträumen welche Zahlungsbedingungen besonders häufig gewährt wurden usw.

Abb. 4.5 stellt anhand einiger Beispiele Möglichkeiten dar, durch Aggregation von Auftragsdaten Analyseebenen zu bilden und diesen Kosten zuzurechnen. **Grundprinzip ist dabei, auf der untersten möglichen Aggregationsstufe die genau dort zurechenbaren Kosten zu erfassen.** Dadurch kann die bestmögliche Aussagekraft der Absatzsegmentrechnung sichergestellt werden.

Auftragsdaten	1. Aggregationsstufe	zurechenbare Kosten (Beispiele)	2. Aggregationsstufe	zurechenbare Kosten (Beispiele)
Produkt	Gesamt-DB eines Produkts	produktbezogene Werbemaßnahmen, Lizenzgebühren, produktbezogene Rabatte, variable Einzelkosten der Herstellung	Gesamt-DB einer Produktgruppe	Produktmanagement-Gehälter, produktgruppenbezogene Werbemaßnahmen
			Gesamt-DB einer Produktart	Kosten für besondere Marktbearbeitungsmaßnahmen (z.B. Neueinführung, Elimination)
Kunde	Gesamt-DB eines Kunden	Maßnahmen zur Kundenbetreuung, Erlösschmälerungen	Gesamt-DB einer Kundengruppe	Aufbau eines Vertriebsweges, Schulungsmaßnahmen, Verkaufsbüros
			Gesamt-DB einer Region	Miete für Verkaufsbüro, Gehalt für Gebietsleiter, regionales Zwischenlager
Konditionen	Gesamt-DB bei einer Konditionsart	Bearbeitung besonderer Vertragsbedingungen	Gesamt-DB der Aufträge mit besonderen Konditionen	Mindereinnahmen bzw. Kosten für die Einräumung von Zahlungsbedingungen
	Gesamt-DB bei einer Lieferbedingung	Transportkosten, Zwischenlagerung	Gesamt-DB der Aufträge mit besonderen Lieferbedingungen	zusätzliche Kosten für die Erfüllung von Lieferbedingungen
Preis	Gesamt-DB eines Auftrags	Verkaufsabwicklung, Auftragsannahme	Gesamt-DB einer Auftragsart	Telefonarbeitsplätze bei telefonischer Auftragsannahme, Akquisition bei Erstauftrag
			Gesamt-DB einer Auftragsgrößenklasse	Key-Account-Management
Datum	Gesamt-DB der Aufträge eines Zeitraums	zeitlich befristete Werbemaßnahmen, Verkaufsförderung		

Abb. 4.5: Aggregationsmöglichkeiten der Absatzsegmentrechnung

Die kleinste Größe dieses Systems ist die einzelne **Auftragsposition**, also z.B. ein einzelnes verkauftes Stück eines Produkts. Dieser Auftragsposition können die variablen Einzelkosten zugerechnet werden (in der Regel sind Einzelkosten gleichzeitig variabel, deswegen kann auf eine genaue Unterscheidung oft verzichtet werden). Auf der nächsthöheren Ebene können die einzelnen Positionen zu einem **Gesamtauftrag** zusammengefaßt werden. Nach Abzug von Erlösschmälerungen wie Rabatten oder Skonti können dann auftragsbezogene Kosten zugerechnet werden. Beispiele dafür sind die Auftragsabwicklung, Versandkosten oder Kosten für die Akquisition. Diese Aufträge können dann im Rahmen einer gesonderten Auftragsstrukturanalyse aufgeschlüsselt werden. So bietet es sich etwa an, unterschiedliche Auftragsarten (Erst-/Folgeaufträge, telefonische/schriftliche Aufträge usw.) und Auftragsgrößen (Einzel-/Sammelaufträge usw.) zu unterscheiden.

Die Aufträge können auch parallel oder alternativ einzelnen **Kunden** zugerechnet werden, so daß kundenspezifische Kosten (z.B. Besuche des Vertreters, Werbegeschenke, Schaufensterdekoration) berücksichtigt werden können. Bei größeren Unternehmen gibt es regelmäßig eine Verkaufsgebietsorganisation. Die dafür entstehenden Kosten (z.B. Miete für Verkaufsbüro, Mitarbeiter im Verkaufsbüro) können dann auf der nächsten Ebene zugerechnet werden. Parallel oder alternativ dazu ist die Zusammenfassung nach **Kundengruppen** möglich. So ist es wahrscheinlich, daß einzelne Kunden abhängig von ihrem Status (Erst-/Stammkunden, Einzel-/Großhändler, Fachhändler/Verbrauchermärkte usw.) Kosten in unterschiedlicher Höhe verursachen. Beispiele für solche Kostenverursacher sind Informationsmaterial, Präsentationsveranstaltungen usw. Insbesondere ist die Unterscheidung in Endverbraucher und Weiterverkäufer wichtig, da hier ganz unterschiedliche Vertriebsleistungen erforderlich sind.

Produktbezogen können die einzelnen Auftragspositionen nach den **Kostenträgern** (Produkten, bei Dienstleistungsunternehmen aber auch Leistungen) zusammengefaßt werden. Den Erlösen eines Produkts sind dann die variablen Kosten der Herstellung, Werbekosten für dieses Produkt usw. gegenüberzustellen. Auf der nächsten Aggregationsebene der **Produktgruppe** können dann produktgruppenspezifische Fixkosten wie z.B. Produktmanagement-Gehälter, oftmals Marktforschungskosten usw. zugerechnet werden.

Auf der höchsten Ebene werden dann die Positionen zum Bereich **Gesamtverkauf** zusammengefaßt, so daß die verbleibenden vertriebsbezogenen Kosten (z.B. Vertriebsleitung, Außendiensttagungen) zugerechnet werden können.

Um diese Zurechnung von Kosten zu Bezugsgrößen zu systematisieren, empfiehlt es sich, eine sogenannte **Grundrechnung** anzulegen (ursprünglich: Riebel 1990, S. 167).

> Eine **Grundrechnung** gibt klare Anweisungen, welchen Bezugsgrößen welche Kosten zuzurechnen sind.

Eine Strukturierungshilfe ist eine Gliederung der einzelnen Kostenkategorien nach Kostenarten. In Anlehnung an Riebel kann sie (auf Gesamtunternehmensebene) etwa folgendermaßen vorgenommen werden (die Begriffe variable Kosten und Fixkosten werden hier „übersetzt" in Leistungs- und Bereitschaftskosten, was nur eine andere Bezeichnung, nicht jedoch einen anderen Kostenbegriff darstellt):

Kostenkategorien	Beispiele für Kostenarten
Leistungskosten (variable Kosten)	
absatzbedingt	
• akquisitionsabhängig	- Kosten für Kundenbesuche
• auftragsabhängig	- Kosten für Auftragsabwicklung
• stückzahlabhängig	- Handlingkosten
• umsatzabhängig	- Provisionen
produktionsbedingt	
• stückzahlabhängig	- Fertigungsmaterial
• fertigungslosabhängig	- Rüstkosten
• einsatzmengenabhängig	- Energiekosten
Bereitschaftskosten (fixe Kosten)	
• monatlich disponibel	- Löhne für Aushilfen
• jährlich disponibel	- Mieten
• weniger als jährlich disponibel	- Abschreibungen

Abb. 4.6: Grundrechnung nach Riebel

Beschränkt auf absatzbedingte Kosten könnte eine Grundrechnung etwa wie folgt aussehen (die Bezugsgrößen können noch erweitert werden, z.B. um Vertriebswege u.ä.; auf die Kostenstellen werden die Kosten verteilt, die den sonstigen Bezugsgrößen nicht zuzurechnen sind, weil sie beispielsweise den gesamten Marketingbereich betreffen): Abb. 4.7.

In **methodischer** Hinsicht handelt es sich bei dem hier anzuwendenden Kostenrechnungsverfahren um eine **stufenweise Fix- und Gemeinkostendeckungsrechnung**. Diese wird einfacher auch als Deckungsbeitragsrechnung bezeichnet und wurde bereits im einleitenden Beispiel unter „Grundbegriffe der Kostenrechnung" vorgestellt. Die stufenweise Fix- und Gemeinkostendeckungsrechnung wurde entwickelt, um eine „gerechtere" Zurechnung der Fixkosten und Gemeinkosten auf die einzelnen Kostenträger zu ermöglichen. Insofern ist sie im Prinzip eine Fix- und Gemeinkostendeckungsrechnung.

	Bezugsgrößen							
Kostenarten	Produkte	Produktgruppen	Aufträge	Auftragsarten	Kunden	Kundengruppen	Verkaufsgebiete	Kostenstellen
Reisekosten					x		x	
Telefongebühren					x			
Bewirtungskosten					x			
Auftragsannahme			x					
Auslieferung			x					
Rechnungsstellung			x					
Provisionen	x		x					
gewährte Rabatte	x			x	x			
Lizenzgebühren	x							
Werbegeschenke					x			
Büromieten							x	
Gehälter für								
- Produktmanager		x						
- Vertrieb				x		x	x	
- Key-Account-Manager					x			
Werbekosten	x	x						
Honorar Werbeagentur	x	x						x
Kundenveranstaltungen						x		
Prospekte	x	x						
Beratungshonorare								x

Abb. 4.7: Beispiel einer Grundrechnung im Absatzbereich

Einzelkostenrechnung	Direct Costing	stufenweise Fix- und Gemeinkostendeckungsrechnung
Erlös	Erlös	Erlös
– Einzelkosten	– variable Kosten	– variable Kosten
= Deckungsbeitrag	= Deckungsbeitrag	= Stück-Deckungsbeitrag
		– Einzelfixkosten
		= Produkt-Deckungsbeitrag
		– Produktgruppen-Fixkosten
		= Produktgruppen-Deckungsbeitrag

Abb. 4.8: Einzelkostenrechnung, Direct Costing, stufenweise Fix- und Gemeinkostendeckungsrechnung

Chronologisch betrachtet war die **Einzelkostenrechnung** von Riebel der Ausgangspunkt. Riebel ging es darum, die entscheidungsrelevanten Kosten, nämlich die Einzelkosten, aus dem Gesamtkostenblock, wie er in der Vollkostenrechnung verwendet wird und für bestimmte Entscheidungen irrelevant ist, herauszulösen. Der Deckungsbeitrag eines Produkts wird errechnet aus Erlös – Einzelkosten. Aussage: **Welchen Beitrag leistet das Produkt zur Deckung der Gemeinkosten?**

Das **Direct Costing** verwendet die andere Möglichkeit der Kostenspaltung. Hierbei erfolgt die Teilung in fixe und variable Kosten, so daß sich der Deckungsbeitrag aus Erlös – variable Kosten errechnet. Aussage: **Welchen Beitrag leistet das Produkt zur Deckung der Fixkosten?**

Die **stufenweise Fix- und Gemeinkostendeckungsrechnung** ist auf der Basis des Direct Costing entstanden und stellt eine Verfeinerung im Hinblick auf eine weitere Unterteilung der Fixkosten dar. Dazu wird aber auch das Konzept der Unterscheidung von Einzel- und Gemeinkosten verwendet (nämlich bei der Zuordnung zu Produkten, Produktgruppen oder dem Gesamtunternehmen), so daß es sich hierbei um ein kombiniertes Verfahren handelt.

4.1.1.1.2 Ermittlung der Deckungsbeiträge

Für den Zweck einer Sortimentsanalyse sieht ein Rechnungsschema wie folgt aus:

Verkaufspreis x abgesetzte Stückzahl	
– variable Kosten	
=Produkt-DB	... für alle Produkte des Unternehmens
– Fixkosten	
=Gewinn/Verlust	... für das Gesamtunternehmen

Diese Rechnung wird für sämtliche Produkte des Unternehmens durchgeführt. Die Summe der Deckungsbeiträge muß dann ausreichen, um die gesamten Fixkosten des Unternehmens abzudecken. Ist dies nicht der Fall, entsteht ein Verlust.

Dieses Rechnungsschema kann erweitert werden. Existieren auch fixe Einzelkosten (z.B. für Werbemaßnahmen, die ausschließlich für ein einzelnes Produkt durchgeführt werden), ist folgende Rechnung erforderlich:

Verkaufspreis	
– variable Kosten	
=Stück-DB	
x abgesetzte Stückzahl	
=Stück-DB x Stückzahl	
– fixe Einzelkosten	
=Produkt-DB	... für alle Produkte des Unternehmens
– fixe Gemeinkosten	
=Gewinn/Verlust	... des Gesamtunternehmens

Der Begriff „Deckungsbeitrag“ (DB) ist nunmehr weiter präzisiert worden. Es werden Stück- und Produkt-DB unterschieden:

- Der **Stück-DB** sagt aus, welchen Beitrag ein einzelnes verkauftes Stück zur Deckung der Fixkosten leistet.
- Der **Produkt-DB** sagt aus, welchen Beitrag die gesamte Absatzmenge eines Produkts zur Deckung der verbleibenden Fixkosten leistet.

In einem weiteren Schritt können auch Erlösschmälerungen berücksichtigt werden. Wie bereits oben gesehen, kann diese Information sinnvoll sein, um die Profitabilität einer Kundenbeziehung zu analysieren, aber auch, um z.B. den Rabattierungsbedarf für einzelne Produkte zu analysieren. Stellt sich z.B. heraus, daß ein Produkt auffallend hohe Erlösschmälerungen aufweist, zeigt sich das Erfordernis einer Preiskorrektur.

Listenverkaufspreis	
– Erlösschmälerungen	
=Barverkaufspreis	
– variable Kosten	
=Stück-DB	
x abgesetzte Stückzahl	
=Stück-DB x Stückzahl	
– fixe Einzelkosten	
=Produkt-DB	... für alle Produkte des Unternehmens
– fixe Gemeinkosten	
=Gewinn/Verlust	... des Gesamtunternehmens

In größeren Unternehmen ist es wahrscheinlich, daß das Produktionsprogramm aus mehreren Produktlinien besteht. Innerhalb dieser Produktlinien gibt es dann Kosten, die nur der Linie insgesamt zugerechnet werden können, weil nicht zu ermitteln ist, in welchem Maße die einzelnen Produkte betroffen sind. Beispiele: Prospektmaterial, Vorstellungen auf Messen, Gehälter für Produktlinienmanager. Die Rechnung wird dann weiter verfeinert und sieht wie folgt aus:

Listenverkaufspreis	
– Erlösschmälerungen	
=Barverkaufspreis	
– variable Kosten	
=Stück-DB	
x abgesetzte Stückzahl	
=Stück-DB x Stückzahl	
– fixe Einzelkosten	
=Produkt-DB	... für alle Produkte der Produktgruppe
– Produktgruppen-Fixkosten	
=Produktgruppen-DB	... für alle Produktgruppen des Unternehmens
– verbleibende fixe Gemeinkosten	
=Gewinn/Verlust	... für das Gesamtunternehmen

Analog ist es möglich, eine solche detaillierte Rechnung statt mit Produkten mit Kunden aufzubauen.

Brutto-Auftragswert
– Erlösschmälerungen
=**Netto-Auftragswert**
– variable Kosten der verkauften Produkte
=**Auftrags-DB I**
– Sondereinzelkosten des Auftrags
=**Auftrags-DB II** ... für alle Aufträge eines Kunden
Summe der Auftrags-DB II eines Kunden:
=**Kunden-DB I**
– kundenspezifische Fixkosten
=**Kunden-DB II** ... für alle Kunden einer Kundengruppe
Summe der Kunden-DB II einer Kundengruppe:
=**Kundengruppen-DB I**
– Kundengruppen-Fixkosten
=**Kundengruppen-DB II** ... für alle Kundengruppen des Unternehmens
– verbleibende Fixkosten
=**Gewinn/Verlust** ... für das Gesamtunternehmen

Diese hierarchische Strukturierung der Absatzsegmente wirft aber auch ein **Problem** auf. In den gezeigten Beispielen wurde der Einfachheit halber davon ausgegangen, daß diese Hierarchie auch in der Kostenentstehung vorhanden ist. Dies muß aber nicht der Fall sein. Genauso ist es möglich, daß sich Kosten Produkten unterschiedlicher Produktgruppen zurechnen lassen, so daß die Hierarchie durchbrochen wird.

Beispiel: Die Kosten für eine Werbekampagne und ein Marktforschungsprojekt sind zuzurechnen (s. Tabelle). Diese Kosten sind weder einem einzelnen Produkt noch einer einzelnen Produktgruppe gerechterweise zuzurechnen. Daher kommt nur die Übernahme in Gesamtunternehmens- Fix- und Gemeinkosten in Frage. Dabei werden jedoch auch die Produkte A und F mit Kosten belastet, obwohl sie keinen Nutzen daraus ziehen konnten.

Produkt:	A	B	C	D	E	F
Produktgruppe	I	I	I	II	II	II
Produkt-DB	350	500	400	700	650	200
Werbung für B,C,D		Werbekosten				
Marktforschung für C,D,E			Marktforschungskosten			

4.1.1.1.3 Analysemöglichkeiten der Absatzsegmentrechnung

Wie bereits oben gezeigt, bestehen zahlreiche Möglichkeiten, das Ergebnis der Absatztätigkeit zu analysieren. Jede Information eines Auftrags stellt eine Analysedimension dar, so daß der Datenbestand letztlich achtdimensional und mehr ist. Die dadurch erreichte Komplexität ist zwar DV-technisch zu bewältigen, jedoch wenig überschaubar und aussagekräftig. So ist es durchaus möglich, die Umsätze der Kundengruppen Neu- und Stammkunden in der Region Baden-

Württemberg für das Produkt X im Zeitraum 1. und 2. Quartal 1995, sofern sie direkt eingegangen sind und eine Finanzierung gewährt wurde, zu vergleichen.

In der Praxis wird man sich daher auf zwei- oder dreidimensionale Analysen beschränken, wobei die interessierenden Dimensionen jeweils situativ festgelegt werden können. Bei Verwendung dreier Dimensionen entsteht ein **Datenwürfel**, der in Abb. 4.9 dargestellt ist. Diese drei Dimensionen können beliebig miteinander kombiniert werden, um detaillierte Aussagen über den Vertriebserfolg zu machen. Eine kleine Rechnung zeigt, wie vielfältig das Informationsspektrum sein kann:

Angenommen, folgende verdichteten Informationen werden erfaßt:
Kundengruppen: Altkunden, Neukunden
Kundengruppen: Einzelhändler, Großhändler

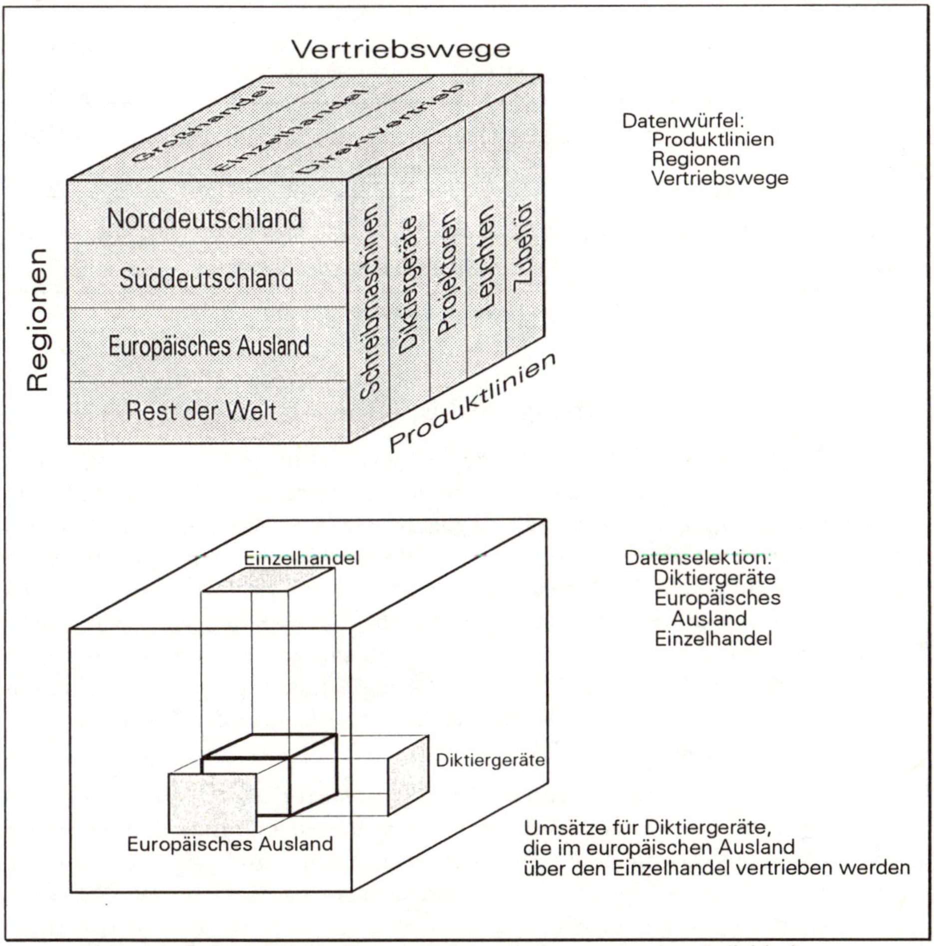

Abb. 4.9: Beispiel eines Datenwürfels mit Auswertungsmöglichkeiten

Vertriebsgebiete:	Deutschland Nord, Deutschland Mitte, Deutschland Süd, EU, sonstiges Europa, USA, sonstige Länder
Produktlinien:	A, B, C, D, E
Auftragsart:	direkt, vermittelt, durch Außendienst
Lieferart:	eigene Transportmittel, Spedition, Post
Datum:	1. Quartal, 2. Quartal, 3. Quartal, 4.Quartal

Allein hieraus ergeben sich 2x2x7x5x3x3x4=5040 Informationseinheiten.

Die Vorgehensweise bei der Absatzsegmentrechnung kann man wie folgt veranschaulichen:

1. Auswahl der Fragestellung für die Absatzsegmentrechnung
2. Bestimmung der benötigten Variablen (Kosten-/Erlösdaten)
3. Aufbau der Bezugsgrößenhierarchie
4. Beschaffung der erforderlichen Daten
5. Berechnung der Deckungsbeiträge/des Gewinns

Abb. 4.10: Vorgehensweise Absatzsegmentrechnung

4.1.1.2 Produktbewertung und Sortimentsanalyse

Die mehrstufige Fix- und Gemeinkostendeckungsrechnung verrechnet, wie oben gezeigt, Fix- und Gemeinkosten auf mehreren organisatorischen Ebenen. **Der Aufbau einer solchen Rechnung spiegelt in gewisser Weise den Aufbau des Unternehmens wider.** Existieren z.B. Produktmanagementabteilungen, in denen mehrere Produkte parallel betreut werden, läßt sich ein Deckungsbeitrag jeweils für die Produkte bilden, die in diesen Abteilungen zusammengefaßt werden. Es wird also analysiert, welchen Produkten die Kosten jeweils zuzurechnen sind. Einzelfixkosten (z.B. Kosten für eine Werbemaßnahme, die sich auf genau ein Produkt bezieht, oder Gebühren für Lizenzen) werden auf der Ebene einzelner Produkte verrechnet.

Auf der nächsten Ebene werden die Fixkosten für die nächsthöhere Aggregationsstufe verrechnet. Dabei kann es sich um eine Gruppe von zwei Produkten handeln, für die eine Gemeinschaftswerbung durchgeführt wird, oder z.B. um eine ganze Produktlinie. Kostenbeispiele hierfür sind Werbekosten, Marktforschungskosten, Gehälter für Produktmanager usw. Je nach Unternehmensstruktur lassen sich weitere Aggregationsstufen finden, etwa Sparten oder

Produktionsstätten, denen wiederum bestimmte Kosten zugerechnet werden können (z.B. Produktionsanlagen, Gebäude).

Folgendes **Beispiel** geht von einem Unternehmen aus, das 5 Produkte (A-E) herstellt:

1. Für jedes Produkt werden Werbemaßnahmen durchgeführt, d.h. es fallen fixe Einzelkosten an.
2. Die Produkte werden drei Marketing-Abteilungen zugeordnet, und zwar A, B und C sowie D und E jeweils einer. Dadurch entstehen drei produktgruppenabhängige Fixkostenblöcke.
3. Die Produkte A, B und C sowie D und E werden jeweils in einem Werk hergestellt. Auf der nächsthöheren Ebene entstehen damit zwei produktgruppenabhängige Fixkostenblöcke.
4. Schließlich entstehen Kosten für die Unternehmensleitung, die nur allen Produkten zusammen zuzurechnen sind.

Weitere Kosten werden aus Gründen der Einfachheit hier nicht berücksichtigt. Der aus einer solchen Deckungsbeitragsrechnung errechnete Unternehmensgewinn entspricht natürlich dem, der im Rahmen einer Vollkostenrechnung ermittelt wurde. Bei letzterer ist es jedoch nicht möglich, das Ergebnis auf den Zwischenstufen zu ermitteln. Das Beispiel auf der nächsten Seite stellt mehrstufige Deckungsbeitrags- und Vollkostenrechnung einander gegenüber. Bei der Vollkostenrechnung wurde die Kostenverrechnung nach dem Durchschnittsprinzip durchgeführt.

Bei der Wahl der **Bezeichnung der Deckungsbeiträge** gibt es grundsätzlich zwei Möglichkeiten. Entweder sie werden von der Stück-Ebene ausgehend durchnumeriert (DB I, DB II usw.) oder durch die Hierarchieebene gekennzeichnet (Stück-DB, Produkt-DB usw.). Der Stück-DB bezieht sich grundsätzlich auf eine einzige Produkteinheit, der Produkt-DB auf sämtliche Einheiten eines Produkts/Typs. Letzterer berücksichtigt dann auch schon die fixen Einzelkosten für dieses Produkt. Es folgen mitunter mehrere Produktgruppen-DB, die z.B. auch als Sparten-, Werks- oder Produktlinien-DB bezeichnet werden können, um eine eindeutige Lokalisierung zu erleichtern.

Der Vergleich der beiden Kostenrechnungssysteme hinkt insofern, als bei Existenz einer Vollkostenrechnung die hier verwendeten Kosteninformationen nicht im gleichen Differenzierungsgrad vorhanden sind. Die Vollkostenrechnung kann hier deswegen nur simuliert werden in dem Sinne, daß die für die Teilkostenbetrachtung aufgeschlüsselten Kosten wieder zusammengefaßt werden.

		Teilkostenrechnung						Vollkostenrechnung				
Bezugs-objekt	Kosten/Erlöse	Produkte A	B	C	D	E	Summe	Produkte A	B	C	D	E
einzelnes Stück	Nettoverkaufserlös	10	8	5	6	7		10	8	5	6	7
	– var. Einzelkosten	6	3	4	2	5		6	3	4	2	5
	= Stück-DB	4	5	1	4	2						
Produkt	x abgesetzte Menge	200	80	400	30	150	860					
	= Stück-DB x Menge	800	400	400	120	300	2020					
Produkt	– fixe Einzelkosten	350	300	350	90	200	1290	1,75	3,75	0,88	3,00	1,33
	= Produkt-DB	450	100	50	30	100	730					
Produkt-gruppe		450	150		130		730					
	– produktgruppenabhängige Fixkosten	250	20		100		370			0,4302/St.		
	= Produktgruppen-DB I	200	130		30		360					
Werk		330			30		360					
	– produktgruppenabhängige Fixkosten	120			40		160			0,1860/St.		
	= Produktgruppen-DB II	210			-10		200					
Gesamt-untern.		200										
	– fixe Gemeinkosten	70					70			0,0814/St.		
	= Gesamtgewinn	130										
							Kosten/St.	8,45	7,45	5,57	5,70	7,03
							Gewinn/St.	1,55	0,55	-0,57	0,30	-0,03
							Gesamtgewinn			130		

Abb. 4.11: Gegenüberstellung von Voll- und Teilkostenrechnung

Weiterhin ist zu berücksichtigen, daß die Zurechnung der Gemeinkosten auch mit Hilfe des Tragfähigkeitsprinzips hätte erfolgen können. Das produktbezogene Ergebnis wäre dann wieder anders, es gäbe nämlich kein Produkt, das einen Verlust erbringt. Auf diesen Effekt wurde bereits im Abschnitt „Grundbegriffe der Kostenrechnung" hingewiesen. Aber auch dann wäre es anders als bei Anwendung der Teilkostenrechnung.

Beide Verfahren kommen zu unterschiedlichen Ergebnissen. So ist nach Teilkostenrechnung B stückbezogen das profitabelste Produkt, nach Vollkostenrechnung jedoch A. Nach Teilkostenrechnung ist die aus D und E bestehende Produktgruppe ein Eliminationskandidat, nach Vollkostenrechnung sollten C und E eliminiert werden.

Womit hängen diese Unterschiede zusammen? Produkt C weist nur einen geringen Deckungsbeitrag pro Stück auf, kommt jedoch auf eine sehr hohe Stückzahl. Der Produkt-DB ist dadurch auch vergleichsweise hoch. Die Vollkostenrechnung ignoriert diesen Umstand, weil sie davon nichts „weiß".

Die Vollkostenrechnung kann auch nicht den Hinweis auf die problematische Situation bei der Produktgruppe D/E geben. Sie stellt die Situation bei E als schlechter dar, obwohl laut Teilkostenrechnung D der Problemfall ist. Die produktgruppenbezogenen Fixkosten sind, relativ gesehen, zu hoch, nicht etwa die Einzelkosten von E.

Welche **Konsequenzen** wären nun bei einer Elimination von C, wie die Vollkostenrechnung sie nahelegt, zu beachten?

1. Es geht ein Produkt-DB von 50 verloren. Solange durch diese Entscheidung nicht auch produktgruppenabhängige Fixkosten (z.B. Produktionsanlagen) eingespart werden können, verringert sich der Unternehmensgewinn um 50. Die Elimination von C hat somit kurzfristig nicht die erwartete Gewinnsteigerung, sondern im Gegenteil sogar einen Gewinnrückgang zur Folge.
2. Weiterhin sind, unabhängig von der zugrundeliegenden Kostenrechnung, Sortimentseffekte zu berücksichtigen. So kann es z.B. sinnvoll sein, auch einen negativen Produkt-DB zu akzeptieren, wenn von diesem Produkt besondere Verbund- oder Ausstrahlungseffekte ausgehen, die zu einem Absatz anderer Produkte führen. So wird häufig ein Top-of-the-line-Produkt schon deswegen im Programm gehalten, weil es ein Symbol für die Leistungsfähigkeit des ganzen Unternehmens ist und in den Mittelpunkt von Kommunikationsmaßnahmen gestellt werden kann.
3. Ein schlechter Produkt-DB kann damit zusammenhängen, daß es sich um ein Produkt handelt, daß stark beworben wird, mit der Zielsetzung, Ausstrahlungseffekte auf andere Produkte zu erzielen. So wird häufig nur das Top-of-the-Line-Produkt beworben, weil es besonders attraktiv ist und als Symbol für das gesamte Sortiment auftreten soll. In einem solchen Fall sind die kostenrechnerischen fixen Einzelkosten unter Marketinggesichtspunkten eher Gemeinkosten, so daß eine Elimination nicht gerechtfertigt wäre.
4. Ein weiterer Grund für ein schlechtes Abschneiden bei der DB-Betrachtung kann darin liegen, daß es sich um ein Produkt handelt, das sich gerade in der Einführungsphase befindet. Hier sind die Marketingausgaben naturgemäß besonders hoch, sinken jedoch im Laufe der Zeit mit fortschreitender Etablierung des Produkts im Markt. Auch hier muß ein negativer DB toleriert werden und darf nicht zur Elimination führen.

Bei solchen Überlegungen ist weiterhin zu berücksichtigen, wie die Kostenentwicklung auf den nächsthöheren Ebenen verläuft. Im Fall des Produkts C ist die weitere Situation sehr günstig, da der erwirtschaftete DB nie durch produktgruppenabhängige Fixkosten, die auch C betreffen, verbraucht wird. Die Situation wäre aber anders, wenn z.B. für die aus C und B bestehende Produktgruppe nicht nur Fixkosten in Höhe von 20, sondern von mehr als 150 anfielen. Da das Schwesterprodukt B nicht in der Lage ist, weitere Fixkosten zu decken, wäre dann eine Eliminationsentscheidung sinnvoll. Würde nur der Produkt-DB betrachtet, nicht jedoch die nachfolgenden Produktgruppen-DB, käme es auf Basis der DB-Rechnung zu einer Fehlentscheidung.

Zur Deckungsbeitragsrechnung sind allerdings auch einige **kritische Anmerkungen** notwendig:

- So ist es durchaus möglich, daß alle Produkte positive Deckungsbeiträge erwirtschaften, insgesamt aber ein Verlust entsteht. Die Anwendung ist bei langfristigen Fragestellungen daher nur sinnvoll, wenn sie bis zur Ermittlung des Unternehmensgewinns/-verlusts durchgeführt wird. Diese Gewinn-/Verlustermittlung entspricht im Ergebnis dann wieder einer Vollkostenrechnung.
- Die Dichotomie „variable und fixe Kosten" ist zwar ein Fortschritt gegenüber einer undifferenzierten Betrachtung, doch spiegelt sie nicht vollständig die Realität wider. So ist ein großer Teil der Fixkosten sprungfix, d.h. innerhalb eines bestimmten Zeitraums abbaubar. Die DB-Rechnung geht davon aus, daß die Abbaubarkeit nicht gegeben ist, vereinfacht daher. Es ist daher stets auch zu prüfen, ob und wann Fixkosten abgebaut werden können und ggf. mit den neuen Werten eine Vergleichsrechnung durchzuführen.
- Schließlich müßten eigentlich auch bei den variablen Kosten Differenzierungen eingeführt werden. Fertigungsmaterialien werden zwar grundsätzlich als variable Kosten angesehen, doch sind Situationen denkbar, in denen sie eher Fixkostencharakter haben. Sind nämlich die Lagerbestände hoch und möglicherweise vor dem nächsten Produktwechsel nicht mehr vollständig zu verbrauchen, handelt es sich in der konkreten Situation um Fixkosten. So kann es z.B. ökonomisch sinnvoll sein, ein vor der Ablösung stehendes Produkt auch zu einem Preis unterhalb der eigentlichen variablen Kosten zu verkaufen, wenn Materialbestände aufgebraucht werden, die sonst vernichtet werden müßten. In einer solchen Situation würde auch die stufenweise Fixkostendekkungsrechnung nicht zur richtigen Entscheidung führen.

Ein **weiterer Anwendungsbereich** des Verfahrens sind Preisentscheidungen. Mit Ausnahme des eben geschilderten Sonderfalls führt die DB-Rechnung dann zu ökonomisch sinnvollen Preisentscheidungen, wenn es bei Unterauslastung der Kapazität um einen Zusatzauftrag geht. In dieser Situation besteht die Preisuntergrenze in den variablen Kosten, da nur diese bei einem Auftrag anfallen. Die Fixkosten (z.B. für Mieten, Management, Produktionsanlagen) bestehen ohnehin und ändern sich nicht durch diesen Auftrag. Im oben angeführten Rechenbeispiel wäre dann etwa für das Produkt A auch ein Preis von 7 akzeptabel, da immer noch ein positiver DB entstünde. Voraussetzung ist allerdings, daß es sich um einen nicht vorhergesehenen Zusatzauftrag handelt. Sonst würden sich die DB in der Folge verringern und möglicherweise einen Verlust verursachen.

Die Gefahr solcher Preiszugeständnisse besteht jedoch in der möglicherweise gestörten Preisdisziplin. Spricht sich nämlich ein Preiszugeständnis unter den Kunden eines Unternehmens herum, werden auch andere versuchen, die Preise auf dem Verhandlungsweg zu senken. Stellvertretend für Dienstleistungsbetriebe sei an dieser Stelle eine Absatzsegmentrechnung einer Bank wiedergegeben (verändert nach Hagenmüller/Jacob 1988, S. 160f.):

<table>
<tr><th>Geschäftszweig</th><th>Effektenhandel</th><th>Emissionsgeschäft</th><th>Depotgeschäft</th><th>Auslandsgeschäft</th><th>langfristiges Kreditgeschäft</th><th>kurzfristiges Kreditgesch.</th><th>Erlöse aus Bankguthaben</th><th>Wertpapieranlagen</th></tr>
<tr><td>Art der Erlöse</td><td>Provisionen</td><td>Provisionen und Bonifikationen</td><td>Gebühren</td><td>Provisionen</td><td>Zinsen, Damnum, Bereitstellungsprov.</td><td>Zinsen, Provisionen</td><td>Zinsen</td><td>Zinsen</td></tr>
<tr><td>Bruttoerlöse</td><td>100</td><td>60</td><td>10</td><td>40</td><td>875</td><td>1400</td><td>100</td><td>300</td></tr>
<tr><td>- var. Betriebskost.</td><td>18</td><td>8</td><td>5</td><td>11</td><td>15</td><td>20</td><td>-</td><td>-</td></tr>
<tr><td>= Nettoerlös I</td><td>82</td><td>52</td><td>5</td><td>29</td><td>860</td><td>1380</td><td>100</td><td>300</td></tr>
<tr><td>- fixe Betriebskosten</td><td>33</td><td>11</td><td>24</td><td>12</td><td>23</td><td>34</td><td>-</td><td>-</td></tr>
<tr><td>= Nettoerlös II</td><td>49</td><td>41</td><td>-19</td><td>17</td><td>837</td><td>1346</td><td>100</td><td>300</td></tr>
<tr><td>- Wertkosten</td><td>-</td><td>-</td><td>-</td><td>-</td><td>10</td><td>50</td><td>-</td><td>-</td></tr>
<tr><td>= Geschäfts-DB</td><td>49</td><td>41</td><td>-19</td><td>17</td><td>827</td><td>1296</td><td>100</td><td>300</td></tr>
<tr><td>= Geschäftszweig-DB I</td><td colspan="3">71</td><td>17</td><td>827</td><td colspan="3">1696</td></tr>
<tr><td>- Abt.-Betriebskost.</td><td colspan="3">44</td><td></td><td>15</td><td colspan="3">126</td></tr>
<tr><td>- Wertkosten</td><td colspan="3"></td><td></td><td></td><td colspan="3">125</td></tr>
<tr><td>= Geschäftszweig-DB II</td><td colspan="3">27</td><td>17</td><td>812</td><td colspan="3">1445</td></tr>
<tr><td>- Betriebs- u. Wertkosten</td><td colspan="3"></td><td></td><td colspan="4">780</td></tr>
<tr><td>= Geschäftszweig-DB III</td><td colspan="3">27</td><td>17</td><td colspan="4">1477</td></tr>
<tr><td>= Gesamt-DB</td><td colspan="8">1521</td></tr>
<tr><td>- Betriebskosten der Hilfsstellen</td><td colspan="8">115</td></tr>
<tr><td>- Betriebskosten der Allg. Kostenstellen</td><td colspan="8">350</td></tr>
<tr><td>- der Periode nicht zurechenbare K.</td><td colspan="8">211</td></tr>
<tr><td>Periodenergebnis</td><td colspan="8">845</td></tr>
</table>

Abb. 4.12: Beispiel für eine Absatzsegmentrechnung einer Bank

4.1.1.3 Erlös- und Kostenanalyse

Die im Rahmen der Absatzsegmentrechnung ermittelten Erlös- und Kostendaten können detailliert analysiert werden, um Abweichungen zwischen zwei Perioden näher zu erklären. Hierzu wurden einige Analyserechnungen entwickelt, die unter dem Oberbegriff der Deckungsbeitragsflußrechnung stehen (vgl. hierzu Witt 1993, S. 140ff.; Nieschlag/Dichtl/Hörschgen 1994, S. 972; Albers 1989).

Hierzu zunächst ein einfaches, einführendes **Beispiel**. Folgende Daten wurden für ein Produkt in zwei Perioden ermittelt:

Periode	Menge	Preis	Erlös
1	400	6	2400
2	600	7	4200
Differenz	+200	+1	+1800

Interessant ist es nun, die Erlösabweichung näher zu erklären. Sie kann daher kommen, daß der Preis verändert wurde, die Verkaufsmenge anstieg bzw. aus einer Interaktion beider Effekte.

- Die Preiserhöhung sorgt für eine Erlössteigerung um 400 DM. Werden nämlich die 400 Stück der ersten Periode in der zweiten wiedergekauft, kommt es durch die Preiserhöhung von 1 DM zu zusätzlichen Einnahmen von 400 DM **(Preiseffekt)**.
- Die zusätzliche Menge von 200 Stück sorgt für eine Erlössteigerung um 1200 DM. Um die Preiswirkung zu eliminieren, wird hier der alte Preis mit der Mengendifferenz multipliziert **(Mengeneffekt)**.
- Beide Größen, Menge und Preis, sind voneinander abhängig, was durch eine Preis-Absatz-Funktion beschrieben werden kann. Das heißt: Eine Änderung des Preises zieht eine Änderung der Nachfragemenge nach sich. Dieser Interaktionseffekt vervollständigt die Erlösabweichung. Er ergibt sich durch Multiplikation der anteilsmäßigen Mengenänderung mit dem Preiseffekt. In diesem Fall steigt die Menge um das 0,5-fache, so daß sich ein **Interaktionseffekt** von 200 DM ergibt.

Der größte Teil der Erlösabweichung ist somit auf die Mengensteigerung zurückzuführen (67%), 22% auf die Preisänderung und 11% auf die Interaktion.

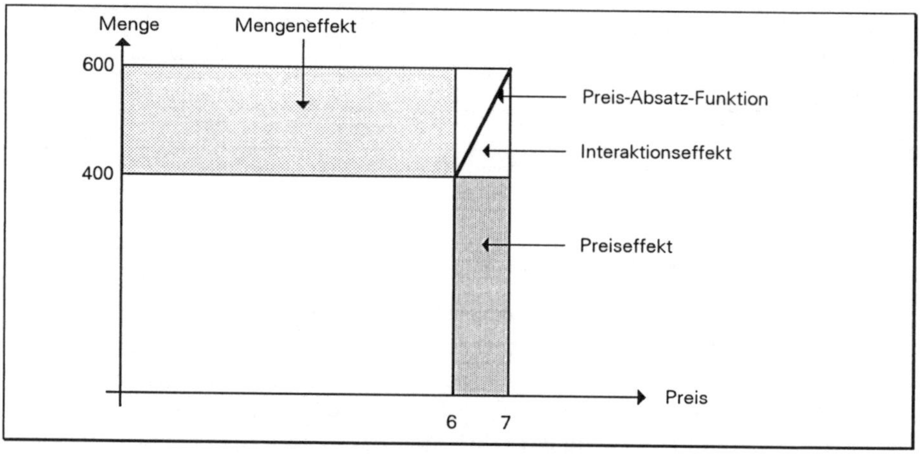

Abb. 4.13: Grafische Erlösanalyse

In der Grafik läßt sich zusätzlich ein Stück **Preis-Absatz-Funktion** einzeichnen. Da sie nur von zwei Punkten bestimmt wird, ist sie bezüglich der Aussagekraft nicht sonderlich ernst zu nehmen, deutet aber an, wie sich innerhalb des Zwei-Perioden-Zeitraums Preis und Menge zueinander verhielten. In diesem Beispiel zeigt sich ein „unnatürlicher" Verlauf.

Die Erlösanalyse kann erweitert werden, um die Erlösänderungen innerhalb eines ganzen **Sortiments** zu analysieren. Für die drei Produkte A, B und C seien folgende Daten ermittelt worden:

Produkt	A	A	B	B	C	C
Periode	1	2	1	2	1	2
Menge x	400	600	800	700	1400	1800
Preis	6	7	10	11	5	5
var. Stückkosten k	4	3	6	8	2	3
Umsatz E	2400	4200	8000	7700	7000	9000
$\Sigma E_1 = 17400$		$\Sigma E_2 = 20900$		Differenz E = + 3500		
$\Sigma K_1 = 9200$		$\Sigma K_2 = 12800$		Differenz K = + 3600		
$\Sigma X_1 = 2600$		$\Sigma X_2 = 3100$		Differenz X = + 500		
$DB_1 = 8200$		$DB_2 = 8100$		Differenz DB = -100		

Nunmehr können vier Effekte ermittelt werden (n= Anzahl der Produkte):

Preiseffekt = Summe der mit der Preisdifferenz von Periode 1 auf 2 multiplizierten Absatzmengen in Periode 1 über alle Produkte i

$$C_P = \sum_{i=1}^{n} X_{i,1} \cdot \Delta P_i$$

Mengeneffekt = Gesamt-Mengendifferenz von Periode 1 auf 2 multipliziert mit dem mengenmäßig gewichteten Durchschnittspreis der Periode 1

$$C_X = \Delta X \cdot \overline{P}_1$$

Interaktionseffekt = Quotient aus Absatzmenge Periode 2 und 1 minus 1, multipliziert mit dem Preiseffekt

$$C_{PX} = (\frac{X_2}{X_1} - 1) \cdot C_P$$

Erlösstruktureffekt = Differenz aus Gesamt-Erlösänderung, Preis-, Mengen- und Interaktionseffekt

$$C_{ES} = \Delta E - C_P - C_X - C_{PX}$$

Der Erlösstruktureffekt erfaßt die nicht mengen- oder preisabhängigen Abweichungsgründe. Er tritt dann auf, wenn sich z.B. durch produktpolitische Änderungen, neue Positionierungen oder eine veränderte Zielgruppenansprache das Käuferverhalten ändert.

Für obiges **Beispiel** ergeben sich folgende Werte:

Preiseffekt = (7-6) • 400 + (11-10) • 800 + (5-5) • 1400 = 1200

gewichteter Durchschnittspreis = 6•400/2600+10•800/2600+5•1400/2600 = 6,69

Mengeneffekt = 200 • 6,69 – 100 • 6,69 + 400 • 6,69 = 3345

Interaktionseffekt = (3100/2600 – 1) • 1200 = 230,77

Erlösstruktureffekt = 3500 – 1200 – 3345 – 230,77 = -1275,77

Der größte Teil der Erlösabweichung ist somit auf den Mengeneffekt zurückzuführen. Der Interaktionseffekt spielt eine vergleichsweise geringe Rolle, Preis- und Erlösstruktureffekt sind etwa gleich stark und heben sich annähernd gegeneinander auf. Der relativ starke Erlösstruktureffekt hängt damit zusammen, daß sich Preis- und Mengeneffekt nicht ausgleichen, sondern steigende Preise (bei C: konstanter Preis) mit einer steigenden Gesamtabsatzmenge einhergehen. Insofern müssen weitere Faktoren vorliegen, die dieses Nachfrageverhalten erklären.

In einem weiteren Schritt können zusätzlich die **variablen Kosten** einbezogen werden, so daß sich eine vollständige **Deckungsbeitragsflußrechnung** ergibt. Analog zu den oben beschriebenen Effekten ergeben sich nun folgende:

Stückkosteneffekt = Summe der mit der Kostendifferenz von Periode 1 auf 2 multiplizierten Absatzmengen in Periode 1 über alle Produkte i. Gibt den Teil der Kostenänderung an, der durch die Änderung der Stückkosten entsteht.

$$C_k = \sum_{i=1}^{n} X_{i,1} \cdot \Delta k_i$$

Gesamtkosteneffekt = Summe der mit der Mengendifferenz von Periode 1 auf 2 multiplizierten gewichteten variablen Durchschnittsstückkosten in Periode 1 über alle Produkte i. Gibt den Teil der Kostenänderung an, der durch die Änderung der Absatzmenge entsteht.

$$C_K = \Delta X \cdot \bar{k}_1$$

Kosten/Mengen(Interaktions-)effekt = Quotient aus Absatzmenge Periode 2 und 1 minus 1 multipliziert mit dem Stückkosteneffekt. Gibt den Teil der Kostenänderung an, der durch die gleichzeitige Änderung von variablen Stückkosten und Absatzmenge entsteht.

$$C_{kX} = \left(\frac{X_2}{X_1} - 1\right) \cdot C_k$$

Kostenstruktureffekt = Differenz aus Gesamt-Kostenänderung, Stückkosten-, Gesamtkosten- und Kosten/Mengen-Effekt.

$$C_{KS} = \Delta K - C_k - C_K - C_{kX}$$

Mit den oben gezeigten Daten lassen sich nun folgende Kosteneffekte errechnen:

Stückkosteneffekt = (3 – 4)• 400 + (8 – 6)• 800 + (3 – 2)• 1400 = 2600

gewichtete Durchschnittskosten = 4•400/2600+6•800/2600+2•1400/2600 = 3,54

Gesamtkosteneffekt = 200 • 3,54 – 100 • 3,54 + 400 • 3,54 = 1770

Kosten/Mengen-Effekt = (3100/2600 – 1) • 2600 = 500

Kostenstruktureffekt = 3600 – 2600 – 1770 – 500 = -1270

Der Stückkosteneffekt stellt sich hier als der stärkste heraus. Verantwortlich sind sowohl die starke Kostensteigerung bei Produkt B als auch bei C. Der ebenfalls relativ hohe Gesamtkosteneffekt wird insbesondere von C verursacht, weil trotz der Steigerung der variablen Stückkosten ein Mengenwachstum zu verzeichnen ist.

Die Änderung des Deckungsbeitrags des Sortiments von -100 ist zusammenfassend auf folgende Effekte zurückzuführen:

Abweichungsgrund	Erlöse	Kosten
Preis/Kosten	+1200	+2600
Menge	+3345	+1770
Interaktion	+231	+500
Struktur	-1276	-1270
gesamt	+3500	+3600

Die **Deckungsbeitragsflußrechnung** ist ein zunächst unübersichtlich erscheinendes, aber mathematisch einfaches Verfahren, mit dessen Hilfe Änderungen des Deckungsbeitrages über zwei Perioden näher aufgeschlüsselt werden können. Diese Aufschlüsselung erfolgt jedoch auf Zahlenbasis, nicht als Analyse der tatsächlichen Ursachen. Die eigentliche Auswirkung von Marketingmaßnahmen bleibt im Struktureffekt zunächst verborgen.

4.1.1.4 Vertriebsanalyse

Folgende Abbildung zeigt eine Absatzsegmentrechnung, die Aufträge nach Kunden und Kunden nach Verkaufsgebieten zusammenfaßt. Die Verkaufsgebiete werden dann (hier wird nur ein Gebiet berücksichtigt) zum Gesamtvertrieb zusammengefaßt.

Insgesamt fünf Aufträge von zwei Kunden werden erfaßt. Für alle Aufträge werden Rabatte in unterschiedlicher Höhe gewährt. Den Aufträgen werden die variablen Einzelkosten der verkauften Produkte zugerechnet. Fixe Einzelkosten können genau genommen nicht berücksichtigt werden, weil sie sich auf alle verkauften Stück eines Produkts beziehen, nicht nur auf die, um die es bei diesem Auftrag geht. Es ist dann nicht verursachungsgerecht, sie mit Hilfe eines

Verrechnungsverfahrens diesem Auftrag zuzurechnen. Das Zwischenergebnis ist der **Auftragsdeckungsbeitrag I**. Dann werden auftragsspezifische Einzelkosten subtrahiert, z.B. solche, die für die Akquisition erforderlich waren. Dies ergibt den **Auftragsdeckungsbeitrag II**. Die Summe der Auftragsdeckungsbeiträge II eines Kunden ergeben den **Kundendeckungsbeitrag I**. Hiervon können kundenspezifische Einzelkosten subtrahiert werden. Beispiele sind die regelmäßigen Besuchskosten des Außendienstmitarbeiters, kundenspezifische Verkaufsförderungsmaßnahmen usw. Es ergibt sich dann der **Kundendeckungsbeitrag II**. Je nach Gliederung des Vertriebs eines Unternehmens können weitere Ebenen eingeführt werden, insbesondere Verkaufsgebiete und Länder.

Auftrag 1 Kunde X (VK-Gebiet A)	Auftrag 2 Kunde X (VK-Gebiet A)	Auftrag 3 Kunde Y (VK-Gebiet A)	Auftrag 4 Kunde Y (VK-Gebiet A)	Auftrag 5 Kunde Z (VK-Gebiet B)
Brutto-Auftragswert – Erlösschmälerung = Netto-Auftragswert	... ...	... ...	... ...	... ...
– variable Einzelkosten der Produkte = Auftrags-DB I	... ...	... ...	... ...	... ...
– gesonderte Auftrags-Einzelkosten = Auftrags-DB II	... ...	... ...	... ...	... ...
Summe = DB I des Kunden X – Kunden-Einzelkosten für X = DB II des Kunden X		Summe = DB I des Kunden Y – Kunden-Einzelkosten für Y = DB II des Kunden Y		... Z ... Z ... Z
	Summe = DB I für Verkaufsgebiet A – gesonderte Gebietseinzelkosten für A = DB II für Verkaufsgebiet A			...B ...B ...B
			Summe = DB I für Gesamtverkauf – gesonderte Einzelkosten für Verkauf = DB II für Verkauf	

Abb. 4.14: Aufbau einer Absatzsegmentrechnung nach Kunden und Vertriebsgebieten

Folgendes Beispiel zeigt eine Absatzsegmentrechnung für zwei Kunden einer Kundengruppe, die drei bzw. zwei Aufträge erteilt haben. Sowohl für die Auftragseinholung als auch die Kundenbetreuung und kundengruppenspezifische Maßnahmen können direkt zurechenbare Kosten identifiziert werden. Die Kosten für Auftrag 4 übersteigen die Erlöse, so daß dieser Auftrag zu einem negativen Deckungsbeitrag führt.

	Kunde A			Kunde B	
	Auftrag 1	Auftrag 2	Auftrag 3	Auftrag 4	Auftrag 5
Brutto-Auftragswert	20.000	45.000	70.000	30.000	50.000
– Rabatte	1.000	4.000	2.500	3.000	2.500
= Netto-Auftragswert	19.000	41.000	67.500	27.000	47.500
– var. Kosten der Produkte	8.000	27.000	43.000	24.000	24.000
= Auftrags-DB I	11.000	14.000	24.500	3.000	23.500
– Auftrags-Einzelkosten	2.000	2.000	3.000	4.000	500
= Auftrags-DB II	9.000	12.000	21.000	-1.000	23.000
Summe = Kunden-DB I	42.000			22.000	
– Kunden-Einzelkosten	7.000			3.000	
= Kunden-DB II	35.000			19.000	
Summe = Kundengruppen-DB I	54.000				
– Kundengruppen-Einzelkosten	21.000				
= Kundengruppen-DB II	33.000				

Abb. 4.15: Beispiel einer Absatzsegmentrechnung nach Kunden

Es sind aber auch weitere **Bezugsgrößenhierarchien** als Ausschnitte aus dem Bezugsgrößensystem der Absatzsegmentrechnung denkbar (ähnlich: Riebel 1990, S. 179):

Auftragsposition	Auftragsposition	Auftragsposition	Auftragsposition
↓	↓	↓	↓
Produkt	Auftrag	Auftrag	Auftrag
↓	↓	↓	↓
Produktgruppe	Auftragsart	Kunde	Kunde
↓	↓	↓	↓
Gesamtumsatz	Gesamtumsatz	Kundengruppe	Vertriebsgebiet
		↓	↓
		Gesamtumsatz	Gesamtumsatz

Abb. 4.16: Beispiele für Bezugsgrößenhierarchien

Die Aufstellung einer Hierarchie erfolgt je nach Zielsetzung der Absatzsegmentrechnung. Im **ersten Beispiel** etwa wird eine Erfolgsanalyse für einzelne Produkte und Produktgruppen vorgenommen (s. Sortimentsanalyse). Die notwendigen Verkaufsdaten werden aus einer Analyse der Auftragspositionen auf den einzelnen Aufträgen gewonnen.

Das **zweite Beispiel** zeigt eine Bezugsgrößenhierarchie, die die Untersuchung der Effizienz von bestimmten Arten von Aufträgen ermöglicht. Diese Auftragsarten können nach verschiedenen Kriterien differenziert werden. Denkbar sind z.B. unterschiedliche Auftragsgrößenklassen oder Arten der Auftragserteilung (telefonisch - schriftlich). Im letzteren Fall ließe sich analysieren, ob die telefonische Auftragsannahme, die vielleicht über eigenständige Stellen innerhalb der Verkaufsabteilung erfolgt, effizienter ist als die schriftliche.

Das **dritte Beispiel** zeigt eine Analyse nach Kundengruppen. So ist es z.B. sinnvoll, Neukunden und Stammkunden getrennt zu analysieren, weil sich erhebliche Unterschiede in der Betreuung dieser Kundenkreise ergeben. Neukunden bedürfen regelmäßig einer intensiveren Betreuung, um etwa das Produktprogramm und die Geschäftsabwicklung zu erläutern. Mit Hilfe dieser Bezugsgrößenhierarchie wäre es dann möglich, zu analysieren, ob diese Aufwendungen rentabel sind.

Das **vierte Beispiel** schließlich ist eine Abwandlung hiervon und gruppiert die Kunden nach Vertriebsgebieten.

4.1.1.5 Kundenbewertung

Mit Hilfe der Daten der Absatzsegmentrechnung, ergänzt um weitere Informationen, kann eine detaillierte Kundenbewertung durchgeführt werden. Als Ausgangsbasis sollten sämtliche verfügbaren kundenspezifischen Informationen in einer Übersicht zusammengefaßt werden. Über jeden (gewerblichen) Abnehmer sind üblicherweise folgende Daten verfügbar:

Kundeninformationsblatt		
1	Name	
2	Ort	
3	Region	z.B. Nielsen-Gebiet, Verkaufsbüro-Zuständigkeit
4	zuständiger ADM	für Ermittlung des ADM-Erfolgs und der Kundenbetreuungskosten
5	Kundengruppe	z.B. Branche, Handelstyp
6	Jahresumsatz geschätzt	
7	Marktanteil geschätzt	bei Industrie: branchenbezogen, bei Handel: regionenbezogen
8	durchschnittliches Jahresvolumen bei uns	
9	unser Lieferantenumsatzanteil	Pos. 8 : Pos. 6 - gibt unsere Wettbewerbsposition an
10	Volumen letztes Jahr	
11	Volumen Trend	Regression der Pos. 10 über die letzten Jahre

12	Volumenanteil bei uns gesamt	Pos. 10 : unser Jahresumsatz → Bedeutung des Kunden für uns
13	Volumenanteil bei uns Kundengruppe	Pos. 10 : unser Jahresumsatz in der Kundengruppe (Pos. 5)
14	Volumenanteil bei uns Region	Pos. 10 : unser Jahresumsatz in der Region (Pos. 3)
15	durchschnittlicher Bestellwert	
16	durchschnittlicher Rabattsatz bei uns	
17	Werbekostenzuschuß letztes Jahr	
18	Werbemittelzusendungen	Kataloge, Prospekte usw. - Frequenz, Gesamtwert
19	Betreuungskosten letztes Jahr	zurechenbare Kosten des ADM + Pos. 17 + Pos. 18
20	Besuchsfrequenz	z.B. wöchentlich, monatlich, quartalsweise
21	Bestelldaten	letzte Auftragseingänge
22	Retourenanteil letztes Jahr	Zahl der Retouren : Zahl der Lieferungen
23	Bonitätsindex	z.B. laut Auskunftei bzw. eigener Buchhaltung
24	bei Handel: Regalfläche	
25	... davon für uns	unser Flächenanteil

Abb. 4.17: Kundeninformationsblatt

Die hier erfaßten Daten können sowohl für quantitative wie qualitative Analysen verwendet werden. Für die Abwägung globaler Entscheidungen zur Förderung oder Nicht-Förderung einer Kundenbeziehung eignet sich die Erstellung eines **Kundenportfolios** in Anlehnung an das bereits bekannte Marktattraktivität/Wettbewerbsstärke-Portfolio von McKinsey.

		relative Lieferantenposition: schwach	relative Lieferantenposition: stark
Kunden-attraktivität	hoch	Entwicklungskunden	Starkunden
	gering	Problemkunden	Ertragskunden

Abb. 4.18: Kundenportfolio

Die Kunden eines Unternehmens werden anhand der Kriterien Kundenattraktivität und relative Lieferantenposition beurteilt. Bewertungskriterien können sein:

Kundenattraktivität	Bewertung	
Kriterium	Gewicht	Punkte
Umsatz		
Umsatzpotential/Marktvolumen		
Umsatzentwicklung		
Marktanteil		
Image		
Bonität		
erforderliche Rabattaufwendungen		
erforderliche Zuschüsse		
Betreuungsaufwand		
Transportkosten		
Reklamationsverhalten		
Preissensibilität		
Kooperationsbereitschaft		
Einkaufsbedingungen		
Möglichkeiten der Geschäftsausweitung		
Zahl der Lieferanten		

Abb. 4.19: Kriterien der Kundenattraktivität

relative Lieferantenposition	Bewertung	
Kriterium	Gewicht	Punkte
Verkaufsvolumen		
eigener Lieferanteil		
Entwicklung des Lieferanteils		
räumliche Nähe		
eigenes Image		
eigene Termintreue		
Vertriebsbindungen		
gewährte Zuschüsse		
Betreuungs-/Unterstützungsmaßnahmen		
eigene Serviceleistungen		
Reklamationsbearbeitung		
Entwicklungskooperation		
kundenindividuelle Produkte		

Abb. 4.20: Kriterien der relativen Lieferantenposition

So lassen sich vier Kategorien von Kunden unterscheiden:

a) Starkunden

Starkunden sind attraktive Kunden, bei denen der Lieferant über eine starke Wettbewerbsposition verfügt. Diese Kunden müssen unbedingt gehalten werden, wozu ein hoher Aufwand erforderlich ist. Eine hohe Kundenattraktivität bedeutet auch gleichzeitig hohe Konkurrenz durch andere potentielle Lieferanten, die versuchen, diesen Kunden für sich zu gewinnen.

Geeignete Maßnahmen zur Pflege der Kundenbeziehung sind:

- Abschluß von längerfristigen Liefer-/Abnahmeverträgen
- Verbesserung der Betreuung durch Außendienst (z.B. Key-Account-Management)
- Verbesserung der Kundenbindung (im Handel z.B. Shop-in-Shop-Systeme)
- Individualisierung der Produkte für den Kunden
- Gewährung spezieller Rabatte/Boni.

b) Entwicklungskunden

Entwicklungskunden sind solche, die eine hohe Attraktivität besitzen, bei denen jedoch nur eine schwache Lieferantenposition erreicht wurde. Hier gilt es zu prüfen, ob eine Verbesserung der Position möglich ist. Die Kundenattraktivität läßt einerseits auf ein hohes Potential zur Ertragssteigerung schließen, bedeutet aber gleichzeitig die Gefahr, von anderen Lieferanten verdrängt zu werden.

Folgende Maßnahmen sind sinnvoll:

- Analyse, ob ein Ausbau der Kundenbeziehung rentabel sein könnte

falls nein:

- Ausstieg aus der Kundenbeziehung

falls ja:

- Steigerung der Außendienst-Aktivitäten
- Entwicklung kundenspezifischer Vertriebsstrategien
- gezielte Fördermaßnahmen für Kunden.

c) Problemkunden

Problemkunden sind durch eine in jeder Hinsicht ungünstige Situation gekennzeichnet. Es wurde bislang weder eine gute Position erreicht, noch wäre dies überhaupt attraktiv. So könnte es beispielsweise sein, daß solche Kunden nur an günstigen Preisen interessiert sind und ihre Lieferanten schnell wechseln, ohne daß eine dauerhafte Beziehung aufgebaut werden kann.

Empfehlenswert ist hier, Aufträge „mitzunehmen", sofern sie einen positiven Deckungsbeitrag erbringen. Konkrete Aufwendungen zur Betreuung der Kunden sollten aus Rentabilitätsgründen unterlassen werden.

d) Ertragskunden

Ertragskunden sind prinzipiell weniger attraktiv, jedoch führt die erreichte starke Lieferantenposition voraussichtlich zu einem relativ hohen Ertrag. Die Position sollte daher möglichst gehalten werden, jedoch ohne in größerem Umfang in die Kundenbeziehung zu investieren. Tendenziell sollte versucht werden, den Betreuungsaufwand zu reduzieren und die Abwicklung zu standardisieren. So könnten z.B. Vereinbarungen dahingehend getroffen werden, die Abwicklung über Dritte (z.B. Großhändler, Agenturen) vorzunehmen, nur Mindestbestellmengen zu akzeptieren u.ä.

Vor allem für kurzfristige Entscheidungen im Zusammenhang mit einer Kundenbeziehung ist die Ermittlung der **Auftragswahrscheinlichkeit** interessant. Dazu wurden Kriterienkataloge entwickelt, die helfen sollen, die Wahrscheinlichkeit für und den Zeitpunkt einer Auftragserteilung zu ermitteln. Dazu kann z.B. die **RFMR-Methode**, die für den Versandhandel entwickelt wurde, verwendet werden (vgl. Link 1995, S. 109). Es werden folgende Faktoren berücksichtigt:

- **Recency** - Kunden, die kürzlich kauften, werden höher bewertet als Kunden, bei denen der Kauf länger zurückliegt
- **Frequency** - Kunden mit höherer Bestellfrequenz werden höher bewertet als Gelegenheitskunden
- **Monetary Ratio** - Kunden mit einem höheren Deckungsbeitrag werden höher bewertet als solche mit einem niedrigeren.

Beispiel eines RFMR-Rechenschemas (ebenda):

Faktoren	Startwert: 25 Punkte					
letztes Kaufdatum	bis 6 Monate: +40 P.	bis 9 Monate: +25 P.	bis 12 Monate: +15 P.	bis 18 Monate: +5 P.	bis 24 Monate: -5 P.	früher: -15 P.
Häufigkeit der Käufe in den letzten 18 Monaten	Zahl der Aufträge multipliziert mit 6					
durchschn. Umsatz der letzten 3 Käufe	bis 50 DM: +5 P.	bis 100 DM: +15 P.	bis 200 DM: +25 P.	bis 300 DM: +35 P.	bis 400 DM: +40 P.	über 400 DM: +45 P.
Anzahl Retouren gesamt	0-1: 0 P.	2-3: -5 P.	4-6: -10 P.	7-10: -20 P.	11-15: -30 P.	+ 15: -40 P.
Anzahl der Werbesendungen seit letztem Kauf:	Hauptkatalog je -12 P.		Sonderkatalog je -6 P.		Mailing je -2 P.	

Abb. 4.21: Beispiel einer Kundenbewertung nach der RFMR-Methode

Für jeden Kunden läßt sich ein individueller Punktwert errechnen, der Auskunft über die **Kaufwahrscheinlichkeit** und **Attraktivität** gibt. Kunden, die nicht mehr kaufbereit sind, erhalten von Jahr zu Jahr geringere Punktbewertungen und sollten bei Unterschreiten eines Schwellenwertes aus der Kartei gestrichen werden, da die weitere Bearbeitung vermutlich nicht mehr erfolgreich ist.

Schließlich läßt sich eine kundenindividuelle Deckungsbeitragsrechnung durchführen. Sie könnte wie folgt aussehen:

Kundendeckungsbeitragsrechnung
Bruttoumsatz (ohne MWSt.)
– Rabatte
– Skonto
– sonstige Erlösschmälerungen
= Nettoumsatz
– (Herstellkosten + Verwaltungsgemeinkostenanteil)
= Kundendeckungsbeitrag 1
– zurechenbare Marketingkosten (Werbemaßnahmen)
= Kundendeckungsbeitrag 2
– zurechenbare Vertriebskosten (ADM-Besuche, Auftragsabwicklung usw.)
= Kundendeckungsbeitrag 3
– zurechenbare Nach-Kauf-Kosten (Transport, Service, Kulanz)
= Kundendeckungsbeitrag 4
davon zu decken: nicht zurechenbare Marketing-/Vertriebskosten

Abb. 4.22: Kundendeckungsbeitragsrechnung

Diese **Kundendeckungsbeitragsrechnung** unterscheidet sich von dem oben gezeigten Verfahren der Vertriebsanalyse dadurch, daß keine Hierarchisierung von Kosten in Abhängigkeit von der Zurechenbarkeit zu Kundengruppen vorgenommen wird. Vielmehr werden die dem Kunden zurechenbaren Fixkosten, die sonst als ein Block betrachtet würden, in mehreren Stufen zugerechnet. Diese Zurechnung folgt der zeitlichen Abfolge ihrer Entstehung (zunächst Werbung, dann persönlicher Kontakt, dann Nach-Kauf-Betreuung). Dadurch kann die Kundenprofitabilität in Abhängigkeit vom Stand der Abwicklung beurteilt werden, und es läßt sich feststellen, ob die Kosten einzelner Phasen noch gerechtfertigt sind.

4.1.1.6 Beispiel einer computergestützten Absatzsegmentrechnung

Auf den beiden folgenden Seiten wird gezeigt, wie mit Hilfe eines Tabellenkalkulationsprogramms eine Absatzsegmentrechnung durchgeführt werden kann. Je nach Unternehmensgröße ist die Verarbeitungskapazität von Standard-Programmen (z.B. Excel, Quattro Pro) ausreichend. Für größere Datenbestände steht etwa das Programm Spreadsheet-Connector der Sinper Corporation zur Verfügung. Für dieses Beispiel wurde eine Modell-Auftragsdatei mit 50 Aufträgen erstellt. Das Modell-Unternehmen stellt 10 Produkte her, die wie folgt zu Produktgruppen zusammengefaßt werden:

A	A	A+B+C+D+E	Gesamt-unternehmen
B	B+C		
C			
D	D+E		
E			
F	F+G+H	F+G+H+I+J	
G			
H			
I	I+J		
J			

Folgende Daten wurden erfaßt:

Kunde	Region	Außendienstmitarbeiter
Produkt	Bestelldatum	Bestellart
Lieferart	Lieferdatum	Brutto-Preis
Rabatt	Stückzahl	Mehrwertsteuer

Ausschnitt aus der Auftragsdatei:

Aufträge 1995														
Kunde	Reg	ADM	Art.	B.-Datum	B.	L	Lieferdat.	Br-Preis	Rab.	Anz.	Br.-Wert	Rab.-S.	MwSt.	Netto-We
Albert	N	a	A	12.07.1995	t	sp	19.07.1995	18,00	3%	200	3600,00	108,00	455,48	3036,52
Berthold	S	f	B	13.07.1995	a	sp	24.07.1995	24,00	4%	320	7680,00	307,20	961,67	6411,13
Caesar	W	c	D	14.07.1995	a	sp	05.08.1995	43,00	2%	100	4300,00	86,00	549,65	3664,35
Albert	N	a	F	15.07.1995	t	sp	17.08.1995	27,00	3%	480	12960,00	388,80	1639,72	10931,48
Doll	N	b	C	15.07.1995	t	sp	17.07.1995	17,00	6%	110	1870,00	112,20	229,28	1528,52
Engels	S	f	E	16.07.1995	s	sp	30.07.1995	12,00	1%	80	960,00	9,60	123,97	826,43
Friese	W	d	B	17.07.1995	a	ku	18.07.1995	24,00	5%	720	17280,00	864,00	2141,22	14274,78
Caesar	W	c	A	17.07.1995	a	sp	25.07.1995	18,00	2%	500	9000,00	180,00	1150,44	7669,56
Groß	S	f	H	18.07.1995	s	sp	18.08.1995	19,00	2%	170	3230,00	64,60	412,88	2752,52
Groß	S	f	D	18.07.1995	s	sp	25.08.1995	43,00	2%	300	12900,00	258,00	1648,96	10993,04
Albert	N	a	E	19.07.1995	s	sp	06.08.1995	12,00	3%	420	5040,00	151,20	637,67	4251,13
Doll	N	b	I	20.07.1995	s	ku	20.07.1995	41,00	6%	150	6150,00	369,00	754,04	5026,96

Ergebnisübersicht nach Kunden und Außendienstmitarbeitern einschließlich Rabatt-Statistik:

		Kunde										
ADM	Daten	Albert	Berthold	Caesar	Doll	Engels	Friese	Groß	Hell	Intze	Gesamt	in%
a	Summe - Br.-Wert	64560	0	0	0	0	0	0	0	0	64560	13,52%
	Summe - Rab.-S.	1608	0	0	0	0	0	0	0	0	1608	2,49%
b	Summe - Br.-Wert	0	0	0	66530	0	0	0	0	23140	89670	18,77%
	Summe - Rab.-S.	0	0	0	2114	0	0	0	0	552	2666	2,97%
c	Summe - Br.-Wert	0	0	15010	0	0	0	0	0	0	15010	3,14%
	Summe - Rab.-S.	0	0	334	0	0	0	0	0	0	334	2,23%
d	Summe - Br.-Wert	0	0	38500	0	0	57980	0	40630	0	137110	28,71%
	Summe - Rab.-S.	0	0	499	0	0	1359	0	1056	0	2914	2,13%
f	Summe - Br.-Wert	0	62930	0	0	47060	0	26930	0	0	136920	28,67%
	Summe - Rab.-S.	0	1784	0	0	991	0	647	0	0	3422	2,50%
g	Summe - Br.-Wert	0	0	0	0	0	0	34350	0	0	34350	7,19%
	Summe - Rab.-S.	0	0	0	0	0	0	962	0	0	962	2,80%
Gesamt: Summe - Br.-Wert		64560	62930	53510	66530	47060	57980	61280	40630	23140	477620	100,00%
Gesamt: Summe - Rab.-S.		1608	1784	834	2114	991	1359	1609	1056	552	11906	2,49%

Ergebnisübersicht nach Produkten:

Absatzsegmentrechnung 1995										
Produkt:	A	B	C	D	E	F	G	H	I	J
Verk.preis brutto	18,00	24,00	17,00	43,00	12,00	27,00	23,00	19,00	41,00	28,00
Veränd. ggü. Vj.	*5,88%*	*-2,04%*	*13,33%*	*8,86%*	*-7,69%*	*8,00%*	*0,00%*	*-4,52%*	*2,76%*	*-5,08%*
-Rabatt	0,45	0,60	0,42	1,07	0,30	0,67	0,57	0,47	1,02	0,70
-MWSt.	2,29	3,05	2,16	5,47	1,53	3,43	2,93	2,42	5,22	3,56
=Netto-Erlös	15,26	20,35	14,41	36,46	10,17	22,89	19,50	16,11	34,76	23,74
-variable Kosten	8,38	17,30	9,45	28,76	11,12	17,09	12,56	8,00	26,31	14,84
=Stück-DB	6,88	3,05	4,96	7,70	-0,95	5,80	6,94	8,11	8,45	8,90
Veränd. ggü. Vj.	*10,23%*	*-6,80%*	*44,00%*	*41,04%*	*-424,31%*	*16,86%*	*6,96%*	*-8,79%*	*-33,17%*	*-8,15%*
*Menge	4000	2890	2760	1670	2870	760	1830	1700	1140	1480
Veränd. ggü. Vj.	*6,95%*	*22,98%*	*-8,31%*	*-10,22%*	*2,50%*	*-8,43%*	*-12,86%*	*0,00%*	*14,00%*	*-7,50%*
=Stück-DB*Menge	27526,92	8811,53	13700,24	12856,62	-2713,62	4409,97	12702,21	13786,33	9636,23	13172,69
Veränd. ggü. Vj.	*17,90%*	*14,62%*	*32,04%*	*26,63%*	*-432,42%*	*7,01%*	*-6,80%*	*-8,79%*	*-23,81%*	*-15,04%*
-Einzelfixkosten	2000,00	3000,00		500,00	1500,00	2300,00	4000,00			200,00
=Produkt-DB	25526,92	5811,53	13700,24	12356,62	-4213,62	2109,97	8702,21	13786,33	9636,23	12972,69
Veränd. ggü. Vj.	*19,58%*	*389,30%*	*32,04%*	*28,01%*	*255,98%*	*-119,40%*	*54,62%*	*-8,79%*	*-23,81%*	*-15,24%*
=Prod.grup.-DB I	25526,92		19511,77		8143,00			24598,51		22608,92
-Prod.gr.-Fixkosten	4000,00		2400,00		3000,00			17000,00		7000,00
=Prod.grup.-DB II	21526,92		17111,77		5143,00			7598,51		15608,92
Veränd. ggü. Vj.	*24,09%*		*86,73%*		*-5,96%*			*-171,45%*		*-2,15%*
=Sparten-DB I					43781,69					23207,43
-Sparten-Fixkosten					18000,00					20000,00
=Sparten-DB II					25781,69					3207,43
Veränd. ggü. Vj.					*269,31%*					*-110,81%*
=Untern.-DB I										28989,12
-Untern.-Fixkosten										8000,00
=Gewinn										20989,12
Veränd.ggü. Vj.										*-144,94%*
Stück-DB % v.VK	45,09	14,98	34,44	21,12	-9,29	25,35	35,59	50,34	24,32	37,49
Prod.-DB % v.Ums	41,82	9,88	34,44	20,29	-14,43	12,13	24,38	50,34	24,32	36,92
Preiselastizität	1,18	-11,26	-0,62	-1,15	-0,32	-1,05	#DIV/0!	0,00	5,08	1,48
var. Ges.-Kosten	33520,00	49997,00	26082,00	48029,20	31914,40	12988,40	22984,80	13600,00	29993,40	21963,20
in % v. Umsatz	54,91	85,02	65,56	78,88	109,29	74,65	64,41	49,66	75,68	62,51
fixe Ges.-Kosten	92900,00									
in % v. Umsatz	22,91									
Netto-Umsatz	61046,92	58808,53	39782,24	60885,82	29200,78	17398,37	35687,01	27386,33	39629,63	35135,89
Gesamt-Umsatz	405512,64									
Gew.in % v. Ums.	5,18									

4.1.2 Produkterfolgsrechnung im Handel

Ähnliche Grundgedanken wie bei der Absatzsegmentrechnung des Herstellers bzw. Dienstleisters finden sich auch bei der Produkterfolgsrechnung im Handel. Auch hier kann der Deckungsbeitrag als Steuerungsinformation verwendet werden, bei dem die zurechenbaren Kosten berücksichtigt wurden. Die Aussage ist die gleiche wie auf der Herstellerseite: Welchen Beitrag leistet das Produkt als Teil des angebotenen Sortiments zur Deckung der fixen Kosten des Handelsbetriebs?

Das **Grundschema der Deckungsbeitragsrechnung** sieht wie folgt aus:

Verkaufspreis
– Einkaufspreis
= Brutto-Spanne
+ Rabatte, Zuschußzahlungen u.ä. des Lieferanten
= Netto-Spanne
– direkt zurechenbare Kosten für Handling
= Deckungsbeitrag des Produkts

Die Deckungsbeitragsrechnung des Handels hat nicht nur für diesen eine Bedeutung, sondern auch für den Hersteller. Die Berechnung von Deckungsbeiträgen stellt schließlich auch eine Grundlage für Konditionsverhandlungen, Bezugsentscheidungen und Listungen allgemein dar. Hallier (1988) führt ein Beispiel für die Entscheidung „Lieferung über Lager oder Direktbelieferung" bei einem Produkt an (Angaben in DM/St.):

	Lager	Direktbelieferung
Verkaufspreis	7,20	7,20
– Einkaufspreis	6,05	6,25
= Brutto-Spanne	1,15	0,95
+ Rabatte	0,02	0,02
+ Retouren (Warenrückgabe)	0,10	0,00
– Handling:		
allg. Lagerarbeiten	0,30	0,00
Bestandserfassung	0,04	0,00
Betriebskosten Lager	0,05	0,00
Transport zu den Läden	0,06	0,00
allg. Arbeiten im Laden	0,59	0,26
Bestandspflege	0,04	0,04
Betriebskosten Laden	0,15	0,15
= Deckungsbeitrag	0,04	0,52

Abb. 4.23: Beispiel einer Deckungsbeitragsrechnung im Handel

Trotz geringerer Brutto-Spanne ist die Direktbelieferung also günstiger, da in größerem Maße Handlingkosten in Lager und Laden eingespart werden können.

Problematisch ist bei der Zurechnung der Handlingkosten jedoch, daß auch fixe Gemeinkosten enthalten sind (z.B. Personalkosten, Nutzung von Maschinen).

Damit nähert sich das Verfahren immer mehr einer Vollkostenrechnung. Zur Berechnung der Handlingkosten kann z.B. die Prozeßkostenrechnung (s.o.) sinnvoll eingesetzt werden.

Das Konzept der **Direkten Produkt-Profitabilität (DPP)** bzw. **Direkten Produkt-Rentabilität (DPR)** geht einen Schritt weiter. Hier können in letzter Konsequenz auch alle Fixkosten auf die einzelnen Produkte verteilt werden. Das DHI-Modell wirft jedoch das Problem der Fix-/Gemeinkostenschlüsselung auf, das die Teilkostenrechnung eigentlich vermeiden sollte. Sinnvollerweise müßte auch hier eine Zusammenfassung zu Produktgruppen, z.B. in Abhängigkeit von der Präsentationsform im Handel, vorgenommen werden, um einige Kosten verursachungsgerecht wenigstens einer Produktgruppe zurechnen zu können.

In Anlehnung an das Deutsche Handels-Institut (jetzt: Euro Handels-Institut) kann folgendes Berechnungsschema verwendet werden (vgl. Schneider 1989, Schröder 1993).

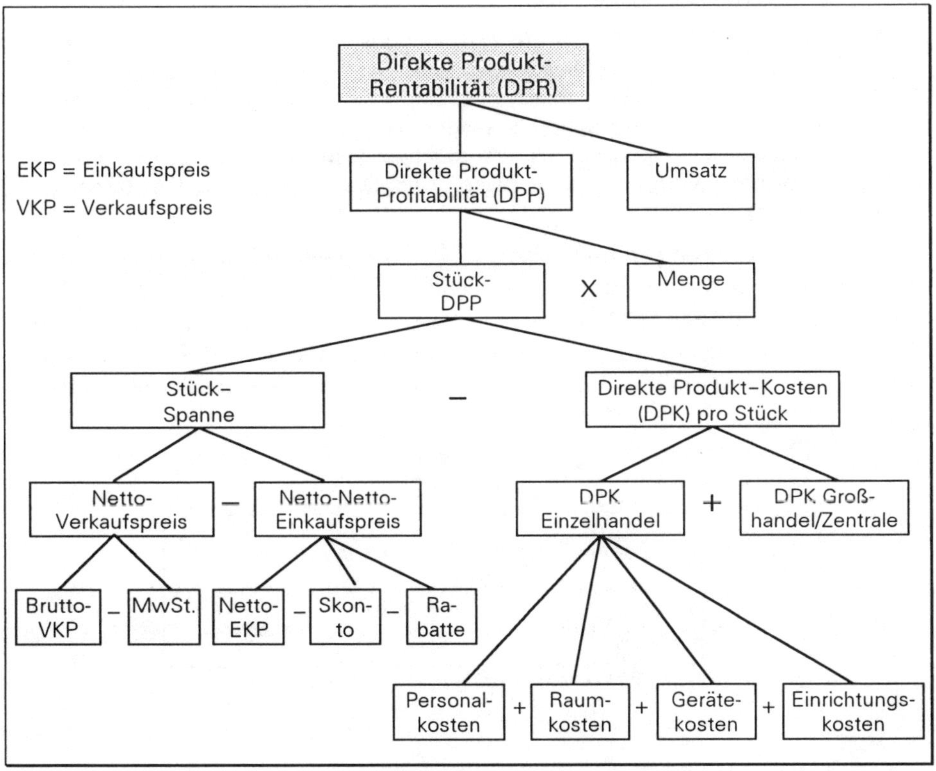

Abb. 4.24: Direkte Produkt-Rentabilität

Kosten für ein **Zentrallager**, wie sie bei den meisten Filialbetrieben entstehen, werden hier nicht weiter aufgeschlüsselt. Im Prinzip fallen aber die gleichen Kostenarten wie bei den Einzelhandels-Kosten an. Personal-, Geräte-, Raum- und Einrichtungskosten können weiter gegliedert werden, was hier aus Gründen der Übersichtlichkeit nicht getan wird. Nicht enthalten sind ferner Kapitalkosten, die abhängig von der Lagerdauer im Handel sind.

Die Deckungsbeiträge/DPP können, wie angedeutet, zu verschiedenen Werten in Beziehung gesetzt werden, um Rentabilitäts- und Effizienzwerte zu ermitteln. Beispiele dafür sind:

Kapitalrentabilität:	DB / durchschn. Kapitaleinsatz im Unternehmen
Lagerkapitalrentabilität:	DB / durchschn. Kapitaleinsatz im Lager
Personaleffizienz:	DB / Anzahl der Beschäftigten
Verkaufsflächeneffizienz:	DB / beanspruchte Fläche.

Mit Hilfe des DPR/DPP-Konzepts ist es möglich, die Profitabilität und Rentabilität eines Produktes im Handel zu überprüfen und zu verbessern. Diese Kennzahlen entwickelten sich in den letzten Jahren zunehmend zu **Argumentationshilfen für Hersteller**, um eine Listung im Handel zu erreichen.

Hallier (1988, S. 89) führt **Beispiele** von Procter & Gamble an, wie DPR-Erkenntnisse in die Produktgestaltung eingeflossen sind. So wurden konzentrierte Waschmittel auf den Markt gebracht, um Lager- und Transportkosten zu senken und damit die Produkt-Rentabilität zu erhöhen. Beim Fruchtsaft Valensina wurde die Packungsform so geändert, daß bei gleichem Außenvolumen des Umkartons 12 statt bisher 6 Verpackungen enthalten sind. Die Raumnutzung konnte somit verdoppelt werden.

So wie Hersteller die produktbezogene Absatzsegmentrechnung für Eliminations-, Förder- u.a. Entscheidungen verwenden, entscheidet auch der Handel auf der Basis errechneter DPR-Werte über die Sortimentszusammenstellung und Verkaufsförderungsmaßnahmen. Kombiniert man die Kriterien Umsatzhöhe und Produktprofitabilität, läßt sich eine sogenannte **„Renner/Penner-Matrix"** erstellen:

		Umsatz niedrig	Umsatz hoch
DPP	hoch	Penner/Schläfer	Renner/Gewinner
	niedrig	Verlierer	Unterforderte

Abb. 4.25: Merchandising (Renner/Penner)-Matrix

Aus der Position eines Produktes in dieser Matrix lassen sich, ähnlich den Portfolio-Techniken der strategischen Planung, Norm-Konzepte für eine geeignete Behandlung der Produkte entwickeln. Beispiele:

Penner:

- Durchführung von Verkaufsförderungs-Maßnahmen

- Zweitplazierungen
- Preissenkungen

Renner:

- Potential ausnutzen durch intensiven Einsatz des Marketing-Instrumentariums
- hervorragende Plazierung
- Stabilisierung

Verlierer:

- geringer Marketing-Aufwand
- Plazierung an unbeliebten Positionen, geringer Flächenaufwand
- ggf. Auslistung vorbereiten

Unterforderte:

- Handling- und Plazierungskosten senken
- Preiserhöhungen vornehmen.

Das Konzept ist jedoch nicht unumstritten. Wesentlicher Kritikpunkt am DPR/DPP-Konzept ist die Schlüsselung an sich fixer Kosten wie etwa Ladenmieten, Ladenausstattung, Personalkosten usw. Diese Kosten gehen entsprechend der (kalkulatorischen) Inanspruchnahme durch das Produkt in die Direkten Produkt-Kosten (DPK) ein, obwohl die Zurechnung nur über Schlüssel erfolgen kann. Insofern handelt es sich letztlich um eine Vollkostenrechnung mit den bekannten Schwächen.

4.1.3 Aktionserfolgsrechnung

Während die Absatzsegmentrechnung die Kontrolle von Kosten und Erlösen für abgegrenzte Perioden ermöglicht, wird die **Aktionserfolgsrechnung** eingesetzt, um den Erfolg einzelner periodenunabhängiger Maßnahmen zu kontrollieren. Im Mittelpunkt stehen kurzfristig wirksam werdende Maßnahmen wie etwa Verkaufsförderungsaktionen. Insbesondere bei einem Einsatz von befristeten Preissenkungen sind verschiedene Effekte zu berücksichtigen.

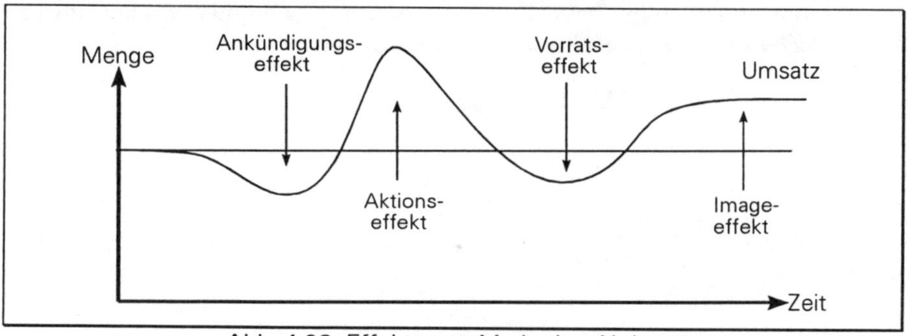

Abb. 4.26: Effekte von Marketing-Aktionen

Zu berücksichtigen ist hierbei, daß die Nachfrageschwankungen sowohl auf Reaktionen der Verbraucher als auch des Handels zurückzuführen sind. Befristete Preissenkungen als Maßnahme der Verkaufsförderung führen auch im Handel zu einer erhöhten Bevorratung. Da es keine Preisbindung gibt, ist nicht gewährleistet, daß der Preisvorteil an die Endverbraucher weitergegeben wird. Außerdem ist der Handel regelmäßig wesentlich früher über eine Verkaufsförderungsaktion eines Herstellers informiert, da sie ihm gegenüber angekündigt wird. Endverbrauchern wird sie dagegen üblicherweise erst mit ihrer Durchführung bekannt.

Der **Ankündigungseffekt** beschreibt die Kaufzurückhaltung vor einer Aktion in der Erwartung besserer Konditionen. Ist bekannt, daß zu einem bestimmten Zeitpunkt eine Ware günstiger angeboten wird, wird versucht, bis dahin Restbestände zu verkaufen/verbrauchen, um dann zum günstigeren Preis die Bestände wieder aufzubauen. Dabei handelt es sich um den **Aktionseffekt**. In Abhängigkeit von der Höhe des Preisvorteils werden Vorräte aufgebaut, die nach Ende der Aktion die Nachfrage für einen bestimmten Zeitraum mitunter erheblich sinken lassen. Dies ist der **Vorratseffekt**. Je nach inhaltlicher Auslegung der Aktionen kann es weiterhin zu einem **Imageeffekt** kommen. Dabei handelt es sich um eine langfristige Anhebung des Nachfrageniveaus aufgrund einer Image- und Bekanntheitssteigerung.

Um eine korrekte Abgrenzung der Aktionswirkungen zu gewährleisten, müßten sinnvollerweise auch die Absatzmengen anderer Produkte des Sortiments kontrolliert werden. So kann es etwa vorkommen, daß durch die Aktion die Nachfrage von einem Produkt des Sortiments auf das Aktionsprodukt verlagert wird. Für dieses läßt sich dann ein Umsatzanstieg feststellen, der dann aber möglicherweise durch den Umsatzverlust beim anderen kompensiert wird. Es ist allerdings kaum möglich, eine Kausalität herzustellen. Schließlich kann die Wahl der Vergleichszeitpunkte für die Aktionserfolgsrechnung manipulativ genutzt werden. So ergibt sich eine andere Situation, wenn die Absatzmengen während des Ankündigungs- und Aktionseffekts verglichen werden, als wenn die Absatzmengen vor der Ankündigung und nach Ablauf des Vorratseffekts verglichen werden.

Um zu einer umfassenden Betrachtung der Aktion zu kommen, schlägt Böcker (1988, S. 114, mit Änderungen) folgendes Schema vor:

Mehrumsatz durch Aktionseffekt – variable Einzelkosten dieser Menge = Deckungsbeitrag des Aktionseffekts	Minderumsatz durch Ankündigungseffekt – variable Einzelkosten dieser Menge = Deckungsbeitragsverlust durch Ankündigungseffekt
Mehrumsatz durch Imageeffekt – variable Einzelkosten dieser Menge = Deckungsbeitrag des Imageeffekts	Minderumsatz durch Vorratseffekt – variable Einzelkosten dieser Menge = Deckungsbeitragsverlust durch Vorratseffekt
Deckungsbeitrag des Aktionseffekts + Deckungsbeitrag des Imageeffekts – Deckungsbeitragsverlust durch Ankündigungseffekt – Deckungsbeitragsverlust durch Vorratseffekt – Kosten der Aktion = Deckungsbeitrag der Aktion	

Abb. 4.27: Aktionserfolgsrechnung

4.2 Investitionsrechnung

Aufgabe des Marketing-Controlling ist es nicht nur, erreichte Ergebnisse zu kontrollieren, sondern auch im Vorfeld von Entscheidungen Hilfestellung zu geben. Für Investitionsentscheidungen, z.B. im Rahmen von Neuproduktplanungen, Produktmodifikationen, Werbekampagnen usw. wird regelmäßig überprüft, ob diese Maßnahmen rentabel sind bzw. sein können oder welche von mehreren möglichen Maßnahmen profitabler ist.

Im folgenden können nicht sämtliche Investitionsrechenverfahren dargestellt werden. Es erfolgt vielmehr eine Beschränkung auf die am häufigsten verwendeten und am einfachsten zu handhabenden Verfahren.

4.2.1 Kostenvergleichsrechnung

Die **Kostenvergleichsrechnung** gehört zu den statischen Verfahren der Investitionsrechnung, d.h. sie berücksichtigt nicht den Faktor Zeit. Grundlage sind Kostendaten bzw. -schätzungen, keine Zahlungen, für eine als durchschnittlich angenommene Periode. Sie ermittelt, welches von mindestens zwei Projekten kostengünstiger ist.

Zunächst sind die Kosten zu ermitteln, von denen angenommen wird, daß sie dem Durchschnitt aller Perioden entsprechen. Dadurch kann auf die Unterscheidung einzelner Perioden verzichtet werden. Im Gegenzug entsteht jedoch das Problem, daß die verwendeten Daten letztendlich doch nicht dem Durchschnitt entsprechen und somit das Ergebnis verfälscht wird.

Zu berücksichtigen sind fixe und variable Kostenbestandteile, d.h. Kapitalkosten und Betriebskosten. Die **Kapitalkosten** entsprechen der Abschreibung der getätigten Investition zuzüglich Zinsen. Die **Betriebskosten** umfassen die laufenden Kosten der Produktion wie Material, Strom, Arbeitskosten usw.

Die durchschnittlichen Kapitalkosten können einfach ermittelt werden, indem die Abschreibungen als gleichmäßig angenommen werden, so daß die Investitionssumme durch die Anzahl der Nutzungsperioden zu teilen ist. Die Zinskosten entsprechen den Zinsen auf das durchschnittlich gebundene Kapital, d.h. die Hälfte der Investitionssumme. Die Abbildung zeigt, wie die Investitionssumme von 100 in der Rechnung berücksichtigt wird, wenn die Nutzungsdauer 4 Perioden beträgt.

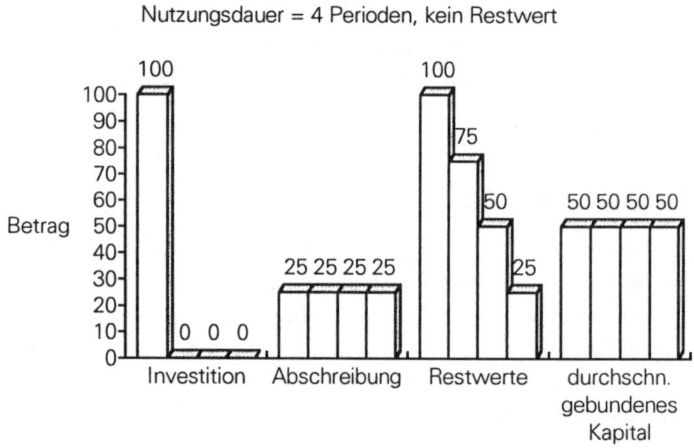

Abb. 4.28: Wertereihen der Kostenvergleichsrechnung ohne Restwert

Die Investition in Höhe von 100 erfolgt am Beginn der ersten Periode. Weitere Investitionen werden nicht getätigt. Die Abschreibung erfolgt linear, d.h. in gleichbleibenden Raten. Bei 4 Perioden sind dies jeweils 25. Als Restwerte der Anlage ergeben sich, jeweils zum Beginn der Periode betrachtet, 100/75/50/25. Das durchschnittlich gebundene Kapital entspricht der Hälfte der Investitionssumme, nämlich 50. Die Zinskosten werden auf dieses durchschnittlich gebundene Kapital bezogen und betragen bei einem kalkulatorischen Zinssatz von 10% genau 5.

Die gesamten Durchschnittskosten einer Anlage sind somit:

$$K = \text{Betriebskosten} + \text{Abschreibungsbetrag} + \text{durchschnittlich gebundenes Kapital} \cdot \text{Zinssatz}$$

$$K = B + \frac{A}{n} + \frac{A}{2} \cdot i$$

mit: K = durchschnittliche Gesamtkosten
B = Betriebskosten A = Investitionssumme
n = Nutzungsdauer i = Zinssatz

Diese Formel gilt jedoch nur für den Fall, daß die Investition zum Ende der letzten Nutzungsperiode vollständig abgeschrieben ist. Wird ein Restwert berücksichtigt, weil die Anlage weiter verwendet werden kann oder verkauft werden soll, ist die Formel zu erweitern.

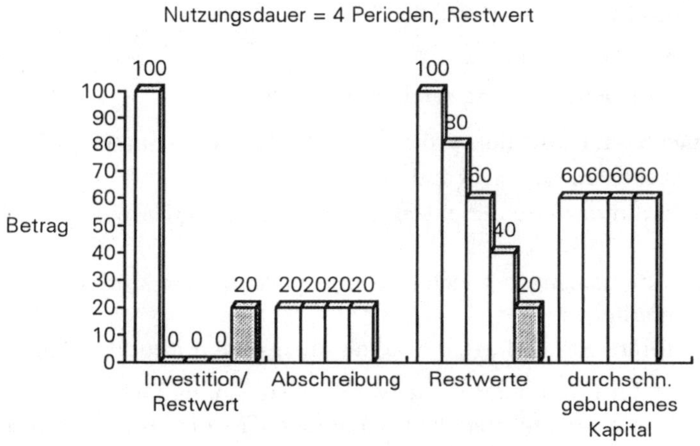

Abb. 4.29: Wertereihen der Kostenvergleichsrechnung mit Restwert

Die Investitionssumme beträgt wieder 100, der kalkulierte Restwert 20. Somit sind 80 der Abschreibung zu unterziehen, so daß sich ein Abschreibungsbetrag von 20 pro Periode ergibt. Der Restwert beträgt entsprechend 20 am Ende der Periode. Das durchschnittlich gebundene Kapital ist nun höher. Da in den vier Perioden nur 80 abgeschrieben werden und der Restwert von 20 sozusagen als „Sockel" bestehen bleibt, ist zu der durchschnittlichen Kapitalbindung von 80 : 2 = 40 der Restwert von 20 zu addieren: 40 + 20 = 60.

Die Formel sieht dann wie folgt aus:

$$K = B + \frac{A - R}{n} + \frac{A + R}{2} \cdot i$$

mit: R = Restwert, sonst wie oben

Sind die Kosten gemäß der angegebenen Formeln ermittelt, kann ein Vergleich zweier oder mehrerer Investitionsprojekte hergestellt werden.

Beispiel: Für zwei Investitionsprojekte werden folgende Daten geschätzt:

Projekt	1	2
Investitionssumme A	2.000.000	1.200.000
Restwert R	400.000	0
Nutzungsdauer n	4	4
Betriebskosten B	500.000	700.000

Der kalkulatorische Zinssatz ist i = 0,1.

Für Projekt 1 ergibt sich:

$K_1=500.000+(2.000.000-400.000)/4+((2.000.000+400.000)/2)\cdot 0,1=1.020.000$

Für Projekt 2 ergibt sich:

$K_2=700.000+1.200.000/4+(1.200.000/2)\cdot 0,1=1.060.000$

Projekt 1 ist also günstiger.

Die Kostenvergleichsrechnung **setzt voraus**, daß

- die betrachteten Investitionsprojekte zu gleichhohen Einnahmen führen
- die Betriebskosten sich nicht ändern
- die Durchschnittswerte der einzelnen Perioden zuverlässig bestimmt werden können
- die Produktionsmengen gleichhoch und bekannt sind und keinen Veränderungen unterliegen
- keine Zeitpräferenz vorliegt, d.h. keine Abzinsung erforderlich ist.

Hierdurch ist der Einsatz der Kostenvergleichsrechnung theoretisch stark eingeschränkt. Da die angeführten Unwägbarkeiten in der Praxis jedoch ohnehin kaum zuverlässig berücksichtigt werden können, kommt ihr durchaus eine hohe praktische Bedeutung zu.

4.2.2 Gewinnvergleichsrechnung

Wie in der Kritik zur Kostenvergleichsrechnung angedeutet, berücksichtigt dieses Verfahren keine Erlöse, ist also dann nicht einsetzbar, wenn zwei oder mehr Investitionen zu unterschiedlich hohen Einnahmen führen. Die **Gewinnvergleichsrechnung** erweitert das Verfahren um diese Größe. Sie vergleicht die durchschnittlichen Ertragsüberschüsse zweier oder mehrerer Investitionsprojekte miteinander und berücksichtigt die Absatzmengen.

Die Formeln für die durchschnittlichen Kosten sind daher um die Erträge zu erweitern. Die Berücksichtigung eines Restwerts erfolgt wie oben gezeigt.

$$G = E - K = p \cdot x - B - \frac{A}{n} - \frac{A}{2} \cdot i$$

mit: G = Gewinn, E = Ertrag, n = Nutzungsdauer, p = Stückpreis, x = Stückzahl, i = Zinssatz

B = Betriebskosten A = Investitionssumme
K = durchschnittliche Gesamtkosten R = Restwert

bzw.

$$G = E - K = p \cdot x - B - \frac{A-R}{n} - \frac{A+R}{2} \cdot i$$

Diese Formeln enthalten nun einen variablen Faktor, nämlich die Stückzahl. Die Betriebskosten sind ebenfalls von der Stückzahl abhängig, die Kapitalkosten jedoch nicht. Daher ist sinnvollerweise folgende Änderung der Formel vorzunehmen:

$$G = p \cdot x - b \cdot x - K_{Kap} \quad \text{oder:} \quad G = p \cdot x - k_v \cdot x - K_f$$

mit: b = Betriebskosten pro Stück K_{Kap} = Kapitalkosten
k_v = variable Kosten K_f = Fixkosten

Beispiel: Ein Hersteller von Kunststoffartikeln hat über die Beschaffung einer Produktionsmaschine zu entscheiden. Maschine 1 ist etwas billiger, hat aber einen höheren Materialverbrauch und eine geringere Kapazität pro Periode. Maschine 2 ist teurer und erlaubt es, einen höheren Verkaufspreis durchzusetzen, weil die Qualität insgesamt besser ist. Folgende Daten werden ermittelt (kalkulatorischer Zinssatz: $i = 0{,}08$):

Maschine	1	2
Investitionssumme A	1.500.000	1.800.000
Restwert R	300.000	400.000
Nutzungsdauer n	5	5
var. Kosten b	1,50	1,40
Produktionsmenge x pro Jahr	400.000	450.000
Verkaufspreis p	3,00	3,20
Fixkosten K_f	288.000	368.000
var. Kosten gesamt $x \cdot K_v$	600.000	630.000
Erlös $p \cdot x$	1.200.000	1.260.000
Gewinn G	312.000	442.000

Mit der Maschine 2 läßt sich also ein höherer Gewinn erzielen.

Die Annahmen der Gewinnvergleichsrechnung sind somit noch restriktiver als die der Kostenvergleichsrechnung. Da die Erträge mit einbezogen werden, müssen sowohl Absatzmengen als auch -preise vorher bekannt und stabil sein.

Die Gewinnvergleichsrechnung muß nicht unbedingt im Zusammenhang mit einem Vergleich eingesetzt werden. So kann die Alternative auch „keine Investition" lauten. Das Entscheidungskriterium ist dann: Gewinn > 0.

4.2.3 Break-Even-Analyse/Kritische-Werte-Rechnung

Die **Break-Even-Analyse** (auch: Kritische-Werte-Rechnung) ist im Gegensatz zur Kosten- und Gewinnvergleichsrechnung auf die Ermittlung einer Produktionsmenge, eines Preises, einer Zeitangabe usw. als Entscheidungskriterium ausgerichtet. Sie stellt fest, ab welcher bzw. bis zu welcher Produktionsmenge ein Gewinn erzielt wird bzw. eine Investition vorteilhafter ist als eine andere.

Im Marketingbereich gibt es eine Reihe von Anwendungsmöglichkeiten der Break-Even-Analyse. Beispiele für solche Fragestellungen sind:

- Ab welcher Verkaufsmenge lohnt sich der Einsatz eines Reisenden anstelle eines Handelsvertreters?
- Ab welcher Verkaufsmenge wird ein Gewinn erzielt?
- Ab welcher Menge lohnt es sich, ein bislang fremdbezogenes Teil selbst zu fertigen?
- Wieviel Stück müssen verkauft werden, damit sich der Einsatz einer Verkaufsförderungsmaßnahme lohnt?
- Welches Investitionsvorhaben ist bei einer bestimmten Absatzmenge vorteilhafter?

usw. Im Abschnitt „Grundlagen der Kostenrechnung" wurden bereits mehrere Beispiele für Break-Even-Analysen gezeigt.

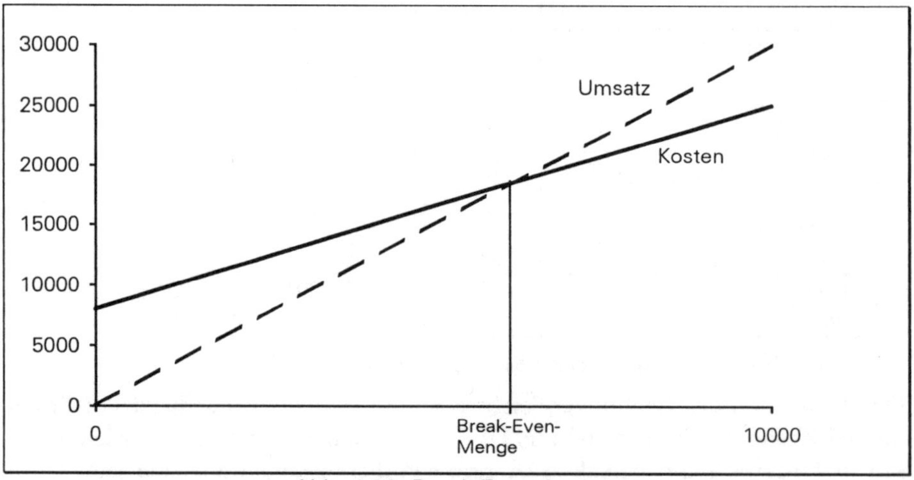

Abb. 4.30: Break-Even-Analyse

Das Verfahren ist ausgesprochen vielseitig einsetzbar. Grundprinzip ist die Ermittlung einer Übereinstimmung (z.B. Kosten und Erlöse, Kosten und Kosten). Genau dort wird der gesuchte kritische Wert erreicht.

Beispiele:

1. Die Gewinnschwelle wird bei der Menge erreicht, bei der die Kosten gleich den Erlösen sind.
2. Ein Investitionsprojekt wird bei der Menge vorteilhafter als ein anderes, bei der die Kosten beider Projekte gleich sind.
3. Eine Investition ist ab der Absatzmenge vorteilhaft, bei der der Zinssatz der Mindestverzinsung entspricht.

Setzt man diese Beispiele in Formelschreibweise um, so ergibt sich (Variablen wie oben):

Beispiel 1:

$$K = E$$
$$K_f + k_v \cdot x = p \cdot x$$
$$K_f = (p - k_v)x$$
$$\frac{K_f}{p - k_v} = x$$

Die kritische Menge entspricht demnach dem Quotienten aus Fixkosten und Deckungsbeitrag. Anders gesagt: Die Gewinnschwelle ist dann erreicht, wenn die gesamten Fixkosten durch die Summe der erwirtschafteten Stückdeckungsbeiträge abgedeckt sind.

Die Kostenfunktion für ein Produkt sei bestimmt durch Fixkosten von 100.000 und variable Kosten von 2,80 pro Stück. Der Verkaufspreis liege bei 4,00. Nach Einsetzen in die o.g. Formel ergibt sich eine Gewinnschwelle von 83.333,33. Ab dem 83.334. Stück wird demnach ein Gewinn erzielt.

Beispiel 2:

$$K_{f1} + k_{v1} \cdot x = K_{f2} + k_{v2} \cdot x$$
$$K_{f1} - K_{f2} = x(k_{v2} - k_{v1})$$
$$\frac{K_{f1} - K_{f2}}{k_{v2} - k_{v1}} = x$$

Die Kostenfunktion des Investitionsprojekts 1 sei: 500.000 + 2,50 • x, des Investitionsprojekts 2: 400.000 + 3 • x. Nach Einsetzen in o.g. Formel ergibt sich die kritische Menge von 200.000 Stück. Ab dem 200.001. Stück ist Variante 1 günstiger.

Beispiel 3:

$r = i$ mit r = geforderte Mindestverzinsung i = interner Zinsfuß

Auf den internen Zinsfuß wird weiter unten eingegangen. Er ist das Maß für die Verzinsung einer Investition. Entscheidungskriterium ist i.d.R. das Erreichen einer Mindestverzinsung, die z.B. der Rendite einer alternativen Verwendung des Kapitals entspricht. Da die Rendite auch von der Zahl der verkauften Produkte abhängig ist, läßt sich die Break-Even-Menge errechnen, bei der der interne Zinsfuß dem Mindestzinssatz entspricht.

Grundsätzliche **Probleme der Break-Even-Analyse**:

- Es handelt sich um eine Ein-Perioden-Betrachtung, d.h. es werden keine periodenweise wiederkehrenden Fixkosten (z.B. Mieten, Gehälter) berücksichtigt.

- Es wird ein unbegrenzter Markt unterstellt, d.h. Sättigungsgrenzen werden nicht berücksichtigt.
- Preise und Kosten werden als konstant angenommen.
- Es wird nicht ermittelt, *wann* die Gewinnschwelle erreicht wird.

4.2.4 Amortisationsrechnung/Pay-Off-Analyse

Die **Amortisationsrechnung** (auch: Pay-Off-Analyse) berücksichtigt im Gegensatz zur Break-Even-Analyse das Problem der periodenweise anfallenden Fixkosten. Bei ihr wird Jahr für Jahr errechnet, ob die Gewinnschwelle erreicht wurde. Es wird jedoch nicht ermittelt, bei welcher Menge sie erreicht wird.

Beispiel: Ein Unternehmen möchte wissen, in welcher Periode ein neu einzuführendes Produkt die Gewinnschwelle erreichen wird. Es rechnet in den ersten fünf Jahren mit folgenden Ein- und Auszahlungen:

Einzahlungen	Auszahlungen
0	-150.000
40.000	-90.000
80.000	-60.000
100.000	-50.000
120.000	-50.000
140.000	-50.000

Um die Amortisationsperiode zu ermitteln, bietet es sich an, die einzelnen Werte zu kumulieren und dann die Periode zu suchen, in der die kumulierten Einzahlungen die kumulierten Auszahlungen übersteigen.

Periode	Einzahlungen	Einzahlungen kumuliert	Auszahlungen	Auszahlungen kumuliert	Differenz
0	0	0	-150.000	-150.000	-150.000
1	40.000	40.000	-90.000	-240.000	-200.000
2	80.000	120.000	-60.000	-300.000	-180.000
3	100.000	220.000	-50.000	-350.000	-130.000
4	120.000	340.000	-50.000	-400.000	-60.000
5	140.000	480.000	-50.000	-450.000	+30.000

Erst in der 5. Periode wird die Gewinnschwelle erreicht.

Grundsätzlich ist dieses Verfahren den anderen, bereits dargestellten, eng verwandt. Gegenüber der Break-Even-Analyse hat es den Vorteil, daß es periodenweise unterschiedliche Daten berücksichtigt. Der Nachteil ist jedoch, daß die genaue Gewinnschwelle separat berechnet werden müßte.

Darüber hinaus gelten die für die Break-Even-Analyse genannten Vorbehalte.

4.2.5 Kapitalwertmethode

Die **Kapitalwertmethode** gehört zu den finanzmathematischen Investitionsrechnungsverfahren. Sie berücksichtigt Ein- und Auszahlungen über die gesamte Lebensdauer eines Investitionsobjekts. Für jede Periode des Betrachtungszeitraums wird die Differenz aus Einzahlungen (Umsätze oder Deckungsbeiträge) und Auszahlungen (neben den reinen Anschaffungskosten z.B. Unterhalts- oder Wartungskosten, auch Raten bei Ratenzahlung) berechnet und mit einem kalkulatorischen Zinssatz abgezinst. Damit werden sämtliche Zahlungsüberschüsse (bzw. -defizite) auf den Zeitpunkt 0 bezogen, so daß der Vergleich verschiedener Investitionsprojekte möglich ist.

Die Kapitalwert-Formel lautet:

$$K_0 = \sum_{t=0}^{n} (E_t - A_t) \cdot (1+i)^{-t}$$

mit:

K_0 = Kapitalwert, also der Wert der Zahlungsüberschüsse (-defizite) zum Zeitpunkt 0
E_t = Einzahlungen am Ende der Periode t
A_t = Auszahlungen am Ende der Periode t
i = Kalkulationszinssatz, der z.B. in Abhängigkeit von alternativen Anlage- oder Finanzierungsmöglichkeiten festgelegt wird
t = Periodenindex
n = Betrachtungszeitraum in Perioden.

Der Abzinsungsfaktor berücksichtigt die Tatsache daß eine DM heute mehr Wert ist als etwa in 10 Jahren. So würde es ausreichen, heute DM 0,3855 zu einem Zinssatz von 10% fest anzulegen, um nach 10 Jahren DM 1,- zu erhalten Liegt der Kalkulationszinssatz bei 5%, so sind DM 0,6139 anzulegen. Der Abzinsungsfaktor lautet:

$$\text{Abzinsungsfaktor} = (1+i)^{-n} = \frac{1}{(1+i)^n}$$

mit: i = kalkulatorischer Zinssatz   n = Zahl der Perioden

Mit Hilfe dieser Formel ist es leicht möglich, eine Tabelle mit Abzinsungsfaktoren für die wichtigsten Zinssätze und Perioden zu erstellen:

Jahr	i = 0,01	i = 0,03	i= 0,05	i = 0,10	i = 0,20
0	1	1	1	1	1
1	0,9901	0,9709	0,9524	0,9091	0,8333
2	0,9803	0,9426	0,9070	0,8264	0,6944
3	0,9706	0,9151	0,8638	0,7513	0,5787
4	0,9610	0,8885	0,8227	0,6830	0,4823
5	0,9515	0,8626	0,7835	0,6209	0,4019
6	0,9420	0,8375	0,7462	0,5645	0,3349
7	0,9327	0,8131	0,7107	0,5132	0,2791
8	0,9235	0,7894	0,6768	0,4665	0,2326
9	0,9143	0,7664	0,6446	0,4241	0,1938
10	0,9053	0,7441	0,6139	0,3855	0,1615

Abb. 4.31: Abzinsungsfaktoren

Angenommen, der Kalkulationszinssatz wird auf 10%, die wirtschaftliche Nutzung der Investition/die Betrachtungsdauer auf 8 Jahre festgelegt und es werden folgende Zahlungsdifferenzen ($E_t - A_t$) erwartet:

Periode	$E_t - A_t$	Abzinsungs-faktor	Barwert
0	-150.000	1	-150.000
1	-100.000	0,9091	-90.910
2	-50.000	0,8264	-41.320
3	-20.000	0,7513	-15.026
4	+20.000	0,6830	+13.660
5	+80.000	0,6209	+49.672
6	+120.000	0,5645	+67.740
7	+160.000	0,5132	+82.112
8	+180.000	0,4665	+83.970
K_0			-102

Der Kapitalwert der gesamten Zahlungsreihe beträgt -102. Es ist daher nicht vorteilhaft, diese Investition durchzuführen. Die gesamte wirtschaftliche Leistung dieser Investition entspricht heutigen Schulden in Höhe von DM 102.

Grafisch kann man sich das Verfahren etwa wie folgt vorstellen:

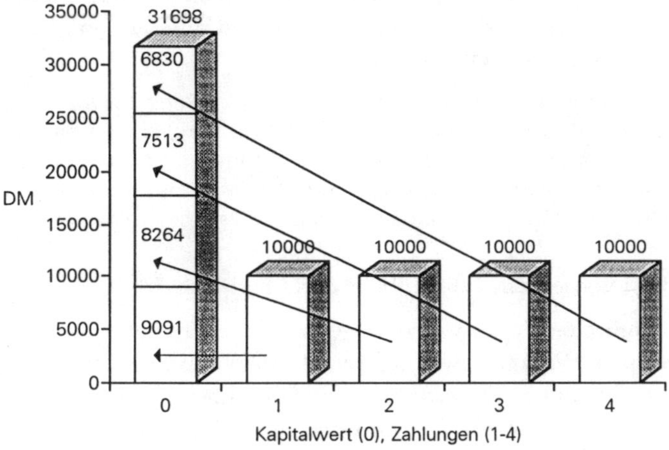

Abb. 4.32: Kapitalwertmethode: Abzinsung der Zahlungen

Es ist aber leicht vorstellbar, daß das Ergebnis anders aussieht, wenn ein niedrigerer Zinssatz gewählt wird. Die Kapitalwertmethode ist stark anfällig gegenüber der Wahl dieses Zinssatzes. In der Praxis wird man sich in der Regel an einer alternativen Verzinsung des Kapitals orientieren, also beispielsweise einen Wertpapierzinssatz als Vergleichsmaßstab wählen.

4.2.6 Interner Zinsfuß-Methode

Der **interne Zinsfuß** gibt die Verzinsung einer Investition/Kapitalanlage an. Im Gegensatz zu den bisher dargestellten Verfahren wird keine Produktionsmenge, kein Zeitpunkt und kein Barwert berechnet, sondern ein Zinssatz. Eine Investition ist nach diesem Kriterium dann vorteilhaft, wenn der interne Zinsfuß mindestens der geforderten Mindestverzinsung entspricht oder höher ist als der Zinssatz für eine alternative Verwendung des Kapitals (z.B. Anlage in Wertpapieren).

Bei der Kapitalwertmethode wurde unter Zugrundelegung eines kalkulatorischen Zinssatzes der Barwert einer Investition (=Kapitalwert) errechnet. Dieser Barwert variiert mit der Höhe des verwendeten Zinssatzes. Es ist somit möglich, den Zinssatz so festzulegen, daß der Barwert = 0 ist. Das heißt: zu diesem Zinssatz wird weder ein Verlust noch ein Gewinn erwirtschaftet, die Einzahlungsüberschüsse gleichen genau die Auszahlungen (in erster Linie die Investition) aus. Dieser Zinssatz entspricht dem internen Zinsfuß. Insofern sind beide Methoden eng miteinander verwandt.

Der interne Zinsfuß hat den Vorteil der leichten Interpretierbarkeit. So werden Investitionsentscheidungen überwiegend auf der Basis von Verzinsungsannahmen getroffen, weil sie sich stets der Überlegung stellen müssen, ob nicht eine alternative Anlage des Geldes sinnvoller ist.

Interne Zinsfüße werden auch oft verwendet, ohne als solche bezeichnet zu werden. Wer sich z.B. Gedanken darüber macht, welche Rendite eine Kapitallebensversicherung erwirtschaftet, errechnet einen internen Zinsfuß. Genauso sieht es aus, wenn die Rendite eines Wertpapierdepots errechnet wird. Heißt es, das Depot habe im letzten Jahr 9% „zugelegt", handelt es sich um den internen Zinsfuß.

Zur **Ermittlung** des internen Zinsfußes gibt es drei Möglichkeiten:

1. Die grafische Methode: Für einzelne, angenommene Zinssätze werden die Kapitalwerte berechnet. Wird für zwei aufeinanderfolgende Zinssätze ein positiver und ein negativer Kapitalwert errechnet, liegt der interne Zinsfuß zwischen diesen angenommenen Zinssätzen. Die Zinssätze und Kapitalwerte werden in ein Zinssatz/Kapitalwert-Diagramm eingezeichnet und durch eine Gerade verbunden. Der Schnittpunkt der Geraden mit der Waagerechten (Zinssatz-Achse) gibt den internen Zinsfuß an.

Beispiel: Bei einem Zinssatz von 6% wurde ein Kapitalwert von +200 errechnet, bei 7% waren es -200. Das Verbinden der beiden Punkte durch eine Gerade ergab als Schnittpunkt 6,5%. Das Verfahren ist um so genauer, je näher die beiden Zinssätze beieinander liegen. Die Kapitalwertkurve muß allerdings keine Gerade sein, so daß die zeichnerische Lösung zu einer mehr oder weniger großen Abweichung führt.

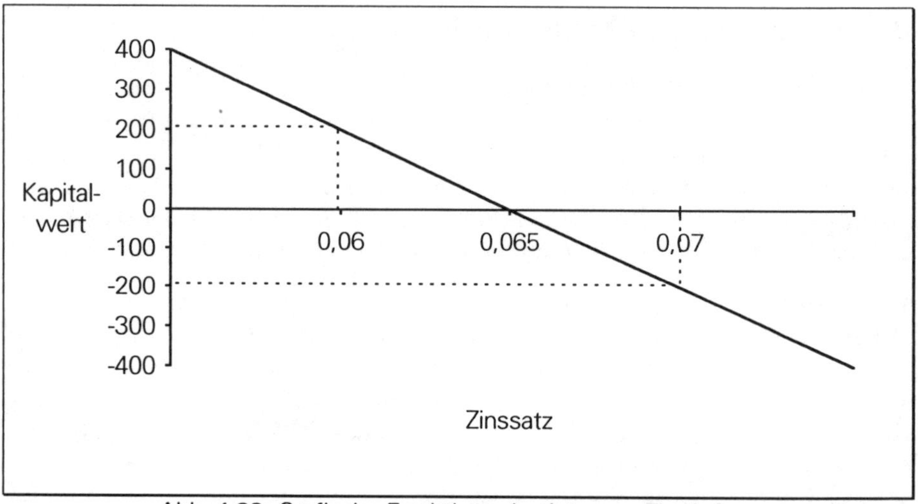

Abb. 4.33: Grafische Ermittlung des internen Zinsfußes

2. Die Regula falsi: Mit Hilfe der Regula falsi kann die Gleichung einer Geraden zwischen zwei Koordinaten bestimmt werden. Sind also zwei Zinssätze mit den dazugehörigen Kapitalwerten bekannt, kann die Gleichung der Geraden, die beide Punkte verbindet, bestimmt werden. Die Grundform lautet:

$$\frac{y - y_1}{x - x_1} = \frac{y_2 - y_1}{x_2 - x_1} \text{ bzw. } \frac{C_0 - C_1}{i - i_1} = \frac{C_2 - C_1}{i_2 - i_1}$$

mit: $C_0 = 0$; C_1 = Kapitalwert bei Zinssatz i_1; C_2 = Kapitalwert bei Zinssatz i_2; i = interner Zinsfuß; i_1 = angenommener Zinssatz 1; i_2 = angenommener Zinssatz 2

Nach Auflösen nach dem internen Zinsfuß ergibt sich:

$$i = i_1 - C_1 \cdot \frac{i_2 - i_1}{C_2 - C_1}$$

Setzt man obige Werte in diese Gleichung ein, ergibt sich:

$$i = 0{,}06 - 200 \cdot \frac{0{,}07 - 0{,}06}{-200 - 200} = 0{,}0\,65$$

3. Die iterative mathematische Methode: Wenn z.B. (nur) ein Taschenrechner zur Verfügung steht, kann der interne Zinsfuß auch iterativ ermittelt werden, was sicher nicht elegant, aber letztlich oft noch praktikabel ist. Dazu ist die Kapitalwert-Formel zu verwenden, und zwar:

$$C_0 = \sum_{t=0}^{n} (E_t - A_t) \cdot (1 + i)^{-t}.$$

Für i werden nun alternative Zinssätze eingesetzt, bis derjenige erreicht ist, bei dem $C_o = 0$ ist.

Je nachdem, wie die Zahlungsreihe aussieht, kann dieser Vorgang auch mit anderen Formeln durchgeführt werden. So kann der Fall des Vorliegens eines Restwertes oder einer ausschließlichen Reihe von Aus- oder Einzahlungen berücksichtigt werden.

Interne Zinsfüße lassen sich auch leicht mit Hilfe von Tabellenkalkulationsprogrammen errechnen. Bei Excel 5.0 ist wie folgt vorzugehen: Funktionsassistenten aufrufen, unter „Finanzmathematik" die Funktion „IKV" für den internen Zinsfuß wählen und dann den Anweisungen folgend die Position der Zahlungsreihe sowie ggf. einen Schätzwert angeben. Excel gibt dann den internen Zinsfuß der Zahlungsreihe aus.

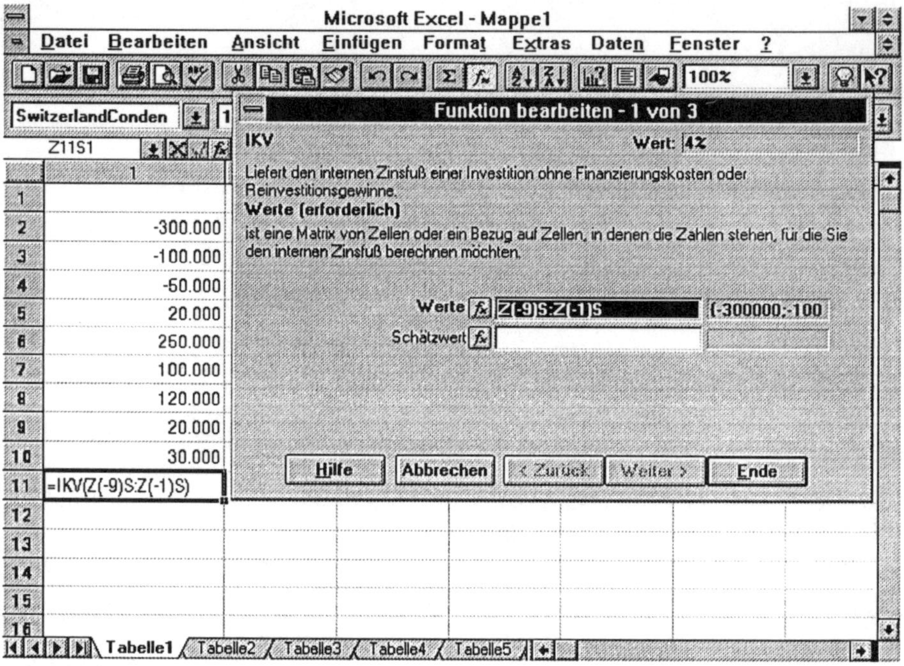

Die Beispielwerte in der Spalte 1 ergeben eine Verzinsung von 4% (angegeben oben rechts im Funktionsassistenten).

4.3 Punktbewertungsverfahren

Der Anwendungsbereich der Investitionsrechenverfahren beschränkt sich auf solche Entscheidungen, deren Konsequenzen sich in Geldgrößen quantifizieren lassen. Es entsteht dabei das Problem, daß nicht alle relevanten Faktoren berücksichtigt werden und diese Größen einer erheblichen Unsicherheit unterliegen. So lassen sich zwar Umsatzzahlen für ein neues Produkt schätzen, doch zeigt die Praxis, daß in der Realität auch Abweichungen von mehreren Hundert oder gar Tausend Prozent nicht selten sind.

Qualitative Faktoren (bei der Bewertung von Neuproduktideen z.B.: Produktionspotential, Übereinstimmung mit dem Unternehmensimage...) lassen sich mit Hilfe sog. **Scoring-Verfahren** handhabbar machen, wenn auch keine mathematisch exakten Ergebnisse zu ermitteln sind. Dabei werden Produktideen, Kreativideen usw. anhand eines vorgegebenen, gewichteten Kriterienkataloges bewertet.

Die Vorgehensweise ist i.d.R. wie folgt:

1. Aufstellung der relevanten Beurteilungskriterien

↓

2. Ordnung der Kriterien nach Kriteriengruppen und Gewichtung in Abhängigkeit von ihrer Bedeutung für die Entscheidung

↓

3. Bewertung der Ideen anhand der Kriterien durch Vergabe von Punktwerten

↓

4. Ermittlung der Gesamtpunktwerte für die einzelnen Ideen

Abb. 4.34: Ablaufschema Scoring-Verfahren

Beispiel: Für eine Neuproduktidee soll eine Bewertung anhand von fünf Funktionsbereichen durchgeführt werden. Die Gewichtung der Bereiche ist vorgegeben, die Bewertung erfolgt anhand einer 10-Punkte-Skala:

Kriterium	rel. Gewicht	Bewertung										Punktwert
		1	2	3	4	5	6	7	8	9	10	
Finanzen	0,1					X						0,5
Produktion	0,3				X							1,2
Entwicklung	0,2								X			1,6
Marketing	0,3						X					1,8
Personal	0,1							X				0,7
Gesamt:	1,0											5,8

Abb. 4.35: Beispiel einer Scoring-Matrix

In diesem Beispiel wurde den Kriterien Produktion (z.B. Möglichkeit des Einsatzes vorhandener Technologie) und Marketing (z.B. Schätzung der Umsatzentwicklung) relativ hohes Gewicht eingeräumt. Der Entwicklungsaspekt (z.B. Möglichkeit des Schutzes durch Patente) ist durchschnittlich wichtig, weniger bedeutsam sind Finanzen (z.B. Investitionsbedarf) und Personal (z.B. erforderliche Ausbildungsmaßnahmen). Das bewertete Produkt erhält den Punktwert 5,8 und wird auf dieser Basis mit den anderen entwickelten Neuproduktideen verglichen. Die Produktidee, die die höchste Punktzahl erhält, wird realisiert.

Vor allem für die Bewertung von Neuproduktideen wurden in der Literatur zahlreiche Kriterienkataloge vorgestellt. Ein „Klassiker" ist des Bewertungsschema von O'Meara (1968, S. 499f., zit.n. Koppelmann 1993, S. 226) (Abbildung siehe nächste Seite).

Die von O'Meara gewählten Kriterien und Definitionen der Bewertung dürften in einigen Fällen Anlaß für Kritik an diesem Schema sein. Auf jeden Fall kann es aber auch als Ausgangspunkt für Eigenentwicklungen gelten, die stärker auf individuelle Gegebenheiten Rücksicht nehmen.

Bei der Entwicklung eines solchen Bewertungsschemas ist auf folgende Faktoren zu achten:

- Die einzelnen Kriterien dürfen sich nicht überschneiden, sondern müssen sich gegenseitig ausschließen. Ansonsten kommt es zu einer übermäßigen (und vor allem: unerkannten) Gewichtung eines Kriteriums.
- Die Definition der Bewertung muß eindeutig sein. Im Zweifel ist eine metrische Skala zu verwenden (z.B.: Werte von 1-5 möglich, jeder Zwischenwert zulässig).
- Die Kriterien müssen operational formuliert sein.
- Eine Gewichtung der Kriterien muß der tatsächlichen Bedeutung der Faktoren für den Erfolg von Neuprodukten entsprechen.

Anhand dieser Bedingungen ist es leicht vorstellbar, daß Punktbewertungsverfahren vorsichtig einzusetzen sind. Insbesondere sollte die Bewertung von mehreren Personen durchgeführt werden, um dann Mittelwerte zu errechnen.

Marketing-Faktoren	Bewertungskriterien				
	sehr gut	gut	durchschnittlich	schlecht	sehr schlecht
I. Marktfähigkeit					
A. erforderliche Absatzwege	ausschließlich gegenwärtige	überwiegend gegenwärtige	zur Hälfte gegenwärtige	überwiegend neue	ausschließlich neue
B. Beziehung zur bestehenden Produktgruppe	Vervollständigung der zu schmalen Produktgruppe	Abrundung der Produktgruppe	einfügbar in die Produktgruppe	stofflich mit der Produktgruppe verträglich	unverträglich mit der Produktgruppe
C. Preis-Qualitäts-Verhältnis	Preis liegt unter dem ähnlicher Produkte	Preis liegt z.T. unter dem ähnlicher Produkte	Preis entspricht dem ähnlicher Produkte	Preis liegt z.T. über dem ähnlicher Produkte	Preis liegt meist über dem ähnlicher Produkte
D. Konkurrenzfähigkeit	Produkteigenschaften werblich verwertbar und Konkurrenzprodukten überlegen	mehrere werblich bedeutsame Produkteigenschaften Konkurrenzprodukten überlegen	werblich bedeutsame Produkteigenschaften entsprechen Konkurrenzprod.	einige überlegene Produkteigenschaften	keine überlegenen Produkteigenschaften
E. Einfluß auf Umsatz der alten Produkte	steigert Umsatz der alten Produkte	unterstützt Umsatz der alten Produkte	kein Einfluß	behindert Umsatz der alten Produkte	verringert Umsatz der alten Produkte
II. Lebensdauer					
A. Haltbarkeit	groß	überdurchschnittlich	durchschnittlich	relativ gering	schnelle Veralterung zu erwarten
B. Marktbreite	Inland und Export	breiter Inlandsmarkt	breiter Regionalmarkt	enger Regionalmarkt	enger Spezialmarkt
C. Saisoneinflüsse	keine	kaum	geringe	etliche	starke
D. Exklusivität der Ausführung	Patentschutz	z.T. Patentschutz	Nachahmung schwierig	Nachahmung teuer	Nachahmung leicht und billig
III. Produktionsmöglichkeiten					
A. benötigte Produktionsmittel	Produktion mit stilliegenden Anlagen	Produktion mit vorhandenen Anlagen	vorhandene Anlagen können z.T. verwendet werden	teilweise neue Anlagen notwendig	völlig neue Anlagen erforderlich
B. benötigtes Personal und technisches Wissen	vorhanden	im wesentlichen vorhanden	teilweise erst zu beschaffen	in erheblichem Umfang zu beschaffen	gänzlich neu zu beschaffen
C. benötigte Rohstoffe	bei Exklusiv-Lieferanten erhältlich	bei bisherigen Lieferanten erhältlich	von einem Neulieferanten zu beziehen	von mehreren Neulieferanten zu beziehen	von vielen Neulieferanten zu beziehen
IV. Wachstumspotential					
A. Marktstellung	Befriedigung neuer Bedürfnisse	erhebliche Produktverbesserung	gewisse Produktverbesserung	geringe Produktverbesserung	keine Produktverbesserung
B. Markteintritt	sehr hoher Investitionsbedarf	hoher Investitionsbedarf	durchschnittlicher Investitionsbedarf	geringer Investitionsbedarf	kein Investitionsbedarf
C. Erwartete Zahl an Endverbrauchern	starke Zunahme	geringe Zunahme	Konstanz	geringe Abnahme	erhebliche Abnahme

Abb. 4.36: Ideenauswahl-Schema nach O'Meara

4.4 Kontrolle von Verfahren durch Audits

4.4.1 Konzeptionelle Grundlagen

Ziel des **Marketing-Audits** ist es, die Rahmenbedingungen der Planungs- und Managementtätigkeit im Marketing zu beurteilen. Es geht nicht darum, *welche* Ergebnisse erzielt wurden, sondern *wie* dies erreicht wurde.

Das Marketing-Audit ist grundsätzlich als eine **Ergänzung** zu anderen Kontrollverfahren zu verstehen. So gibt es eine Reihe grundlegender Mängel und Versäumnisse der ergebnisorientierten Kontrolle, die insbesondere im Marketing-Bereich erhebliche Konsequenzen nach sich ziehen. Jegliche Art der Kontrolle im Marketing basiert auf bestimmten Annahmen wie Marktgegebenheiten, Verbraucherverhalten usw. Diese sind aber im Wege der ergebnisorientierten Kontrolle nicht zu überprüfen. Des weiteren müssen bei der ergebnisorientierten Kontrolle Konsistenzüberprüfungen unterbleiben, weil sie über den Horizont der Kontrollaufgabe hinausgehen. Es muß aber davon ausgegangen werden, daß unterschiedliche Marketing-Zielsetzungen, -Strategien, -Maßnahmen sich gegenseitig beeinflussen. Auch hier setzt das Audit ein.

Schließlich spielt der **Zeitbezug** eine wichtige Rolle. Kontrolle ist immer nur dann sinnvoll, wenn sie Lernprozesse initiiert und hilft, Abweichungen von den Zielen in der nächsten Periode zu vermeiden oder zumindest zu verringern. Das Audit trägt mit seinem zukunftsgerichteten Bezug dazu bei, Erfahrungen und Erkenntnisse umzusetzen. Es versucht, Planungs- und Entscheidungsstrukturen im Marketing so umzugestalten, daß eine Leistungsverbesserung erreicht werden kann.

Die konzeptionellen Wurzeln des Marketing-Audits entstanden in den 50er Jahren. Das erste umfassende Konzept wurde 1977 von Kotler/Gregor/Rogers vorgestellt (vgl. Böcker 1988, S. 48ff.):

Abb. 4.37: Marketing-Audit-Konzept nach Kotler/Gregor/Rogers

Böcker entwickelte ein integriertes Kontrollkonzept, bei dem das Marketing-Audit nicht von der ergebnisorientierten Kontrolle getrennt wird, sondern beide Bereiche konzeptionell zusammengefaßt werden (vgl. Böcker 1988, S. 55):

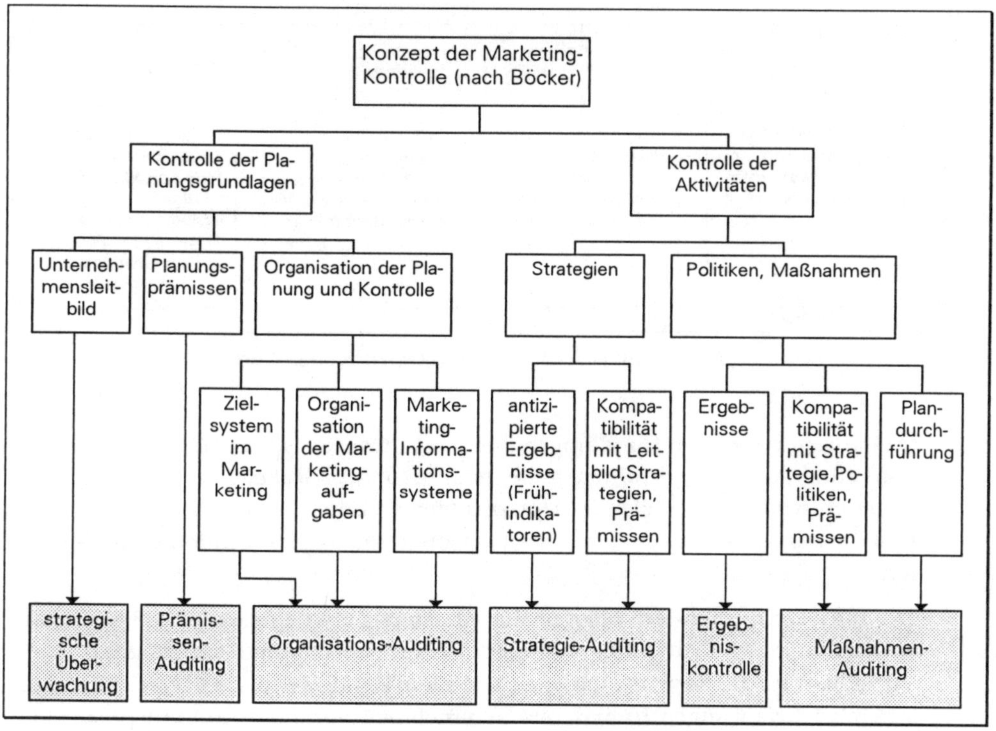

Abb. 4.38: Konzept der Marketing-Kontrolle nach Böcker

Das Audit-Konzept wurde im deutschsprachigen Raum insbesondere von Köhler weiterentwickelt. Es erfolgte eine Konzentration auf die Funktion der Überwachung von Abläufen im Marketing (vgl. Köhler 1992, Sp. 1277ff.). Die Ergebniskontrolle ist nicht Bestandteil des Audits.

Abb. 4.39: Marketing-Audit-Konzept nach Köhler

Da in diesem Rahmen Handlungen überwacht werden, spielt die Frage, wer das Marketing-Audit durchführen sollte, eine besondere Rolle. Das Auditing wird daher entweder von Stellen im Unternehmen wahrgenommen, die eine gewisse Distanz zur Marketingabteilung besitzen, oder von externen Unternehmensberatern.

Der **Einsatz von Beratern** hat den Vorteil, daß sie über eine kritische Distanz zu Unternehmen und Abteilung verfügen und nicht disziplinarisch integriert sind. Vorteilhaft ist die Beratungstätigkeit vor allem dann, wenn die Berater über einschlägige Erfahrungen in anderen Unternehmen verfügen und entsprechende Vergleiche ziehen können. Ein weiterer Vorteil liegt in der Kostenstruktur. Berater verursachen keine Fixkosten, so daß ihr Einsatz flexibel erfolgen kann. Nachteilig ist zunächst die, absolut gesehen, hohe Kostenbelastung durch Berater, sowie das Problem der Geheimhaltung interner Daten und Abläufe. Nicht zuletzt dürfte die befürchtete Abhängigkeit von externem Know how eine Rolle bei der Entscheidung für oder gegen den Einsatz von Beratern spielen.

Mitarbeiter des Unternehmen können dann sinnvoll eingesetzt werden, wenn bestimmte Anforderungen erfüllt sind. So ist eine kritische Distanz zum zu prüfenden Bereich erforderlich, die Kenntnis der einzusetzenden Prüfverfahren und Abläufe, Kenntnisse und Erfahrungen im Marketing und idealerweise Erfahrungen aus anderen Unternehmen. Großunternehmen setzen sog. interne Berater ein, d.h. Personen/Abteilungen, die zwar zum Unternehmen gehören, aber ähnlich wie externe Berater in unterschiedlichen, wechselnden Bereichen arbeiten. Die Arbeitsweise ist vergleichbar mit der einer Revisionsabteilung.

Droege schlägt ein Ablaufkonzept für das Marketing-Audit mit Workshops vor (Droege 1985, S. 176):

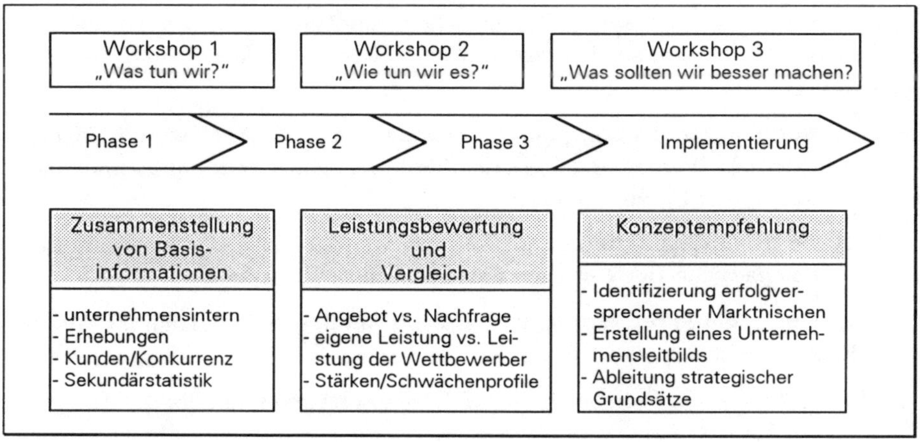

Abb. 4.40: Ablaufkonzept Marketing-Audit

4.4.2 Marketing-Mix-Audit

Das Marketing-Mix-Audit prüft die inhaltliche Planung des taktischen Mitteleinsatzes, z.B.

- die Übereinstimmung der Aktivitäten mit der strategischen Leitlinie
- die wechselseitige Abstimmung aller Instrumente
- die Beurteilung der Effizienz des Mitteleinsatzes
- die Budgetkontrolle
- die Dimensionierung und Einsatzplanung des Außendienstes.

Beispiele für Fragen, die im Rahmen eines Marketing-Mix-Audit zu stellen sind (vgl. Kiener 1980, zit.n. Geml 1992, S. 236ff.; Droege 1985, S. 174f.; Kühn/Fasnacht 1992, S. 9):

- Wurden im Rahmen der Sortimentsplanung relevante Umsatz- und Dekkungsbeitragsprofile für die einzelnen Produkte erstellt und ausgewertet?
- Sind die produkt- und sortimentspolitischen Zielsetzungen für den Planungszeitraum angesichts der vorhandenen Prognosen zur Marktpotentialentwicklung realistisch? Sind Sortimentstiefe und -breite ausreichend?
- Wurden sämtliche Alternativen preispolitischer Maßnahmen innerhalb des Planungszeitraums berücksichtigt?
- Wurden Preisuntergrenzen für die einzelnen Produkte berechnet?
- Wurden die Vertriebssysteme der Wettbewerber ausreichend analysiert?
- Wurde die Wahl unterschiedlicher Distributionskanäle geprüft?

- Leisten die geplanten vertriebspolitischen Maßnahmen einen ausreichenden Beitrag zur Markterschließung und zur Sicherung eines festen Kundenstamms?
- Liegt der Kommunikationsplanung eine ausreichende Analyse der Wirkungen bisheriger Werbe- und Verkaufsförderungsmaßnahmen aufgrund interner und externer Daten zugrunde?
- Sind die gewählten Kriterien zur Bestimmung der Höhe des Kommunikationsetats angesichts der vorliegenden Analysedaten sinnvoll?
- Wurde eine klare Profilierung der eigenen Produkte im Vergleich zu Wettbewerbern erreicht?
- Wurden Push- und Pullstrategien auf ihre Einsetzbarkeit hin überprüft?

4.4.3 Strategien-Audit

Beim Strategien-Audit wird eine Beurteilung der inhaltlichen Grundlagen und Leitlinien der Marketing-Konzeption vorgenommen. Dazu gehören die Analyse der

- markt- und unternehmensbezogenen Annahmen
- strategischen Marketing-Ziele
- Konsistenz von Annahmen, Zielen und Maßnahmen.

Beispiele für Fragen, die im Rahmen eines Strategien-Audit zu stellen sind (vgl. Kiener 1980, zit.n. Geml 1992, S. 234ff.; Droege 1985, S. 174; Kühn/Fasnacht 1992, S. 9):

- Sind die geplanten strategischen Marketing-Ziele kontrollfähig formuliert?
- Sind die geplanten strategischen Marketing-Ziele in sich widerspruchsfrei oder ergeben sich Zielkonkurrenzen?
- Sind die geplanten strategischen Marketing-Ziele vollständig oder existieren Strategielücken bezüglich Marktentwicklung, Diversifikation u.ä.?
- Entsprechen die geplanten Marketing-Strategien den langfristig zur Verfügung stehenden Ressourcen?
- Sind die geplanten Marketing-Strategien mit den geplanten F&E-, Beschaffungs-, Produktions-, Personal- und Finanzstrategien abgestimmt?
- Stimmt das „strategische Timing", d.h. der geplante zeitliche Einsatz und die geplante Wirkungsdauer der Marketing-Strategie?
- Sind die gewählten Strategien auf eine dauerhafte Erzielung von Wettbewerbsvorteilen ausgerichtet?
- Wurden ausreichend große Marktsegmente für die Bearbeitung ausgewählt?

- Ist in den ausgewählten Marktsegmenten mit einer bedeutenden Konkurrenzreaktion zu rechnen?

4.4.4 Verfahrens-Audit

Hierbei handelt es sich um eine formale Beurteilung der Verfahrenskonzeption und der verwendeten Techniken. Dazu gehören:

- Prüfung der Zweckmäßigkeit der eingesetzten Methoden und Modelle
- Kontrolle der Informationsbereitstellung aus der Marktforschung und dem Rechnungswesen
- Revision der vorhandenen Informationssysteme
- Analyse von Planungs- und Kontrollrichtlinien.

Beispiele für Fragen, die im Rahmen eines Verfahrens-Audit zu stellen sind (Kiener 1980, zit.n. Geml 1992, S. 234ff.):

- Wurde eine ausführliche und systematische Analyse produkt-/marktbezogener Stärken und Schwächen durchgeführt?
- Wurden sämtliche relevanten Beurteilungskriterien für eine Stärken/Schwächen-Analyse herangezogen?
- Wurden für schwache Produkt-Markt-Kombinationen entsprechende detaillierte Analysen bezüglich einer Programmbereinigung durchgeführt?
- Wurden die Eigenschaften und Marktverhältnisse auf potentiellen Zielmärkten für Neuprodukte ausreichend analysiert?
- Wurden Neuproduktvorschläge ausreichend systematisch beurteilt?
- Wurden in die Stärken/Schwächen-Analyse alle relevanten Organisationseinheiten des Marketing-Bereichs einbezogen?
- Wurden sinnvolle Rückzugsstrategien analysiert?
- Wurden sämtliche in die strategische Marketing-Planung eingehenden Prämissen explizit formuliert?
- Sind die zugrundeliegenden Prämissen bezüglich des langfristigen Konkurrenzverhaltens realistisch?
- Ergeben sich hinsichtlich einzelner Prämissen grundsätzliche Widersprüche?
- Wurden grundsätzlich alternative Prämissenansätze berücksichtigt?
- Tragen Formalisierung und Standardisierung von Marketing-Planung und Kontrolle zur Vereinfachung von Abläufen sowie zu einer Verringerung des Planungs- und Kontrollaufwands bei?

4.4.5 Organisations-Audit

Das Organisations-Audit schließlich befaßt sich mit der Frage, ob die Marketing-Organisation den Anforderungen an eine marktorientierte Unternehmensführung gerecht wird. Dazu gehören die Aspekte

- der Übereinstimmung der Organisationsstruktur mit dem betrieblichen Leistungsspektrum
- der Wahl der Organisationsform (z.B. produkt- oder kundenorientiert)
- und der Beurteilung der bestehenden Koordinationsregelungen.

Beispiele für Fragen, die im Rahmen eines Organisations-Audit zu stellen sind (Kiener 1980, zit.n. Geml 1992, S. 232ff.):

- Bestehen ausreichende planungs- und kontrollbezogene Stellenbeschreibungen, Organisationsanweisungen usw.?
- Ist durch die bestehende Aufbauorganisation eine ausreichende Koordination zwischen den verschiedenen Planungsinstanzen selbst sichergestellt?
- Ist durch die vorhandene Verteilung von Kontrollfunktionen im Marketing-Bereich eine ausreichend schnelle und flexible Wahrnehmung von Anpassungsmaßnahmen gewährleistet?
- Lassen vorhandene Schwachstellen in der Aufbauorganisation grundsätzlich auf die Notwendigkeit der Schaffung neuer organisatorischer Strukturen schließen (z.B. Einführung einer produkt- oder kundenorientierten Organisationsform)?
- Wird durch die vorhandene Ablauforganisation der Marketing-Planung eine Koordination der Teilpläne ausreichend unterstützt?
- Ist bei der vorhandenen Ablauforganisation des Marketing-Planungsprozesses eine ausreichende Überprüfung von Planungsprämissen, Planungskonsistenz usw. vor der endgültigen Planverabschiedung sichergestellt?
- Ist die Marketing-Planung ablauforganisatorisch ausreichend in den Gesamtplanungsprozeß der Unternehmung integriert?
- Für welche Teilplanungsaktivitäten ergeben sich regelmäßig terminliche Engpässe?

4.5 Kontrolle der Kundenzufriedenheit

4.5.1 Konzeptionelle Grundlagen

Vor allem die Rezession der 90er Jahre führte dazu, in der Literatur wie in der Praxis das Thema Kundenzufriedenheit in den Vordergrund zu stellen. Die Kundenzufriedenheit wurde zu einem Konzept entwickelt, mit dem die Sicherung des Unternehmenserfolgs auch bei stagnierenden Märkten und rückläufiger Kaufkraft möglich sein soll.

Zusätzlich wurde der Themenkomplex durch Weiterentwicklungen bei der Qualität diskutiert. Sowohl bei den Qualitätsnormen DIN ISO 9000ff. als auch bei den Bewertungskriterien für die Qualitätspreise „Malcom Baldrigde Quality Award" und „European Quality Award" spielt die Kundenzufriedenheit eine erhebliche Rolle. Bei letztgenannten Preisen geht das Kriterium mit 30 bzw. 20% Gewicht in die Gesamtbewertung ein (vgl. Stauss 1994, S. 155). Die DIN ISO 9004 empfiehlt in Abschnitt 7.3 (Qualität im Marketing) die Einführung eines Kunden-Rückinformationssystems, um Erfahrungen und Erwartungen der Kunden zu berücksichtigen.

Wie es um die Kundenzufriedenheit bei deutschen Unternehmen steht, belegen einige Titel einschlägiger Beiträge: „Kundenzufriedenheit, die große Unbekannte" (Pieske 1994), „Das Ärgernis Kunde" (Frahm 1995), „Maul halten, zahlen" (o.V. 1994) und nicht zuletzt die Tatsache, daß das Thema mit der Show „Wie Bitte?" zum Samstagabend-Unterhaltungsprogramm avancierte.

Umfassende Kontrollsysteme zur Beobachtung der Kundenzufriedenheit existieren heute in den seltensten Fällen. Mit ein Grund hierfür dürfte in den Vorstellungen über Kundenzufriedenheit und insbesondere in den Problemen ihrer Ermittlung liegen. Nicht zuletzt ist nicht eindeutig geklärt, welche Konsequenzen sich aus nicht vorhandener Kundenzufriedenheit ergeben (vgl. Bednarczuk/Föll/Raddatz 1995, S. 214).

Bevor Verfahren zur Kontrolle der Kundenzufriedenheit entwickelt und eingesetzt werden, ist zu definieren, was unter dem Begriff verstanden werden soll. So dürfte es sinnvoll sein, in Abhängigkeit von der Branche und der Art der Produkte/Dienstleistungen zu eigenständigen Definitionen zu kommen. Im allgemeinen erfolgen die Zufriedenheitsdefinitionen in Anlehnung an die Definition von Qualität. Man kann davon ausgehen, daß Zufriedenheit des Kunden dann vorliegt, wenn die Leistung Qualität hat. Entsprechend der Qualitätsdefinition des **SERVQUAL-Modells** kann die Definition für Kundenzufriedenheit lauten: Die wahrgenommene Leistung entspricht der erwarteten (vgl. Webster 1994, S. 77). Wahrgenommene und erwartete Leistung sind von einer Reihe von Faktoren abhängig. Folgende Darstellung des Modells (Parasuramam/Zeithaml/Berry 1985, zit.n. Webster 1994, S. 78) zeigt diese Einflußfaktoren und lokalisiert fünf „Gaps", d.h. Fehlerquellen bei der Erzielung von Qualität in der Sicht des Kunden. Das Modell wurde entwickelt für die Qualitätsgestaltung industrieller Servicedienstleistungen.

Die **Gaps** sind im einzelnen:

- Mißverstehen der Erwartungen der Kunden
- Entwicklung nicht angemessener Spezifikationen für die Produkt-/Serviceleistung

- Entwicklung von Produkten/Services, die nicht den Leistungskriterien entsprechen
- Ungenaue und unrealistische Kommunikation der Produkt-/Servicenutzen für die Konsumenten
- Wecken von Erwartungen, die nicht erfüllt werden können, durch überzogene Versprechungen in der Kommunikation.

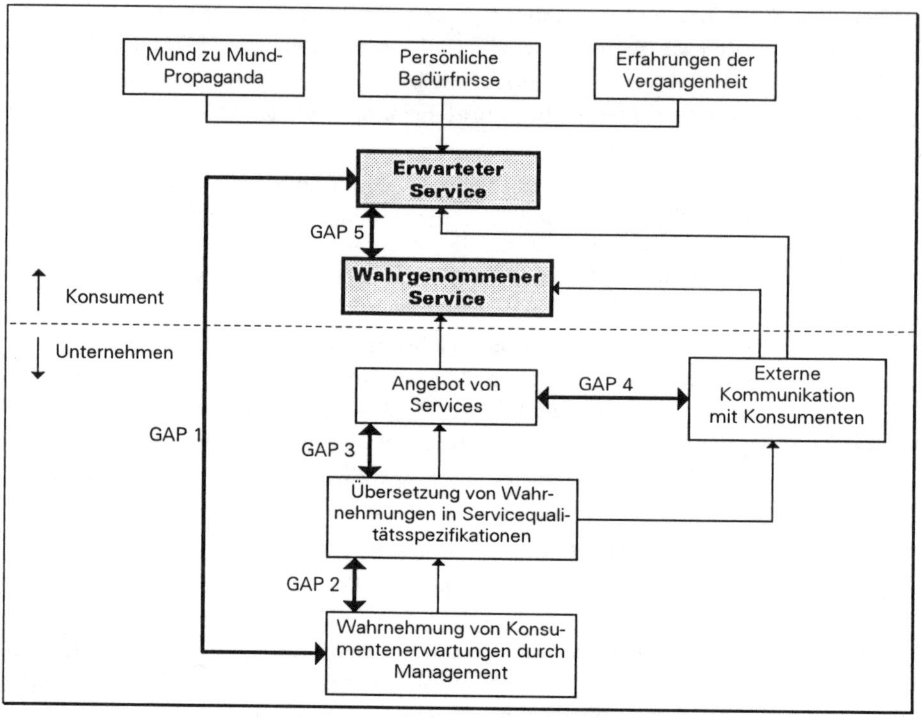

Abb. 4.41: SERVQUAL-Modell

Die Volkswagen AG drückt seit 1994 ihrerseits als Kunde ihrer Lieferanten Zufriedenheit durch Verleihung eines Preises aus. Für herausragende Leistungen bezüglich Qualität, Service und Preis wurde 1994 an 91 Lieferanten der „Value to the Customer Award" verliehen.

Ausgehend von diesem Grundverständnis sollte nun unternehmensspezifisch eine Kundenzufriedenheits-Definition und Operationalisierung erfolgen. So hat beispielsweise ein Hersteller von Investitions- oder langlebigen Gebrauchsgütern kaum die Möglichkeit, sich an der Wiederkaufrate zu orientieren, da die Kaufzyklen extrem lang sind. Ein Hersteller einfacher Konsumgüter kann dagegen möglicherweise nur auf Wiederkaufraten zurückgreifen, weil eine differenzierte Betrachtung der Zufriedenheit mit dem Produkt, dem Service usw. nicht möglich ist.

Im Anschluß an einen Kauf kann in bezug auf die Zufriedenheit des Kunden mit folgenden Reaktionen gerechnet werden:

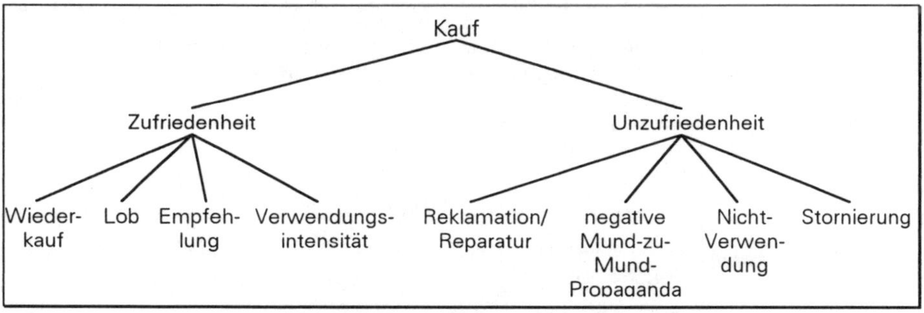

Abb. 4.42: Konsequenzen von Kunden(un)zufriedenheit

Mögliche Leitkriterien für die Ermittlung der Kundenzufriedenheit sind:

- **Wiederkaufrate** (Wieviel Prozent der Käufer kaufen das Produkt wieder?)
- **Kundenstruktur** (Wieviel Prozent der Kunden sind Alt-/Stammkunden?)
- **Empfehlungsverhalten** (Wieviel Prozent der Produkte werden aufgrund von Empfehlungen bestehender Käufer verkauft?)
- **Reklamations-/Stornoquote** (Wieviel Prozent der Käufer reklamieren einen Produktfehler? (auch: obwohl es technisch einwandfrei ist) Wieviel Prozent der Verträge werden rückgängig gemacht?)
- **Vertriebsaufwendungen** (Welche Länge und Anzahl von Kundenbesuchen (und damit Kosten) sind erforderlich, um das Produkt zu verkaufen?)
- **Kundendienstinanspruchnahme** (In welchem Maße wird beim Kundendienst nachgefragt bzw. werden Beschwerden vorgebracht?)
- **Nutzungsintensität** (Wie stark/oft wird das Produkt eingesetzt, z.B.: welche Nutzungszeiten/Fahrleistungen werden erreicht?)
- **Imagewirkung** (Wie verändert sich das Image des Unternehmens durch den Kauf des Produkts?)
- **Zuverlässigkeit** (In welchem Maße gelingt es, Planungen, Zusagen, Termine usw. einzuhalten?)
- **Verbundkäufe** (In welchem Maße kaufen die Käufer eines Produktes ein anderes Produkt des Herstellers?)

4.5.2 Vorgehensweise

In Abhängigkeit von den ermittelten Kundenzufriedenheitskriterien sind Verfahren zu deren Ermittlung auszuwählen. Mit Hilfe der Dimensionen „Objektivität der verwendeten Kriterien" und „Herkunft der Daten" lassen sich die Verfahren wie folgt gliedern:

Herkunft der Daten		Objektivität der Kriterien: objektive	Objektivität der Kriterien: subjektive
	intern	Kundendienst-Statistik Reklamationsanalyse Garantieaufwendungen Auftrags-/Kundenanalyse Kundenkontakt-Bewertung Kulanzkosten	Befragung von Mitarbeitern eigene Kundenbefragung
	extern	Wettbewerbsvergleiche (z.B. Benchmarking)	Kundenbefragung durch Marktforschungsinstitut

Abb. 4.43: Verfahren der Kundenzufriedenheitsmessung

Der Schwerpunkt der Verfahren liegt, bezogen auf die Anzahl, bei den objektiv/intern ausgerichteten. Nicht weniger bedeutend sind jedoch die Verfahren, die auf die subjektiven Kriterien ausgerichtet sind. Nur die Ermittlung der Kundenzufriedenheit beim Kunden selbst kann Auskunft über die Auswirkungen geben, d.h. darüber, ob ein weiterer Kauf in Aussicht genommen wird.

a) Kundendienst-Statistik/Garantieaufwendungen

Die Kundendienst-Statistik eignet sich zur Ermittlung negativer Kundenzufriedenheit bzw. -unzufriedenheit. Sie ist dann aufschlußreich, wenn sich die Unzufriedenheit in Reparaturaufträgen oder Beschwerden niederschlägt. Hohe Aufwendungen lassen auf geringe Zufriedenheit schließen, geringe Aufwendungen bedeuten jedoch keine hohe Zufriedenheit. So kann sich Unzufriedenheit auch in Nichtverwendung äußern. Garantieaufwendungen schlagen sich ebenfalls in der Kundenstatistik nieder, unterscheiden sich jedoch insofern, als sie nicht an den Kunden weiterberechnet werden können.

Eine Kundendienst-Statistik listet die Aufwendungen für die einzelne Produkte auf. Der Vergleich der Aufwendungen für mehrere Produkte eines Unternehmens sowie die Analyse über die Zeit machen auf produktspezifische Auffälligkeiten aufmerksam. Da Kundendienstaufwendungen nicht grundsätzlich verhindert werden können (Fehlertoleranzen bei der Fertigung, Schäden durch Manipulation im Handel, selbstverschuldete Fehlbedienung usw.), sollte eine Aufwandsschwelle bestimmt werden, bei deren Überschreiten eine genauere Beobachtung erfolgt.

b) Reklamationsanalyse

Im Rahmen der Reklamationsanalyse werden qualitative Kriterien der Kundenunzufriedenheit erfaßt. Hierbei müssen nicht unbedingt finanzielle Konsequenzen entstehen, da nicht immer eine Reparatur oder Nachbesserung erfolgt. Es sollen gerade auch diejenige Fälle erfaßt werden, die auf dem Weg des Schriftverkehrs erledigt werden.

Eine systematische Aufstellung von Reklamationsgründen macht auf besondere Ursachen von Unzufriedenheit aufmerksam. Mit Hilfe einer statistischen Analyse läßt sich erkennen, ob es sich um signifikante Probleme handelt.

Reklamations-Analysen sollten auf einem systematischen Auswertungsschema basieren, z.B.:

Bereich	mögliche Fehler
Abwicklung des Kaufs	Fehler bei Rechnungsstellung
	Mängel bei Beratung
	verspätete Lieferung
	lange Wartezeiten
	umständliche Bestellung
	ungünstiger Verkaufsort usw.
Produktleistung	unterdurchschnittliches Leistungsvermögen
	frühzeitiger Ausfall
	unerwartete Nebeneffekte (Geräusch, Geruch ...)
	hoher Energieverbrauch
	fehlende Kompatibilität usw.
Serviceleistung	mangelhafte Dokumentation
	keine Nachkauf-Betreuung/Hotline
	lange Wartezeiten bei Wartung
	keine Zukauf-/Nachkaufmöglichkeit
	zu teures Zubehör/zu teure Ersatzteile usw.
Kommunikation	falsche/übertriebene Angaben in der Werbung
	fehlende kaufbeeinflussende Informationen in der Kommunikation
	Gefühl der Überrumpelung durch Verkaufsförderungsmaßnahmen
	fehlende Informationen über Einsatzmöglichkeiten usw.

Abb. 4.44: Beispiel eines Auswertungsschemas der Reklamationsanalyse

c) Auftrags-/Kundenanalyse

Die Auftrags- und Kundenanalyse befaßt sich mit dem Zustandekommen und den Gründen für das Nichtzustandekommen von Aufträgen. Dazu gehören

- die Auswertung der Besuchsberichte der Außendienstmitarbeiter
- die statistische Erfassung des Auftragsverhaltens der Kunden (insbesondere Erstkäufe, Wiederkäufe, Verbundkäufe)
- die Erfassung von Gründen für das Nichterteilen von Aufträgen, den Abbruch der Geschäftsbeziehung, fehlende Nachbestellungen usw.
- die Erfassung der Gründe für Erstbestellungen (Empfehlung, Beobachtung, Image usw.).

Aus diesen Daten ergeben sich Informationen sowohl für eine Zufriedenheit als auch Unzufriedenheit von Kunden. Zudem handelt es sich aus ökonomischer Sicht um die wichtigsten Kriterien.

d) Kundenkontakt-Bewertung

Kundenkontakte entstehen durch eine Reihe von Mitarbeitern und Abteilungen des Unternehmens. Vor allem im Investitionsgüterbereich werden jeweils andere Aspekte des Angebots besprochen. Eine gezielte Auswertung solcher Informationen ergibt sehr detaillierte Angaben über einzelne Produktmängel, Defizite gegenüber Wettbewerbern, Probleme bei der Vermarktung u.ä. Vor allem die Tatsache, daß nicht nur in reinen Verkaufssituationen kommuniziert wird, führt zu einem eingehenden Bild von der Kundenzufriedenheit.

So sollten etwa Abteilungen, die Hilfestellung bei der Anwendung des Produkts leisten, den Einsatz des Produkts planen usw., zu einer systematischen Erfassung von Zufriedenheitsinformationen aufgefordert werden. Hilfreich ist die Erstellung eines entsprechenden Formulars, das nach dem Kontakt auszufüllen ist, bzw. einer Datei, sofern die betroffenen Personen einen Computer ständig verfügbar haben.

e) Kulanzkosten-Statistik

Kulanzkosten stellen mitunter einen Teil der Kundendienstkosten dar, unterscheiden sich aber von Garantie- und anderen Kundendienstkosten dadurch, daß sie weder weiterberechnet werden noch auf irgendeiner Verpflichtung beruhen. Kulanz wird als Mittel der Pflege der Kundenbeziehung verstanden, das gerade dann eingesetzt wird, wenn die Beziehung durch einzelne Ereignisse wie z.B. fehlerhafte Lieferungen gestört wird.

Die Höhe der Kulanzkosten korreliert negativ mit der Kundenzufriedenheit. Je höher sie sind, desto öfter mußte nachgebessert werden. Geringe Kulanzkosten können, müssen aber nicht eine hohe Zufriedenheit bedeuten.

f) Wettbewerbsvergleiche

Wettbewerbsvergleiche bieten im Gegensatz zu den bisher dargestellten Verfahren die Möglichkeit einer relativen Aussage, d.h. es wird die Kundenzufriedenheit im Vergleich zu Wettbewerbern ermittelt. So kann beispielsweise im eigenen Unternehmen eine geringe Zufriedenheit ermittelt worden sein, was aber keine negativen Konsequenzen hat, weil andere Unternehmen ähnliche Probleme haben. Im Mittelpunkt steht hier das **Benchmarking**. Mit Hilfe des Benchmarking wird nach Vergleichsmaßstäben bei anderen Unternehmen gesucht, um die eigene Leistungsfähigkeit einschätzen zu können und solche Unternehmen zu finden, von denen in einem bestimmten Bereich etwas gelernt werden kann.

Leibfried/McNair (1995, S. 208) führen als **Benchmarks** für die Analyse der Kundenzufriedenheit an:

- erneute Kaufabsicht

- Zufriedenheitsindex (Zusammenfassung der Produktmerkmale)
- tatsächliche vs. erwartete Leistung
- Kaufempfehlung an andere
- wahrgenommene Qualität
- wahrgenommene Funktionalität
- Benutzerfreundlichkeit.

Diese und/oder andere Kriterien können für einen Vergleich des eigenen Unternehmens mit Wettbewerbern herangezogen werden. Es läßt sich dann ermitteln, welche Werte bei den einzelnen Kriterien überhaupt erreichbar sind. Im nächsten Schritt wird versucht herauszuarbeiten, wie diese hohen Werte erreicht werden. Die Erfolgsstrategien und -maßnahmen der besten Wettbewerber werden dann im eigenen Unternehmen umzusetzen versucht.

g) Kundenbefragungen

Mit Hilfe von Kundenbefragungen ist es schließlich möglich, auch die subjektiven Faktoren zu ermitteln, die bei der Entstehung von Zufriedenheit oder Unzufriedenheit eine Rolle spielen. Solche Befragungen können sowohl von Externen (Marktforschungsinstituten) als auch intern (z.B. von der eigenen Marktforschungsabteilung) durchgeführt werden. Die wichtigste Frage im Zusammenhang mit dieser Entscheidung ist die, welchen Einfluß der Durchführende auf die Ergebnisse und die Antwortbereitschaft hat. Homburg/Rudolph (1995, S. 49) empfehlen die eigenständige Durchführung, um den Befragten zu signalisieren, daß dem Unternehmen die Kundenzufriedenheit sehr wichtig ist.

Die Ergebnisse der Kundenzufriedenheitsmessung sollten dann mit einer **Bedeutungsanalyse** verbunden werden. So gibt es Situationen, in denen Sofortmaßnahmen zur Verbesserung der Kundenzufriedenheit erforderlich sind (wichtiger Kunde stellt sich als unzufrieden heraus), in anderen sollten keine Maßnahmen ergriffen werden, weil dies ökonomisch nicht gerechtfertigt wäre (Unzufriedenheit bezieht sich auf einen relativ unwichtigen, nicht entscheidenden Teil der Geschäftsbeziehung). In Anlehnung an die Portfolio-Technik lassen sich dann Bedeutung/Zufriedenheit-Matrizen mit entsprechenden Hinweisen für Reaktionen erstellen:

Bedeutung des Kunden \ Kundenzufriedenheit	niedrig	hoch
hoch	Problem-Kunden sofortige Zufriedenheitssteigerung erforderlich	Vorzeige-Kunden Zufriedenheit kontinuierlich erhalten, keine sofortigen Reaktionen erforderlich
niedrig	Einmal-Kunden Zufriedenheitssteigerung nur sinnvoll, wenn Volumen gesteigert werden kann	Ausbau-Kunden hohe Zufriedenheit sollte kurzfristig zur Volumensteigerung genutzt werden

Abb. 4.45: Kundenzufriedenheit/Kundenbedeutung-Matrix

Die Kundenzufriedenheit/Kundenbedeutung-Matrix macht auf die sofort zu bearbeitenden und die eher zu vernachlässigenden Kunden aufmerksam.

- **Problem-Kunden** - Dabei handelt es sich z.B. um Stammkunden, die z.Zt. von der Leistung des Unternehmens eher enttäuscht sind und/oder bei anderen Anbietern bessere Leistungen erhalten. Aufgrund der hohen Bedeutung ist eine sofortige Reaktion erforderlich, da die Unzufriedenheit kurzfristig zur Auftragsverweigerung führen kann. Zunächst können Kulanzleistungen helfen, mittelfristig sind jedoch grundlegende Verbesserungen bei der Gestaltung der Kundenbeziehung erforderlich.
- **Vorzeige-Kunden** - Diese Kunden haben eine hohe Umsatzbedeutung für das Unternehmen und sind mit der Leistung zufrieden. Sie dürften langfristig als Kunden erhalten bleiben. Wichtig ist vor allem, die Zufriedenheit nicht durch Nachlässigkeit zu gefährden. Eine kontinuierliche Überprüfung ist erforderlich. Diese Kunden können als Referenzkunden genannt werden.
- **Einmal-Kunden** - Hierbei handelt es sich um klassische Lauf- bzw. Testkunden, die einmalig oder sehr selten kaufen und dabei unzufrieden sind. Konkrete zufriedenheitsfördernde Maßnahmen können schnell verpuffen, wenn kein kontinuierlicher Bedarf besteht und die Kunden somit nicht zu Stammkunden werden können. Nichtsdestotrotz bestünde grundsätzlich die Möglichkeit, gerade bei Testkunden, durch hohe Zufriedenheit Stammkunden heranzuziehen. Mittel sollten hier jedoch eher vorsichtig eingesetzt werden.
- **Ausbau-Kunden** - Diese Kunden sind zwar für den Umsatz weniger bedeutend, aber zufrieden. Hier besteht ein erhebliches Potential für den Ausbau der Kundenbeziehung. Eine genaue Analyse des Umsatzpotentials mit diesen Kunden sollte kurzfristig durchgeführt werden.

Auf der **kundenspezifischen Ebene**, d.h. es wird nur ein Kunde analysiert, kann die gesamte Geschäftsbeziehung einer eingehenderen Betrachtung unterzogen werden. So können als zufriedenheitsrelevante **Komponenten** Produktleistungsmerkmale, Serviceleistungen, die Verkaufsabwicklung, Betreuung usw. differenziert werden. Diese Komponenten lassen sich nach ihrer Bedeutung und der jeweils erreichten Zufriedenheit in eine Kundenzufriedenheit/Komponentenbedeutung-Matrix eintragen, so daß auf die kritischen Komponenten aufmerksam gemacht wird (vgl. Homburg/Rudolph 1995, S. 48):

		Kundenzufriedenheit niedrig	Kundenzufriedenheit hoch
Bedeutung der Komponente	hoch	Strategische Nachteile sofortige Maßnahmen zur Zufriedenheitssteigerung erforderlich	Strategische Vorteile Vorteile halten, ggf. ausbauen
	niedrig	Akzeptable Nachteile Position kann ggf. toleriert werden	Irrelevante Vorteile Position kann nicht adäquat genutzt werden

Abb. 4.46: Kundenzufriedenheit/Komponentenbedeutung-Matrix

Strategische Nachteile sollten mit höchster Priorität behandelt werden. **Strategische Vorteile** sollten möglichst lange gehalten werden. **Akzeptable Nachteile** sind solange unschädlich, wie die Komponente als nicht wichtig für die Kaufentscheidung betrachtet wird. Ändert sich dies im Laufe der Zeit, wird der akzeptable Nachteil zu einem strategischen. **Irrelevante Vorteile** können aufgrund der geringen Bedeutung keine große Wirkung entfalten. Hier könnte versucht werden, die Bedeutung der Komponente stärker herauszustellen.

4.6 Kontrolle der Marketing-Instrumente

4.6.1 Kontrolle der Produktpolitik

Als Kontrollkriterien für die Produktpolitik bieten sich vor allem an:

- Umsatzstruktur des Sortiments
- Umsatzentwicklung eines Produkts
- Kostenstruktur eines Produkts
- Erfolgssituation eines Produkts
- Kundenstruktur des Sortiments/eines Produkts
- Wettbewerbssituation eines Produkts
- Sortimentsbreite/-tiefe
- Altersstruktur des Sortiments
- Reklamationsquote

a) Umsatzstruktur des Sortiments

Die Analyse der Umsatzstruktur des Sortiments macht auf Schwer- und Schwachpunkte aufmerksam. Es ergibt sich, welche Produkte von besonderer Bedeutung für den Gesamtumsatz sind und daher sehr genau beobachtet werden müssen. Die Darstellung der Umsatzstruktur erfolgt mit Hilfe einer Konzentrationsanalyse.

Beispiel: Ein Unternehmen bietet folgendes Sortiment an:

Produkt	Verkaufspreis	Stückzahl 1996	Umsatz 1996
A	12,-	40.000	480.000
B	6,-	200.000	1.200.000
C	14,-	150.000	2.100.000
D	10,-	70.000	700.000
E	21,-	80.000	1.680.000
F	17.-	15.000	255.000
G	26,-	180.000	4.680.000

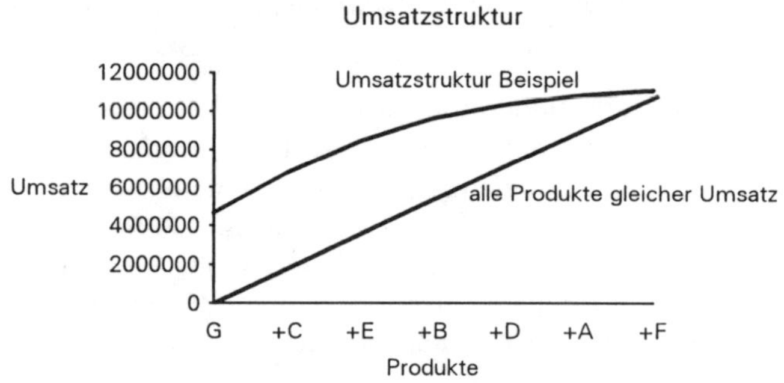

Abb. 4.47: Umsatzstrukturanalyse

Die obere Kurve stellt den kumulierten Umsatz dar. Dieser wird errechnet, indem der Reihe nach, beginnend mit dem umsatzstärksten Produkt, die Einzelumsätze addiert werden. Die Gerade stellt den Umsatzverlauf für den Fall dar, daß alle Produkte gleich umsatzbedeutend sind (Umsatz je = 1.585.000). Je stärker die tatsächliche Umsatzkurve von der Geraden abweicht, desto stärker ist die Umsatzkonzentration, d.h. desto stärker ist der Gesamtumsatz von einem/einzelnen Produkten abhängig. Nach Möglichkeit sollte versucht werden, einen Ausgleich in Richtung auf eine Stärkung der Produkte D, A und F und eine (relative) Schwächung von G zu erreichen.

b) Umsatzentwicklung eines Produkts

Die Umsatzentwicklung hat nicht nur Auswirkungen auf die Finanzplanung des Unternehmens und die Zuweisung von Budgets, sondern dient auch als Indikator für das Lebenszyklusstadium und gibt somit Hinweise auf Relaunch- oder Innovationserfordernisse.

Beispiel: Für ein Produkt sind folgende Umsatzdaten ermittelt worden:

	1991	1992	1993	1994	1995	1996
Umsatz	300.000	380.000	600.000	840.000	950.000	970.000
Veränderung ggü. Vorjahr	-	+27%	+58%	+40%	+13%	+2%

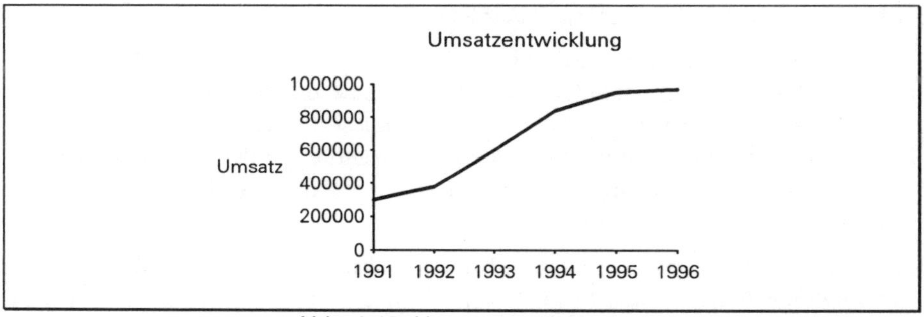

Abb. 4.48: Umsatzentwicklung

Hier ist eine deutliche Parallele zum Produktlebenszyklus-Modell zu erkennen. Der Umsatz scheint sich dauerhaft abzuschwächen, so daß das Produkt der Reife- oder Sättigungsphase zuzurechnen ist. Entsprechend sind Maßnahmen für eine Belebung oder einen Ersatz vorzubereiten.

c) Kostenstruktur eines Produkts

Die Struktur der Kosten eines Produkts hat Auswirkungen z.B. auf Preisentscheidungen, zu erwartende bzw. vorhandene Probleme. Daher sollten folgende Kostenbestandteile analysiert werden:

- **Anteil fixer und variabler Kosten** - Hoher Fixkostenanteil führt i.d.R. zu geringer Flexibilität bei produktpolitischen Entscheidungen. Möglichkeiten der Kostensenkung sind dann eher gering. Deckungsbeiträge sind bei geringen variablen Kosten hoch, so daß möglicherweise eine hohe Bereitschaft zu Preiszugeständnissen besteht.
- **Anteil von Service-, Kulanz- u.ä. Kosten** - Ein hoher Anteil solcher Kosten läßt auf technische Probleme schließen. Möglicherweise ist das Produkt auch Wettbewerbsangeboten unterlegen, so daß die Kunden enttäuscht sind und Nachbesserungen verlangen.
- **Anteil der Vertriebskosten** - Hierzu gehören Kosten für Kundenbetreuung, Aufwendungen des Außendienstes und andere Fördermaßnahmen. Ein hoher Anteil dieser Kosten läßt auf Absatzprobleme schließen, möglicherweise aufgrund von Wettbewerbsnachteilen.

d) Erfolgssituation eines Produkts

Aufschluß über die Erfolgssituation geben insbesondere die Deckungsbeiträge. Diese sollten sowohl absolut als auch relativ, im Vergleich zu den Deckungsbeiträgen anderer Produkte, analysiert werden. Die einzelnen Deckungsbeiträge sind bereits im Abschnitt „Absatzsegmentrechnung“ erläutert worden.

e) Kundenstruktur des Sortiments/eines Produkts

Die Kundenstruktur ist ein Risikoindikator. Je stärker die Abhängigkeit von einem Kunden ist, desto riskanter ist die Situation, da dieser Kunde aufgrund seiner Nachfragemacht vor allem Preiszugeständnisse fordern kann. Aufgabe der Produktpolitik muß es sein, das Produkt für weitere Abnehmer interessant zu machen, so daß die Abhängigkeit reduziert wird. Auch hier kann die Konzentrationsanalyse zum Einsatz kommen.

Neben der Abhängigkeit von einem Kunden sollte auch die Kundenstruktur in soziodemografischer Hinsicht analysiert werden. Werden hier Veränderungen festgestellt, muß das Produkt umpositioniert werden, weil sonst die Attraktivität erheblich sinken kann. Insbesondere besteht das Problem des Veralterns der Kunden und somit einer biologischen Schrumpfung der Zielgruppe. Sinnvoll ist die Bildung konsumentengruppenspezifischer Kennzahlen. Dafür ist Voraussetzung, daß die Kunden entsprechend bekannt sind.

f) Wettbewerbssituation eines Produkts

Die Wettbewerbssituation ist ein Indikator dafür, inwieweit es gelungen ist, eine einzigartige Positionierung am Markt durchzusetzen. In bezug auf den Umsatz lassen sich Marktanteile definieren:

Marktanteil (Wert) =
Umsatz des Produkts : Gesamtumsatz aller Produkte dieses Markts

Das Problem ist hierbei die Definition des Markts, auf den der Umsatz bezogen wird. So können die Markt-Definitionen und entsprechend Marktanteile beispielsweise für einen Orangensaft höchst unterschiedlich sein:

Markt = Getränke
Erfrischungsgetränke
alkoholfreie Getränke
Säfte
Orangensäfte
Orangensäfte in Flaschen.

Im Extremfall wird jedes Produkt auf diesem Weg zum Marktführer. Ein Beispiel ist das Baukastenwaschmittel Skip. Im Markt der Baukastenwaschmittel hatte es 1995 einen Marktanteil von 70%. Die Baukastenwaschmittel hatten ihrerseits jedoch nur einen Anteil von 3% am gesamten Waschmittelmarkt, so daß der Marktanteil am Waschmittelmarkt nur bei 2% liegt.

Relativer Marktanteil = eigener Marktanteil (Umsatz) : Marktanteil (Umsatz) des stärksten Konkurrenten (der drei stärksten Konkurrenten)

Weiterhin kann eine Bewertung anhand einer Reihe erfolgsbeeinflussender Kriterien erfolgen. Hierzu können die Bewertungskriterien für die Wettbewerbsstärke bei der McKinsey-Portfolio-Matrix (s. dazu Abschnitt 3.2.2.4.3) verwendet werden.

g) Sortimentsbreite/-tiefe

Die Breite und Tiefe des Sortiments ist sowohl als Leistungsfaktor als auch als Kostenfaktor relevant. Ein breites und tiefes Sortiment ermöglicht es, viele unterschiedliche Bedürfnisse und damit Zielgruppen anzusprechen. Da sich der Umsatz jedoch auf eine große Zahl von Produkten verteilt, entsteht aufgrund der dann kleineren Absatzmengen je Produkt eine Verschlechterung der Kostenstruktur. Eine regelmäßige Überprüfung der Umsätze und Deckungsbeiträge ist erforderlich. Hierzu können die einzelnen Varianten in Abhängigkeit von Umsatz bzw. DB aufgelistet werden.

Beispiel:

Produkte:	G	C	E	B	D	A	F
Umsatz:	4680000	2100000	1680000	1200000	700000	480000	255000
Var. 1	2040000	480000	1680000	820000	230000	480000	140000
Var. 2	1300000	480000		380000	150000		115000
Var. 3	780000	450000			110000		
Var. 4	560000	370000			110000		
Var. 5		320000			100000		

Diese Tabelle zeigt die Verteilung der Umsätze der einzelnen Produktvarianten. Dabei kann es sich um Farb-, Größen- u.a. Versionen handeln. Hier zeigt sich z.B., daß C zwar einen hohen Umsatzanteil am Gesamtumsatz hat, diesen aber nur über fünf Varianten erreicht. E steht dagegen besser dar, weil es nur eine Version gibt. Bei den Produkten C und D wäre nun zu untersuchen, welche Kosten die Variantenvielfalt nach sich zieht und ob die Produkte noch profitabel sind.

h) Altersstruktur des Sortiments

Die Altersstruktur macht auf Innovationserfordernisse aufmerksam. Sie zerlegt den Gesamtumsatz nach dem Produktalter. Die einzelnen Produkte werden nach ihrem Alter gruppiert, die Umsätze werden für jede Gruppe addiert und in einem Säulendiagramm dargestellt.

Beispiel:

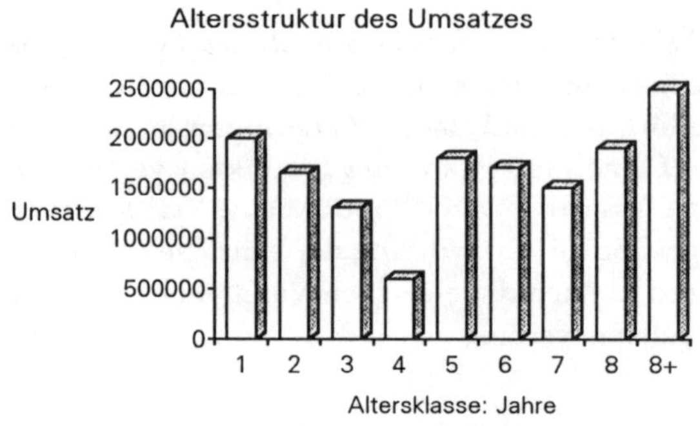

Abb. 4.49: Altersstrukturanalyse

Bei dieser Umsatzstruktur zeigt sich, daß offensichtlich vor vier Jahren wenig im Bereich der Produktinnovationen getan wurde. Im Anschluß daran wurde wieder stärker Innovation betrieben. Ein hoher Umsatzanteil neuer Produkte hat grundsätzlich den Vorteil, daß von einer Bedrohung durch Veralterung nicht ausgegangen werden muß. Dafür sind jedoch finanzwirtschaftliche Konsequenzen zu bedenken. Neue Produkte erfordern in höherem Maße Marketingausgaben, ältere führen zu einem höheren Überschuß.

i) Reklamationsquote

Die Reklamationsquote ergänzt die Kostenstrukturanalyse um eine statistische Auswertung der Zahl und Art der Reklamationen. Ziel ist es, konkrete Produktmängel ausfindig zu machen.

4.6.2 Kontrolle der Distributionspolitik

Im Mittelpunkt der Kontrolle der Distributionspolitik stehen einerseits der Außendienst, andererseits die erreichte Abdeckung der Vertriebsstellen, d.h. Einzelhandelsgeschäfte.

a) Kennzahlen zur Kontrolle des Außendienstes

Neukundenanteil:

$$\frac{\text{Anteil des Umsatzes bei Neukunden}}{\text{Gesamtumsatz des ADM}}$$

Diese Größe gibt Auskunft über die Akquisitionsstärke des Außendienstmitarbeiters (ADM). Wird ein vergleichsweise geringer Neukundenanteil erreicht, besteht die Gefahr, daß bei Wegfall von Altkunden insgesamt Umsatzrückgänge eintreten, die nicht durch neue Kunden ausgeglichen werden können.

Stornoquote:

$$\frac{\text{Anteil der stornierten bzw. widerrufenen Verträge}}{\text{Gesamtzahl der Verträge des ADM}}$$

Diese Quote läßt auf möglicherweise unseriöse Verkaufspraktiken schließen, wenn sie überdurchschnittlich hoch ist. Sie findet besonders im Bereich von Versicherungen Anwendung. ADM, die Verträge abschließen, die für den Vertragspartner ungünstig sind, oder Produkte verkaufen, die dieser eigentlich gar nicht haben wollte, können über die Bildung dieser Quote identifiziert werden. Es finden jedoch nur die tatsächlich stornierten Verträge Berücksichtigung.

Kleinkundenanteil:

$$\frac{\text{Anteil der Aufträge mit einem bestimmten Höchstauftragswert}}{\text{Zahl der Aufträge insgesamt}}$$

Kleine Aufträge verursachen, bezogen auf den Umsatz, höhere Kosten. Im Sinne einer Rationalisierung des Vertriebs ist es daher sinnvoll, auf möglichst großvolumige Aufträge zu achten und ggf. Angebote zu erarbeiten, die auf die Bündelung mehrerer kleiner Aufträge zu wenigen großen hinwirken.

b) Kennzahlen zur Kontrolle der Distribution allgemein

Distributionskennziffern lassen sich durch Panelerhebungen ermitteln. Sie gehören zum Standard-Informationsangebot der Marktforschungsinstitute, die Panels anbieten.

Distributionsquote/numerische Distribution:

$$\frac{\text{Anzahl der Geschäfte, die ein Produkt führen}}{\text{Anzahl der Geschäfte, die dieses Produkt führen könnten}}$$

Die numerische Distribution (oder: numerischer Distributionsgrad) ist eine Meßzahl für die Abdeckung der Distributionskanäle. Je geringer die numerische Distribution ist, desto mehr Geschäfte können noch als Verkaufsort gewonnen werden. Diese Größe wird jedoch durch die Größe/das Umsatzvolumen der Geschäfte beeinflußt. Ein kleiner Nachbarschaftsladen wird beispielsweise genauso berücksichtigt wie ein SB-Warenhaus mit einem Vielfachen an Umsatz. Daher wird auch die gewichtete Distribution ermittelt:

Distributionsquote/gewichtete Distribution:

$$\frac{\text{Umsatz der Geschäfte, die ein Produkt führen}}{\text{Umsatz der Geschäfte, die dieses Produkt führen könnten}}$$

Bei der gewichteten Distribution kann ein hoher Wert erreicht werden, auch wenn nur relativ wenige Geschäfte das betreffende Produkt führen. Es handelt sich dann um sehr umsatzstarke Outlets, während kleinere Geschäfte das Produkt nicht führen.

Exportquote:

$$\frac{\text{Absatz in ausländischen Märkten}}{\text{Gesamtabsatz}}$$

Die Exportquote kann für verschiedene Zielsetzungen als Kriterium verwendet werden. So macht sie auf währungsbedingte Risiken aufmerksam (je höher die Exportquote, desto größer das Risiko wechselkursbedingter Erlösabweichungen) und kann als Maßgröße der Wettbewerbsfähigkeit eines Produkts/-programms dienen (je höher die Exportquote, desto wettbewerbsfähiger).

Distributionskostenanteil:

$$\frac{\text{Distributionskosten}}{\text{Selbstkosten}}$$

Die Distributionskostenquote, die auch nach einzelnen Distributionskosten unterteilt werden kann, informiert über den Vertriebsaufwand für ein Produkt/-programm. Es macht auf möglicherweise vorhandene Probleme bei der Durchsetzung im Markt aufmerksam und kann als Kriterium für die Entscheidung über einzelne Vertriebswege verwendet werden.

4.6.3 Kontrolle der Kontrahierungspolitik

Eine Kontrolle der Kontrahierungspolitik, insbesondere, soweit die Preisgestaltung betroffen ist, erfolgt bereits im Rahmen der Absatzsegmentrechnung. Die Ermittlung von Deckungsbeiträgen gibt nicht nur über die Kosten-, sondern auch die Erlösseite Aufschluß. Darüber hinaus gibt es jedoch auch Erfolgsmerkmale, die sich der kostenrechnerischen Ermittlung entziehen. Diese betreffen vor allem auch die anderen Instrumente der Kontrahierungspolitik.

Rabattquote:

$$\frac{\text{Zahl (Umsatz) der mit Rabatt verkauften Produkte}}{\text{Zahl (Umsatz) der verkauften Produkte insgesamt}}$$

Die Rabattquote ist ein Indikator dafür, inwieweit die Listenpreise für ein Produkt angemessen, d.h. auf dem Markt durchsetzbar sind. Eine hohe Rabattquote läßt auf einen im Wettbewerbsvergleich zu hohen Preis schließen. Eine kontinuierlich steigende Rabattquote macht auf eine sich verschlechternde Wettbewerbsposition aufmerksam.

Absatzfinanzierungsquote:

$$\frac{\text{Zahl (Volumen) der Aufträge, die finanziert wurden}}{\text{Gesamtzahl (-volumen) der Aufträge}}$$

Die Absatzfinanzierungsquote ist ein Indikator der Liquiditätslage der Kunden. Sie sollte auf jeden Fall auch kunden- und kundengruppenspezifisch bestimmt werden. Eine hohe Finanzierungsquote deutet beispielsweise ungünstige Absatzbedingungen der Kunden an. Diese befinden sich z.B. in schrumpfenden Märkten oder unterliegen einem Verdrängungswettbewerb. Je stärker der Finanzierungsbedarf ist, desto wahrscheinlicher wird ein Wegfall des Kunden, desto größer ist aber auch die Wahrscheinlichkeit einer Zahlungsunfähigkeit, so daß entsprechende Rückstellungen vorgenommen werden müssen.

Angebotserfolgsquote:

$$\frac{\text{tatsächliche Aufträge}}{\text{Gesamtzahl der Angebote}}$$

Angaben über den Erfolg der erstellten Angebote geben Aufschluß über die Wettbewerbsfähigkeit des Unternehmens. Führen Angebote regelmäßig nicht zur Auftragserteilung, deutet dies auf überhöhte Preise, ungünstige Geschäftsbedingungen oder Lieferfristen o.ä. hin. Führen im Gegensatz sämtliche Anfragen zur Auftragserteilung, könnte sich dadurch ein zu niedriger Preis andeuten. Insbesondere bei Vorliegen von Lieferengpässen können als Konsequenz dann die Preise erhöht werden.

4.6.4 Kontrolle der Kommunikationspolitik

Die Kommunikationspolitik kann sowohl in bezug auf ökonomische als auch nicht- oder vor-ökonomische Größen kontrolliert werden, entsprechend der Zielplanung für Kommunikationsmaßnahmen.

Bekanntheitsgrad (ungestützt, Recall):

$$\frac{\text{Anzahl der Personen, die bei einer Stichprobenumfrage spontan den Namen eines Produkts/Unternehmens nennen}}{\text{Gesamtzahl der befragten Personen}}$$

Der Bekanntheitsgrad ist eines der zentralen Kriterien der Werbeplanung. Er kann als Indikator dafür verwendet werden, ob Kommunikationsmaßnahmen überhaupt wahrgenommen wurden und zumindest Produkt- oder Firmennamen im Gedächtnis haften blieben, nicht jedoch, ob die Inhalte vermittelt werden konnten. Bei einem negativen Image ist ein hoher Bekanntheitsgrad negativ zu beurteilen. Der gestützte Bekanntheitsgrad (Recognition) ist ein Maß für das Wiedererkennen, wenn die Anzeige bei der Befragung vorgelegt wird. Für die Kontrolle der Beachtung von TV-Spots kann der Day after Recall-Test eingesetzt werden. Dabei werden Personen einer Stichprobe einen Tag nach der Ausstrahlung des Spots gefragt, an welche Spots sie sich erinnern können.

Einstellung:

Die Einstellung von Konsumenten zu einem Produkt kann über ein Semantisches Differential/Polaritätenprofil gemessen werden (Preißner/Engel 1995, S. 58ff.). Das Produkt wird dabei anhand einer Reihe vorgegebener Eigenschaften, die jeweils durch ein gegensätzliches Paar von Adjektiven/Substantiven (z.B. konservativ – progressiv) definiert werden, beurteilt. Einstellungen stellen ein höchst komplexes Konstrukt dar. Sie geben Aufschluß über Kenntnis von Produkteigenschaften, Sympathie, Kaufbereitschaft usw. Da Einstellungen aber nicht nur durch Kommunikationsmaßnahmen gebildet werden, ist das Problem der Zurechnung zu berücksichtigen.

BuBaW (Bestellung unter Bezugnahme auf Werbung)-Verfahren:

Das BuBaW-Verfahren ist eine sehr einfache Art, die Werbewirkung zu erfassen, hat jedoch nur einen stark eingeschränkten Anwendungsbereich. Immer dann, wenn eine Anzeige zu einer Bestellung führen soll, können Kontrollmechanismen eingebaut werden, so daß die Verbindung zwischen Werbung und Bestellung hergestellt werden kann. Dies geschieht z.B. durch die Verwendung gekennzeichneter Bestellkarten, die Angabe codierter Kennwörter. Sonst besteht in einigen Fällen die Möglichkeit, direkt nach der Informationsquelle zu fragen, etwa durch eine telefonische Anfrage.

Werbegewinn:

$$\text{werbebedingter zusätzlicher Deckungsbeitrag} - \text{Werbekosten}$$

Der Werbegewinn ist zweifellos eine der zentralen Größen der Werbeerfolgskontrolle. Sobald sich ein positiver Wert ermitteln läßt, hat sich der Einsatz der Werbemaßnahme gelohnt. Problematisch ist jedoch auch hier die Zurechnung des Mehrverkaufs zur Werbung (eine Kausalität kann genaugenommen fast nie hergestellt werden) sowie die Abgrenzung der Wirkungsdauer (Wie lange sind Mehrverkäufe auf die Werbemaßnahme zurückzuführen?). Wird der Werbegewinn durch die Werbekosten geteilt, läßt sich zudem die Werberendite errechnen.

VKF-Intensität:

$$\frac{\text{Verkaufsförderungsaufwand}}{\text{Produkterlöse}}$$

Die Verkaufsförderungsintensität, genauso kann auch die Werbeintensität berechnet werden, macht eine Aussage über die Vermarktungsschwerpunkte für ein Produkt. Sie kann aber auch auf spezifische Schwächen des Produkts hinweisen. Eine hohe VKF-Intensität kann andeuten, daß das Produkt nur noch in Verbindung mit starken Absatzförderungsmaßnahmen im Handel akzeptiert wird. Dann kann z.B. ein Wettbewerbsnachteil vorliegen, oder es konnten nur wenige feste Listungen erzielt werden, was durch Einzelaktionen ausgeglichen werden soll.

Kontrollierte Experimente:

Auf die Nutzung von kontrollierten Experimenten zur Werbeerfolgskontrolle kann hier nur hingewiesen werden. Sie bieten sich insbesondere zur Durchführung von Pretests an. (Vgl. zu Experimenten auch den Abschnitt 2.2.2.5 in diesem Buch).

4.7 Kontrolle des Markenwerts

4.7.1 Markenwert

Eine eindeutige und einheitliche Definition des Begriffs „Markenwert" existiert nicht. Insofern unterscheiden sich auch die verschiedenen Hitlisten der stärksten Marken, weil jeweils andere Maßstäbe angelegt werden (vgl. das Beispiel zur Marke Coca Cola bei Bekmeier 1994, S. 385).

Je nach Autor differieren die Definitionen zwischen einer eher finanzwirtschaftlichen und einer eher konsumentenpsychologischen Sichtweise. Unter dem **Finanzaspekt** entspricht der Markenwert den diskontierten Zahlungsüberschüssen bzw. Gewinnen, die sich mit der Marke erzielen lassen (vgl. die Definitionen von Kaas 1990 und Kern 1962). Unklar ist, auf welchen Zeitraum sich die Betrachtung beziehen soll, und ob die gesamten Zahlungsüberschüsse/Gewinne des Produkts verwendet werden oder nur der Teil, der auf den Faktor „Marke" entfällt (vgl. Farquhar 1989).

Die **konsumentenpsychologische Sichtweise** greift auf Einstellungen der Konsumenten, Image und Bekanntheit, Qualitätswahrnehmung und Assoziationen zurück. Der Markenwert kann dabei nicht in Geldeinheiten, sondern nur in Punkt- oder Prozentwerten ausgedrückt werden.

Ein Verfahren, das beide Aspekte miteinander zu kombinieren versucht, ist die hedonische Preisfunktion. Der Effekt der Marke (d.h. das Ausmaß des Einflusses auf die Kaufentscheidung) wird als Anteil am Kaufpreis ausgedrückt, so daß ein Markenwert in Geldeinheiten ermittelt werden kann.

Der **Markenwert** kann somit entweder definiert werden als

- der finanzielle Wert dessen, was die Unterscheidungskraft des Produkts über die Lebensdauer ausmacht, oder
- ein Indikator für die Kaufbereitschaft der Konsumenten für das Produkt über die Lebensdauer.

Financial World ermittelte für Coca Cola für 1993 einen weltweiten Markenwert in Höhe von 55,4 Mrd. DM. Die Berechnung erfolgte aufgrund von Verkaufszahlen, Gewinn, Wachstumspotential abzüglich Produktionskosten und Zöllen. Zweitstärkste Marke war Marlboro mit einem Wert von 50,9 Mrd. DM. Auf Platz 3 folgte mit großem Abstand Nescafé vor Kodak, Microsoft, Budweiser, Kellogg's, Motorola und Gillette (vgl. o.V. 1994b).

4.7.2 Anlässe der Markenbewertung

Die Frage der Messung des Werts einer Marke wird erst, mit wenigen Ausnahmen, seit Ende der achtziger Jahre betrachtet. Ausschlaggebend für das spät, aber dann um so stärker entstehende Interesse am Markenwert dürften zahlreiche, teils spektakuläre Unternehmensübernahmen und Vergaben von Lizenzen sein.

Dazu gehören beispielsweise die Übernahme von Jacobs Suchard und Kraft durch Philip Morris, von VP Schickedanz, Blendax u.a. durch Procter & Gamble, den Kauf des Markennamens Amiga durch Escom, die Vergabe von Markennutzungsrechten für Mövenpick, BOSS, Joop u.a.

Beim Kauf eines Unternehmens, das über eingeführte und erfolgreiche Marken verfügt, spielen diese eine größere Rolle bei der Bemessung des Kaufpreises als Sachwerte, die überwiegend weniger lange nutzbar sind. Betrachtet man die klassischen Markennamen wie Nivea, Persil, UHU, Milka und ihre Entwicklung, die sich zum Teil über ein Jahrhundert hinzieht, sowie die unterschiedlichen Produkte, die unter ihrem Dach auf den Markt gebracht wurden, wird die Bedeutung des Markenwerts klar.

Insgesamt können folgende **Anlässe** einer Markenwertermittlung identifiziert werden (vgl. Sattler 1995, S. 664ff.; Hammann 1992, S. 214ff.; Bekmeier 1994, S. 83f.):

- **Kauf/Verkauf von Unternehmen** - Markenrechte sind Teil des Betriebsvermögens, so daß ein Teil des Kaufpreises auf die Markenwerte entfällt. Erworbene Markenrechte können in der Bilanz aktiviert werden, eigene nicht.
- **Kauf/Verkauf einzelner Marken** - Markenwerte sind die Bemessungsgrundlagen für den Kaufpreis, da es in diesem Fall i.d.R. nicht um den Erwerb von Produktionsanlagen geht.
- **Erwerb/Vergabe von Markenlizenzen** - Im Gegensatz zum Kauf/Verkauf werden Lizenzen regelmäßig zeitlich befristet vergeben und teilweise um Absprachen bezüglich der Nutzung (z.B. Einhaltung bestimmter Qualitätsniveaus bei der Produktion) ergänzt. Hier kann eine Preisermittlung nur auf der Basis des Werts der Marke erfolgen.

  Die Umsätze der Lizenznehmer von HUGO BOSS beispielsweise lagen 1994 bei 280 Mio. DM, verglichen mit 857 Mio. DM Umsatz des Unternehmens HUGO BOSS. Der Gesamtumsatz der unter der Marke verkauften Produkte erhöhte sich durch die Lizenznehmer um knapp 33%. Die Lizenzeinnahmen lagen bei 30,9 Mio. DM. Das sind 11% des Lizenz- und 3,6% des Gesamtumsatzes. Zu den Lizenznehmern gehören Gibor für Bodywear und Eurocos für Herrendüfte („BOSS-Elements").

- **Gestaltung von Franchise-Verträgen** - Vor allem eingeführte Franchise-Konzepte bieten in erster Linie die Bekanntheit und das Image ihrer Marke an. Die Franchise-Gebühr kann um so höher angesetzt werden, je höher die Bedeutung des Namens für den Geschäftserfolg ist. Auch hier ist eine Markenwertermittlung als Grundlage der Vertragsgestaltung sinnvoll.
- **Marketing-Erfolgskontrolle** - Markenwerte sind vor allem dann als Grundlage der Erfolgsbeurteilung des Marketing insgesamt einsetzbar, wenn es sich um Dachmarken handelt. Marketingmaßnahmen für ein Produkt unter dieser

Dachmarke wirken sich gleichzeitig auf andere Produkte aus, so daß die Ermittlung des produktspezifischen Erfolgs nie gerecht ist.

- **Strategische Budgetierungsgrundlage** - Markenwerte haben strategischen Charakter, da sie auf einen längerfristigen Zeitraum ausgerichtet sind. Sie können daher als Grundlage strategischer Budgetallokation verwendet werden. In der Regel wird es sich jedoch nur um eine globale Mittelzuweisung handeln, weil der Markenwert keine Auskunft über durchzuführende Maßnahmen gibt.
- **Bemessungsgrundlage für Schadensersatz** - Das neue Markengesetz gibt erweiterte Möglichkeiten des Schutzes gegen Markenpiraterie und räumt der Marke dafür einen grundsätzlich höheren Stellenwert ein. Im Falle eines Schadensersatzprozesses können Markenwerte herangezogen werden, um die Höhe des durch den Mißbrauch entstandenen Schadens zu ermitteln.
- **Listungsentscheidungen** - Handelsunternehmen nehmen ihre Listungsentscheidungen in erster Linie auf der Basis von Erfolgsaussichten und Marktpositionen vor. Der Nachweis eines hohen Marktwerts erleichtert es dem Hersteller, eine Listung und angemessene Plazierung zu erreichen.

4.7.3 Kriterien der Markenbewertung

Wie bereits oben angedeutet, existiert eine Vielzahl möglicher Bewertungskriterien für eine Marke. Die wichtigsten sind (vgl. Sattler 1995, S. 671ff.; Hammann 1992, S. 217ff.; Tolle/Steffenhagen 1994):

Kriterium	Beschreibung
monetäre Kriterien	
bisheriger Markenerfolg	Summe der Nettogewinne seit Markteinführung
Preisprämie	Summe der gezahlten Preisaufschläge gegenüber Konkurrenzprodukten
statistische Bestimmung des Markenwerts	Schätzung des Anteils am Preis, den Verbraucher für die Marke zahlen, mit Conjoint-Analyse oder hedonischer Preisfunktion (Regressionsanalyse)
Kosten der Markenentwicklung	Summe der Kosten, die seit Einführung für Aufbau und Entwicklung der Marke aufgewendet wurden
Gewinnsteigerungen durch markenspezifische Maßnahmen	Beobachtung der Gewinnveränderungen, die im Zusammenhang mit Maßnahmen auftreten, die den Markenwert beeinflussen
Expertenschätzungen	Beurteilung des Markenwerts anhand einer Vielzahl von Faktoren durch Experten, Verarbeitung durch Scoring-Modell

qualitative Kriterien	
Bekanntheitsgrad	eigene Befragung/Omnibus-Befragung
Einstellungen/Kaufabsichten	eigene Befragungen
Positionierung	Untersuchung der Nähe zu Ideal- und Konkurrenzprodukten
Distribution	Abdeckung der Distributionsmöglichkeiten
Markentreue	Anteil der Wiederkäufe/Wiederkaufbereitschaft
Produktqualität	Experteneinschätzungen/Testergebnisse
Produktimage	Wahrnehmung des Produkts durch die Verbraucher im Vergleich zur Konkurrenz
Relevant Set	Vorhandensein im Relevant Set der Verbraucher, d.h. wahrgenommene Relevanz der Marke für die Kaufentscheidung
Zufriedenheit	Grad der Zufriedenheit der Käufer mit der Marke
Rechtsschutz	vorhandene gewerbliche Schutzrechte, auch: Verbreitungsgebiet der Marke

Abb. 4.50: Kriterien der Markenbewertung

4.7.4 Beispiele für Markenbewertungsverfahren

Wie sich bereits aus obiger Aufstellung der möglichen Bewertungskriterien ersehen läßt, können nahezu unendlich viele Markenbewertungsverfahren konzipiert werden. Die Wahlmöglichkeiten beziehen sich sowohl auf die Entscheidung bezüglich der Kriterien als auch der Verknüpfung der Einzelergebnisse.

Um zumindest einen kleinen Überblick über das Spektrum vorhandener Verfahren zu geben, sollen im folgenden kurz Konzepte aus Werbeagentur, Marktforschung und Wissenschaft dargestellt werden.

a) Markenbewertung von Interbrand Ltd.

Die Markenbewertung dieses 1988 erstmals angebotenen Verfahrens basiert auf folgenden Kriterien, denen jeweils ein maximal erreichbarer Punktwert zugewiesen wird:

Kriterium	Punkte max.
Marktführerschaft (Marktanteil, Marktstruktur, Produktvorteile, Image usw.)	25
Stabilität (Alter, Lebensdauer, Präsentation, Akzeptanz, Sortiment usw.)	15
Markt (Wettbewerbsstruktur, Marktvolumen, Verbrauchertrends usw.)	10
Internationalität (ausländische Märkte, dortige Bedeutung, Auslandsmarketing usw.)	25
Trend der Marke (Volumen-/Wertentwicklung, Wettbewerbstrends, Chancen usw.)	10
Marketing-Unterstützung (Marketing-Maßnahmen, Entwicklung der Markenpersönlichkeit usw.)	10
Rechtlicher Schutz der Marke	5
Gesamt	100

Die Bewertung der Marke erfolgt durch ein Expertenteam, das mit der errechneten Gesamtpunktzahl die „Markenstärke" bestimmt. Die Markenstärke wird mathematisch in einen „Markenwertfaktor" umgerechnet, der sich etwa ertragsgesetzlich zur Markenstärke verhält. Dabei wird unterstellt, daß mit steigender Markenstärke der Markenwertfaktor zunächst progressiv, dann degressiv steigt. Das heißt, die ersten 50 Punkte der Markenstärke haben stärkere Auswirkungen, die letzten 50 schwächere Auswirkungen auf den Markenwertfaktor.

Die **finanzielle Seite** wird durch Ermittlung des Durchschnittsnettogewinns nach Zinsen und Steuern bestimmt. Für drei Perioden (die aktuelle und die zwei vorherigen) wird dazu der Nettogewinn errechnet, unter Berücksichtigung von Inflation gemittelt und um Zinsen und Steuern vermindert. (Vgl. Hammann 1992, S. 225ff.)

Der Markenwert wird dann durch Multiplikation des Durchschnittsnettogewinns mit dem Markenwertfaktor errechnet. Die Struktur des Verfahrens sieht damit wie folgt aus:

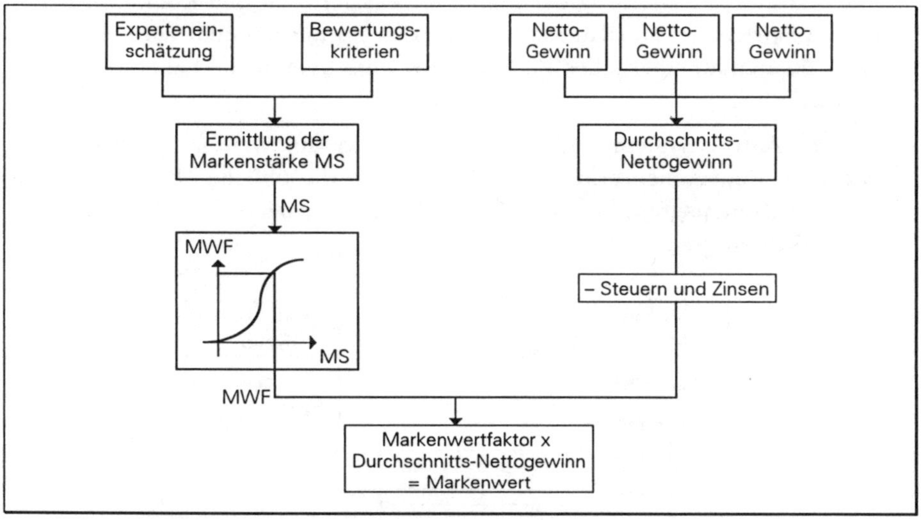

Abb. 4.51: Struktur des Interbrand-Markenbewertungsmodells

b) Brand Performancer von A.C. Nielsen

Der Brand Performancer von A.C. Nielsen setzt sich zum Ziel, auf den strategischen Aufbau von Marken aufmerksam zu machen. Er besteht aus 4 Komponenten mit individuellen inhaltlichen Schwerpunkten:

- **Brand Monitor** - Kern des Brand Performancer ist ein Brand Monitor genanntes Bewertungsverfahren, das folgende Kriterien verwendet: Marktvolumen, Marktwachstum, Marktanteil, Wachstum des Marktanteils, numerische und gewichtete Distribution, Bekanntheit und Relevant Set. Für die Marke wird ein Indexwert errechnet, und zwar die Markenstärke in % vom Ideal.

- **Brand Steering System** - Hier geht es darum festzustellen, ob die Marke entsprechend ihrer Zielpositionierung von den Konsumenten wahrgenommen wird. Die Marketing-Maßnahmen für konkurrierende Produkte werden miteinander verglichen. Ergebnis sind Informationen über die Preisstruktur des Markts, Werbeausgaben und -wirkung u.ä. Mit Hilfe einer Korrespondenzanalyse werden die untersuchten Marken in einem Eigenschaftsraum dargestellt, der Aufschluß über die tatsächliche Positionierung geben soll.

- **Brand Value System** - Aufgabe dieses Teils ist die finanzielle Bewertung der Marke. Auf der Basis der Ergebnisse dieses Brand Performancer-Moduls wird die relative Markenstärke ermittelt. Diese ist Grundlage für die Ermittlung des Ertragspotentials. Der gesamte in dem Markt zu erzielende Gewinn (= angenommene durchschnittliche Umsatzrendite x Marktvolumen) wird entsprechend der relativen Markenstärke auf die einzelnen Marken verteilt. Ergebnis ist das Ertragspotential der Marke. Der Markenstärke-Gewinn weicht damit vom tatsächlichen Gewinn ab, es sei denn, die relative Markenstärke (die qualitative Bewertung der Marke im Vergleich zu den Konkurrenzmarken) entspricht genau dem Marktanteil. Das Ertragspotential wird dann mit Hilfe finanzmathematischer Verfahren für eine unendliche Lebensdauer berechnet.

- **Brand Control System** - In diesem letzten Modul werden Markenstärkebezogene Kennzahlen ermittelt. Dabei werden die üblichen Kontrollgrößen wie Distributionsgrad, Werbeausgaben, Erinnerungswerte usw. auf die Markenstärke bezogen.

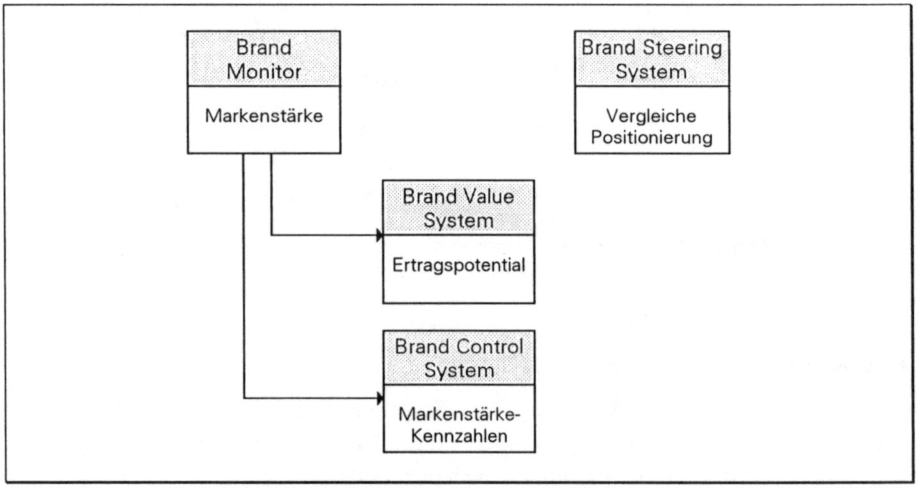

Abb. 4.52: Struktur des Brand Performancer von A.C. Nielsen

c) Brand Asset Valuator von Young & Rubicam

Das Brand Asset Valuator Modell der Werbeagentur Young & Rubicam beschränkt sich auf die konsumentenpsychologische Bewertung, läßt also finanzwirtschaftliche Aspekte außer acht. Datengrundlage ist eine Befragung von 30.000 Konsumenten in 24 Ländern über 6000 Marken, davon 450 globale. Themen der Befragung waren Bekanntheit, Verwendung, Einstellungen und Image. (Vgl. Young & Rubicam 1993, 1995)

Ziel der Befragung war es, die Marken anhand zweier Dimensionen zu positionieren, nämlich Vitalität und Status. Diese Dimensionen setzen sich wiederum aus zwei anderen zusammen. Differenzierung steht für die wahrgenommene Unterscheidungskraft der Marke. Relevanz bedeutet persönliche Verwendbarkeit für den Konsumenten. Ansehen drückt die persönliche Wertschätzung der Marke aus. Wissen steht für das Verständnis der Marke.

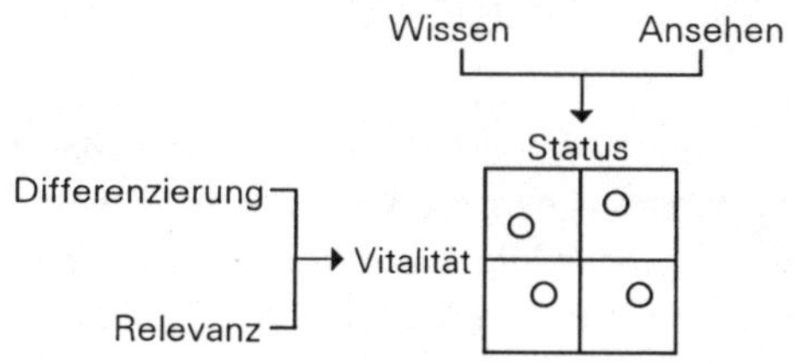

Abb. 4.53: Power Grid des Brand Asset Valuator von Young & Rubicam

Die untersuchten Marken werden anhand der Dimensionen in ein sog. Power Grid eingetragen. Dabei lassen sich zwei klassische Entwicklungslinien unterscheiden:

- Neue Marken beginnen unten links. Sie entwickeln sich weiter auf der Grundlage von Differenzierung, bewegen sich damit im Diagramm nach oben. Dann entsteht Relevanz für Konsumenten, die Bewegung geht weiter nach oben. Die Marke verfügt dann über hohe Vitalität und ein (noch ungenutztes) Potential zur Ausbildung von Status. Erfolgreiche Marken entwickeln von dieser Position aus Ansehen und werden bekannt und vertraut. Der obere rechte Quadrant bezeichnet eine Position der Führerschaft.
- Entgegengesetzt verläuft die Entwicklung bei Marken, deren Potential verbraucht ist, die inzwischen „überholt" sind. Zunächst sinkt die Vitalität: die Differenzierungskraft geht verloren, die Relevanz für Konsumenten sinkt. Werden keine Gegenmaßnahmen ergriffen, geht der Status der Marke verloren, und sie findet sich unten links wieder.

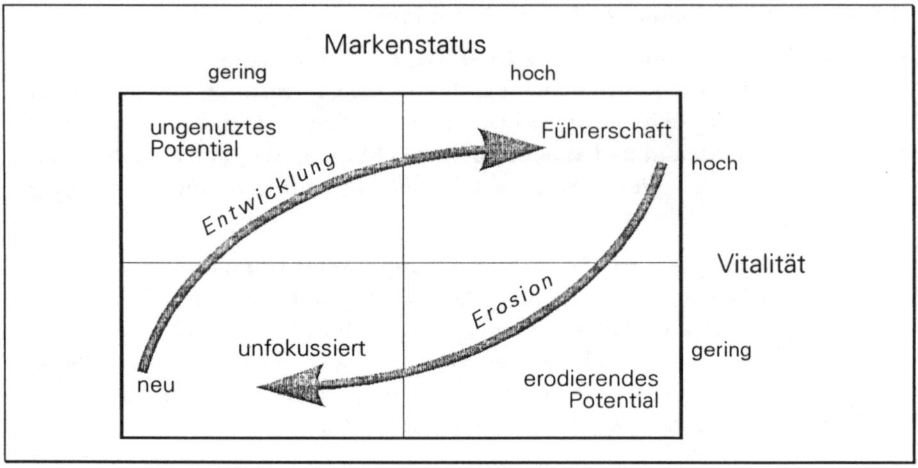

Abb. 4.54: Entwicklungslinien im Status/Vitalität-Diagramm

Beispiele für Marken mit hoher Vitalität sind in Deutschland: Aldi, Coca-Cola, Deutschland, Hohes C, Jacobs, Lego, Levi's, Mercedes-Benz, Nivea, Valensina. Hohen Status haben: ARD, Coca-Cola, Deutsches Rotes Kreuz, Deutschland, Dr. Oetker, Maggi, Mercedes-Benz, Nivea, Volkswagen, ZDF.

d) Hedonische Preisfunktion

Die Theorie der hedonischen Preisfunktion basiert auf dem Gedanken, Preisunterschiede zwischen Produkten durch unterschiedliche Produktmerkmale zu erklären. Es wird davon ausgegangen, daß Konsumenten die einzelnen Merkmale unterschiedlich bewerten und in Abhängigkeit von ihrer Nutzeneinschätzung zur Kaufentscheidung kommen. Für den Anbieter ist dagegen interessant, welchen Gewinnbeitrag jede einzelne Produkteigenschaft leistet.

Die hedonische Preisfunktion berechnet nun für jede einzelne Produktvariante den Marktpreis. Daraus läßt sich dann der auf jede Eigenschaft entfallende Teilbetrag errechnen. Dazu bedient sich das Verfahren der multiplen Regressionsanalyse. Sie benötigt metrisch skalierte Daten, was bei dem Faktor „Marke" nicht der Fall ist. Dieses Problem wird dadurch gelöst, daß der Produktpreis mit und ohne Marke berechnet und dann die Differenz errechnet wird. (Vgl. Sander 1993, 1994, 1995)

Beispiel einer hedonischen Preisfunktion für den deutschen Kaffeesahne- und Kondensmilchmarkt (Sander 1994, S. 241, zu den mathematischen Verfahren s. dort):

Preis =	– 0,425 (konstant)	+ 0,036 x Fettgehalt in %
	+ 0,003 x Menge in g	– 0,115 falls Kaffeesahne
	+ 0,279 falls Flaschenverpackung	+ 0,179 falls Kännchenverpackung
	+ 0,221 falls Einzelportionspackung	– 0,144 falls Brikverpackung
	+ p_M falls Markenzugehörigkeit.	

Das heißt z.B.: Die Kännchenverpackung erbringt einen Aufschlag von 17,9 Pf. p_M entspricht dem Preis, der für die Marke gezahlt wird.

Der Preis für die Marke p_M wird benötigt, um den gesamten **Markenwert** zu errechnen. Dazu wird er in eine Kapitalwertformel eingesetzt, die die erlösten Markenpreise abzüglich der mit der Marke verbundenen Kosten für die gesamte Produktionsmenge addiert und, da die gesamte Lebensdauer berücksichtigt wird, abzinst.

Das Modell der hedonischen Preisfunktion basiert auf den **Annahmen** des vollkommenen Markts, d.h. vollständiger Markttransparenz, vollständiger Konkurrenz ohne Einfluß der Marktteilnehmer auf die Preise, Ziel der Gewinn- (Anbieter) bzw. Nutzenmaximierung (Konsumenten) und objektiv vergleichbarer Produkte. Darüber hinaus ist die Tatsache problematisch, daß nicht alle Kombinationen von Produkteigenschaften realisiert werden, die einzelnen Merkmale somit nicht voneinander unabhängig sind, wie unter den Modellannahmen eigentlich gefordert.

Die vier Markenbewertungsmodelle wurden ausgewählt, um einen kleinen Querschnitt des Spektrums aufzuzeigen. Sämtliche Verfahren haben individuelle **Vor- und Nachteile**. Das Interbrand-Modell ist umfassend und versucht, die Bewertung auf eine Information zu verdichten. Dabei werden jedoch einige kaum nachvollziehbare Modellkonstruktionen vorgenommen, die eine Fehlerquelle darstellen können. Das Brand Performancer-Modell ist methodisch einfach und berücksichtigt eine Vielzahl unterschiedlicher Kriterien, unterliegt jedoch den Risiken subjektiver Urteile und führt zu unübersichtlichen Ergebnissen. Das Brand Asset Valuator-Modell erinnert stark an die klassische Portfolio-Technik. Es ist einfach aufgebaut und beschränkt sich auf die Konsumenten-Seite. Die hedonische Preisfunktion ist theoretisch elegant, jedoch von einzelnen Unternehmen aufgrund des mathematisch-statistischen Aufwands kaum anzuwenden und unterliegt den Annahmen des vollkommenen Markts, die nie gegeben sind.

4.8 Systematik der Kontrollaktivitäten

Versucht man nun, die einzelnen Kontrolltechniken entsprechend ihres Anwendungsbereichs in einer Hierarchie darzustellen, ergibt sich etwa folgendes Bild:

Gegenstand der Kontrolle	Typ der Kontrolle	Verfahren der Kontrolle (Auswahl)
Unternehmensgewinn	Ergebniskontrolle	Vollkostenrechnung
Unternehmensleitbild	strategische Kontrolle	Imageanalyse, Positionierungsstudie
Planungssystem	Auditing	Organisationsaudit, Verfahrensaudit
Zielsystem	Auditing	Strategienaudit, Verfahrensaudit
Marketingstrategie	Auditing	Strategienaudit
	nichtökonomische Kontrolle	Marktpositionsanalyse, Portfolios, Bekanntheitsgradanalyse, Risikoanalyse
	ökonomische Kontrolle	Markenbewertung
Marketing-Maßnahmen	Auditing	Marketing-Mix-Audit
	Ergebniskontrolle	Absatzsegmentrechnung, Betriebsvergleiche, Sortimentsbewertung, Werbeerfolgskontrolle, Distributionsanalyse, Kundenzufriedenheitsmessung, Aktionserfolgsanalyse
	Kostenkontrolle	Budgetanalyse, AD-Kosten-Analyse, Prozeßkostenrechnung
	nichtökonomische Kontrolle	Bekanntheitsanalyse, Distributionsanalyse, Marktanteilsanalyse, Imageanalyse

Abb. 4.55: Systematik der Kontrollaktivitäten

5 Marketing-Zielplanung

Mit Ausnahme der Ein-Personen-Unternehmen ist es in jedem Betrieb erforderlich, den Tätigkeiten der einzelnen Mitarbeiter eine Orientierung zu geben, sie zu koordinieren. Dies geschieht u.a. über die Formulierung von Zielen. Die möglichen Ziele, die ein Unternehmen verfolgen kann, sind in der Vergangenheit zunehmend vielfältiger geworden. Dabei spielten sowohl öffentliche Diskussionen über Unternehmen als auch ökonomische und ökologische Entwicklungen eine Rolle. Während früher häufig nur das Gewinnziel existierte, spielen heute auch Umweltaspekte oder soziale Verantwortung eine Rolle.

5.1 Probleme der Zielbildung

Die Zielbildung unterliegt unterschiedlichen Interessen. Je mehr Personen und Abteilungen an diesem Prozeß beteiligt sind, desto schwieriger ist die Koordination. Einflüsse können aber auch von außen kommen, etwa von Kapitalgebern, Aufsichtsräten oder Kooperationspartnern. Weitere Probleme entstehen, wenn zusätzlich private Interessen eine Rolle spielen.

Zwischen Zielen bestehen sowohl horizontale als auch vertikale Beziehungen (vgl. Bidlingmaier/Schneider 1976, Sp. 4733ff.).

Horizontale Beziehungen bestehen zwischen Zielen auf der gleichen Hierarchieebene. Sie sind gleichermaßen bedeutsam, haben jedoch einen unterschiedlichen Gehalt. Die horizontalen Beziehungen können folgende Formen annehmen:

Neutralität

In diesem Fall liegen keine Konkurrenzbeziehungen vor. Das eine Ziel kann verwirklicht werden, ohne daß es eine Auswirkung auf das andere Ziel hat.

Beispiel: Umsatzsteigerung eines Produkts um 5% und

Steigerung des Bekanntheitsgrads eines Produkts aus einem anderen Sortiment um 10%

Antinomie

Hier liegt eine Inkompatibilität in dem Sinne vor, daß das eine Ziel die Erfüllung des anderen ausschließt.

Beispiel: Sortimentsbereinigung im Bereich X und
Ausweitung des Absatzes im Bereich X

Konkurrenz

Die Erfüllung des einen Ziels schränkt die Erfüllung des anderen ein, ohne sie jedoch ganz auszuschließen. Beide Ziele können zusammen nur auf geringerem Niveau erreicht werden.

Beispiel: Steigerung des Bekanntheitsgrads eines Produkts und
Steigerung des Marktanteils eines konkurrierenden Produkts des gleichen Sortiments

Komplementarität

Die Erfüllung des einen Ziels führt gleichzeitig zur Erfüllung des anderen Ziels.

Beispiel: Steigerung des Umsatzes für Produkt Y um 5% und
Steigerung des Absatzes der Zubehörprodukte für Y um 5%

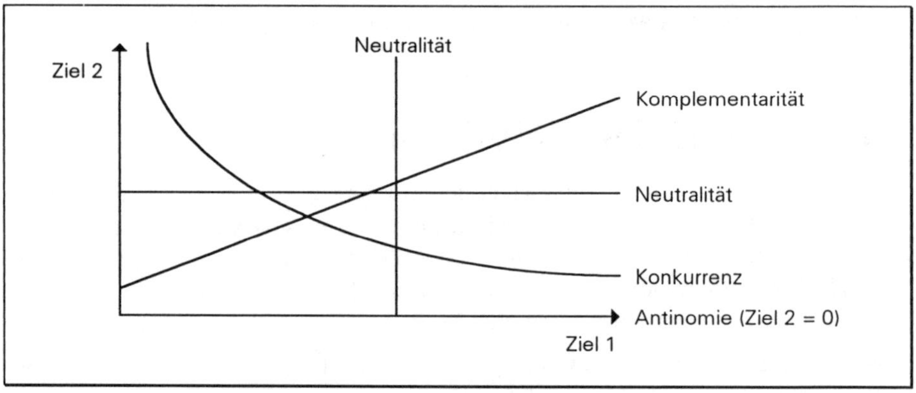

Abb. 5.1: Horizontale Zielbeziehungen

Vertikale Beziehungen bestehen zwischen Zielen und aus ihnen abgeleiteten Unterzielen. Dabei handelt es sich in der Regel um Konkretisierungen von Oberzielen. Sie stellen damit auch die Mittel zur Erfüllung der Oberziele dar und sind selbst Oberziel für aus ihnen abgeleitete Unterziele.

Beispiel: Oberziel: Verbesserung der Marktposition des Unternehmens
Unterziele: Steigerung der Bekanntheit des Unternehmens
Steigerung des Marktanteils einzelner Produkte
Erzielung einer bestimmten Imageposition

Vollständig definierte Ziele enthalten stets drei Angaben:

- **Inhalt:** Hier geht es darum, auf welches Kriterium, welche Größe das Ziel bezogen ist. In der Regel werden ökonomische und nicht-ökonomische Ziele unterschieden. Erstere beziehen sich auf Umsatz und Gewinn bzw. daraus abgeleitete Größen, letztere auf nicht mit ökonomischen Maßstäben meßbare Ziele wie Image, Prestige, Macht, Bekanntheit usw.

- **Ausmaß:** Ziele können entweder die Erreichung eines vorgegebenen Ausmaßes eines Kriteriums (Anspruchsniveauforderung, „mindestens...") oder die Erreichung eines möglichst starken Ausmaßes (Extremforderung, „so viel, stark usw. wie möglich") vorschreiben. Beide Arten haben Vor- und Nachteile. Extremziele legen kein Minimum fest, so daß das Ziel letztlich auch dann erreicht ist, wenn nur ein geringer Erfolg erbracht wurde. Sie können daher nur die Richtung des Handelns angeben. Anspruchsniveauziele stellen einen Anreiz dar, ein vorgegebenes Niveau zu erreichen, darüber hinaus gibt es jedoch keinen Anreiz.

- **Zeitbezug:** Es muß festgelegt werden, bis wann oder für welchen Zeitraum das Ziel erreicht werden soll. Geschieht dies nicht, besteht keine Möglichkeit der Kontrolle der Zielerreichung, weil jederzeit eingewendet werden kann, es wäre ja noch Zeit.

Weiterhin sind in bezug auf die Durchführbarkeit einige **Grundanforderungen** an Ziele allgemein zu stellen. So müssen sie (Grün 1976, Sp. 4724f.)

- klar (verständlich und eindeutig formuliert)
- vollständig (Inhalt, Ausmaß, Zeitbezug, s.o.)
- operational (meßbar)
- realisierbar (nicht-utopisch, realistisch)
- kompatibel (sich nicht widersprechend) und
- motivationsfähig (im Sinne eines Leistungsanreizes) sein.

5.2 Mögliche Ziele im Marketing

Im folgenden soll ein mögliches Beispiel eines Zielsystems vorgestellt werden. Es berücksichtigt die Ebenen Unternehmensleitung, Marketing, Sparten, Verkaufsgebiete und einzelne Verkäufer. Je nach Unternehmensstruktur sind andere Gliederungen möglich.

Organisationsebene	Erfolgsziele	Erlösziele	Marktziele	Kommunikationsziele	Distributionsziele
Unternehmensleitung	Gewinn, Rentabilität	Gesamtumsatz Umsatzwachstum	Marktposition	Firmenimage Corporate Identity	
Marketingleitung	Unternehmens-DB	Absatzerlös	Markteintritt/ Marktaustritt	Firmenimage	
Sparten-Leitung (Produkt/-gruppe)	Sparten-DB	Spartenerlös	Marktanteil	Markenimage Markenbekanntheit	Erschließung neuer Absatzgebiete und Distributionswege
Verkaufsgebietsleitung	Gebiets-DB	Gebietserlös	Gebietsmarktanteil		Distributionsdichte
Verkäufer	Auftrags-DB	Verkäufererlös Auftragserlös		Kundeninformation	Besuchsfrequenz

Abb. 5.2: Zielsystem des Marketing

In empirischen Erhebungen haben sich folgende marketingbezogenen Ziele als bedeutend herausgestellt (Fritz/Förster/Wiedmann/Raffée 1988):

- Sicherung der Wettbewerbsfähigkeit
- Verbesserung der Marktposition/Marktanteil
- Qualität des Angebots
- Ansehen in der Öffentlichkeit
- Versorgung der Verbraucher
- umweltfreundliche Produkte.

Dabei handelt es sich jedoch um sehr allgemein gehaltene Vorstellungen, die allenfalls auf Unternehmensebene zu einer Steuerung der Tätigkeiten eingesetzt werden können.

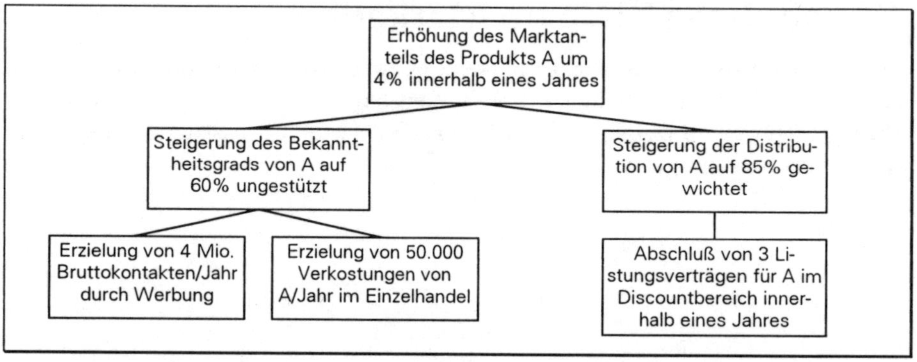

Abb. 5.3: Hypothetische Zielhierarchie für einen Konsumgüterhersteller

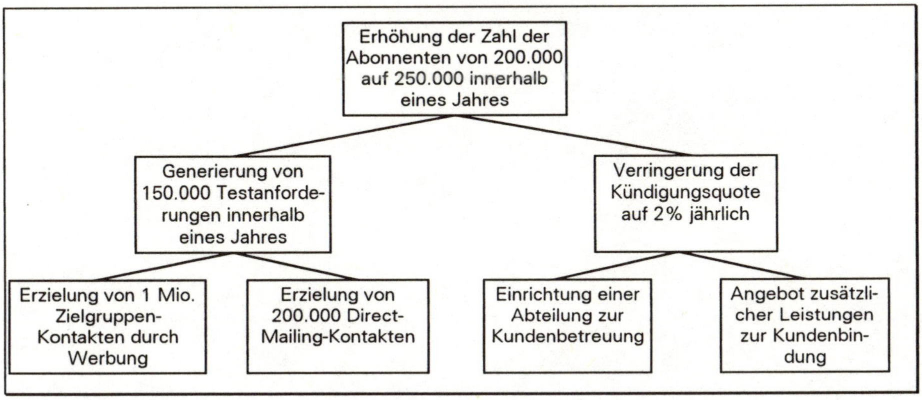

Abb. 5.4: Hypothetisches Beispiel einer Zielhierarchie in einem Verlag

6 Organisation des Marketing-Controlling

Die organisatorische Verankerung des Marketing-Controlling steht vor dem Problem, zwei unterschiedliche Funktionsbereiche (nämlich Marketing und Controlling) miteinander zu vereinbaren. Die Stelleninhaber befinden sich an einer Schnittstelle, die eine eindeutige Zuordnung zumindest erschwert. Die möglichen Lösungen verwenden denn auch diese Zuordnung als Parameter:

Verankerung
- im Marketing
- im Controlling
- sowohl im Marketing als auch im Controlling
- außerhalb beider Funktionsbereiche.

6.1 Integriertes Marketing-Controlling

Das integrierte Marketing-Controlling gliedert die Stelle in den Marketing-Bereich ein. Das Marketing-Controlling ist genauso eine Instanz in der Marketing-Abteilung wie etwa das Produktmanagement, die Marktforschungsabteilung usw.

Vorteile dieser Lösung sind die enge Zusammenarbeit mit dem Marketing und ein vereinfachter Informationsfluß. Das Controlling sitzt sozusagen an der Informationsquelle und kann sich aktuell informiere, ohne daß die Gefahr einer mehr oder weniger bewußten Filterung besteht.

Nachteile sind die Gefahr der Isolierung als „Wachhund", weil die Tätigkeit auch in der Kontrolle der Aktivitäten der Kollegen besteht, sowie die Abhängigkeit von der Marketing-Leitung. Es ist in diesem Fall u.a. die Aufgabe des Controlling, die vorgesetzte Instanz zu kontrollieren, was regelmäßig zu Problemen führen dürfte. Hier müßten zusätzlich Regelungen geschaffen werden, die sicherstellen, daß der Controller seine Unabhängigkeit behält.

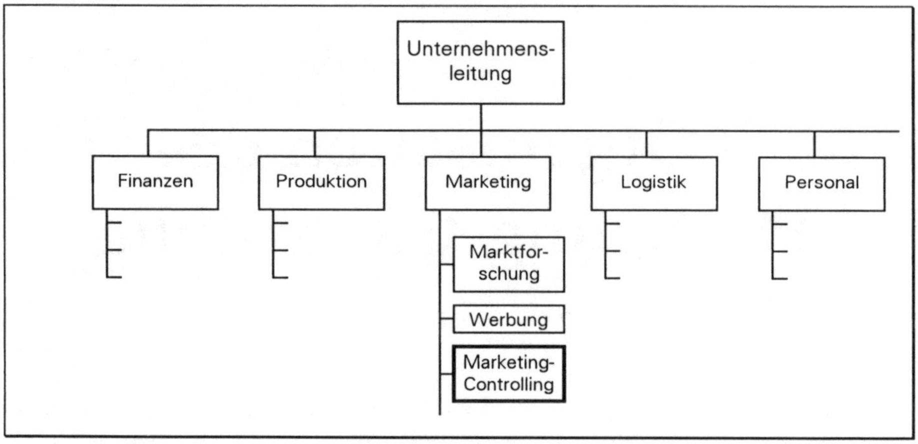

Abb. 6.1: Integriertes Marketing-Controlling

6.2 Marketing-Controlling als Stabsstelle

Hier wird eine Stabsstelle bei der Unternehmensleitung eingerichtet.

Vorteile dieser Regelung sind die hohe informelle Kompetenz und der direkte Kontakt zur obersten Entscheidungsebene.

Nachteile: Dem steht aber die fehlende eigene funktionale Kompetenz gegenüber. Eine Stabsstelle hat keine Weisungsbefugnis und ist auf die Handlungsbereitschaft der Geschäftsführung angewiesen. Weiterhin besteht das Problem der Informationsversorgung. Die fehlende Einbindung in die Marketing-Abteilung macht es erforderlich, als Außenstehender Informationen zu beschaffen. Inwieweit hier eine effektive Zusammenarbeit möglich ist, hängt in hohem Maße von der Kommunikationsbereitschaft der beteiligten Stellen ab.

Die Einrichtung einer Stabsstelle eignet sich z.B. dann, wenn keine eigenständige Marketing-Abteilung vorhanden ist und Marketingaufgaben etwa von Vertriebsmitarbeitern übernommen werden. Die Stabsstelle kann auch als Provisorium angesehen werden, wenn nach einer Testphase eine Eingliederung in die Marketing- oder Controllingabteilung erfolgt. Schließlich bietet sie sich bei mittelständischen Unternehmen an, in denen dann auch die Unternehmensplanung mit übernommen werden kann. Diese Verankerung bietet die Möglichkeit einer engen persönlichen Zusammenarbeit beispielsweise mit den Firmeninhabern.

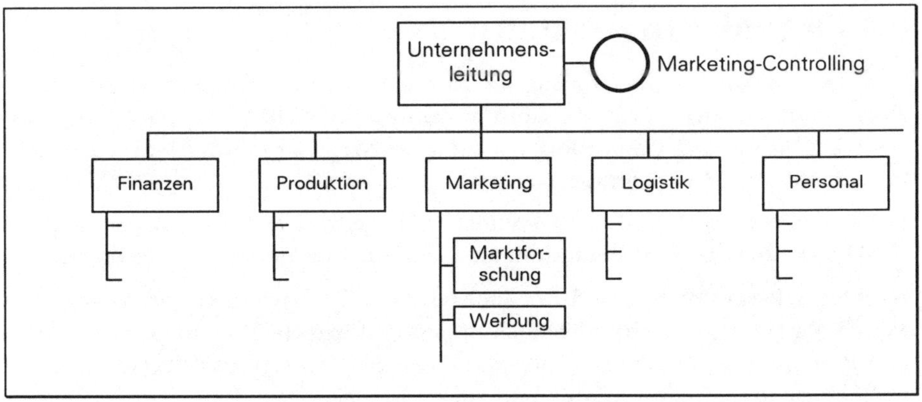

Abb. 6.2: Marketing-Controlling als Stabsstelle bei der Unternehmensleitung

6.3 Institutionalisiertes Marketing-Controlling

Institutionalisiertes Marketing-Controlling beschreibt die Verankerung der Abteilung innerhalb des Unternehmensbereichs Finanzen/Rechnungswesen. Hierbei kann beispielsweise innerhalb einer Abteilung „Controlling" die Stelle „Marketing-Controlling" gebildet werden.

Die **Vorteile** dieser Regelung bestehen in einer hohen funktionalen Kompetenz und der Unabhängigkeit von der Marketing-Leitung.

Letzteres führt allerdings wieder zum **Nachteil** der erschwerten Informationsbeschaffung und der Gefahr einer kommunikativen Isolierung vom Marketing.

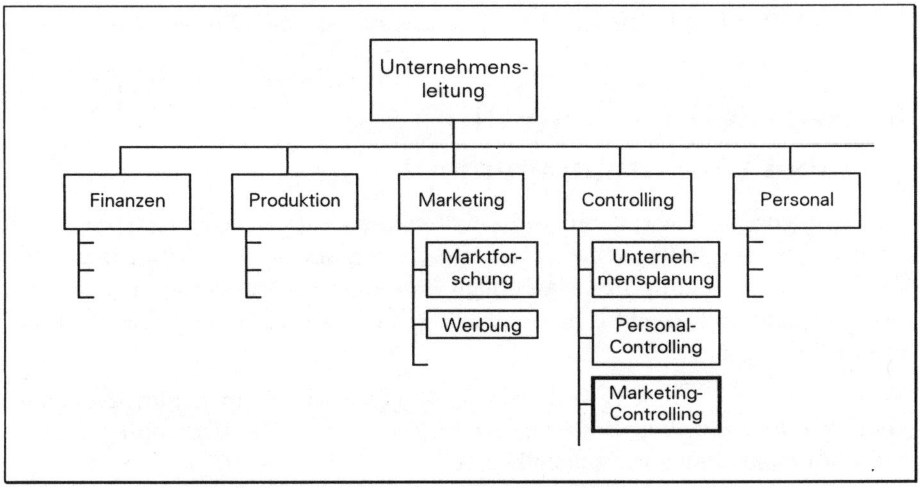

Abb. 6.3: Institutionalisiertes Marketing-Controlling

6.4 Dotted-Line-Prinzip

Das Dotted-Line-Prinzip versucht, die Nachteile der eindeutigen Zuordnung zu einem Funktionsbereich zu mindern, indem es eine Schnittmengenlösung vorsieht. Das Marketing-Controlling wird dabei disziplinarisch der Marketing-Leitung, funktional dem zentralen Controlling unterstellt.

Dabei entsteht als **Vorteil** die Kombination aus einer gewissen Unabhängigkeit vom Marketing und der Einbindung in den Marketing-Entscheidungsprozeß.

Nachteilig kann sich jedoch der entstehende Konflikt zwischen Controlling und Marketing auswirken. Grundsätzlich muß damit gerechnet werden, daß in beiden Bereichen gegensätzliche Interessen bestehen, so daß das Marketing-Controlling genau in diesem Konfliktfeld angesiedelt ist.

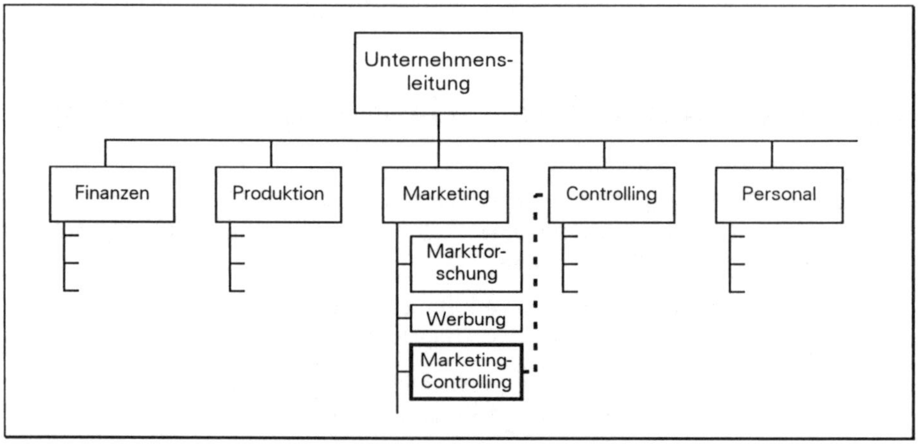

Abb. 6.4: Organisation des Marketing-Controlling nach dem Dotted-Line-Prinzip

6.5 Marketing-Controlling als Projektmanagement

Im Gegensatz zu den anderen vorgestellten organisatorischen Konzepten wird beim Projektcontrolling keine dauerhafte Lösung angestrebt. Vielmehr geht es darum, die Beteiligung des Marketing-Controlling an Marketing-Projekten zu gewährleisten und somit für eine frühzeitige Einbindung in den Entscheidungsprozeß zu sorgen.

Vorteil: Gerade im Bereich bedeutsamer Projekte wie Neuproduktentwicklungen kann die frühzeitige Nutzung der Fachkompetenz des Controlling spätere Korrekturmaßnahmen vermeiden helfen.

Es besteht jedoch auch die **Gefahr**, daß der Controller als „Fremdkörper" in den Projektteams wahrgenommen wird, sich die anderen Projektmitglieder in der

Ideenentwicklung gebremst fühlen. Zudem stellt sich die Frage, wie eine Kontinuität in der Beschäftigung gewährleistet werden kann.

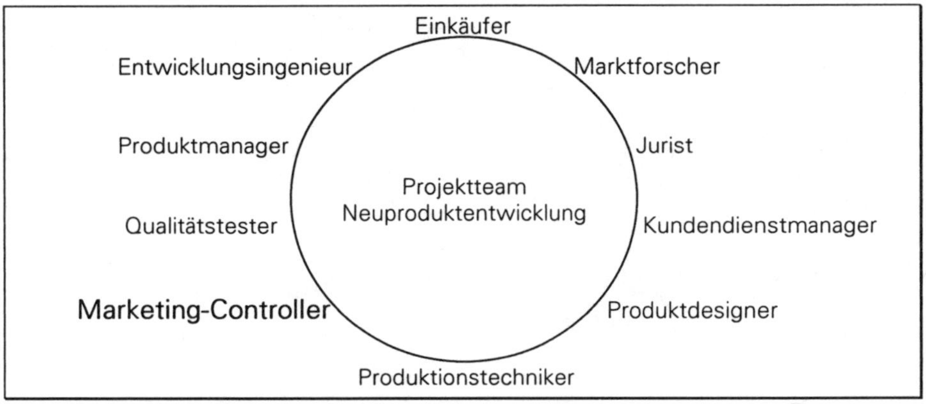

Abb. 6.5: Marketing-Controller als Projektmanager

Zusammenfassende Übersicht über charakteristische Merkmale:

Organisationsform	Beurteilungskriterien				
	Dauerhaftigkeit	Projektbezogenheit	funktionale Kompetenz	Integration in Marketing	Integration in Controlling
integriertes MC	ja	nein	eingeschränkt	ja	nein
MC als Stabsstelle	ja	möglich	keine	nein	nein
institutionalisiertes MC	ja	nein	hoch	nein	ja
Dotted-Line-Prinzip	ja	nein	hoch	ja	ja
Projektmanagement	nein	ja	eingeschränkt	ja	nein

Abb. 6.6: Merkmale der Organisationsformen des Marketing-Controlling

Literaturverzeichnis

(verwendete und ausgewählte weiterführende Literatur)

Albers, Sönke: Ein System zur IST-SOLL-Abweichungs-Ursachenanalyse von Erlösen, S. 637-654, in: Zeitschrift für Betriebswirtschaft 59(1989)6

Albers, Sönke: Ursachenanalyse von marketingbedingten IST-SOLL-Deckungsbeitragsabweichungen, S. 199-223, in: Zeitschrift für Betriebswirtschaft 62(1992)2

Ansoff, H. Igor: Corporate Strategy, New York u.a. 1965

Ansoff, H. Igor: Implanting Strategic Management, Englewood Cliffs 1984

Backhaus, Klaus u.a.: Multivariate Analysemethoden, 7.A., Berlin u.a. 1994

BBDO (Hg.): Strategische Forschung (Prospekt), 2.A., 1993

Becker, Jochen: Marketing-Konzeption, 4.A., München 1992

Becker, Jörg: Strategisches Vertriebscontrolling, München 1994

Bednarczuk, Piotr; Föll, Kerstin; Raddatz, Thomas: Kundenfeedback mit System, S. 214-220, in: absatzwirtschaft 38(1995) Sondernummer Oktober

Bekmeier, Sigrid: Markenwert und Markenstärke, S. 383-387, in: Markenartikel 56(1994)8

Berens, Wolfgang; Hoffjan, Andreas; Kopplin, Wolfgang; Zahn, Wolfgang: Das Management von Gemeinkosten im Target Costing-Prozeß am Beispiel eines Automobilzulieferers, S. 261-267, in: Kostenrechnungspraxis (1995)5

Berens, Wolfgang; Hoffjan, Andreas; Saam, Mike: Marketing-Controlling als Koordinationsinstrument in Unternehmen des öffentlichen Personennahverkehrs, S. 93-98, in: Kostenrechnungspraxis (1995)2

Berndt, Ralph: Marketing 3. Marketing-Management, 2.A., Berlin u.a. 1995

Bidlingmaier, Johannes; Schneider, Dieter J.G.: Ziele, Zielsysteme und Zielkonflikte, Sp. 4731-4740, in: Grochla, Erwin; Wittmann, Waldemar (Hg.): Handwörterbuch der Betriebswirtschaft, Stuttgart 1976

Blomeier, Ralf; Meyer, Eckard: Integriertes Produktkosten- und Ergebnis-Controlling bei Melitta, S. 153-157, in: Bilanzbuchhalter 19(1994)7

BMFT (Bundesministerium für Forschung und Technologie) (Hg.): Deutscher Delphi-Bericht zur Entwicklung von Wissenschaft und Technik, Bonn 1993

Böcker, Franz: Marketing-Kontrolle, Stuttgart u.a. 1988

Böhnke, Herbert: Bereichs-Controlling in Zeitungsverlagen: Vertriebs-Controlling, S. 116-121, in: controller magazin 20(1995)2

Bramsemann, R.: Handbuch Controlling, 3.A., München 1993

Brede, Hauke: Entwicklungstrends in Kostenrechnung und Kostenmanagement, S. 235-257, in: Die Unternehmung, 47(1993)4

Brixle, Markus; Haag, Toralf: Strategische Früherkennung als ein Beitrag zur Erschließung neuer Märkte, S. 26-30, in: Marktforschung & Management 37(1993)1

Bruckner, Siegfried: Vertriebscontrolling mit Informationssystemen: Mercedes-Benz AG, S. 209-220, in: Witt, Frank-Jürgen (Hg.): Controllingprofile, München 1994

Burger, Anton: Kostenmanagement, München, Wien 1994

Burkhardt, Rainer: Volltreffer mit Methode. Target Costing, S. 94-99, in: Top Business (1994)2

Busse von Colbe, Walther (Hg.): Lexikon des Rechnungswesens, 3.A., München, Wien 1994

Cervellini, Udo: Prozeßkostenrechnung für das Management indirekter Kosten - das Beispiel der Porsche AG -, S. 191-212, in: Witt, Frank-Jürgen (Hg.): Aktivitätscontrolling und Prozeßkostenmanagement, Stuttgart 1991

Cervellini, Udo: Marktorientiertes Gemeinkostenmanagement mit Hilfe der Prozeßkostenrechnung, S. 64-72, in: Controlling 6(1994)2

Claassen, Utz; Hilbert, Herwig: Durch Target Costing und Target Investment zur kompromißlosen Kundenorientierung bei Volkswagen, S. 145-159, in: Horváth, Péter (Hg.): Kunden und Prozesse im Fokus, Stuttgart 1994

Coenenberg, Adolf G.: Kostenrechnung und Kostenanalyse, Landsberg 1992

Däumler, Klaus-Dieter; Grabe, Jürgen: Kalkulationsvorschriften bei öffentlichen Aufträgen, Herne, Berlin 1984

Däumler, Klaus-Dieter; Grabe, Jürgen: Kostenrechnung 3. Plankostenrechnung, 3.A., Herne, Berlin 1991

Däumler, Klaus-Dieter; Grabe, Jürgen: Kostenrechnung 1. Grundlagen, 5.A., Herne, Berlin 1991 [1991a]

Däumler, Klaus-Dieter; Grabe, Jürgen: Kostenrechnung 1. Grundlagen, 6.A., Herne, Berlin 1993

Demmler, Wolfgang; Homburg, Christian: Controllingsystem: KSB AG, S. 17-34, in: Witt, Frank-Jürgen (Hg.): Controllingprofile, München 1994

Deyhle, Albrecht; Stegmeier, Beat und Autorenteam: Controller und Controlling, Bern u.a. 1993

Droege, Walter P.J.: Marketing-Audit, S. 169-184, in: Raffée, Hans; Wiedmann, Klaus-Peter (Hg.): Strategisches Marketing, Stuttgart 1985

Ebisch, Hellmuth; Gottschalk, Joachim: Preise und Preisprüfungen bei öffentlichen Aufträgen, 6.A., München 1994

Ehrmann, Harald: Marketing-Controlling, 2.A., Ludwigshafen 1995

Ehrmann, Harald: Planung, Ludwigshafen 1995

Esch, Franz-Rudolf: Markenwert und Markensteuerung, S. 56-64, in: Thexis 10(1993)5/6

Esser, Werner-Michael: Die Wertkette als Instrument der Strategischen Analyse, S. 129-149, in: Riekhof, Hans-Christian (Hg.): Praxis der Strategieentwicklung, 2.A., Stuttgart 1994

Eversheim, Walter (Hg.): Prozeßorientierte Unternehmensorganisation, Berlin u.a. 1995

Farquhar, P.H.: Managing Brand Equity, S. 24-33, in: Marketing Research 1(1989)3

Frahm, Marion: Das Ärgernis Kunde, S. 25, in: Die Zeit vom 27.10.1995

Franke, Henning; Jeck, Hans-Jürgen: Strategisches Marketing-Management und Marketing-Controlling in der Praxis, S. 74-80, in: controller magazin 19(1994)2

Franzen, Ottmar: Marken-Controlling effizient gestalten, S. 57-62, in: Markenartikel 57(1995)2

Fritz, Volker; Brickenstein, Christina: Einführung eines Vertriebs-Controllingsystems in einem mittelständischen Unternehmen der metallverarbeitenden Industrie, S. 282-292, in: Controlling 6(1994)5

Fritz, Wolfgang; Förster, Friedrich; Wiedmann, Klaus-Peter; Raffée, Hans: Unternehmensziele und strategische Unternehmensführung, S. 567-586, in: Die Betriebswirtschaft 48(1988)5

Frost & Sullivan: Anteil der Europäischen Handelsmarken am Gesamtmarkt, S. 72, in: Lebensmittel-Zeitung vom 4.8.1995

Geml, Richard: Marketing-Controlling, S. 219-240, in: Geisbüsch, Hans-Georg; Geml, Richard; Lauer, Hermann (Hg.): Marketing, 2.A., Landsberg 1991

Gierl, Heribert: Marketing, Stuttgart 1995

Gomez, Peter: Frühwarnung in der Unternehmung, Bern 1983

Grün, Oskar: Zielbildung, Prozesse der, Sp. 4719-4730, in: Grochla, Erwin; Wittmann, Waldemar (Hg.): Handwörterbuch der Betriebswirtschaft, Stuttgart 1976

Grünewald, Hans-Günter: Strategische Geschäftseinheiten - Bausteine der Unternehmensstrategie und des Controlling, S. 45-53, in: Horváth, Péter (Hg.): Marktnähe und Kosteneffizienz schaffen, Stuttgart 1993

Haag, Jürgen: Kundendeckungsbeitragsrechnungen, S. 25-39, in: Die Betriebswirtschaft 52(1992)1

Hagenmüller, Karl Friedrich; Jacob, Adolf-Friedrich: Der Bankbetrieb, Band III, 5.A., Wiesbaden 1988

Hallier, Bernd: DPR = Mehr Professionalität, S. 85-91, in: Thexis 5(1988)1

Hammann, Peter: Der Wert einer Marke aus betriebswirtschaftlicher und rechtlicher Sicht, S. 205-245, in: Dichtl, Erwin; Eggers, Walter (Hg.): Marke und Markenartikel, München 1992

Hammann, Peter; Gathen, Andreas von der: Bilanzierung des Markenwertes und kapitalmarktorientierte Markenbewertungsverfahren, S. 204-211, in: Markenartikel 56(1994)5

Hammer, Michael; Champy, James: Reengineering the Corporation, New York 1993

Heinzelbecker, Klaus: Informationsversorgung im Marketing-Controlling, S. 244-251, in: Controlling 3(1991)5

Henderson, Bruce: The Logic of Business Strategy, Cambridge 1984

Hentze, Joachim; Brose, Peter; Kammel, Andreas: Unternehmungsplanung, 2.A., Bern, Stuttgart, Wien 1993

Herrmann, Andreas: Marketing-Controlling, S. 4-21, in: Jahrbuch der Absatz- und Verbrauchsforschung 39(1993)1

Heßen, Hans-Peter; Wesseler, Stefan: Marktorientierte Zielkostensteuerung bei der Audi AG, S. 148-156, in: Controlling 6(1994)3

Hinterhuber, Hans H.: Strategische Unternehmungsführung I: Strategisches Denken, 5.A., Berlin, New York 1992

Hiromoto, T.: Another Hidden Edge - Japanese Management Accounting, S. 22-26, in: Harvard Business Review 4(1988)

Hofer, Charles W.; Schendel, Dan: Strategy Formulation: Analytical Concepts, St. Paul u.a. 1978

Homburg, Christian: Produktivitätssteuerung in Marketing und Vertrieb, S. 140-146, in: Controlling 7(1994)3

Homburg, Christian; Demmler, Wolfgang: Instrumente zur Unternehmensstraffung und -sanierung, S. 1591-1607, in: Zeitschrift für Betriebswirtschaft 64(1994)12

Homburg, Christian; Rudolph, Bettina: Wie zufrieden sind Ihre Kunden tatsächlich?, S. 43-50, in: Harvard Business Manager (1995)1

Horváth, Péter: Revolution im Rechnungswesen: Strategisches Kostenmanagement, S. 175-193, in: ders. (Hg.): Strategieunterstützung durch das Controlling: Revolution im Rechnungswesen?, Stuttgart 1990

Horváth, Péter: Controlling, 5.A., München 1994

Horváth, Péter; Kieninger, Michael; Mayer, Reinhold; Schimank, Christof: Prozeßkostenrechnung - oder wie die Praxis die Theorie überholt, S. 609-628, in: Die Betriebswirtschaft 53(1993)5

Horváth, Péter; Reichmann, Thomas (Hg.): Vahlens Großes Controllinglexikon, München 1993

Huch, Burkhard; Behme, Wolfgang; Ohlendorf, Thomas: Rechnungswesenorientiertes Controlling, 2.A., Heidelberg 1995

Huth, Rupert; Pflaum, Dieter: Einführung in die Werbelehre, 5.A., Stuttgart 1993

Jaspersen, Thomas: Absatzplanung und Controlling (I), S. 55-59, in: wisu das wirtschaftsstudium 24(1995)1

Jaspersen, Thomas: Absatzplanung und Controlling (II), S. 139-144, in: wisu das wirtschaftsstudium 24(1995)2

Jeannet, Jean-Pierre: Far Eastern Markets in the Context of Global Marketing, S. 5-10, in: Thexis 12(1995)2

Jerger, Andreas: Prozeßorientierte Verrechnung von Vertriebs- und Distributionskosten für die marktorientierte Ergebnisrechnung, S. 107-114, in: Kostenrechnungspraxis (1995)2

Kaas, Klaus Peter: Langfristige Werbewirkung und Brand Equity, S. 48-52, in: Werbeforschung & Praxis 35(1990)3

Keegan, Warren J.: Global Marketing Management, 5.A., Englewood Cliffs 1995

Kern, Werner: Bewertung von Warenzeichen, S. 17-31, in: Betriebswirtschaftliche Forschung und Praxis 14(1962)1

Kiener, Joachim: Marketing-Controlling, Darmstadt 1980

Klein, Peter: Kapazitäts- und ergebnisorientierte Vertriebssteuerung, S. 56-62, in: Thexis 9(1992)5

Klingler, Bernhard F.: Target Cost Management, S. 200-207, in: Controlling 5(1993)4

Knöbel, Ulf: Was kostet ein Kunde?, S. 7-12, in: Kostenrechnungspraxis (1995)1

Kocher, Klaus: Wertanalyse im Gemeinkostenbereich, S. 4-7, in: Bilanzbuchhalter (1994)1

Köhler, Richard: Strategische Früherkennung für die Planung von Produktinnovationen, S. 9-14, in: Thexis 8(1991)4

Köhler, Richard: Marketing, Überwachung des, Sp. 1269-1284, in: Coenenberg, Adolf G.; Wysocki, Klaus v. (Hg.): Handwörterbuch der Revision, 2.A., Stuttgart 1992

Köhler, Richard: Marketing-Accounting, S. 279-297, in: ders.: Beiträge zum Marketing-Management, 3.A., Stuttgart 1993

Köhler, Richard: Durch Marketingcontrolling zur konsequenten Kunden- und Prozeßorientierung im Target Marketing, S. 61-79, in: Horváth, Péter (Hg.): Kunden und Prozesse im Fokus, Stuttgart 1994

Kötzle, A.: Marketing-Controlling, S. 21-55, in: Franke, R.; Kötzle, A. (Hg.): Controlling der Unternehmensbereiche, Frankfurt 1995

Koppelmann, Udo: Produktmarketing, 4.A., Berlin u.a. 1993

Koppelmann, Udo; Küthe, Erich: Präferenzwellen beim Gestaltungsmittel Farbe, S. 113-122, in: Marketing ZFP 9(1987)2

Kotler, Philip: Marketing-Management, 4.A., Stuttgart 1982

Kotler, Philip; Bliemel, Friedhelm: Marketing-Management, 7.A., Stuttgart 1992

Krogh, Henning: Offene Rechnung, S. 184-190, in: manager magazin (1994)10

Krystek, Ulrich; Müller-Stevens, Günter: Frühaufklärung für Unternehmen, Stuttgart 1993

Kühn, Richard; Fasnacht, Roger: Strategisches Audit im Marketing, S. 4-10, in: Thexis 9(1992)5

Küpper, Hans-Ulrich: Controlling, Stuttgart 1995

Küpper, Hans-Ulrich; Bronner, Tillmann; Daschmann, Hans-Achim: RKW-Strategiemappe. Strategisches Analyse- und Planungssystem (SAPS), Eschborn 1994

Küpper, Hans-Ulrich; Bronner, Tillmann: Strategische Ausrichtung mittelständischer Unternehmungen, S. 73-87, in: Internationales Gewerbearchiv 43(1995)2

Leibfried, Kathleen H.J.; McNair, Carol Jean: Benchmarking, München 1995

Leidig, Guido; Schmidt, Rainer W.: Vertriebs-Controlling in Druckereibetrieben, S. 47-52, in: controller magazin 20(1995)1

Lemke, Hans-Jürgen: Unterstützung der strategischen Planung durch das interne Rechnungswesen, München 1993

Link, Jörg; Hildebrand, Volker G.: Kundenbewertung - die Basis eines erfolgreichen Database-Marketing, S. 26-30, in: Direktmarketing 31(1995)3

Link, Jörg; Hildebrand, Volker G.: Welche Kunden rechnen sich?, S. 108-111, in: absatzwirtschaft 38(1995)10

Linneweh, Klaus: Kreatives Denken, 4.A., Rheinzabern 1984

Löffler, Carsten: Die Wirkung der strategischen Planung auf den Unternehmenserfolg, Wiesbaden 1995

Mann, Rudolf: Praxis strategisches Controlling, 4.A., Landsberg 1987

Meyer, Jürgen; Greif, Hans-Herbert: PIMS-Das Instrument zur Strategischen Kursbestimmung im Zeitalter der Diskontinuität, S. 193-221, in: Hammer, Richard M. u.a. (Hg.): Strategisches Management in den 90er Jahren, Wien 1991

Meyer-Piening, Arnulf: Zero Base Planning, Köln 1990

Monden, Y.: Total cost management system in Japanese automobile corporations, S. 15-233, in: Monden, Y.; Sakurai, M. (Hg.): Japanese Management Accounting, Cambridge 1989

Muchna, Claus: Marketing-Strategie. Früherkennungssysteme bei Investitionsgüter-Unternehmen, S. 116-126, in: absatzwirtschaft 33(1990)5

Müller, Stefan; Kornmeier, Martin: Internationales Konsumgütermarketing, S. 339-386, in: Hermanns, Arnold; Wißmeier, Urban Kilian (Hg.): Internationales Marketing-Management, München 1995

Niebling, Jürgen: Der Schutz selektiver Vertriebssysteme gegen Außenseiter am Beispiel der Automobilindustrie, S. 881-887, in: Recht der Internationalen Wirtschaft 41(1995)11

Nielsen, A.C. (Hg.): Brand Performancer. Fallstudie, Frankfurt, o.J.

Niemand, Stefan: Target Costing - für industrielle Dienstleistungen, S. 66-73, in: controller magazin 19(1994)2

Nieschlag, Robert; Dichtl, Erwin; Hörschgen, Hans: Marketing, 17.A., Berlin 1994

o.V.: Maul halten, zahlen, S. 68-77, in: Der Spiegel (1994)26

o.V.: Coca Cola steigt im Wert. IBM sinkt dramatisch, S. 12, in: werben & verkaufen (1994)29

Pabst, Oliver: Die Wertkettenanalyse als Orientierungsrahmen für partnerschaftliche Zusammenarbeit im Distributionsmanagement, S. 162-180, in: Belz, Christian; Schögel, Marcus; Kramer, Markus (Hg.): Lean Management und lean Marketing, St. Gallen 1994

Palloks, Monika: Marketing-Controlling, Frankfurt u.a. 1991

Parasuramam, A.; Zeithaml, Valarie A.; Berry, Leonard L.: A Conceptual Model of Service Quality and Its Implications for Future Research, S. 41-50, in: Journal of Marketing (1985)3

Pedell, Karl Ludwig: Controlling von Ergebnis und Produktivität im Spannungsfeld von Produkten, Funktionen und Regionen, S. 538-557, in: Zeitschrift für betriebswirtschaftliche Forschung 46(1994)6

Peemöller, Volker H.: Controlling, 2.A., Herne, Berlin 1992

Pieske, Reinhard: Kundenzufriedenheit, die große Unbekannte, S. 180-189, in: absatzwirtschaft 37(1994) Sondernummer Oktober

Porter, Michael E.: Wettbewerbsstrategie, 7.A., Frankfurt 1992 [1992a]

Porter, Michael E.: Wettbewerbsvorteile, 3.A., Frankfurt 1992 [1992b]

Preißler, Peter R.: Controlling, 7.A., München, Wien 1995

Preißler, Peter R.: Entscheidungsorientierte Kosten- und Leistungsrechnung, Landsberg 1995

Preißner, Andreas; Engel, Stefan: Marketing, 2.A., München, Wien 1995

Radke, Magnus: Handbuch der Budgetierung, Landsberg 1989

Rall, W.: Globalisierung von Industrien und ihre Konsequenzen für die Wirtschaftspolitik, S. 152-174, in: Kuhn, H. (Hg.): Probleme der Stabilitätspolitik, Göttingen 1986

Reichmann, Thomas: Controlling mit Kennzahlen und Managementberichten, 4.A., München 1995

Riebel, Paul: Die Deckungsbeitragsrechnung als Instrument der Absatzanalyse, S. 176-203, in: ders.: Einzelkosten- und Deckungsbeitragsrechnung, 6.A., Wiesbaden 1990

Rummel, Klaus D.: Zielkosten-Management - der Weg, Produktkosten zu halbieren und Wettbewerber zu überholen, S. 221-244, in: Horváth, Péter (Hg.): Effektives und schlankes Controlling, Stuttgart 1992

Sakurai, Michiharu: Target Costing and how to use it, S. 39-50, in: Journal of Cost Management 3(1989)1

Sander, Matthias: Ein Ansatz zur Bewertung von Marken, S. 163-171, in: Werbeforschung & Praxis 37(1993)5

Sander, Matthias: Die Bewertung internationaler Marken auf Basis der hedonischen Theorie, S. 234-245, in: Marketing ZFP 16(1994)4

Sander, Matthias: Markenbewertung auf Basis der hedonischen Theorie, S. 76-80, in: Markenartikel 57(1995)2

Sattler, Henrik: Markenbewertung, S. 663-682, in: Zeitschrift für Betriebswirtschaft 65(1995)6

Schierenbeck, Henner: Ertragsorientiertes Bankmanagement, 3.A., Wiesbaden 1993

Schneider, Anton W.: DPP - Direkte Produkt-Profitabilität, S. 33-37, in: Thexis 6(1989)1

Schöler, H.R.: Wertanalyse - Ein Instrument zur Qualitätssicherung im Produktentwicklungsprozeß, S. 105-120, in: VDI (Hg.): Wege zum erfolgreichen Qualitätsmanagement in der Produktentwicklung, Düsseldorf 1994

Scholz, Christian: Strategisches Management, Berlin, New York 1987

Schreyögg, Georg: Unternehmensstrategie, Berlin, New York 1984

Schröder, Hendrik: Die Methode der Direkten Produkt-Rentabilität (DPR) als Controlling-Instrument, 16. Nachlief. Nov. 1993, in: Zahn, Ekkehard (Hg.): Marketing- und Vertriebscontrolling, Losebl.-Ausg., Landsberg 1993

Schub von Bossiazky, Gerhard: Psychologische Marketingforschung, München 1992

Schüring, Hendrik: Ansätze und Methoden der Rationalisierung im Vertrieb, S. 44-50, in: Thexis 9(1992)5

Schütze, Roland: Kundenzufriedenheit, Wiesbaden 1992

Seeberg, Thomas; Seidenschwarz, Werner: 6 Schritte zum marktorientierten Kostenmanagement, S. 155-172, in: Horváth, Péter (Hg.): Marktnähe und Kosteneffizienz, Stuttgart 1993

Seidenschwarz, Werner: Target Costing, München 1993

Seidenschwarz, Werner: Das Controlling der Markt- und Prozeßkette, S. 161-183, in: Horváth, Péter (Hg.): Kunden und Prozesse im Fokus, Stuttgart 1994

Serger, Christine: Marketingcontrolling: Beiersdorf AG, S. 221-236, in: Witt, Frank-Jürgen (Hg.): Controllingprofile, München 1994

Shell (Hg.): Gipfel der Motorisierung in Sicht. Shell Pkw-Szenarien. Reihe: Aktuelle Wirtschaftsanalysen (1995)26

SPI (The Strategic Planning Institute): The PIMS Program, Cambridge 1980 und 1982

SPI (The Strategic Planning Institute): Business Strategy vs. Portfolio Strategy, Cambridge 1982

Stauss, Bernd: Total Quality Management und Marketing, S. 149-159, in: Marketing ZFP 16(1994)3

Steinle, Claus; Lawa, Dieter; Lier, Andreas: Methoden der strategischen Planung und ihre Bedeutung in der Unternehmungspraxis, S. 809-821, in: wisu das wirtschaftsstudium 22(1993)10

Stern (Hg.): Dialoge 3, Hamburg 1990

Stern (Hg.): Dialoge 4, Hamburg 1995

Stoi, Roman; Giehl, Manfred: Prozeßkostenrechnung im Vertriebsmanagement, S. 140-147, in: Controlling 7(1995)3

Struckmeier, Uwe: Elemente im Vertriebscontrolling bei Markenartiklern, S. 20-30, in: controller magazin 21(1996)1

Tanaka, M.: Cost planning and control systems in the design phase of a new product, S. 49-71, in: Monden, Y.; Sakurai, M. (Hg.): Japanese Management Accounting, Cambridge 1989

Tolle, Elisabeth; Steffenhagen, Hartwig: Kategorien des Markenerfolges und einschlägige Meßmethoden, S. 378-382, in: Markenartikel 56(1994)8

Weber, Jürgen: Einführung in das Controlling, 4.A., Stuttgart 1993

Webster, Frederick E. jr.: Market-Driven Management, New York u.a. 1994

Wellenreuther, Helmut: Aktionsprogramm Integrierte Leistungsverbesserung durch Wertanalyse, Landsberg 1982

Wiedmann, Klaus-Peter: Konzeptionelle und methodische Grundlagen der Früherkennung, S. 301-348, in: Raffée, Hans; Wiedmann, Klaus-Peter (Hg.): Strategisches Marketing, Stuttgart 1985

Wielpütz, Axel U.: Theoretische Grundlagen und praktische Ausgestaltung des Vertriebscontrollings, S. 189-194, in: Kostenrechnungspraxis (1994)3

Witt, Frank-Jürgen: Deckungsbeitragsmanagement, München 1991

Witt, Frank-Jürgen: Das Konzept des Prozeßmanagement, S. 3-37, in: ders. (Hg.): Aktivitätscontrolling und Prozeßkostenmanagement, Stuttgart 1991

Witt, Frank-Jürgen (Hg.): Controllingprofile, München 1994

Witt, Frank-Jürgen; Witt, Kerin: Controlling für Mittel- und Kleinbetriebe, München 1993

Worthy, F.S.: Japan's Smart Secret Weapon, S. 48-51, in: Fortune 12(1991)8

Young & Rubicam (Hg.): Brand Asset News (1995)1

Young & Rubicam (Hg.): Brand Asset Valuator (Prospekt, 1993)

Zahn, Wolfgang: Target Costing bei einem Automobilzulieferer, S. 148-153, in: Controlling 7(1995)3

Ziegenbein, Klaus: Controlling, 5.A., Ludwigshafen 1995

Register